Hernach

Gottfried Benns Briefe an Ursula Ziebarth

Mit Nachschriften zu diesen Briefen
von Ursula Ziebarth
und einem Kommentar
von Jochen Meyer

Deutscher Taschenbuch Verlag

Oktober 2003
Deutscher Taschenbuch Verlag GmbH & Co. KG,
München
www.dtv.de

Umschlagkonzept: Balk & Brumshagen
Umschlagfoto aus dem Privatbesitz der Autorin
Gesetzt aus der Sabon 9,8/12
Satz: Wallstein Verlag, Göttingen
Druck und Bindung: Druckerei C.H. Beck, Nördlingen
Gedruckt auf säurefreiem, chlorfrei gebleichtem Papier
Printed in Germany • ISBN 3-423-13127-6

Zuvor

Der und jener und anderswer auch hatten vermutet, und ich hatte bestätigt, daß sich in meinem Besitz Briefe von Gottfried Benn befinden. Eine ganze Menge. Sie sind sämtlich an mich gerichtet. Weil es also bekannt ist, wurde und werde ich gefragt, ob man diese Briefe nicht einmal lesen dürfte, ob sie nicht veröffentlicht werden sollten. Sie seien schließlich von Benn.

Außer mir hat bisher nur ganz vereinzelt jemand einen oder auch nur einen halben Brief zum Lesen bekommen. Wer hätte auch ein Recht auf an mich gerichtete Briefe?

Man hätte ein Recht auf Benn, wurde gesagt, und man verstieg sich dazu, an meine Verantwortung vor der Literaturwissenschaft zu erinnern. Außerdem wurde mir vorgehalten, Benns Briefe an Tilly Wedekind und Elinor Büller-Klinkowström seien veröffentlicht.

Zwischen den beiden genannten Damen und mir besteht ein Unterschied: Sie waren schon verstorben, als ihre Briefe gedruckt wurden. Ich hingegen lebe und kann es so ganz schicklich nicht finden, daß zu meinen Lebzeiten an mich gerichtete Briefe veröffentlicht werden.

Andererseits: Ich finde es fabelhaft, noch lebendig auf der Welt zu sein und – wie wunderbar – arbeiten zu können. Arbeiten heißt für mich: Schreiben. Wieso sollte ich, die ich über dies und das und jenes schreibe, ausgerechnet zu den Briefen Benns an mich nichts schreiben?

Ein fremder Herausgeber, was müßte er sich mühen, um erklären zu können, wer oder was mit diesem oder jenem Satz Benns gemeint ist, was Abkürzungen bedeuten, welche Situation Benn oder ich oder Benn und ich vorfanden. Wie vieles müßte ein fremder Kommentator als unbeantwortbar bezeichnen, wie viele Irrtümer würden ihm unterlaufen!

Einen jüngeren symphatischen Mann, der sich die Arbeit zutraute, habe ich gefragt, wie er es denn anstellen wolle, sich eine Basis, eine Kenntnisgrundlage für sein Vorhaben zu verschaffen. Er sagte, zunächst einmal würde er die Berliner Zeitungen jener Jahre lesen, in denen die Briefe geschrieben wurden; die Gazetten müßten doch in der Berliner Staatsbibliothek vorhanden sein.

In Ostpreußen, woher ich nicht stamme, dessen Redensarten ich aber verehre, sagte man in solchem Fall: „Ach du liebes Meingottchen!"

Jaja, ich weiß, Zeitungen sind wichtig für Erkenntnisse über ein historisches Umfeld, doch für das Verständnis und zur Erläuterung der in Frage stehenden Briefe wäre Zeitungslektüre keine Grundlage.

Da gehe ich besser selber an die Arbeit, dachte ich, und fest entschloß ich mich dazu, als ich die Briefe im Zusammenhang wieder gelesen hatte. Sie sind jetzt mehr als vierzig Jahre alt, und ich habe den 79sten Geburtstag hinter mir, bin also im achtzigsten Lebensjahr. Da erscheint es mir denn doch nicht mehr unschicklich, zu diesen Briefen etwas zu schreiben, noch einmal sozusagen in einen Dialog mit G.B. zu treten.

Das auch deswegen, weil meine Briefe an Benn vermutlich nicht mehr existieren. Zwar waren sie nach Benns Tod noch in großer Zahl vorhanden, das erfuhr ich von Benns jüngster Schwester, Edith, die beim Ordnen des Nachlasses half und in den Briefen las, wie sie mir erzählte.

Benns Witwe, Ilse, habe ich nach seinem Tod einige Male in Wolfschlugen, nahe Stuttgart, besucht, wohin sie gezogen war. Als ich mich am 18. August 1986 mit ihr in ihrem Haus verabredet hatte und wir uns freundschaftlich und auch lustig unterhielten, wagte ich, sie nach meinen Briefen zu fragen. Sie zog die Schultern hoch und meinte, die hätte Benn wohl vernichtet. Ich machte sachte darauf aufmerksam, daß Edith Benn aber nach ihres Bruders Tod noch in ihnen gelesen hatte. Frau Benn zuckte wieder die Achseln und schlug vor, daß wir in das Bodengeschoß hinaufgehen, wo sich ihr privates Archiv befand. In vielen Kästen waren auf Karteikarten Briefe an Benn registriert. Für meine Briefe gab es keine Karte. Ilse Benn betonte, daß alle an Benn gerichteten Briefe ihr gehörten, sie diese zwar nicht veröffentlichen, aber verkaufen dürfe. Hat sie die meinen verkauft? Aus Eifersucht vernichtet? Immerhin sind wir erst 1976, also zwanzig Jahre nach Benns Tod, in Kontakt miteinander gekommen, auf der Frankfurter Buchmesse jenes Jahres. Die Vernichtung könnte sie früher vorgenommen haben. Denn erst nach 1976 begann unser freundlicher Umgang. Sie schenkte mir Bücher mit herzlicher Widmung, ich lernte sie als warmherzige und auch witzige Frau kennen. Jedenfalls, am 18.8.1986 mochte ich sie nicht in Verlegenheit bringen und stellte keine weiteren Fragen nach ihrer Erinnerung an die Briefe.

Inzwischen habe ich festgestellt, daß drei meiner Briefe sich in Benns Nachlaß im Deutschen Literaturarchiv / Schiller-Nationalmuseum, Marbach am Neckar, befinden. Drei sichtlich ausgesuchte Briefe.

Jedenfalls, es macht mir Freude, noch einmal mit den Briefen Benns umzugehen. Auch schriftlich.

Hernach, als alter Mensch sieht man vieles anders, erkennt sich aber wieder und weiß, daß man tun mußte, wie man tat, aus der Situation heraus, in der man damals war, der Probleme wegen, die man nicht lösen konnte, weil man die Einsicht und die Übersicht und die Kräfte noch nicht hatte, die einem erst mit den Jahren zuwachsen.

Noch einmal also, hernach, über und fast: an G.B. Ein Hadeskassiber. Das erste Mal versuchte ich Benn in jenem Buch zu schildern, das ich „Hexenspeise" genannt habe[1], das war zwanzig Jahre nach seinem Tod. Das Kapitel für ihn heißt: „Es ist schön, an Orpheus zu denken". Auch jetzt, fünfundvierzig Jahre nach seinem Sterben, ist es schön an Orpheus zu denken, und sich ihm schreibend zu nähern tut auch gut.

Manchmal freilich gibt es nur zu erklären, um wen oder was es sich handelte in dem oder jenem Brief. Doch ab und zu ist Grund, ausführlicher zu erzählen, und man möge mir nachsehen, wenn ich zuweilen sogar abschweife – es hat am Ende doch mit Benn zu tun. Außerdem: Schweifen ist etwas Wunderbares. Schreibend, aber lesend doch auch, nicht wahr?

1 Ursula Ziebarth: Hexenspeise, Pfullingen 1976.

Die Briefe und die Nachschriften

1

5 VIII 54 [Berlin]

Sehr verehrtes Fräulein Ziebarth,

vielen Dank für Ihren Brief. Bitte rufen Sie mich doch morgen vorm. bis 12 h., wenn es Ihnen möglich ist, an. Ich möchte Sie etwas fragen, was mit Ihrem Brief in gar keinem Zusammenhang steht.

Dank und Gruss
Ihr ergebener
Benn

T. 712097

Auf die Bitte von Bremer Freunden hin hatte ich, auf Besuch in Berlin, Gottfried Benn angerufen, um ihn zu fragen, ob er wohl einmal nach Bremen käme, um dort aus seinem Werk zu lesen. Da er eine schriftliche Anfrage nicht beantwortet hatte, hoffte man, daß ich ihn als Berlinerin dazu bewegen könne, wenn ich ihn anrufe und die Bremer Verhältnisse schildere. Es ging auch, und das war mir wichtig, um eine Auswahl seiner Gedichte für Schulen, die er am besten selber treffen sollte.

Benn hatte meinen Anruf freundlich entgegengenommen, allerdings mehr nach mir als nach Bremen gefragt, er wollte wissen, wer da mit ihm spricht. Schließlich bat er mich, was ich ihm vorgetragen hatte, auch schriftlich vorzubringen. Das habe ich getan und erhielt postwendend den vorstehenden Brief.

Seine Frage dann am Telefon, die mit meinem „Brief in gar keinem Zusammenhang steht“, lautete: „Essen Sie gerne

Eis?" Er habe Lust, sich mit mir zu treffen, und schlug schon den nächsten Tag vor.

Als ich ihn später fragte, wie er denn um Himmels willen darauf verfallen sei, eine Frau, die er nie gesehen hatte und von der er wenig wußte, zu einem Treffen einzuladen, sagte er verschmitzt: „Ach, man würfelt immer mal wieder und hofft auf drei Sechsen". Und er behauptete, etwas in meinem Brief sei so formuliert gewesen, daß er vermutete, man könne sich angenehm unterhalten.

Wir trafen uns am 6. August 1954 im Restaurant „Fournes" am Innsbrucker Platz, nachmittags um vier Uhr, aßen einen Champignontoast und Eis. Auf diese erste Begegnung bezieht sich der Brief vom 6. VIII. 54, also noch am selben Abend geschrieben. Er erreichte mich am folgenden Tag durch Fleurop mit einem großen Strauß von rosa Nelken, der mich erfreute, weil Nelkenduft etwas so Arabisches hat, die eigentlich konventionelle Geschenkblume hat den Geruch orientalischer Gewürzbazare an sich, wie ich sie mir schon damals voller Sehnsucht nach dem Orient vorstellte.

2

6. VIII 54 [Berlin]

Sehr verehrtes gnädiges Fräulein,

haben Sie vielen Dank, dass Sie mir an diesem heissen Tag zwei so reizende Stunden schenkten – eine schwarze Figur mit soviel sprudelndem Elan! Tausend Dank auch für Ihre Beratung in Sachen Worpswede. Ob ich dorthin fahre, weiss ich im Augenblick noch nicht. Ich werde mir erlauben, Sie noch zu benachrichtigen u. um Vermittlung im Café W. zu bitten. Ich hoffe sehr, Sie wiederzusehn und bin mit vielen Grüssen

Ihr sehr ergebener

Benn.

Lustigerweise ist mir im Februar 1997 ein Brief zugänglich gemacht worden, den ich an eine ehemalige Mitstudentin, nämlich Sibylle Haberditzl geb. Achelis, schrieb, und zwar am Abend nach dem Zusammentreffen mit Benn, den auch sie kannte. In diesem Brief von mir heißt es:

„Also Benn, Sie wollen sicher wissen, wie es war! Sehr überraschend, weil amüsant. Er war so witzig und gut gelaunt, wie ich nicht gedacht hatte, daß er es sein könnte. Ich dachte, diese Töne des regulären Albernseins ständen ihm gar nicht zur Verfügung. Außerdem hat er einen ganz trockenen Mutterwitz. Die Worte kamen bei ihm heute keineswegs auf Taubenfüßen, sondern schossen Kobolz. Es war jedenfalls das, was er bei Fontane so wenig schätzt, es war pläsierlich bei Champignons auf Toast und Wein. Er schimpfte aber Mord und Brand, weil es in den Lokalen noch immer Papierservietten und keine Damastmundtücher gibt, und so glaube ich auch nicht, daß er nach Worpswede kommt, nach dem, was ich ihm über die sanitären Verhältnisse dort sagen mußte. Er wird nach Hahnenklee fahren, schätze ich, obgleich er sagte: ‚Wir sehen uns ja wieder.'" Eine Nachschrift von mir lautet: „... und etwas, das ich ganz traurig finde: Benn erzählte mir von seiner Tochter. Sie ist älter als wir, lebt in Dänemark und versteht kein Deutsch mehr, kann also keine Zeile ihres Vaters lesen. Ist das nicht traurig? Er zuckte nur die Achseln. Sie ist sein einziges Kind."

Nach Benns Tod lernte ich die Tochter Nele kennen. (Er hat sie ‚Nele' genannt, weil sie in Brüssel gezeugt worden war, nahe dem Denkmal für die hinreißende Nele aus dem Roman von Charles de Coster „Ulenspiegel und Lamme Goedzak", dem flämischen Nationalepos.) Ich sprach einmal auf der Buchmesse mit ihr und stellte fest, daß sie ein fließendes, völlig akzentfreies Deutsch spricht. Auch ihr Sohn Villem (also Benns Enkel), mit dem ich einmal lange telefonierte, spricht vorzüglich Deutsch, er freilich mit kleinem dänischen Timbre. Natürlich hatte Nele alle Arbeiten ihres Vaters gelesen. Warum mag er sich damals so seltsam über sie geäußert haben? Man darf nicht alles ernst nehmen, was Benn sagte und schrieb; aber das wurde mir erst nach seinem Tod klar. Übrigens schreibt Benn selber (im Brief Nr. 64 an mich), wie gut er sich mit Nele unterhalten konnte.

3

Telegramm vom 7. VIII. 54, 12.28 Uhr [Berlin]

BITTE HABEN SIE DIE GUETE MICH ANZURUFEN = BENN

Wie erbeten, rief ich ihn an; er sagte mir, daß er Lust habe, mich nach Worpswede zu begleiten, sich das berühmte Dorf anzusehen, über das wir uns natürlich bei ‚Fournes' unterhalten hatten. Wir verabredeten die gemeinsame Fahrt in einem ‚Interzonenbus', wie man das Verkehrsmittel von Berlin in die westlichen Zonen nannte. Telefonisch sorgte ich dann für seine Unterkunft im ‚Hotel und Kaffee Worpswede'.

4

14 VIII 54. [Worpswede]

Meine Liebe, vielen Dank für Ihren Brief. Er ist reizend, Sie sprechen mit mir wie mit einem Dorfjungen, der zum Militär eingezogen wird; Sie taten das schon in den letzten Tagen einige Male u. es tat mir wohl, weil es mir zeigte, wie sehr die Natur Sie ausgestattet hat, sich selber als das Mass aller Dinge zu betrachten, – das beruhigte mich. Wenn Sie nun sogar noch lateinische Hauptworte medizinischer Natur einflechten zu müssen glauben, um meiner Seelenroheit aufzuhelfen, geht das vielleicht etwas weit, aber aus Ihrem Munde klingt auch das bezaubernd.

Bei mir ist das Wetter nicht gut u ich werde den grauen Anzug erst nach mittag anziehn, um zu Oe. zu fahren, und allerdings morgen, am Sonntag, falls Sie ihn dann besichtigen wollen. – Zur Oe.Ausstellung konnte ich nicht kommen, da ich ein Gespräch aus Berlin abwarten musste, das mit Voranmeldung hier einging, als ich noch beim Rasieren u. Anziehn

Innsbrucker Platz mit dem Restaurant Fournes

war u. das ich um 1 Stunde verschieben liess, dann zögerte es sich hin, da alle Leitungen besetzt waren. Ich nehme an, Sie haben das auch gar nicht bemerkt u. Ihre Aufmerksamkeit Objecten von grösserem Zartgefühl und besserer Kleidung zugewendet (Ich habe in Berlin aber noch mehr Anzüge).

Was die Namen angeht, so schlage ich vor, Sie lesen im west-östl. Diwan das Gedicht: „in tausend Formen magst Du Dich verstecken ..“

Sie besitzen ein grosses pädagogisch=erzieherisches Talent. Ich entdecke immer neue reizende Züge u Talente an Ihnen. Sie sind wirklich ungewöhnlich u sehen immer aus, als ob Sie aus einer Flut aufgetaucht wären, Sie sind ungemein anpassungsfähig, weich, wendig – sogar Calvados trinken Sie, wenn die Stunde schlägt. Der Besuch in W. hat sich wirklich gelohnt, ich bin glücklich, hierhergekommen zu sein.

Viel Vergnügen in Bremen heute nachmittag, morgen sehen wir uns vielleicht noch einmal.

Ihnen küsst die Hand in sicher
länger dauernder Verehrung
Ihr
Gottfr. Benn.

Auf dem Umschlag hat Benn vor meinen Namen ein spöttisches I. H. *(Ihre Hochwohlgeboren) gesetzt. Der Brief war mir durch einen Boten des Hotels überbracht worden.*

Zweierlei hatte ich mir, natürlich im Spaß, erlaubt zu monieren: Nämlich, daß er an einem schönen warmen Sommertag auf dem Lande einen finsterfarbigen Anzug angezogen hatte, als wäre er auf dem Weg zu einem Kondolenzbesuch. Später, 1996, fragte ich die zur Vogeler-Familie gehörende Ilse Müller nach dem Eindruck, den sie damals von Benn hatte. Ohne einen Moment zu zögern, sagte sie: „Schwarz, schwer, schweigsam!“ Kürzer und richtiger kann man nicht ausdrücken, wie Benn damals in Worpswede wirkte.

Außerdem hatte mich noch irritiert, daß er mich immerfort mit anderen Namen anredete. Darauf bezieht sich Benns Hinweis auf Goethes „West-östlichen Divan“.

5

15. VIII 54. [Worpswede]
Sonntag 17^{30}.

Vergessen Sie bitte nicht, was Sie gesagt haben, zum Schluss, als ich heute nachmittag von Ihnen fortging. Es verpflichtet Sie zu nichts, aber, wenn es wahr wäre, enthielte es für mich ein grosses Glück.

G. Be.

Benn hat mir diesen Zettel im Umschlag selbst übergeben.

6

Dienstag. 17. VIII. 54. [Berlin]

Liebste Ursula, süsser Mensch – diesmal schreibe ich: Du, ob ich es immer tun werde, weiss ich nicht, aber heute geht es nicht anders. Also: die Rückreise war sehr bequem, wir brauchten überhaupt nicht aus dem Wagen heraus, keinerlei

Ursula Ziebarth in Worpswede, Sommer 1954, Foto von Walter Niemann

Kontrolle. Die junge Dame neben mir, auch Schülerin der Oberschule, an der Frau Dr. Achelis Lehrerin ist, bekam von mir eine Banane (gekauft in der Rastherberge, wie bei der Hinreise, Du und ich), weil sie das Fenster aufbekommen habe, – sagte ich ihr – sodass ich nocheinmal die Hand meiner Bekannten bekommen konnte.

Ich las dann die Abschiedsnotiz, die Du mir an der Haltestelle geschenkt hattest – ich nehme sie ernst, ich nehme sie an. Der Vertrag ist geschlossen. Wie er sich auswirken wird, weiss ich im Augenblick nicht. Aber er besteht. Du hast alle Freiheit über Dein Leben, auch in Richtung W. N., ich sage das ausdrücklich, weil ich weiss, dass diese Seite etwas anders liegt, als Du sie gelegentlich schildertest. (Darüber allerdings noch später Einiges.) Aber ich werde niemals anders an Dich denken als mit Dank für das – vielleicht – trauervolle Glück, das Du für mich wurdest. Also bitte wisse: Du und Dein Zimmer war für mich keine Blaue Stunde, sondern ganz etwas Anderes. Ich hoffe so sehr, wenn Du das weisst, wirst Du etwas mehr Vertrauen zu mir haben u. mir das nächste Mal, das Merianheft zeigen u mir die kleinen Bücher schenken, die Du verfasst hast.

Hier war alles in Ordnung. Sehr viel Post, lästige Forderungen nach Beiträgen, Vorreden usw, dringendste Einladungen nach Köln – ich fahre aber nicht (da es nicht über Bremen geht).

Und nun noch Etwas, hinsichtlich dessen ich lange überlegt habe, ob ich befugt bin, es Dir zu schreiben. Es betrifft nicht unsre Beziehung, ich spreche nicht als Mann, dem Du so nahe gekommen bist u der etwa egoistische Motive hat. Höre: Du musst Dein Leben ändern. Du weisst, ich habe viele Frauen kennen gelernt, viele standen mir nahe, ich kann sie beurteilen. Du kannst nicht in den jetzigen Verhältnissen weiter leben. Du deklassierst Deinen Rang. Du bist eine Frau von seltenem Reiz, von höchster Qualität als Mensch u. Geist, ein wunderbares Gebilde – Du musst Dich für einen neuen Weg frei machen. Vielleicht nicht heute, vielleicht nicht morgen, vielleicht keine Trennung von Worpswede, keine Trennung von Bremen u. Deiner Tätigkeit, aber Du darfst nicht mehr aus dem Auge verlieren, dass Du ausserordentliche Kräfte in Dir vergeudest, wenn Du so weitermachst. Bitte denke darüber nach, mein grosses Gefühl für Dich veranlasst mich, Dir das zu schreiben. Sieh darin nichts anderes, bitte, als die mich selbst überraschende, verblüffende, fast ergreifende Verehrung für Deine Person.

Und damit Schluss für heute. Ich schicke diesen Brief nach W., damit er in Deiner Stube liegt, wenn Du nach Hause kommst, in dieser Stube, nach der ich mich in Oberneuland so sehnte, an die ich hier denke, an alle ihre Einzelheiten – Bücher, Teekessel, Regentonne. Bitte denke manchmal daran, wie sehr von jetzt an meine Gedanken bei Dir sind u. meine Blicke auf Dir ruhn.

Bleibe gesund, sei ruhig, bleibe wie Du bist.

Dein

G. B.

Mit „Frau Dr. Achelis“ *ist die oben (vgl. die Nachschrift zu Brief 2) erwähnte Studienkollegin Sibylle Haberditzl geb. Achelis gemeint. Wir hatten uns über die mir ungemein sympathische, gescheite Berliner Familie Achelis unterhalten.*

in Richtung W. N.: *gemeint ist der Worpsweder Maler, Graphiker, Bildhauer Walter Niemann, zu dem ich eine sehr enge Beziehung unterhielt.*

Benn spielt dann auf das Merianheft über Worpswede von 1949 an, in dem ein Gedicht von mir abgedruckt ist, ein juveniles, romantisches, das ich natürlich einem Lyriker wie Benn nicht zeigen mochte, wie ich mich auch nur schwer entschließen konnte, einem so bedeutenden Prosaschreiber wie Benn in die Schullektüre Einsicht zu geben, die ich damals quasi im Auftrag des Landes Bremen verfaßte. Es handelte sich um sogenannte Ganzschriften über Themen des Zusammenlebens in Familie, Dorf oder Stadt, über Alltagsereignisse, die Kinder interessieren. Die Büchlein dienten als Unterrichtsmaterial. Sie wurden illustriert von Walter Niemann.

Hier das Gedicht:

Mir lauert draußen der Wind bei den Hügeln,
sitzt eine Krähe und winkt mit den Flügeln,
es schwanken die Brücken mir unter den Schuhen,
der singende Regen läßt mich nicht ruhen,
die Buche, die euch so freundlich ist,
schlägt mich mit Ruten quer ins Gesicht.

Nachts sind die Lampen mir alle so fern,
trifft mich beinahe ein fallender Stern.
Am Hause öffnen die Türen sich schwer,
ich gehe auf Straßen und Plätzen umher,

dröhnt auf den Steinen böse der Schritt,
schwarz kriecht am Boden mein Schattenbild mit.

Die Liste der von mir verfaßten Schullektüre aus dem Prospekt des Verlags Eilers und Schünemann, Bremen, findet sich im Anhang. (S. 429 f.)

Die Passage von „Du mußt Dein Leben ändern“ *ab hat mich denn doch verblüfft. Zwar hatte der SPD-Politiker Hans Apel seinen zum geflügelten Wort gewordenen Satz „Ich dachte, mich tritt ein Pferd“ damals noch nicht gesprochen, aber just das Gefühl hatte ich, als ich diesen Briefteil las. Benn kannte mich seit elf Tagen, und schon hielt er sich für berechtigt, mir zu schreiben: „Du mußt Dein Leben ändern.“ – Ein berühmter Satz, mit ihm endet bekanntlich Rilkes Gedicht „Archaischer Torso Apollos“. Möglich, vielleicht sogar wahrscheinlich, aber nicht ganz sicher, daß Benn diesen außerordentlichen, weil im Verlauf des Gedichts gar nicht vorbereiteten Schlußhalbvers Rilkes im Sinn hatte, als er ihn mir hinschrieb und auch noch hinzufügte, ich würde meinen Rang deklassieren, wenn ich in meinen von ihm vorgefundenen Verhältnissen weiterlebte.*

Benns Einlassung veranlaßt mich, mein damaliges Leben zu schildern: Ich war 1947 fortgezogen aus Berlin, wo ich nach einem geisteswissenschaftlichen Studium in einer Bibliothek gearbeitet hatte, war fortgezogen, weil ich hinaus wollte aus den Bücherstuben zu den Malern, Graphikern, Bildhauern, Kunsthandwerkern. In meiner Arbeitsdienstzeit im Oldenburgischen im Sommer 1940 war ich zufällig und sehr zu meinem Glück einem Schlafraum zugeteilt worden, in dem auch Bettina Müller, eine Enkelin Heinrich Vogelers untergebracht war. Pfingsten, als wir drei Tage Urlaub hatten, nahm Bettina mich mit nach Worpswede in ihr Elternhaus im Schluh.

Diese erste Begegnung mit der so eigenartig melancholischen Landschaft Worpswedes, mit den schönen Bauernhäusern (ziegelroten Strohdachhäusern, die Balken des Fachwerks grün oder blau gestrichen), mit dem in einer sanften

Worpswede, Häuser im Schluh

Senke liegenden Schluh, einem kleinen Tal, das mit vielen, vielen Eichen bestanden ist, in dem es Tümpel gibt und in dem in drei herrlichen alten und auch einigen schönen neu gebauten Häusern die Nachkommen Heinrich Vogelers mit ihren Familien leben – diese erste Begegnung also war ein glückliches Ereignis, zog mehrere Besuche nach sich, bis ich Anfang 1948 übersiedelte nach Worpswede.

Das Zusammenleben von Bauern und Künstlern in diesem Dorf war etwas Einmaliges. Worpswede hat eine große Vergangenheit, Künstler, die zu Weltruhm kamen, lebten da (oder hatten da gelebt), unter ihnen als jüngster der „alten Worpsweder" Heinrich Vogeler, der Außergewöhnlichste. Er war nicht nur Maler, Zeichner, Radierer, er baute Häuser, entwarf kostbar schöne Innenräume (man denke an die wunderbare Güldenkammer im Bremer Rathaus), erdachte Gärten, Möbel, Bestecke, Tapeten, Porzellan und die berühmten Bucheinbände für den Insel Verlag. Ein herausragender und viele anregender Künstler des Jugendstils, der dann auch durch seine sozialen und politischen Initiativen wirksam wurde, eine Kommune auf seinem herrschaftlichen Barkenhoff am Weyerberg gründete. Schließlich, nach vielen ihm mißliebigen politischen Ereignissen in Deutschland, ging er zu Beginn der dreißiger Jahre ins kommunistische Rußland, wo er 1942, er war als Deutscher während des Krieges in Moskau nicht mehr geduldet, in Kasachstan elend starb.

Die zweite Erscheinung von Weltbedeutung war Paula Becker-Modersohn – wie vom Himmel gefallen diese außerordentliche Frau, voller Kraft, hohem Mut zu Farben, zu bis dahin nicht gemalten Themen – ein Ereignis der Malerei der Welt.

Zu meiner (und Benns) Zeit lebte und malte ein anderer von Weltrang im Dorf, nämlich Richard Oelze, ein ganz großer Surrealist. (Nicht zu verwechseln mit F. W. Oelze, dem Brieffreund Benns.) Seine Traumwelten, in hoher Malkultur vorgetragen, stehen als künstlerische Lebensleistung der Benns nicht nach. Ich schätze mich glücklich, diesen seltsamen Menschen, diesen großen Künstler gut gekannt und im Schluh zeitweise auf dem gleichen Gehöft wie er gewohnt zu haben. Einmal, am 11.11.1947, gingen wir zusammen zu einem Kostümfest bei Walter Niemann, mußten ans andere Ende des ausgedehnten Dorfes auf, wie in Worpswede so oft, durchgeweichten Wegen. Man konnte noch so gut achtgeben, einmal trat man doch in eine der tausend Pfützen. Kein ordentliches Schuhwerk an den Füßen, wir besaßen keines, und unsre Mäntel waren erbärmlich dünn. Doch Oelze vertrieb alle Beschwernis, indem er zum Beispiel plötzlich an einem Feldrain stehenblieb und behauptete, hier wären wir vor Oblomows Haus, allerdings nur vor der oberen Etage, sie schwebe da, und Oblomow läge auf seinem Sofa – ob ich ihn nicht sähe. Natürlich sah ich ihn in geblümtem Schlafrock dort ausgestreckt. Anderswo hielt Oelze vor einem Baum an und erzählte mir flüsternd, daß unter einer hochhöckernden Wurzel eine große Kiste vergraben sei, voller Wörter einer Sprache, die es noch nicht gebe. Unter der Preisgabe solcher Geheimnisse kamen wir schließlich in das warme Niemannsche Atelier. Es

Hotel und Kaffee Worpswede

befand sich in einem Haus, das Bernhard Hoetger gebaut hatte, und war ein achitektonisches Ereignis wie die anderen Hoetger-Bauten im Dorf und in Bremen.

Oelze war kein unzugänglicher Sonderling, wie manche das seinen Bildern entnehmen zu müssen glauben, er war nicht nur immer höflich, mehr, er war freundlich bis zur Herzlichkeit, bescheiden und nobel.

Gleichzeitig mit Richard Oelze war Otto Meier im Dorf am künstlerischen Werk. Ein Keramiker, er nannte sich Töpfer. Werke von ihm, Schalen, Krüge, Vasen und seine Phantasiegebilde sind der Stolz vieler Museen, Wunder aus Erde, eben aus Töpferton, edel in den Formen und die Oberflächen in Farben, die man noch nie gesehen zu haben glaubt, und manche sieht man auch zum ersten Mal, weil Meier sie aus Ingredienzen entstehen ließ, deren Zusammensetzung für seine Glasuren sein Geheimnis blieb, er erprobte immer neue Mischungen, erzielte mit ihnen immer neue Farben, gedämpfte, zurückhaltende Farbwunder, nicht unähnlich der Palette Oelzes.

Neben diesen beiden lebten und arbeiteten, als ich dort wohnte, viele Maler und Kunsthandwerker im Dorf. Martha Vogeler hatte eine Gobelinweberei eingerichtet in zwei herrlichen alten Bauernhäusern des Schluh. Hans Georg Müller, ein Enkel Heinrich Vogelers, nahm Architekturarbeit und Möbeltischlerei des Großvaters auf, schnitt Intarsien. Alfred Lichtenford malte seine farbleuchtenden Bilder.

Die Welt der Bauern und Maler war verwoben miteinander, bei so gut wie jedem Bauern hingen Bilder der Maler, Tauschhandelsergebnis aus karger Zeit, man malte sich sein Brot und die Butter dazu. Auch in den Gaststätten hingen Worpsweder Bilder, die frühen Künstler hatten so die Latte ihrer Zechen bezahlt. Und in den Malerhäusern und Ateliers standen bäuerliche Möbel, waren bäuerliches Gerät und Gegenstände der Volkskunst vorhanden. Eine besondere Kultur hatte sich gebildet, die Bauern waren stolz auf ihre Maler und diese hielten mit den Bauern gut Freund.

Auch Schriftsteller hatte es immer wieder nach Worpswede gezogen, Rilke zuerst, und er blieb der berühmteste. Er hat auch geschrieben über Worpswede und die ersten Maler dort. 1903 erschien seine „Monographie einer Landschaft" – da war er freilich schon nach Paris abgewandert.

Später wohnte Manfred Hausmann im Dorf, Lyriker, als Prosaschreiber ein Schüler Hamsuns, wie ich meine. Es gibt zwei lebendige Bücher von ihm: „Abel mit der Mundharmonika" und „Kleine Liebe zu Amerika".

Andere Autoren sind der Heimatliteratur zuzurechnen – außer einem, heute leider Vergessenen: Gustav Schenk. Ein Naturbesessener, immer mit Experimenten befaßt, ein Pflanzen-, ein Giftekenner, er schrieb über das Schachspiel ein anmutiges Buch, verfaßte Geschichten, in denen es ganz außergewöhnlich furiose Partien gibt, nirgends habe ich beispielsweise über den Schlaf so Eindrucksvolles gelesen wie bei Schenk, auch über Winde und Stürme nicht. Man ist zu faul, ihn wieder zu entdecken und zu drucken.

Sein Sohn, der Lyriker und Geschichtenerzähler Johannes Schenk war zu meiner Wohnzeit in Worpswede ein Kind, das von Bali träumte; inzwischen gibt es auch von ihm schöne und zu unserem Leseglück greifbare Bücher.

Doch Ruhm und Atmosphäre Worpswedes werden von den bildendenden Künstlern getragen. Noch immer.

Benn kam, als er mit mir in „mein Dorf“ *fuhr, unversehens in ein Ambiente, das ihm fremd war. Er war kein Augenmensch. Das klingt seltsam und ist auch falsch, ein Lyriker wie Benn verstand natürlich zu schauen, aber sein Blick war nicht an Kunst, Kunsthandwerk, Wohnkultur interessiert. Hingegen hatte er einen ganz ungewöhnlichen Blick für Blumen, wie ich es später in der Intensität nur noch ein einziges Mal erlebt habe, das Erfassen von Blumen: bei dem Juraprofessor und späteren Berliner Senator Wilhelm A. Kewenig. Ich bin weit mehr Bäumen als Blumen zugetan, ich liebe das Langlebende. Benn hingegen war ergriffen von aufblühender und vergehender Schönheit. Benns jüngste Schwester Edith erzählte mir, daß ihr großer Bruder, wenn er vom Frankfurter Gymnasium in den Sommerferien nach Hause kam, sie bat:*

Edchen, mein Mädchen,
geh doch zum Beetchen,
und hol mir Resedchen.

Reseda war in jener Zeit eine sehr beliebte, weil schön duftende kleine Pflanze, die sich in allen Gärten fand. (Übrigens auch in Gedichten aus jener Zeit.)

Benn spürte, daß die Worpsweder Welt etwas Besonderes war, aber auch etwas, mit dem er „nicht mithalten“ konnte. Benn war ein erratischer Felsblock in der Literatur, aber das auf so spezielle Weise Kultivierte Worpswedes war ihm fremd. Daß er die Menschen dort nicht einfach als „Künstlervölkchen“, als die von ihm nicht geschätzte Boheme abtun konnte, empfand er lebhaft, als er mit mir Till Hienz besuchte, eine zigeunerisch wirkende rumäniendeutsche Gobelinweberin, die einen wirklichen hölzernen Zigeunerwagen auf dem Gelände des Schluh bewohnte. Gewiß wird Benn nicht vermutet haben, daß er je im Leben in einem Zigeunerwagen

Platz nehmen würde, als Gast einer ganz ungewöhnlichen Frau, deren Literaturwissen dem seinen standhielt. Die beiden estimierten sich, wie man einer Karte entnehmen kann, auf der er meine Zeilen an Till aus Berlin unterschrieb:

Sehr Verehrte, jeden Tag sehe ich Ihre Photographie u. die von Pizzoni in einem Buch, das ich täglich studiere.

Ihr ergebener Benn.
Auf Wiedersehn!
12 X 54

(Pizzoni war Tills Pekineserhündchen, das erwähnte Buch ein Foto- und Text-Souvenirbüchlein, das ich für Benn nach seinem ersten Besuch in Worpswede geschrieben und geklebt hatte und in dem er das für ihn so seltsame Worpswede nachstudierte.)

Es mißfiel Benn, daß ich in einer Welt zu Hause war, die so gar nicht die seine war, in der er weder Fuß fassen konnte noch Lust hatte, großen Verstehens-Aufwand zu betreiben. Er wollte mich da herauslösen, aus Eifersucht, aus Unbehagen an einer Gesellschaft, deren Spielregeln er nicht kannte.

Weil in späteren Briefen häufig und manchmal leider abfällig von ihr die Rede ist, gleich hier eine Schilderung meiner „Stube": Bei kurzen Besuchen habe ich – wie noch heute – als Gast im Schluh bei der Familie Heinrich Vogelers gewohnt. Ganz und gar übersiedelte ich nach Worpswede, als mir Anfang 1948 die immer rührige Martha Vogeler, erste Ehefrau Heinrich Vogelers, der sie so oft und als eine herrlich schöne Frau gemalt hat – und eindrucksvoll war sie auch im Alter noch –, eine feste Unterkunft bei Berta Pohl verschaffte, keiner uninteressanten Frau, in der Zeit der alten Worpsweder hatte sie manchem Maler Modell gesessen, es kannte sie jeder. Nun lebte sie als Rentnerin und vermietete mir ein Zimmer, das zwar in ihrem Haus, aber außerhalb ihrer eigenen Wohnung lag und das bis 1955 meine Bleibe war, ein sehr geliebtes Zuhause. Ich konnte mich nur schwer entschließen, das Zimmer ganz und gar aufzugeben, als ich nach

Till Hienz, Foto von Ursula Ziebarth

Berlin zurückzog, behielt es noch eine Weile bei, bis die Vogeler-Familie der Doppelmiete ein Ende setzte, indem sie mir versicherte, ich könne im Schluh wohnen, wann immer ich zu Besuch ins Dorf käme.

Das Zuhausehaus stand am Ende des Weges zum Schluh an einem dreieckigen Platz, an dem es damals einen Lebensmittelladen, das Gasthaus „Zum Hemberg" und ein Gebäude gab, in dem sowohl das Armenhaus wie die Leichenhalle untergebracht waren. Nur um den Platz bewegen müsse ich mich, sagte ich Benn, es sei für alles gesorgt, bis ich schließlich in die Leichenhalle käme.

Das Zimmer war genau quadratisch, was einen Raum immer harmonisch wirken läßt, es hatte zwei schöne hohe Fenster, vor einem stand eine Regentonne. Es gab in diesem Zimmer, was der Mensch braucht: etwas zum Liegen und

Schlafen, einen Tisch, einen bäuerlichen Stuhl mit Armlehnen, Regale für auch damals schon „Regimenter von Büchern", wie Benn meine Bibliothek nannte. Zwischen den Fenstern eine friesisch so bezeichnete „Buddelei", ein Schränkchen für meine nach dem Krieg langsam wieder beginnende Sammlung von Miniaturspielzeugen – und natürlich einen Ofen, den meine Wirtin wie eine Feuerzauberin zu heizen verstand, sie sorgte auch behende für die Reinigung des Zimmers. Mein schöner, vom Enkel Heinrich Vogelers in vollkommenen Proportionen geschreinerter, von Walter Niemann phantasievoll bemalter Kleiderschrank stand auf der Diele. Er dient mir auch heute noch, wie ich ihm diene, indem ich seine Schönheit pflege. Es gab keinen schlechtgeformten Gegenstand bei mir, aber das zu sehen, war Benn außerstande. Ich weiß nicht, wie nach seinen Vorstellungen „standesgemäßes" Wohnen für mich hätte beschaffen sein müssen, scheußlich jedenfalls. Ich erschrak, als ich zum ersten Mal in die Räume seiner Wohnung kam, die es außer seinem Arbeitszimmer gab und die dem Wohnen dienten. Obwohl Benn gern damit paradierte, daß er, die „Laus aus Mansfeld", wie er es liebte sich zu nennen, nur in einem Zimmer lebte, dort schrieb und sich seinen Patienten widmete. Dem war auch so, aber es gab eben auch andere, sehr unschön möblierte Räume. Obwohl er sich also gern einen Einzimmerbewohner nannte, fand er es eben doch nicht „standesgemäß" (an welchen Stand dachte er eigentlich?), daß ich wirklich nicht mehr als ein Zimmer hatte. Eine Lebensform, bei der ich geblieben bin. Als ich im November 1955 wieder nach Berlin zog, bewohnte ich zuerst ein Zimmer in der Hewaldstraße, nahe Benns Wohnung, und seit 1961 lebe ich kontinuierlich in ebendieser Gegend in einem Einzimmerappartement. Das ist groß, hat Diele, Bad, Küche, aber eben nur einen Wohnraum. Ich mag es so, ich möchte da schlafen, wo meine Bücher stehen, wo ich arbeite, neben meinem Schreibsekretär. Es tut gut, da eingenistet zu leben, wo einen von Homer bis Dos Passos, von Shakespeare bis zu Gabriel García Márquez große Schreiber umgeben. Es schläft sich wunderbar zwischen ihren Büchern, und es erfreut, wenn morgens nach dem Aufwachen einem auf den Buchrücken ihre großen Namen unversehens in die Augen fallen.

Zu meiner Freude hatte Berta Pohl zwei Hunde, rasselose Dorfviecher, intelligent und friedfertig. Beide waren Rüden und unterhielten eine vorbildliche Männerfreundschaft, sogar zu einer annäherungswilligen Hündin trotteten sie gemeinsam, verharrten Stunden vor dem von der Besitzerin der heißen Dame sorglich verschlossenen Haus.

Niemals hätte Benn die Hunde gestreichelt, doch arrangierte er sich mit den beiden großen, kräftigen Burschen. Lagen sie im Garten, auf der Veranda oder in der Diele des Hauses, begrüßte er sie regelmäßig mit „Guten Tag, meine Herren!“ *Und da Benn eine angenehme, leise Stimme hatte, nicht zu hastigen Bewegungen neigte, die die Hunde hätten erschrecken können, gewöhnten sie sich an ihn, wedelten sogar mit dem Schwanz bei seinem Erscheinen, worauf er ungemein stolz war. Er sah auch zuweilen auf ihre Futternäpfe, wenn sie gerade fraßen, sagte* „Wünsche wohl zu speisen, meine Herren!“ *Und die Hunde bewedelten auch das.*

7

Telegramm vom 18. VIII. 54, 17.02 Uhr [Berlin]

Dank nochmal für schöne glückliche Tage
Ihr Benn

7a und 7b

[Zwei Päckchen vom 19. VIII. 54 aus Berlin]

In einem der Umschläge befand sich, mit der Anmerkung es sei sein letztes Exemplar, der Band „Statische Gedichte“, eine Lizenzausgabe des Limes Verlags nach der Original-Ausgabe des Schweizer Verlags „Die Arche“. Im anderen Umschlag

lag der Lyrikband „Trunkene Flut“ aus dem Limes Verlag von 1952.

Zu meiner Überraschung sah ich unter dem Datum 19. VIII. in einer Vitrine der Ausstellung „Gottfried Benn, 1886 bis 1956“, die das Deutsche Literaturarchiv in Marbach zum 100. Geburtstag Benns veranstaltet hatte und die ich am 18. August 1986 besuchte, etwas sehr Merkwürdiges, nämlich ein Typoskript mit handschriftlichen Ergänzungen Benns, ein Einzelblatt, mit Formulierungen, wörtlichen, aus den Briefen jener Tage an mich. Zu welchem Zweck dies Typoskript entstanden ist, weiß wohl niemand. Vielleicht der Entwurf eines Briefes an Oelze? Eher unwahrscheinlich. Etwas Tagebuchartiges? Der Entwurf zu einem literarischen Vorhaben? Jedenfalls wurde der Text ganz kurz nach seinem ersten Besuch in Worpswede verfaßt und spielt auf Vorkommnisse dort an.
Aufgeführt ist er im Katalog der Ausstellung unter der Nr. 248 auf Seite 337f.:

Gottfried Benn: Notiz über Frauen und Liebe
Typoskript mit handschriftlicher Ergänzung, datiert 19.8.[54]
Einzelblatt

Auch ich singe das hohe Lied der Frau! Wir sind ranzig, mürbe, liegen herum, stehn am Ausgang, jahrelang, und dann kommt Sie. Gesicht wie eine schwarze Orange, klein und schief, fischotterähnlich, als ob sie aus einer Flut auftaucht – wälzt alles um. Nun funkeln wir, blenden, plötzlich gruppiert sich alles anders. – Sind Sie eigentlich Tänzerin – nein ich auch nicht – welche Strumpfgrösse 10 oder 9 1/2 Arwa oder Nylon – – hören Sie, Sie halten von Trakl auch nicht so viel, ich auch nicht – spazierengehn? ausgeschlossen unnatürliche Bewegungsart – wir steigen in eine Taxe Gott ist das Alles grossartig! Und dann will sie erst den Mund nicht, aber dann will sie doch – phantastisch, alle Himmel leuchten, man ahnt etwas, alles zittert – So ist die Sache.

Im Laufe des Abend sage ich dann: eine Frau ist ein Gegenstand. Empörung! Wieso sage ich: Porzellan, Ming-Porzellan, unbezahlbar, schön anzusehn, schön anzufühlen. Gut, sagt sie, aber nicht zerbrechen, hoffentlich verstehn Sie das! Gut sage ich, ich bin ein Dorfjunge, der zum Militär eingezogen wird – Lachen Strahlen – ach, was wird alles noch werden! Keine dunklen Stunden, kein Ausverkauf, kein Verschleiss – neue, ewige, vorherbestimmte, niederknieende Glücke!

Dann natürlich ein neuer Anzug, Sakko – modischer Stil, Kniee enger, keine Umschläge unten, 48 cm. am Fuss –, Wade besonders ausgearbeitet –. Man belebt sich, sieht die Zukunft, steigt aus seinem Maulwurfsgang. Was gibt es denn eigentlich sonst noch?

8

Freitag, Nachm. 4 h. 20. VIII 54 [Berlin, durch Eilboten]

Meine Allerliebste, mit der 2. Post (2 Uhr) heute kam Dein so sehr ersehnter Brief. Also wir beginnen unsere Korrespondenz mit Missverständnissen, tut nichts, wir können uns im Grunde garnicht wirklich missverstehn. Es ist meiner Meinung nach nicht deklassierend, wenn man Zettel in einen korrekten Brief legt, den ersten Brief – das ist vielmehr oft so im Anfang einer Liebe –, eine Vorsicht, ein Weg, von dem anderen etwas Persönliches, Inneres zu erfahren, nach dem es einen so verlangt u wenn es im Augenblick nicht anders geht. Was <u>meine</u> Bemerkungen über Deklassierung angeht, so sind sie nie gesellschaftlich, moralisch, sozial gemeint gewesen –, ganz anders –: wenn Dich ein Mann sehr liebte u. er sähe Deine 6Jahrelangen Ausstrahlungen u. Verbindungen – vielleicht litte er sehr? Lassen wir das. Wenn Du es als „massiven Angriff“ gegen Dich auffasst, haben wir für gewisse Dinge ein anderes Gefühl. Ich kann Dich nicht ‚angreifen‘, ich kann nur Sorge um Dich haben, nur Freundschaft, nur Zärtlichkeit; wenn Du das nicht weisst, so lerne, Liebste, bitte, es zu wissen. Sicher bin ich zu früh fortgefahren. Aber die Ursache dazu warst doch Du. Du bist da zu Hause, mit tausend Beziehungen, Verpflichtungen, Bindungen, die ich nicht kenne. Ich kann doch unmöglich Dich – nach solanger Abwesenheit – dort einfach mit Beschlag belegen u mich bei Dir einnisten. Das wäre wohl nicht sehr schick. Jedenfalls ist es mir lieber, Du meinst, ich sei zu früh fortgefahren statt: zu spät. Sicher weiss ich heute, dass ich ruhiger und glücklicher wäre, wenn wir uns noch näher kennen gelernt hätten, aber – Liebste – auch hier warst Du diejenige, die sich nicht ganz erschloss, ich hätte gerne mehr von Dir gehört u. gewusst u. entgegengenommen.

(S. anliegenden Fragebogen!)

Ich weiss, dass ich Dich sehr bald wiedersehn muss. Mit Radio Bremen sehr einverstanden. Vielleicht kann man es kombinieren mit Project Oelze – Lohner (der USA-Mann), der Ende August nochmals zu Oe. kommen wollte. Ich hatte ja Oe. schon gesagt, dass ich vielleicht dann hin käme. Ich werde heute noch an Oe. schreiben. Was das Wohnen angeht, wäre Wohnen in Bremen besser. Bitte schreibe mir, wann der letzte Autobus von W. nach Br. geht u wann morgens der erste.

Du fragst lieberweise, wie ich den Tag verbringe – sieh Dir den Fragebogen an, dann weisst Du es: ich denke an Dich. Im Rundfunk war es ganz nett, 2 Flaschen Boxbeutel auf dem Tisch u. Prof K u ich unterhielten sich mit einem gewissen Amüsement u gegenseitigen Ironieen. Es dauerte fast 3 Stunden, das Ganze. Wann es gesendet wird, weiss ich nicht, ist mir auch ganz gleich, – je m'en fiche.

Gestern kam zu meiner Überraschung eine Italienische Anthologie meiner übersetzten Lyrik. Hübscher Band, 120 Seiten, Verlag? ; mir völlig unbekannt, dass dort sowas erscheinen sollte (Links: deutsch; re. italienisch). Ich kann kein Wort italienisch – aber Du mit Deinen grossen Erfahrungen in nächtlichen Autofahrten zum Castello Gandolfo ... Kannst vielleicht etwas lesen. Wenn ich Dir nicht schon soviel Lesezeug geschickt hätte, sendete ich es Dir.

Liebes, schreibe wie Du willst, ohne Begleitbrief, tu alles, wie Du es magst. Schreibe auch, ob ich Dich mit zuviel Sendungen belästige und bedränge u. Dir zuviel Zeit nehme.

Vergiss unsere Tage nicht, bitte! Guten Sonntag. Ich vergesse nichts. Keine Stunde u kein Wort.

Dein G.

18 / 8

Einzelfragen. Bitte gelegentlich beantworten. Keine Neugierde; meine Gedanken spinnen Sie etwas ein, da Sie selbst nicht da sind.

1) Was ziehen Sie auf dem Lambretta über, um nicht nass zu werden, wenn es regnet?
2) Sie machen abends Ihr Haar auf?
3) Schlafen Sie nachts durch?
4) Träumen Sie viel?
5) Wie lesen Sie eigentlich? Können Sie nur grosse Schrift lesen (Gontscharow Lermontow) lesen Sie manchmal mit Brille, strengt Sie lesen an?
6) Wo leben Ihre Verwandten u Bekannte aus Woldenberg u. Landsberg? Flüchtlinge? Steht einer Ihnen nahe?
7) Sind die Konstanzer Verwandten auch Neumärker?
8) Soll ich lieber Schreibmaschine schreiben? (Kann es nur sehr schlecht).

Kritzele über Tag das hin, wenn mir etwas einfällt

---

9) Wir haben einige seltsame kleine Gemeinsamkeiten:
a) Sie beantworten Briefe entweder sofort oder nie – ich auch.
b) Sie verachten in Gedichten: .... . ich auch.
10) welche Strumpfgrösse haben Sie? 10? 9 1/2?

U. A. w. g.

11) Ich wäre Ihnen dankbar, wenn Sie mir kleine Einzelheiten aus Ihrem Tagesleben erzählten: wann Sie nach Hause gekommen sind, bei wem Sie abends waren (Rief? Dame aus Tunis? Pincus? Hotel Altona?) Möchte so gerne in Gedanken Ihren Tag verfolgen u miterleben. (Bin albern, wie? Sie lachen mich aus wie bei einer bestimmten Gelegenheit, als ich Ihre [*von Benn unleserlich gemachtes Wort*] küsste)

Bin Ihnen wohl recht widerlich mit meiner vielen Schreiberei?

Geben Sie mir Ihren schwarzen Orangen-Kopf einen Moment –

Merci – je vous adore!

Be.

19/8

Wie ich die Strasse vor mir sehe, an der Ihr Haus liegt: Sch[w]ieberths Gasthof, das Armenhaus, rechts das Feld mit Mandeln, den so leuchtend gelben Postkasten an der Post – werde ich das Alles noch einmal sehn? „on verra" –

Sind Sie eine leidenschaftliche Tänzerin? Tanzen Sie gern?

20/8

Es ist lange her, dass mir daran lag, am Leben eines anderen durch Mitfühlen, Mitwissen, Fragen und Gedanken teilzunehmen.

Be

G.B. hatte mich dazu bewegen wollen, seiner Ehefrau wegen, ihm Briefe neutralen Inhalts zu schreiben, die er ihr zeigen konnte, Privates, uns Betreffendes aber auf einen Extrazettel zu notieren, den er für sich behielt. Ich hatte das deklassierender gefunden, als in nur einem Zimmer zu wohnen. Weder aus meiner Familie noch von meinen Freunden, auch von den Worpsweder Künstlern nicht, kannte ich solches Verheimlichen. Mir gefiel das verdeckte Spiel nicht, in das ich gezogen werden sollte. Und wenn ich dann doch ein paar

W. N. und U. Z. auf Euphrosine, Karikatur von Walter Niemann

Mal solche neutralen Briefe mit beigelegtem Zettel ihm zuliebe schickte, trug das bei mir zu – wenn auch unterdrücktem – Unbehagen an der Beziehung zu Benn bei.

Mit „Lohner“ *ist Edgar Lohner (geb. 1919) gemeint, der in den Vereinigten Staaten Literaturwissenschaften lehrte, Benn ins Englische übersetzte, und er stellte auch als erster eine Benn-Bibliographie zusammen.*

Mit Prof. K. *war offenbar der im Brief Nr. 15 genannte Prof. Kunisch gemeint.*

Ein Prospekt der erwähnten italienischen Ausgabe lag dem Brief bei: Poesie di Gottfried Benn, a cura di Leone Traverso, Florenz: Collana Cederna, *Valecchi 1954. Später schenkte Benn mir das Buch.*

Zum Fragebogen: Bestimmt habe ich ihn Punkt für Punkt beantwortet. Nur weiß ich nicht mehr, wie. Was ich den Fakten nach wahrscheinlich schrieb, kann ich hier anführen, vielleicht bin ich jetzt ausführlicher.

Zu 1:) Keinen Regenschutz zog ich über, um auf dem Motorroller nicht naß zu werden. Es war nicht die Marke Lam-

bretta, wir fuhren auf einer im Worpswede nahe gelegenen Sittensen gebauten „Sitta“, die wir „Euphrosine“ nannten. Euphrosine ist eine der drei Göttinnen der Anmut, der Chariten. Ihr griechischer Name bedeutet Frohsinn. Wir knatterten also auf einer Göttin der Anmut hin und her zwischen Worpswede und Bremen, was Benn über unsere skurrile Verbindung von damals neuester Technik mit altem Bildungsgut weidlich grinsen ließ. Der Frohsinn hielt sich bei Regen oder Kälte sehr in Grenzen. Mantel oder Jacke hatte ich natürlich dabei, aber nie im Leben habe ich Regenschutz gemocht. Einen Schirm benutze ich auch heute nur sehr, sehr selten, eigentlich nur, wenn ich mehrere Bücher oder sonst etwas, das nicht naß werden darf, unter dem Arm habe.

Seinerzeit fuhr ich werktäglich auf dem Motorroller Walter Niemanns, hinter ihm sitzend, nach Bremen und zurück. Wir arbeiteten dort gemeinsam als freie Mitarbeiter an Schulbüchern in der Pädagogischen Arbeitsstelle des Landes Bremen, in der Humboldtstraße 183. Dorthin hat Benn später viele Briefe adressiert.

Zu 2): Je nachdem, eher selten.

Zu 3): Manchmal ja, manchmal nein.

Zu 4): Sehr viel, und ich schreibe Träume auch auf, nicht um einer Deutung willen, sondern um die Traumbilder zu bewahren.

Zu 5): Ich kann (auch jetzt im Jahr 2001) Schriften gut lesen, in schwierige finde ich mich schnell ein. Bis zum Jahr 1998 brauchte ich auch zum Lesen keine Brille. Bis heute strengt es mich nicht an zu lesen; daß ich allerdings jetzt eine Lesebrille benötige, entzückt mich nicht, man muß sie denn doch zu oft suchen. Benn suchte seine Brille zwar nie, er hatte immer zwei davon in der linken oberen Jackentasche, empfand es aber doch als höchst lästig, ihrer zu bedürfen, machte mir einmal vor, wie unbequem es ist, als Brillennutzer etwas an einer Litfaßsäule lesen zu wollen: Man muß sie aus der Jackentasche hervornesteln, kann aber die Bügel nicht sofort auf die Ohren setzen, das ließe der Hut (den er immer trug) nicht zu, also den Hut in den Nacken schieben wie ein ange-

trunkener Laubenpieper, dann Brille auf und die Litfaßsäule absuchen nach dem, was man wissen will. – Benn machte das so witzig vor auf offener Straße vor einer Litfaßsäule, daß ich mich ausschüttete vor Lachen angesichts seiner Pantomime, die man ihm so öffentlich gar nie zugetraut hätte. Solche kleinen Schauspielstückchen waren auch selten bei ihm, doch kamen sie vor, und er lieferte sie perfekt ab wie auf einer Kabarettbühne. Weil man sie von ihm nicht erwartete, war man verblüfft und doppelt entzückt.

Zu 6) und 7): Ja, meine Verwandten waren Neumärker, bis auf den Mann meiner Tante Alice, der vom Bodensee stammte und dort schon vor dem Krieg mit ihr lebte. Dieses bereits vorhandenen „Familienstandortes" wegen sind die bis Kriegsende in der Neumark lebenden Verwandten an den Bodensee geflüchtet. Die „Tanten" waren Cousinen meiner Mutter, erfüllten aber lebenslang die Funktion von Tanten in der entzückendsten Weise. Leider sind sie inzwischen verstorben, gottlob erst in hohem Alter; Benn hat sie alle noch kennengelernt.

Zu 8): Er müsse nicht auf der Maschine schreiben, ich könne seine Schrift gut lesen; auch ich verstünde nur miserabel mit der Schreibmaschine umzugehen.

Zu 9): Weiß Gott, ich kann in Gedichten Pünktchen, bei denen man sich offenbar etwas denken soll, nicht ausstehen. Aber auch in der Prosa nicht. Wer keine Worte finden kann, soll's Schreiben lassen.

Zu 10): Ich fand es ein bißchen unpassend, nach der Strumpfgröße gefragt zu werden.

Zu 11): Rief *– gemeint ist der mir noch immer befreundete Archivar Worpswedes, Hans-Herman Rief. Auch zu ihm war ich mit Benn gegangen, wobei der erste Besuch merkwürdigerweise „anonym" blieb: Rief hatte bei der Vorstellung Benns dessen Namen nicht verstanden, und Benn mochte auch nicht, daß man ihn mit vollem Ornat „Gottfried Benn" vorstellte. Besuchten mich Berliner Freunde, ging ich immer mit ihnen zu Rief, schon weil er so wunderbare Dinge besitzt. Auch er bewohnt nur e i n Zimmer! Benn nahm Bilder und* *andere Kunstgegenstände bei Rief kaum wahr, geriet jedoch in Feuer, als er in Riefs Bücherregal die gelb leuchtenden Bände der alten Josef-Conrad-Ausgabe aus dem S. Fischer Verlag sah. Benn verehrte diesen polnisch-englischen Schriftsteller ebenso wie Rief, die beiden Männer kamen sofort ins Gespräch über ihn. Als Benn dann noch Jacobsens „Niels Lyhne" entdeckte, und zwar in der deutschen Erstausgabe des Reclam Verlags, die Benn auch besaß und aus der Jackentasche zog (er pflegte das Bändchen mitzunehmen auf Reisen), war Benn geradezu eingenommen von Rief. Jens Peter Jacobsen war ein Lieblingsautor Benns geblieben, den Anfang von „Niels Lyhne" liebte er zu zitieren: „Sie hatte die schwarzen, strahlenden Augen der Blider." Das ist ja auch ein wunderbarer Buchanfang. Inzwischen hat mir Rief gesagt, daß es im Dänischen nicht im Plural „die Augen" heiße, sondern „das Auge". „Die Augen", eine Eigenmächtigkeit der Übersetzerin Anka Matthiesen, ist natürlich eine viel schönere Formulierung. Jedenfalls lud Benn, so wichtiger Gemeinsamkeiten wegen, Rief zum Abendessen in sein Hotel ein, und da Rief beiläufig erwähnt hatte, wie gern er Käse äße, hatte Benn eine opulente Platte verschiedener Käse servieren lassen, und die Wirtin war so stolz auf ihr Arrangement, daß sie uns selbst bediente. Benn konnte Grazie haben als Gastgeber – aber natürlich war ihm auch daran gelegen, meine Freunde näher kennenzulernen, sich ein Bild von „meiner Welt" zu machen.*

Später, auf Riefs Bitte hin, hat Benn am 19.12.54 etwas in Riefs schönes Stammbuch geschrieben, das so kostbare Blätter enthält, von so vielen bedeutenden Geistern geschrieben und Rief gewidmet, daß Benn staunte darüber, wer alles nach Worpswede kam und Rief besuchte, Heidegger zum Beispiel.

Benn schrieb den folgenden Vers aus den „Statischen Gedichten":

Form nur ist Glaube und Tat.
Nur die von Händen berührten
und dann den Händen entführten
Statuen bergen die Saat.

Worpswede, Hans-Herman Rief und sein Zimmer, Fotos von Ursula Ziebarth

Seltsamerweise weicht diese Fassung von der gedruckten ab, in der es heißt: „die erst von Händen berührten“ anstatt „nur die“. Dies letztere ist besser, aber wohl aus einem Gedächtnisfehler, einem glücklichen, Benns entstanden. Benn war diese Strophe (wie das ganze Gedicht) offenbar wichtig. Er zitierte sie oft, schrieb sie auch mir als Widmung auf das Vorblatt seiner „Statischen Gedichte“, da allerdings in Übereinstimmung mit der gedruckten Fassung, die er in diesem Fall ja bequem hatte nachschlagen können.

Wegen des Programmatischen, wegen des Primats der Kunst, den er hier zu artikulieren wünschte, liebte Benn diese Strophe. Ich konnte ihr nie etwas abgewinnen, ja, ich halte sie geradezu für mißlungen, für einen der wenigen Fälle, in denen Benn seinem Vorhaben sprachlich nicht gewachsen war.

Er meinte: Die von Händen geschaffenen und dann entlassenen Statuen – aber das sagte er nicht. Von Händen berührt werden Statuen millionenmal auf der Welt. Jedes Kind faßt eine Statue im Park oder sonstwo an. Entführt werden

Statuen ihrem Schöpfer nur in den seltensten Kriminalfällen. Normalerweise gibt der Bildhauer sie frei, wenn er seine künstlerische Arbeit für beendet hält, sie gehen an den Auftraggeber, in den freien Verkauf an den Kunsthandel, oder sie bleiben erst einmal als fertiges Produkt in Wohnung, Atelier oder Garten des Künstlers. Daß sie die „Saat bergen", ist auch keine überzeugende Formulierung für das, was gemeint wurde, nämlich die enorme Keimkraft der Kunst, mit der sie sich ins Bewußsein, in das Leben der Menschen hineinbringt. Eine ganz unglücklich geschriebene Strophe, wie ich finde. Aber das habe ich Benn nie gesagt, da er sie mir als Widmung eingeschrieben hat und überhaupt an ihr als einer, wie er meinte, wesentlichen Aussage von ihm hing.

Dame aus Tunis: *Es handelte sich um die im Bremer Raum recht bekannte Malerin Lisel Oppel; sie lebte gewöhnlich in Worpswede, verbrachte manchmal aber viele Wochen in arabischen Ländern, in Marokko oder Tunis. Auch mit ihr hatte ich Benn bekannt gemacht, sie war eine originelle, im Dorf schon fast legendäre Frau.*

Pincus: *Klaus Pinkus, ein reicher Intellektueller, der sich in Worpswede ansässig gemacht hatte. Er stammte aus der bekannten Textilindustriellenfamilie Pinkus in Schlesien. Leidenschaftlich an Kunst interessiert, hatte er großzügig sowohl Robert Musil wie den Schlesier Herrmann Stehr regelmäßig finanziell unterstützt. In Worpswede zeigte er sich ebenfalls hilfreich. Auch ihn hatte Benn kennengelernt.*

Mandeln: *Ein alter märkischer Ausdruck für zum Trocknen gegeneinander aufgestellte Garben.*

Zur Frage nach dem Tanzen: Ja, ich tanze gern, und die Worpsweder Künstler tanzten viel, für musische Menschen verständlich, wenn nicht selbstverständlich. Die neuesten Platten wurden gekauft, französische und amerikanische vor allem, wir liebten die Andrew Sisters, tanzten endlos nach dem Hit „Begin the Beguine", hörten in Tanzpausen Edith Piaf und Juliette Gréco. In Paris war's die Zeit der Existentialistenkeller. Wir waren hingerissen von französischen Chansons (Benn auch). Für solche Abende und halbe Nächte genügten uns ein paar Brote und Kekse, wir tranken Saft oder Tee. Für Alkohol hatten wir weder Geld noch Lust auf ihn. Drogen kannten wir nicht einmal dem Namen nach, niemand damals. Leichtherzig und leichtfüßig tanzten wir im Schlubhaus auf der Diele und um die Webstühle herum, alles war improvisiert bis auf die vorbereiteten winterlichen Kostümfeste in größeren Ateliers, die dem Bedürfnis der Maler nach Malerischem zu genügen hatten. Was Benn mir von den Festen der 20er Jahre in Berlin erzählte, hatte weit schärferen Charakter. Ihm kamen unsere Vergnügungen eher wie Kinderfeste vor.

9

Telegramm vom 21. VIII. 54, 16.30 Uhr [Berlin]

Dank für wirklich reizendes Heft und eingelegten Zettel guten Sonntag vergiss nicht G.B.

Benn bedankt sich für meine Schulschrift „Unser Dorf".

10

Sonntag 10 1/2 vorm. 22 VIII 54 [Berlin]

Liebste, Deine Sendung war herrlich: Eine Broschüre bzw. ein Buch interessanten Inhalts, ein freundlicher unpersönlicher Brief, aus dem ich aber doch viel Privates entnehmen konnte (die Ausstellungsangelegenheit) u. der liebe liebe Zettel, der mich glücklich macht. Dein Heft zeigte ich Madame, sie las u sagte: „Ausgezeichnet! Eine Frau, die darüber so eindrucksvoll und plastisch schreiben kann, ist mindestens so klug wie Deine Astrid mit ihrer Doctorarbeit" (die Kölnerin, ich erzählte Dir davon). Ich las u. fand das auch. Du hast ein ganz ausgesprochenes Talent, für Jugendliche zu erzählen.

Seit wann hat sich das in Dir entwickelt, zu Geschichte und Latein hat es doch eigentlich keine Beziehung – wie kamst Du darauf? Für Linolschnitte habe ich persönlich nicht viel Sinn, aber ohne Zweifel ist N. sehr begabt –, hübsche Sachen!

Nun die Ausstellungsaffäre. Es sind wohl ausgerechnet die Tage, in denen Lohner zu Oe. kommen wird u. hinsichtlich derer ich inzwischen alles darauf angelegt habe, nach Br. zu kommen. Schadet aber schliesslich auch nicht viel. Wir sehen u sprechen uns doch u ich werde Deine Augen küssen können. Vielleicht wohnst Du ein par Tage in Br., entweder bei Bekannten, wenn Dir das lieber ist, oder im Hotel, ich lade Dich ein. Dann sind wir abends doch jedenfalls zusammen.

Ja, Du musst mir wieder gegenüberstehn, ich sehe u fühle es alles, Du allerliebster Mensch. Aber das Gegenüberstehn genügt mir nicht mehr, ich will Dich sprechen, fragen, in Dich hineinsehn, – „Erkennen" (aber nicht im alttestamentlichen Sinne allein, fürchte nichts), ich möchte Dich trinken: Etwas aus Deinem Kopf, aus Deinem Herzen, aus Deinem Mund, etwas von Dir mitnehmen, das in mir bleibt. (Ich habe sowas, glaube ich, noch nie an eine Frau geschrieben – oder es müsste 30 Jahre her sein u. ich weiss es nicht mehr.)

Es ist mir ein wunderbarer Gedanke, dass Du jetzt 3 Tage zu Hause bist, wo ich einiges von Dir kenne, u Dich mir an dem Eschenen Tisch vorstellen kann u. auf dem Sofa u. auf den Wegen, die wir gingen. Hast Du nun eigentlich das Gedicht aus dem West-östlichen Divan gelesen? Ach, ich glaube, Du nimmst alles nicht ernst u. es [ist] Dir nicht so wichtig.

Radio Bremen: bitte mich nicht anbieten, die Leute müssen zu mir kommen. Und natürlich Honorar zahlen, ein Interview umsonst mache ich nicht.

Im „Spiegel" von dieser Woche, dessen Titel ein hübsches Frauengesicht ist, ist ein Bild von mir unter „Grosse Alte" (handelt sich um Lyrik.) Weiss nicht, woher das Bild ist.

Am letzten Sonntag kam ich um 10 1/2 zu Dir u. wir blieben den Tag ganz zusammen – ein schöner Tag, ein schöner, dunkler, schwerer süsser Tag – hast Du ihn noch im Gedächtnis oder schon vergessen? Das meinte ich mit meinem Telegramm gestern – „vergiss nicht"..

Wie kommst Du mit „Stockholm" weiter?

Schreibe mir bitte ganz ganz ehrlich, ob ich zu viel an Dich schreibe u. Dir Zeit fortnehme mit meinen Briefen. Liebste, tu sais, was Du für mich bist u. dass wir verkettet sind.

Dein G.

Bei „Broschüre bzw. Buch" *handelte es sich um die von mir verfaßte Schrift „Unser Dorf", die ich Benn schließlich doch geschickt hatte. Sie ist mit Linolschnitten von Walter Niemann illustriert. Auf die Arbeit an Schulbüchern war ich gekommen, weil ich Freude an Kindern habe, an ihrer Wißbegier. Das meiste der damals gängigen Schullektüre fand ich langweilig und wortarm. Das müsse nicht sein, meinte ich. Zwar kann man Schul-, also Lernlektüre denn doch nicht schreiben wie „Pippi Langstrumpf", das wunderbare Buch, aber sie kann auch farbig sein und vor allem nicht mit so kümmerlichem Wortschatz nur ausgestattet wie Schulbücher damals ringsum. Klar und doch nicht ärmlich schreiben wollte ich für Kinder der Unterstufe, damit sie Freude an Wörtern bekommen und lernen, sich anschaulich auszudrücken. Ich hatte Vergnügen an dieser Arbeit.*

Astrid: *Gemeint ist Astrid Claes, die eine Dissertation über den lyrischen Sprachstil Gottfried Benns geschrieben hatte.*

Ausstellungsaffäre: *Damit ist eine Lehrmittelmesse gemeint, auf der ich den Stand des Verlags Eilers und Schünemann zu betreuen hatte. Die Frage danach, wie ich mit* „Stockholm" *weiterkäme, bezieht sich auf meine Mitarbeit an der Zeitschrift „Jugend und Welt". Für sie schrieb ich unter anderem auch jeweils über eine europäische Hauptstadt. Weil ich auf manchmal abenteuerliche Weise viel umhergefahren war, kannte ich die meisten der europäischen Kapitalen. Später erschien unter dem gleichen Schriftleiter, Dieter*

Kaergel, in Freiburg im Breisgau die Jugendzeitschrift „Stafette“, für die ich auch schrieb, und auch auf Beiträge in dieser Zeitschrift bezog sich Benn im Laufe der Zeit.

11

Sonntag Abend. [Poststempel vom 23. 8. 54 Berlin]

Mein liebstes, süsses Gesicht, der Sonntag ist zu Ende, er war nicht schön, grau u. ohne Freude. Ich bin so unsicher geworden, ob Du nicht meine Werbungen u. Liebeserklärungen an Dich übertrieben u. langweilig findest, ich kenne Dich wirklich noch zu wenig, Du bist so jung u ich so alt. Ich lasse mich gehen, ich weiss es u. will es, ich lasse meinem Gefühl für Dich freien Lauf, vielleicht ist es rücksichtslos gegen Dich u. Deine innere Art, ich weiss es nicht. Wir hätten soviel zu besprechen – ach, ich weiss garnicht, was Du eigentlich fähig bist, zu erleben u zu ertragen, wenn wir unsere Strömungen zu einander u. in einander weiter gewähren lassen. Ich bin keine leichte Sache, ich bin dunkel u schwer – u was bist Du, – ich weiss es nicht.

Wie oft kommt die Post in W.? Einmal? Und werden die Eilbriefe u Telegramme auch abends u. nachmittags ausgetragen? Stören Dich diese Überfälle? Bitte sage mir in Allem immer die Wahrheit, wir kommen sonst nicht weiter, nichts aus Deinem Mund wird mich kränken u. Du kannst mir viel zumuten, ich bin innerlich nicht zu zerstören, nicht mehr – dazu habe ich zuviel erlebt an Trauer, Niederschlägen, Erfahrungen innerer u äusserer Art, ich bin ein einsamer Mann, der mit Glück nicht mehr rechnen kann, aber Dich, Ursel, umarmt und küsst er. Schickst du mir, bitte, ein kleines Bild von Dir? Du hast soviele Mappen, wie ich sah, nun lege eine neue an: G.B. 6 VIII 54 – ? Aber verwahre sie gut u. nur Du alleine sieh sie an. Dir gehört alles, aber nur Dir. Süsse Ursel,

Dein G.

Du brauchst nicht auf Alles zu antworten, Liebste, ich spreche nur mit Dir u. Du hörst es Dir an –, ich frage mich immerzu, wer bist Du eigentlich, dass das Alles so gekommen ist? Kannst Du meine Schrift einigermassen lesen? Sonst lege nur die Hand auf den Brief u sein Sinn ist erfüllt.

Dein G.

12

Montag. 23. VIII 54. [Berlin]

Liebste süsse Lady, der Sonntag gestern war grau, aber der Montag begann strahlend: 2 Briefe, obschon draussen der Dauerregen weitergeht. Dank, Liebste! Schöner langer Brief von der Couch aus mit dem Schal um den Hals! Mein Telegramm fandest Du wohl erst vor, als Du von den Lampions zurückkamst. – Daß Du Dir keine Regenhaut kaufst über den Kopf u. alles andre, verstehe ich nicht. Eines Tages holst Du Dir eine Lungenentzündung, stirbst u ich komme um. Mit dem Letzteren wäre ich einverstanden, mit dem ersteren nicht, denke daran. Manchmal schreibst Du so schön blöd: „willst Du aber auch Relationen zu mir ...“ (Relationen ist gut!), Urselchen, ich komme doch nur wegen Deiner nach Bremen, Oe. u der U.SA Mann sind mir doch völlig gleichgiltig, das ist doch nur Tarnung, und wir müssen es so machen, dass wir immer zusammen sind (– wenn wir geahnt hätten, was am Schluss unserer 7 Tage vom 10. – 16. VIII vorlag, hätten wir wohl auch in den Tagen manches von vornherein anders angelegt.) Nach W. käme ich sicher viel lieber, weil es Dein W ist, weil Du da überall bist, aber wir wollen die Frage offen lassen u abwarten, wie sich die Dinge entwickeln. Der USA Mann fährt am 10. 9 nach USA zurück, also wird er doch wohl während der Ausstellung kommen. –

Was die Gedichte angeht, so können wir beide keine .... Striche u Punkte leiden, weil sie etwas andeuten u ausdrükken sollen, was der Autor offenbar sprachlich nicht ausdrükken kann.

Wenn am Freitag Deine Ausstellung beginnt, schreibe ich weniger, da Du dann abends zu müde bist zum Lesen u. Entziffern, aber wenn Du denken solltest, dass das einen andren Grund hat, wüsstest Du wenig von mir. (Du weisst ja auch nicht viel von mir – aber was heisst: wissen, wenn man sich li... (ich scheue mich, das Wort hinzuschreiben).

Ich danke Dir nochmal sehr, dass Du vorigen Sonntag Deinen kleinen Ofen geheizt hattest, das war sehr angenehm nach all der Nässe u Klammheit bei Massen. Wie ich Deine Stube liebe u die Stühle, auf denen ich sass. Bitte grüsse Frau Pohl! Sie gehört zu dem Mysterium.

Wohin darf ich Sie küssen, Lady? Auf die kleinen roten Flecke im Gesicht oder die Impfnarben am re. Oberarm oder den geliebten schiefen Mund? Nein das geht wohl zu weit.

Nie Misere, immer Dein GB.

Tarnung: *Wie sehr Benn der neutralen Begründung bedurfte, um wieder nach Worpswede zu kommen, wurde mir erst klar, als ich in der 1980 erschienenen Ausgabe seiner Briefe an Oelze*[2] *das folgende las:*

Sonntag 22 VIII 54.

Lieber Herr Oelze, wir kennen uns nun 25 Jahre und darum erlaube ich mir mit einer Bitte zu kommen, für die ich um Wohlwollen bitte. Es handelt sich um Folgendes: ich möchte unter allen Umständen bald noch einmal nach Bremen oder Umgebung fahren, da ich da etwas unerledigt zurücklassen musste. Bitte verstehen Sie, aber verstehen Sie nicht falsch. Das kann ich nur bewerkstelligen, wenn Sie mir etwas helfen, um es hier unauffällig zu machen. Ich habe schon hier angedeutet, dass ich vielleicht nochmal fahre, um Herrn Lohner kennen zu lernen, falls er Sie noch einmal besucht. L. schrieb mir Anfang des Monats aus Köln, dass er nach seiner Reise nach Italien noch einmal zu Ihnen möchte u. er wäre sehr

2 Gottfried Benn, Briefe an F. W. Oelze 1950-1956. Wiesbaden 1980. Brief Nr. 689. Seite 216 f.

glücklich, mich zu sehn. Ich antwortete ihm, dass ich auf jeden Fall käme, wenn er das bewerkstelligte. Ich nehme an, dass ihn das mitbestimmen wird, Sie noch einmal aufzusuchen. Meine Bitte geht also erstens dahin, dass Sie und Ihre Gattin sich der grossen Liebenswürdigkeit unterziehn, ihn noch einmal anzunehmen und zweitens, dass Sie an mich besonders betont und dringend dann schreiben würden, Sie würden mein Hinkommen begrüssen. Um es gleich zu sagen, ich würde in Bremen oder W. wohnen, und Sie würden von meinem Kommen u. Gehen nach Obernld. keine Schwierigkeiten wie das letzte Mal haben. Übrigens hat Radio Bremen mich schon wissen lassen, dass er sehr gern eine Sendung mit mir machen würde, wenn ich noch einmal käme (das würde also auch das Finanzielle sehr angenehm regeln, – ginge aber auch ohne dem).

[...]

Wenn Sie, lieber Herr Oelze, mir etwas Schlechtes antworten wollen, tun Sie es bitte auf einem Zettel in Ihrem Brief. Aber hören Sie mich an: wenn ein Mann meiner Jahre noch einmal auf etwas stösst, das ihm Freude macht, kann er es sich leisten. Richten Sie bitte Ihre Gedanken nicht in Richtung Erotik, sondern in der Richtung, dass es einen sehr berührt, wenn man als alter Mann überhaupt noch auf ein inneres Entgegenkommen bei reizvollen jungen Frauen stösst, auf eine Berührung der Sphären, zu denen natürlich auch die Erotik gehört, die aber etwas ganz anderes bewirken und bedeuten, nämlich eine Art Bewegung affektiver Schichten, die einen für eine Weile fortführen von Erstarrung, Müdigkeit, Fettwerden, Ranzigwerden – von all diesen Dingen, in die ich geraten war und aus denen ich hier kein Entkommen sah. Das ist auch das Motiv, das mich schon im vorigen Herbst bewog, zu erwägen, den Winter in einem anderen Ort, Hamburg, München (oder Bremen!) zu verbringen. Wollen Sie also bitte die Sache und meine Bitte, im Sinne unserer Freundschaft betrachten.

[...] Immer

Ihr

Benn.

Ofen: *Mein Ofen machte das Zimmer sehr schnell mollig warm, was Benn mehrfach erfahren hat. Um so erstaunter war ich, in seinem Brief an Oelze vom 16. III. 55 zu lesen, mein Zimmer sei „unheizbar" gewesen. Es war hervorragend zu heizen, vorausgesetzt, man hatte Geld für Kohlen. Im „Hotel und Kaffee Worpswede" hatte ich Benn untergebracht, weil das Haus in dem noch nicht an eine Kanalisation angeschlossenen Dorf Worpswede eine eigene Grundwasserleitung hatte und auch weil es ein sehr schöner expressionistischer Bau ist und es wenig originäre Architektur des Expressionismus gibt. Das Quartier, dachte ich, müsse den Ex-Expressionisten freuen. Es war seinerzeit das beste Hotel im Dorf, doch heizte man dort nicht im August. Der Ziegelbau hielt gewiß Feuchtigkeit, und Benn mochte so ganz und gar nicht das Worpsweder Klima, das, so nah dem Teufelsmoor, natürlich ein sumpfiges war, eben Moorklima, das aber den Menschen offensichtlich zuträglich ist, sehr viele dort werden über neunzig Jahre alt. Doch Benn liebte Südliches, Mediterranes, auch was die Witterung anlangt. „Unzerspaltene Sonne", wie es in seinem Gedicht „Meran" heißt. Mir hingegen ist jedes Wetter recht, nur lang anhaltende, gleichbleibende Witterung mag ich nicht. Ich finde den Wechsel zwischen Sonne, Regen, Sturm, Wärme, Kälte belebend, und Nebel entzückt mich geradezu.*

13

Dienstag 24. 8. 10 h vorm. [Berlin, durch Eilboten]

Liebste, die Dinge entwickeln sich schlecht. Heute schreibt mir Herr Oe., der Lohner (USA) will am Sonnabend, 28., also diesen Sonnabend, kommen. Da bist Du schon in Deinem Betrieb. Was machen wir? Wenn ich dann käme u. Du hast die ganze Woche keine Zeit – was dann? Ich bin sehr unglücklich. Eine ganze Woche dort bleiben u. warten, bis Du fertig bist, kann ich nicht gut. Hast Du mit Radio schon irgendwas besprochen? Könntest Du nicht doch in Br. über

Nacht bleiben, wenigstens einen Tag? Ich will ja zu Oe. eigentlich nur einen Nachmittag raus, sonst wollte ich nur Dich haben u. geniessen. Blöde Sache! Was tun? Muss nachdenken. Kuss.

Dein G.

bitte wenden

- Wie hiess das Hotel, das Du mir empfahlst? „Zur Post"?
- Tut mir so leid auch für Dich. Deinen Briefen merkte ich an, wie sehr Dir die Ausstellung Freude macht – soll ich garnicht kommen?

G

- Bitte trotz der Dringlichkeit der Sache kein Telegramm oder Eilbrief hierher, es sei denn, dass mit Radio was ist. Ich werde Dir alles erklären, wenn ich Dich sehe.

G

14

24. VIII 54 [Berlin, *Begleitzettel zu einem Päckchen*]

– 1 Paar dünne Strümpfe für die Lampionsnächte

– 1 Paar stärkere für die Lambrettafahrten –.

Bei keiner der Unternehmungen bin ich dabei, aber vielleicht denkst Du beim Anziehn ein mal an den armen Spender.

G.

15

24. VIII 54 nachm. 5 h.
[Berlin, *zweite Zusendung dieses Tages*]

Liebes, ich erhielt Deine beiden Briefsachen vom 23., den mit der Schilderung Eures Fests, den mit der Verkündigung, dass Du mich nicht sehen willst. Ich bin etwas überrascht, ja sogar betroffen über die Schärfe dieser Absage, ich finde die Form etwas rigoros. Aber es ist nicht meine Absicht, darüber zu reden. Denn es ist für mich kaum ein Zweifel, dass dahinter noch etwas anderes steht, als Deine Müdigkeit. Denn sonst wäre es mir unerklärlich, dass Du nicht ein mal in eine Hotelhalle kommen könntest, damit wir uns sehn. Ich glaube, ich könnte 24 Stunden arbeiten müssen u, wenn ich wüsste, Du bist in meiner Nähe, käme ich in jede Spelunke. Aber lassen wir das, ich habe wahrhaftig kein Recht es anders zu erwarten. Das ist meine Misere.

Ich bin Herrn Lohner sehr verpflichtet, er kommt jetzt zum 2. Mal nach Bremen, nur meinetwegen, wegen der Arbeiten u Übersetzungen, die er von mir macht. Ich muss ihn begrüssen. Abgesehn aber davon brauche ich im Augenblick auch eine Art Tarnung hier bei mir; Du kannst nicht erwarten, dass ich, bevor ich Dich noch einmal gesehn u. gesprochen habe, mich den Schwierigkeiten hier stellen kann, die sich ergeben würden, wenn ich ohne ersichtlichen Grund so bald von Neuem zu Dir führe. Es steht also Dein Leben mit der Ausstellungsverpflichtung gegen meins mit andren Verpflichtungen, also soll es wohl im Moment so sein.

Es ist vielleicht das Beste, ich schreibe Dir über meine Reise nach B. garnichts mehr. Werde Dich auch nicht anrufen oder in Deinem Zelt besuchen. Das Radio, diesen ganzen Dreck, lasse ich auf sich beruhn, danke Dir aber sehr für Deine liebenswürdigen Bemühungen.

Ich kenne Dein Leben, Deine Gefühle, Dein Inneres zu wenig, um zu einem klaren Urteil über uns beide zu kommen. Damit Du nicht denkst, ich sei „böse“, beleidigt, gereizt, sende ich gleichzeitig die 2 Strümpfe ab, die ich heute vormittag – noch in heiterer Laune – Dir kaufte. Ich denke unverändert an das Glück, das Du mir keineswegs versprachst, aber warst u bedeutetest, wohin immer Dein Weg Dich führt, meine Gedanken werden ihn begleiten.

Die Zeitschrift, in der die Hauptstädte geschildert waren, hiess: „Faust“, Verlag Erich Reiss, Berlin. Es war etwa im Jahr 1923 oder 24.

Die idiotische Sendung Kunisch – GB kommt schon übermorgen, Donnerstag, 22^{45} – 23^{30}. Aber gehe um Gottes-Willen schlafen, es sei denn, Du tanzt wieder bis 3, dann kannst Du ja kurz unterbrechen. Ich höre sie bestimmt nicht an.

Am 6. 9. 14 h. (Mittagsruhezeit) sendet Baden-Baden zum 2. Mal den Altersvortrag. Ich bin geboren 1886, bin also 68 Jahre, aber die Benns werden alt, mein Vater 83, ich hoffe, mir bleibt das erspart.

Bleibe gesund, komm nicht ins Krankenhaus am 6. 9., lasse Dir auch keine Spritzen machen, Du bist garnicht krank, Du bist labil (u etwas böse!)

Ich habe mir von Deinem Verlag – gegen Kasse – Deine Bücher bestellt über Post u Polizei, ich will auch noch was lernen.

Lebe wohl, fremde Frau, fernem, fremdem, für mich undurchdringlichem Leben verhaftet.

GB liebte Dich wahrscheinlich, aber was soll er nun tun? (Von Sonnabend an werde ich wohl nicht mehr hier sein). Mit der jungen Dame neben mir sprach ich wenig, dachte an anderes.

Dein G.

Da ich damals nicht wußte, daß G.B. Vorwände für seine Reisen brauchte, hatte ich wohl geschrieben, daß wir uns ja nicht unbedingt in der Woche treffen müßten, in der ich einen Messestand zu betreuen hätte, nach Schluß des Tages noch Bücher wegräumen und Bestellungen sortieren müsse und damit ausgelastet sei. Gar nichts anderes steckte dahinter.

Es war nicht nach meinem Geschmack, daß man mir Strümpfe schenkte.

komm nicht ins Krankenhaus *und* Du bist labil: *Das war ich in der Tat. Die Basiserkrankung war eine Myokarditis gewesen, die mich 1938, als ich sechzehn Jahre alt war, für fast ein Vierteljahr in Berlin ins Krankenhaus gebracht hatte. Es gab damals noch keine Antibiotika, man konnte die*

Krankheit also nicht coupieren, sondern nur durch langes Liegen heilen. Danach blieb ich anfällig für Herzrhythmusstörungen, mit denen ich gerade ein Jahr bevor ich Benn kennenlernte, also 1953, mehrere Wochen in Bremen im Krankenhaus gelegen hatte. „Paroxysmale tachycardien" war die Diagnose. Gewiß versteht man, daß ich trachtete, einen neuen Einbruch zu vermeiden, und mich also während der Messearbeit lieber nicht von einem so schwierigen Menschen, wie Benn es war, besuchen lassen wollte. Was für ein Medikament mir damals injiziert werden sollte, weiß ich nicht mehr, es kam gar nicht zu dieser Behandlung, schon aus Zeitgründen nicht.

16

24. 8. 54 abends [Berlin, *dritter Brief dieses Tages*]

Liebes – letzter Brief vor dem Ausstellungsfurore! Ich sende Dir morgen ein Telegramm, ich möchte nicht, dass Du auch nur eine Viertelstunde Unruhe durch mich hast. Dazu stehst Du mir zu nahe, Du in Deiner Zartheit u. Gebrechlichkeit. Warten wir also ab, vielleicht wird alles noch gut u. wir können uns wenigstens sehn u sprechen. Vielleicht wird das Wetter schön u dann gehe ich nach W. u. warte auf Dich. Sei sicher, dass Du unverändert geliebt und geborgen an meiner Hand gehst – wenn Du magst. Auch wenn ich manches nicht ganz begreife. Bleibe mir gewogen, bleibe süss, denke auch einen Augenblick daran, dass zwischen uns ja ein Vertrag besteht! Ohne Kündigung ist der nicht zu ändern.

Schluss! Nun freue Dich auf die Ausstellung. Zieh die Strümpfe an – oder wirf sie in die Wümme.

Dich vergisst nicht einen Augenblick

Dein G.

17

25 VIII 54 10 1/2 vorm. [Berlin]

Dank für Deinen lieben Anruf, war sehr schön, Dich zu sprechen. (Musste aufhören, da mir gerade eine neue Couch gebracht wurde) Habe an Lohner telegrafiert, ob er Ende der nächsten Woche kommen kann, muss abwarten, was er antwortet. Hättest Du mir von Anfang gesagt, dass Du das aus wirtschaftlichen Gründen machen musst, wäre ich weniger unglücklich gewesen, so stand ich vor einem Rätsel, dass das plötzlich für Dich eine so lebenswichtige Affäre sein musste, dass Du unsere Beziehungen geradezu abbrachst. Nun werde ich Deinen „wütenden" Brief noch schlucken müssen. Meinen lies ruhig, Du musst Dich nicht immer von den Dingen, die von mir kommen, so zurückhalten, wenn Du fürchtest, es sei bitter, aber wahr! Lassen wir das Alles, bis wir uns sehn. Und wir wollen uns sehn u. zwar in Deinem W. Irgendwie werde ich es einrichten. Dank nochmal für Anruf, Liebste. Und nun viel Glück für die Ausstellungstage.

Dich umarmt

Dein G

11 1/2 vorm.
nach dem 2. Anruf:

Dank, Liebste. Die Gespräche gehn vom Honorar ab, merke Dir die Summe. Wo Du wohl gesprochen hast? Post? Lichtenford? Also nun wird alles in Ordnung kommen dank Deiner Hilfe.

Ich freue mich so sehr darauf, dich wiederzusehn.

Dein G

4h. nachmittags.

Um 2h kam der angekündigte liebe Brief. Dank! Er hat mich aber garnicht so vergiftet, wie Du vielleicht hofftest. Er hat so reizende dumme Stellen, dass ich entzückt war. Darüber mündlich – Du Polyalphabetin. In unserer Schrift ist etwas Gemeinsames: wir ziehen oft die einzelnen Silben garnicht zusammen, verbinden sie nicht, lassen sie frei stehn, – soll ein Zeichen grosser Distanz, Unverbundenheitsbestrebungen, Kommunikationslosigkeit sein (trifft bei Dir charakterologisch aber garnicht zu, Du bist – hör zu, schlage mich, denke ich manchmal: – gar kein Einzelwesen, sondern ein Worpsweder Collectivum. Darum komme ich ja auch wieder hin – Du schriebst neulich, W. sei nicht mein Interieur, stimmt, nein, ist es nicht, aber Du bist mein Interieur, willst Du es vielleicht nun mal behalten?) Dank für Photos, sehr lieb von Dir! Zärtlich

Dein G

Damals war ich wirklich nicht in der Lage, auf den Nebenverdienst, den mir die Messe bot, zu verzichten. Für selbstverständlich hatte ich gehalten, daß Benn sich darüber im klaren sei. Er wußte, daß ich ausschließlich vom Schreiben lebte, und ich meinte, er könne sich vorstellen, wie man vom Verfassen von Schullektüre und Beiträgen in Jugendzeitschriften nur leben kann. Daß er vor einem Rätsel stand, war mir ein Rätsel.

18

Donnerstag 26 VIII. [54, Berlin]

Liebes, von Lohner keine Nachricht, von Oelze auch nicht. Vielleicht verschiebt sich die Sache. Wäre ja das Beste. Bitte schreibe aber hier nicht mehr her, ehe wir nicht wissen, wann ich fortmuss. Ich telegrafiere Dir rechtzeitig Ankunft, erwarte aber Dich nicht, hast keine Zeit u. wir sehn uns ja dann. Ich werde mit dem Zug fahren, denke ich. Allerliebste, auf Wiedersehn. Bleibe gesund. Alles Schöne für die Ausstellung. Einen Kuss von Deinem

G

bitte wenden!

Dank für Brief von Mittwoch. Also es bleibt bei Folgendem: ich telegrafiere rechtzeitig, an welchem Tag ich fahre. Ich komme mit Zug. Ankunft Bremen: 17^{55}, also kurz vor 6. Oelze kommt bestimmt nicht, erfährt meine Ankunft nicht. Bitte bestell mir dann im Hotel zur Post 1 Zimmer für einige Tage. (Wichtig, da jetzt durch die Ausstellung vielleicht alles besetzt.) Alles andere mündlich. Grosses Glück im Anzug, wenn ich Dich wiedersehe.

Dein G

19

Freitag, 27. 8. [54, Berlin]

Liebes, Dank für Deinen Anruf heute. Aber es könnte auch sein, dass ich einmal nicht in der Sprache sprechen könnte, die wir gewohnt sind. Sei nicht zu impulsiv: ich verfolge unsere Angelegenheit genau so „vernünftig" wie Du u. ganz auf den Kopf gefallen bin ich auch nicht (natürlich nicht so schlau wie Du) u gewisse Erfahrungen habe ich auch erworben. Deine Briefe zeigen so viele wechselnde Gesichter, nicht jedes Gesicht strahlt mich gleichermassen an; der gestrige hatte das Gesicht von einem Kobold oder einer Dryade – ein „säumiges Luder" bin ich nun auch schon! Nun tut nichts.

Also Donnerstag, 2 IX., abends 6h werde ich Dich vielleicht wieder vor Augen u. in den Armen haben. Ich nehme an, Du meinst das Hotel zur Post, Dependance, Hohenlohestr. 42? Ich habe auf dem Stadtplan von Br nachgeschaut, ich würde lieber in dem Hotel zur Post am Bahnhof wohnen, da das näher am Bahnhof u Autobushaltestelle liegt. Aber wie Du willst, bitte teile mir noch mit, wo Du mich einquartieren willst.

Die Radiosache nehme ich nun selber in die Hand. Tausend Dank für Deine Hilfe, aber bitte überlass das Weitere mir. Ich kenne dies Millieu besser u. kann es handhaben. Näheres am Donnerstag Abend. Vielleicht kannst Du mit mir Abendbrod essen gehn? Wann geht der letzte Bus nach W.?

Dies ist auch mein Sonntagsbrief, kein Telegramm wird kommen, kein Eilbrief. Wir werden sparen, um Dir eine Regenhaut zu kaufen! Lebe wohl, mein Liebstes. Über Alles werden wir sprechen. Sei umarmt

Dein G

Nicht „säumiges Luder", *sondern* „säumiger Lieber" *hatte ich geschrieben, wie Benn bei genauerem Hinsehen zugeben mußte. Schuld am Mißverständnis war meine Handschrift. Ich hatte moniert, daß er auf einen Fragebogen von mir nicht geantwortet hatte.*

Eine Regenhaut habe ich mir nicht schenken lassen; bis heute, 2001, ist dergleichen für mich ein gräßliches Kleidungsstück. Wenn's pladdert, gehe ich nicht hinaus, werde ich von einem Guß überrascht, stelle ich mich unter, leichten Regen mag ich. Regen ist etwas Natürliches, dem ich mich gern dann und wann aussetze. Zu meinen Lieblingsfilmpassagen gehört das berühmte „singing in the rain", in dem Gene Kelly auf einer Straße in Paris hinreißend im Regen tanzt und auch singt. Konnte ich immer gut nachempfinden.

20

27./8 [54, Berlin]

„Säumiges Luder" zu Fragebogen:

1) Lese: (lesen heisst: Einige Stellen anlesen, dann wieder andere)
a) Proust: In Swanns Welt b) Beckett: Molloy (B. ist der Godot-Mann) c) Flaiano, Ennio: Frevel in Aethiopien.

2) Zimmer: (furchtbar unordentlich) a) Untersuchungsstuhl, für meine Dir geschilderten Damenpatienten, einige ärztliche Tische usw. Mikroskop. Waschbecken mit fliessendem warm u kalt Wasser.

b) Schreibtisch, sehr einfach, nicht groß, völlig bedeckt mit Briefen, fremden Manuscripten, Telefonapparat, Aschbecher, Scheren, Lupe, Schreibmaterial.
Zimmer-Grösse: 4:4 Zeichnen kann ich keinen Strich.
2 Fenster auf Hof; darin Katze, von Portier.

3) Schlafengehn zwischen 10 u 11 u 11 1/2.

4) Haushälterin: Liselotte, 26 Jahre, Ruf: Frl. Liselotte. Ist reicher als wir alle zusammen: Vater 400 Morgenhof in der Nähe von Brandenburg a. H., sie selber von Tante 200 Morgen geerbt. Alle flüchtig, glauben aber, einmal zurück zu können. Gutartig.

5) Ein Dr. Alexander B. ist Arzt in der Pfalz, Sohn von einem Bruder meines Vaters, der Arzt war in Lenzen a. d. Elbe. Kenne diesen Vetter nicht, nie gesehn. Gar kein Familiensinn bei G. B. (Dagegen Ursel-sinn vorhanden)

[*Neben einem kleinen Foto von G. B.:*] GB vor 20 Jahren – long long ago – als Ursel zur Schule ging.

Wie Benn mir im Brief vom 20.8., hatte ich ihm auch einen Fragebogen geschickt. Ich hatte Freude daran, Einzelheiten aus seinem mir noch sehr fremden Berliner Leben zu erfahren. Daß Benn, wie er schreibt, in Büchern herumliest, mal hier, mal da, war mir nicht sympathisch; doch weiß ich, daß viele so lesen. Ich lese immer nur ein Buch zur Zeit, und das von der ersten bis zur letzten Zeile, ich neige dazu, einen Autor ausreden zu lassen. Es sei denn, man hätte Anlaß, ihn schon nach wenigen Seiten zu verwerfen und wegzulegen.

Die Schilderung seines Zimmers hat mich amüsiert und erschreckt zugleich, denn ich bin eigentlich kein Freund von Unordnung, aber sein Chaos konnte man sich nur sympathisch vorstellen. Wie schön, daß er auch die Katze erwähnt und angibt, daß sie dem Portier gehört.

21

Sonnabend 28 VIII 54 16 h. [Berlin, *durch Eilboten, maschinengeschriebener Brief mit einigen handschriftlichen Zusätzen*]

Liebstes Herz, Dank für Brief aus der Ausstellung vom 27., Freitag! Also ich werde in der Postdépendance in der Hohenlohestr wohnen – Dank für Besorgung. Unsere Gedanken treffen sich: wäre wunderbar, wenn du Donnerstag mit mir essen könntest. Wenn du auch übernachten könntest, wäre es noch herrlicher (Geld habe ich genug für uns beide mit!) Der letzte Bus nach W. geht doch sicher schon zwischen 7 u. 8? Aber wie es für Dich am wenigsten anstrengend ist.

Mir erscheint es unwirklich, dass wir uns wiedersehn werden. Ich werde dein Gesicht sehr genau studieren und alle deine Sünden darin suchen. Habe keine Angst vor dem Wiedersehn, wir werden uns nicht zerreissen. In Br. habe ich einiges vor: ich will mir die Bibliothek ansehn (ich habe schon letzten Winter daran gedacht, einige Monat in einer Stadt mit grosser Bibliothek zu verbringen, da es ja hier keine gibt. Dann habe ich jetzt direkt an den Rundfunk geschrieben – unter Bezugnahme auf deine Vermittlung – und meinen Besuch am Freitag oder Sonnabend vorm. angekündigt. Ich will zunächst einen Höflichkeitsbesuch machen und mir die Leute ansehn, dann entscheide ich mich, ob ich überhaupt was mache. Kommt was zu Stande kann ich dann immer noch Dienstag vorm. hinfahren. Solange ich noch in B. wohne, ist es ja keine Arbeit, da vorbeizugehn und es sieht zwangloser aus.

Manches hängt vom Wetter ab: ich hätte mir z.B. gern mal Bremerhafen angesehn, da es ja am Meer liegt und das liebe ich so. Muss eine ganz hübsche Stadt sein, kennst du es? Könntest du vielleicht mitkommen – morgens hin, abends zurück nach W. z.B. am Mittwoch, wenn ich da beim Radio nichts zu tun habe? Auf die Ausstellung bin ich weniger neugierig. Natürlich muss ich mir deinen Stand an sehn und dich beschauen.

Ich habe Dein Post- und Polizeibuch bekommen – reizend, reizend, junge Dame, ein Sondertalent von hohen Graden. Darüber mündlich mehr.

Bitte schreibe am Montag Deinen letzten Brief hierher. Wäre mir kein angenehmer Gedanke, wenn einer nach meiner Abreise käme, der vielleicht geöffnet würde.

Und nun muss ich dies doch als Eilbrief schicken, damit du morgen Abend einen Gruss hast, denn der mit dem Fragebogen ist kein Eilbrief und kommt wahrscheinlich erst am Montag an.

Lebe wohl, auf Wi[e]dersehn, liebes Herz

Dein G.

Dies ist meine Schreibmaschine, eine alte Adler, und ich kann nicht gut schreiben, aber sie soll dir schnelleres Lesen ermöglichen, wenn du müde nach Hause kommst. Aber das i schlägt schlecht an.

22

Montag 30 VIII 54. [Berlin]

Mein Liebstes, dies ist nun der letzte Gruss. Die Aussicht, Dich wiederzusehn, verschlingt mein Inneres.

Bitte versuche es einzurichten, dass Du am Donnerstag im Hotel übernachtest. Es wäre so schön, wenn wir zusammen reden könnten, bis Du müde bist. Und Du kannst dort Freitag früh so gut dann in das nahe Zelt IV gehen.

Lohner schreibt heute, er kommt erst am Sonnabend Morgen. Ich, wir, haben also den Freitag zur Verfügung u ich werde meine Angelegenheiten erledigen (u Dich sehn).

Heute bekam ich keine Nachricht von Dir. Ich werde schwer gestraft u weiss nicht einmal warum.

Vergiss, bitte nur nicht, am Donnerstag zur Bahn zu kommen! Wäre sehr schlimm. Was sollte ich dann mit meinem „Koffer u. meinem dummen Gesicht" anfangen.

Der Sonntag gestern in der Ausstellung war sicher höllisch anstrengend, armes kleines Urselchen! denke [versehentlich statt „habe"] sehr an Dich gedacht.

Nun sehn wir uns u. werden – hoffentlich – nicht enttäuscht sein (?). Wird noch alles da sein, was vom 10-16 VIII in u. um uns war? Ich hoffe so sehr.

Alles Liebe, alles Zarte u
Zärtliche!

Dein G

23

Telegramm vom 31. 8. 54 15[45] Uhr [Berlin]

Bitte dringend in Dependence Hohenlohestraße wohnen zu dürfen Sie mißverstehen so vieles. Gar kein Grund zur Beunruhigung, ich weiß alles, mehr als Sie schreiben.
[*Der Abschlußgruß des Telegramms ist aufgrund der Handschrift des Worpsweder Postbeamten nicht zu entziffern*]

Benn.

Vermutlich hatte ich geschrieben, daß er wohl besser, wie anfangs auch von ihm gewünscht, im Haupthaus des Hotels „Zur Post", direkt gegenüber dem Bahnhof gelegen wohnen würde. Benn neigte aber dazu, für alles komplizierte Gründe zu vermuten.

24

3 9. 54 6 h. [Bremen]

Liebes,
ich möchte noch etwas schlafen. Ich lasse mir das Frühstück aufs Zimmer kommen, tue Du das auch. Ich besuche Dich in der Ausstellung. Nimm Deine Sachen mit u. fahre heute Abend nach W. Du schläfst dort besser u. ich hier auch.

Alles Liebe.

G.

Auf ein Rezept geschrieben, hatte Benn mir diese Zeilen unter der Tür meines Hotelzimmers hindurchgeschoben.

25

Montag, 13. 9 54 vorm. 10 h [Berlin]

Mein lieber süsser zärtlicher Mensch, Deinen Zettel las ich schon, als ich Deine schwarze Gestalt auf dem Bahnsteig entgleiten sah, las ihn u. Dank erfüllte mein Herz. Das also ist der Vertrag. Von den Erlebnissen am Sonntag vormittag ist ein besonderes, ein erstes u. einmaliges, Du weisst, was ich meine, das war eine Vermählung, sieh es so an u. denke so daran. Dann ist alles gut.

Die Fahrt war angenehm, in Wunstorf fasste ich 2 Bananen u stillte meinen Hunger, nach Hannover kam dann ein Speisewagen.

Hier unendlich viel Post. Leider die mich berührende Nachricht, dass „Mops" Sternheim, die Du ja in Paris, wie Du erzähltest, kennen lerntest, gestorben ist an Unterleibskrebs. Für die Mutter traurig, ich kannte sie ja beide so gut. – Ganz gute Nachrichten auch (für uns): Eine sehr liebenswürdige, fast devote Einladung vom Hamburger Goetheverein dort zu sprechen u. eine Einladung vom Radio Bern. Reisespesen u 500 frs. Also, on verra – nous nous verrons bientôt!

Von meiner Tochter Karte aus Rom, darin der Satz: „Dass es Männer gibt, die eine blonde Frau allein nach Italien reisen lassen" – sie ist blond u. hat offenbar eine enge Bindung in Kopenhagen (mir bekannt, seriös).

Wenn ich allein das, was inzwischen über die Laus aus Mansfeld schon wieder geschrieben ist, lesen würde, brauchte ich einen halben Tag dazu. Du kannst eigentlich diese Aufgabe in Deiner grossen Güte u. Liebenswürdigkeit übernehmen?

Ich habe gestern den ganzen Nachmittag Deine Schritte begleitet u heute früh auch. Das weisst Du. Das wirst Du jetzt immer wissen. Zur Zeit fragst Du die Polizei über die Fundsache aus.

Das wird für heute alles sein. Alle „Pritschen“ haben sich für heute angemeldet. Ich denke an Dich, ich vermisse Dich, ich liebe die unendliche Grazie Deines Geistes u. Deines Körpers. Ich umarme Dich zärtlich, Dein G.

Bitte Gruss an Walter, ich vergass gestern, Dich darum zu bitten, aber bitte hole es nach.

G.

Der Film, in den Du heute gehn wolltest, ist der, den ich hier sah. Ich vermute, dass er Dir ebenso wenig gefallen hat wie mir. Bitte schreibe mir darüber. Dank, Liebste, für alles!

Dank, Liebste, Dunkles!

Dein G

Fundsache: *Für die Jugendzeitschrift schrieb ich einen Aufsatz über das Städtische Fundbüro – seine Organisation, und wie sehr es ein Platz des Kuriosen ist.*

Pritschen: *Leider verwendete Benn diesen zynischen, im Milieu aber offenbar üblichen Ausdruck für Prostituierte, die zur Pflichtuntersuchung zu ihm kamen – und er mochte manche von ihnen richtig gern, rauchte eine Zigarette mit ihnen, fand sie anständig, seiner Praxis treu, und er sagte mehrmals, sie hätten so eine angenehme Art, einem fest die Hand zu geben.*

Walter: *Gemeint ist Walter Niemann (siehe oben). Ich sorgte dafür, daß die beiden sich jedesmal sahen, wenn Benn in Worpswede war. In beider Interesse und in meinem auch. Sie sollten sich kennen- und schätzen lernen.*

Film: *Um welchen Film es sich handelte, weiß ich nicht mehr.*

26

13. 9. 54 [Berlin]

Die Serie der Zusendungen beginnt, liebste Ursel. Brauchst nicht für jede Einzelne zu danken. Alles Dein.

G

Benn hatte mir etliche Aufsätze, z.T. über ihn, geschickt und auch Bücher, die mir zu leihen ich gebeten hatte. Leider weiß ich nicht mehr, welche es waren.

27

Dienstag 14. IX. 54 [Berlin]

Meine süsse Urle, jetzt brechen also über Dich die Bücher herein, die Du bei mir bestellt hast, ich sende sie heute als Drucksachen ab. Behalte sie alle, stelle sie auf die neuen Bretter, die über Deinem Kochstellchen angebracht werden sollen. Alle meine Bücher gehören Dir u Du wirst noch mehr im Laufe der Zeit bekommen. – Die kleine Tasche, die ich Dir für die Briefe senden wollte, hatte ich lange nicht angesehn, sie ist recht schäbig, finde ich jetzt, aber ich schicke sie doch, besser als [in] der Konfektschachtel sind die Briefe da doch untergebracht (Lass Dir auch eine Schnur an Dein linkes Rouleau machen, damit Du ziehen kannst u. nicht vom Stuhl fällst, wenn Du sie herunterholen willst).

Ich erwarte Deinen Brief, den Du morgen schreiben wirst, am Donnerstag 2h mittags werde ich ihn in Händen halten. Ich lebe und webe noch in W: Pudding, Schluh, Schwiebert – u wie war das Café Niedersachsen hübsch. Dein kleines Gesicht, Deine Arme, Dein Alles küsse ich in Gedanken u. denke an unser nächstes Wiedersehn.

Wunderbar war es, dass unser Abschied am Sonntag so klar war, fast heiter, so sicher, dass wir jetzt alles wissen u. tun werden.

Sei umarmt, Liebste.

Dein G.

Kochstellchen: *In einer Ecke meines Zimmers stand ein weißes Tischchen, darauf ein Petroleumkocher. In ungefährlicher Höhe darüber ließ ich weitere Bretter für Bücher anbringen.*

kleine Tasche: *Es handelte sich um eine sehr schöne rote Ledermappe mit Goldprägung, gefüttert mit grünem Leder. Sie hatte zwar Gebrauchsspuren, erfreute mich aber sehr. Freilich reichte sie schon sehr bald nicht mehr aus für Benns Briefe. Doch besitze ich sie noch immer. (Seine ersten Zuschriften hatte ich in eine leere Konfektschachtel gelegt, eine besonders schöne, die Pralinen hatte G. B. mir mitgebracht.) Walter Niemann handwerkerte mir bald mit geradezu buchbinderischem Geschick einen großen Kasten für Benns Briefe. Dieser noble Mensch hat mir später auch einen wunderbaren Holzkasten für Benns Totenmaske gearbeitet (Schreinervorarbeit – wie schon beim Schrank – von Vogelers Enkel).*

Rouleau: *Technische Kleinigkeiten konnte Benn auch mündlich lange erörtern. Seltsamerweise widmete er dergleichen viel Aufmerksamkeit, schrieb z.B. der Berliner Post, weil er fand, ein Briefkasten sei ungünstig angebracht. Ich hatte vor beiden Fenstern leichte Rouleaus, vor allem, um im Sommer morgens die Helligkeit etwas länger fernzuhalten, als die Natur es ab einhalbfünf Uhr tat. An einem Rouleau fehlte die Zugschnur, war allmählich abgealtert. Ich bin unlustig und unbegabt zu handwerklichen Arbeiten, und es war mir viel zu lästig, jemanden für die Reparatur kommen zu lassen. Lieber stieg ich abends auf den Stuhl und holte den Lichtschutz herunter. Sekundensache. Doch Benn kam auch mündlich darauf zurück, ohne bei mir eine tätige Reaktion zu bewirken.*

Pudding: *Wenn man abends noch einen kleinen Spaziergang machen wollte, sagte man in Worpswede volkstümlich „ich geh eben noch mal um den Pudding" – so wie mein Großvater in ähnlichen Situationen in Berlin gesagt hatte: „Ich gehe noch mal ums Carré."*

Schwiebert: *Jonny Schwieberth, früher Seemann, ein reizender Mensch, war der Wirt des Gasthauses „Zum Hem-*

berg" schräg gegenüber dem Haus, in dem ich wohnte. Benn ging da gern hin, die ungenierte Dorfatmosphäre gefiel ihm.

Café Niedersachsen: *Ein Café und Gasthaus auf der anderen Seite des Weyerbergs. Wir waren einmal hinspaziert, weil auch dort die Wirtsleute, Giesecke hießen sie, originell waren. Ein altes Fachwerkhaus, in dem es fabelhaften Kuchen gab. Benn meinte, sie seien wie im Sellin seiner Kindheit, die Blechkuchen der Wirtin. Pflaumenkuchen liebte er besonders. Außerdem hingen dort, wie in allen Gasthäusern Worpswedes, Bilder der Worpsweder Maler aller Generationen. Sie hatten ihre Zechen mit Malerei bezahlt. Benn sah Bilder lieber in Gasthäusern an als in einer Galerie. Als ich mit ihm eine Richard-Oelze-Ausstellung in der Galerie „Die Insel" im Dorf besuchte, machte er ein bedeutendes Gesicht (ich muß es schon so nennen), war aber im Grunde hilflos und infolgedessen verlegen, zumal der mit Malerei hochvertraute Klaus Pinkus auch anwesend war.*

28

Der Brief beginnt mit zwei ausgeschnittenen, aufgeklebten Zeitungshoroskopen von Skorpion und Stier. Bei mir, dem Skorpion, hat Benn unterstrichen: „Alles was sich ereignet, ist zum Guten für Sie." Bei sich, dem Stier, unterstrich er: „Sich mehr auf die weibliche Seele einstellen!" Er merkte zur Quelle dieser Horoskope an: Aus „Hör zu".

Mittwoch 15. IX. [54, Berlin]

Liebste des Tages u. Schönste der Nacht, Falls Du gestern wie gewöhnlich um 6 zu Hause ankamst, war es die Stunde, in der ich die Nr. 104 der Kaiserallee suchte, um zu sehen, zwischen welchen Häusern und unter welchen Himmeln Du geboren u. aufgewachsen bist. Aber es gibt diese Nummer ja nicht mehr. Das Kaufhaus Held breitet sich da aus u trägt die Nr. 103 u. 103a, u. dann gibt es weiter nichts mehr, bis die

Bornstr. beginnt. Aber die Gegend sah ich u. streichelte sie u den grauen Himmel darüber mit meinen Blicken. Hingelangt bin ich zu Fuss u. mit electrischer Bahn, kein Taxi, den strengen Anordnungen meiner Herrin folgend. (Du siehst, ich nehme Dein Leben auf von Anfang bis zu Ende) Wie war es am Sonntag noch in Zimmer 77? Konntest Du ruhn u. lesen oder kam die rotblonde Servante u. bezog das Bett neu u störte Dich? Du fuhrst doch um 2 h. ab?

Hier ist z. Z. viel los. Heute kommt Dr. Ingeborg Brand („Welt am Sonntag"). Sonntag Nachm. ein Prof. Villain von der Sorbonne, der vor 2 Jahren schon einmal bei mir war, netter junger Kerl, der deutsche Literatur dort liest. – Die Festspielwochen beginnen u. viele Einladungen usw liegen vor. Werde aber nicht hingehn. Herr Franz Tumler, österreichischer Romanschriftsteller, ganz begabt, rief an, will mich sehn (wird abends zu Dramburg bestellt, 8-10, um ihn bald wieder loszuwerden.) Oelze schreibt, er sei von den Gedichten in „W. a. S." „überwältigt." Guter Kerl! – Brieftelegramm an Traverso, den italien. Übersetzer, der schon wieder entsetzt schrieb, dass ich schweige. – Brieftelegramm an Frau Sternheim wegen Tod der Tochter.

Aber jeden Abend sitze ich die halbe Stunde mit Dir und halte Dich im Arm, wie einst Deine Mutter, ich sitze mit Dir so still u zärtlich, wie Du es liebst u von mir willst. Liebe, süsse, zarte, warme Ursel! Dich küsst immer

Dein G.

Und was machen Deine Arbeiten? U. A. w. g.

Du musst mir, bitte, einmal schreiben, was Dir an mir am unsympathischsten ist!

Die Nr. 104 der Kaiserallee lag einst auf der gegenüberliegenden Seite zu Nr. 103, jedoch war das Haus 1943 bis in die Keller zerstört durch eine Sprengbombe. Heute befindet sich dort ein großes Textilhaus.

kein Taxi: *Ich hatte Benn immer geraten, sich mehr zu bewegen, zu Fuß zu gehen, öffentliche Verkehrsmittel zu benutzen.*

Dramburg: *Das war ein Restaurant an der Ecke Bozener Straße/Berliner Straße, es hieß nach seinem Besitzer und war noch vor „Flint" Benns Lieblingsrestaurant in jenen späten Jahren.*

29

Mittwoch Abend 8 h. [Poststempel vom 16.9.54, Berlin]

Mein Liebstes, also die 2. Briefperiode ist eröffnet: Heute Mittag kam Dein Schreiben vom Sonntag – Dienstag. Dank, Liebste. Am meisten freut mich fast, dass Du Jägermeister trinkst! Das ist eine gute Entwicklung! Wenn Du nun noch 2 x täglich richtig isst, wirst Du ein wunderbares Herz bekommen u. bald ein süsser, glänzender schwarzer Pony sein, dem ich in die Nüstern küsse. Aber regne doch nicht immer nass. Kannst Du denn das garnicht ändern? Macht mir soviel Kummer, dass Du so unvorsichtig bist, u Du brauchst wirklich eine warme Decke (ich auch, wenn ich bei Dir bin) Höre, Liebste, Hamburg u Bern wird in unsrem Sinne bearbeitet, aber es wird sich langsam entwickeln. Aber Du weisst ja jetzt, dass ich alles tue, dass wir zusammenkommen. Werde nicht ungeduldig. Kennst Du Prof. Pyritz in Hamburg? Der schrieb an mich den netten Brief; er soll dort Ordin. für Literatur sein.

Heute war Frl Dr. I. Brandt hier. Keine Schönheit, Brillenträgerin, lebhaft, fast schwatzhaft, sehr oberflächlich, aber klug wie alle ihr jungen Frauen, viel klüger als das Mannsvolk. Natürlich macht sie auch ein Interview aus dem Besuch. (Liebste, wenn ich andere Frauen sehe u höre, wächst Du ins Gigantische als Wesen u Mensch u. Geist u. Süssigkeit, u meine Sehnsucht nach Dir ist so sehr gross.) Was Du über Bremen schreibst, freut mich unendlich. Am Sonnabend Nachmittag war ich ganz unglücklich, ich dachte, Du würdest nie bereit sein, Deinen Pudding und Schluh u. Wohnwagen einmal vielleicht aufzugeben u. mit mir in einer Stadt zu leben. Ach ich glaube u hoffe, wo immer wir zusammen sind, ist es gut.

Also Fundbüro fertig. London in Arbeit. Dann das für die jungen Männer, die Köche werden wollen. Bitte schreibe immer Deine Arbeiten, wie sie verlaufen, nehme sehr daran teil! Möchtest Du nicht auch gelegentlich wieder zur Literatur überwechseln? Bitte, bitte schicke mir gelegentlich Deine Kritiken über Kasack usw. (wenn es Dir keine Mühe macht.)

Donnerstag 16. IX. Las gestern abend den Tschechow zu Ende. Sehr seltsames graues nihilistisches Etwas. Aber ich finde, es gehn zu viele Motive durcheinander u keines ist ganz entscheidend: (Antifamiliäres, Altersproblem, die ewige Angeberei mit seinem Rang u Ruhm, die Todesangst, die Skepsis gegen Wissenschaft usw). Vor allem aber beschäftigt mich die Frage: Was will Katja am Schluss in Charkow? Will sie, dass er sie hindert, den Michael Fjodorowitsch zu heiraten, weil sie ja diesen nicht liebt, oder liebt sie den Alten u hofft ihn in Charkow, wo er isoliert ist, zu überzeugen? Das wüsste ich gerne von Dir, was Du von diesem Schluss hälst. Seltsamerweise ist das Buch ja etwas langweilig, aber eindrucksvoll u kühn in seinem tiefen Pessimismus. Ich sende es bald zurück (bitte streichen in der Liste!!) u Dank für Leihen u. Hinweis. T. bleibt natürlich überall ein grosser Meister

---

Geliebtes Menschchen, wenn ich einmal einen Tag nicht schreiben sollte, so ist der Grund der, dass ich in Arbeiten sitze u. auch, dass ich Dich u Deine Zeit nicht täglich so in Anspruch nehmen will. Dass ich immer, Tag u Nacht, dicht an Dir bin u Dich sehe u fühle, weisst Du hoffentlich nun, geliebtes Wesen Du.

Vergiss nichts von den schönen Tagen, kein Wort u. keinen Kuss, bitte. (Du – die den Mund so ungern gibt.)

Dein G.

An Lichtenford sende ich „Ausdruckswelt“, da keinen Essayband hier

Jägermeister: *Benn war geradzu beruhigt, wenn ich, weder Wein- noch Biertrinkerin, gelegentlich wenigstens mal einen Schnaps trank.*

Naßregnen: *Er verfolgte den Wetterbericht nun auch für Norddeutschland mit Interesse. Ich hatte das Gefühl, er zählte die Regentropfen, die hätten auf mich fallen können. Dabei gehört es zu meinen Freuden, im Regen zu gehen. (Nicht, wenn's „junge Hunde“ regnet, aber ein bißchen Regen finde ich, wie schon gesagt, ganz wunderbar.)*

Pyritz: *Gemeint ist der Germanist Hans Pyritz, dessen Kolleg ich an der Friedrich-Wilhelms-Universität in Berlin besuchte; ich hörte den drögen Mann nicht gern, doch habe ich unter meinen Büchern noch seine recht aufschlußreiche Studie „Goethe und Marianne von Willemer“ (Stuttgart 1943), die ich Benn lieh; er war immer und an allem, was Goethe betraf, lebhaft interessiert.*

Bremen: *Ich hatte wohl gesagt, daß ich nicht für ausgeschlossen hielte, mit ihm in Bremen zu wohnen, wenn er das wolle.*

Wohnwagen: *Gemeint ist der von Till Hienz (siehe oben), ein richtiger Zigeunerwagen, in dem ich die kluge Freundin gern besuchte. Ein Viertelstündchen täglich schauten eigentlich alle ihre Freunde im Dorf bei Till hinein.*

London: *Anschließend an einen Aufsatz über Fundbüros schrieb ich für die Jugendzeitschrift einen über London.*

Tschechow: *Es handelte sich um den kleinen Roman „Eine langweilige Geschichte“, den ich Benn geliehen hatte, weil ich Tschechow (bis heute) sehr bewundere. Gewiß haben wir uns, nachdem er es gelesen hatte, auch telefonisch über das Buch unterhalten. Wahrscheinlich fährt die „Katja“ des Romans am Schluß nach Charkow, um sich Rat bei ihrem alten Freund zu holen. Tschechow läßt ja oft etwas in der Schwebe. Daß Tschechow, wie Benn meinte, mit seinem*

Rang angäbe, konnte ich nie feststellen. Aber Benn war wohl ein bißchen eifersüchtig auf meine so hohe Wertschätzung eines anderen Autors.

Lichtenford: *Der schon erwähnte Maler Alfred Lichtenford, den wir in Worpswede mehrfach besuchten und der Benn sehr angenehm war, weil er etwas Großbürgerliches, Signoriles hatte, von imponierender stattlicher Erscheinung war, immer „herrenmäßig" gekleidet.*

30

17 IX Freitag [54, Berlin, *auf einem Rezeptformular*]

Urselchen, heute kein Brief von Dir, traurig, aber du kannst ja wahrhaftig nicht jeden Tag schreiben. Wäre unverschämt von mir, das zu erwarten. Aber vergiss mich nicht ganz. Anbei „Merkur", nichts besonderes, aber so schlecht ist „Melancholie" auch nicht, etwas langatmig vielleicht. Nun kommt Sonntag, denke einen Augenblick an den vorigen. Behalte mich lieb.

Dein G.

Ich gehe jetzt, 15 h, zur Eröffnung u. Einweihung der neuen Bibliothek am Blücherplatz, von den USA geschenkt.

G.

Dem Text des Briefes nach könnte man meinen, ich hätte Einwände gegen das Gedicht „Melancholie" geäußert, es war aber eher präventiv, daß Benn schrieb „so schlecht ist ‚Melancholie' auch nicht". *Der Schluß, das sind, wie ich finde, hinreißende Verse:*

nur Äon schweigt, er hält die Perlengabe
wo alles fehlt und alles zielt,
der Äon träumt, der Äon ist ein Knabe,
der mit sich selbst auf einem Brette spielt:

Gesammelte Gedichte, Sämtliche Werke, Bd. 1, Stuttgart 1986, S. 285f.

31

Donnerstag 16. 9. Nachmittags. [54, Berlin. *Beibrief zu einem kleinen Sortiment Taschentücher. Das Päckchen traf nach dem Brief vom 17.9. ein.*]

Liebes, Dank für Brief vom Mittwoch. Ein wahrhaft reizender Brief: die eine Hälfte eine Vorlesung über amerikanische Literatur, dann über das Leben einer Wespe, dann Deine Männer mit ihren Teewünschen u. schliesslich kriegt Spätzchen ein par gute Worte. Viel Liebesleben ist in Dir wohl nicht vorhanden.

Natürlich kommst Du nach Hamburg, natürlich kommst Du nach Bern. Aber der Termin muss sich erst entwickeln. In der Richtung gehe ich langsam vor, ist gemässer, als zu stürmisch zuzugreifen. Bilde Dir bitte überhaupt nicht ein, als ob Du noch frei wärest. Dein Spätzchen ist ein ziemlich ausgewachsener Spatz, für Dich ist er natürlich nur der Sperling in der Hand u Du lässt die Tauben auf dem südwestdeutschen Dach nicht aus dem Auge ... abwarten! –

Schnaube Dir Deine kleine schiefe Nase mit den anliegenden Schnupftüchern, wenn Du wieder – regendurchnässt – auf der Couch liegst.

Flirte, wo Du willst, lass Deine Reize spielen, charmiere die Adonisse der Humboldt- und Bergstrasse – eines Tages komme ich u. sehe Dich an!

Amitié et amour
Dein G.

Vermutlich hatte ich gerade etwas Gutes aus Amerika gelesen und teilte das Benn mit. In mein Büro in der Humboldtstraße hatte sich eine Wespe verirrt. Ich fütterte das arme Tierchen mit etwas Zuckerwasser auf einer Untertasse. Außerdem hatte ich über die Teewünsche meiner Kollegen geschrieben, die das Getränk alle auf verschiedene Weise mochten und täglich vergeblich erwarteten, daß ich es ihnen bereite. Ich hatte gedacht, das würde G.B. amüsieren, da er doch immer so genau wissen wollte, wie ich den Tag verbringe. Mit der Taube „auf dem süddeutschen Dach“ ist mein alter Freund Robert Kukowka gemeint. Er war in den ersten Nachkriegsjahren Journalist am „Tagesspiegel“, arbeitete im Ressort „Inneres“, lebte und arbeitete später in Karlsruhe, Frankfurt und München.

32

Telegramm vom 18/9. 17^{30} [54, Berlin]

Alles Liebe zum Sonntag in Gedanken dort

Kazüü

Die Unterschrift, vom Worpsweder Postbeamten etwas verballhornt, lautet „Kazü“. Weil Benn denn doch viel auf die Meinung anderer im gesellschaftlichen Comme il faut, wie er es verstand, gab, hatte ich gesagt, er habe die Gesellschaftsvorstellungen eines Kaninchenzüchters. Benn nahm es humorvoll und nannte sich seither manchmal „Kazü“.

33

Sonnabend 18. IX 54. Nachm. 16 h. [Berlin]

Liebste, Liebste, heute Nachm. kam Dein Brief, von Mittwoch bis Freitag geschrieben. Gestempelt W. 17. 9. 54. 11. Dein 1. Brief ist gestempelt: W. 14. 9. 54. 18. war am 15. IX. nachm. 2 h. bei mir. Dein 2. Brief: Bremen 15. IX. (Stunde nicht leserlich), war hier am 16. IX nachm. So.

Aber gestern kein Brief. Heute der so liebe, der mich beglückt. Was „Spätzchen“ angeht, so fand ich den Titel vielleicht nicht ganz konform, aber Deine Begründung ist sehr, sehr süss. Dank!

Was den Goethe-Aufsatz angeht, so war Deine Bemerkung in Brief 2: „das soll mein Spätzchen geschrieben haben?" – sehr aufschlussreich. Du hältst mich im Grunde für dof. Ich habe das schon öfter bemerkt. Tut nix. Dir imponieren nur Männer, die angeben, zündende Blicke werfen, schwadronieren, denen traust Du was zu. Tut nix, tut nix, bist doch mein süsser Dearling. Auch „Küsschen" geht in die Richtung, – bin ein Kind u Du die grosse Mutter, – eigentlich liebe ich Kuss mehr, nämlich eine Frau, die weiss, dass sie küsst u. wen sie küsst. Tut nix, tut nix, – bist doch mein Schatz.

Gestern die Einweihung der neuen Bibliothek, war ganz interessant, dauerte nur zu lange (bis 6 1/4, von 4 h an). Ich sass, wie immer, allein auf meinem Platz, kümmerte mich um niemanden, sah niemanden an, plötzlich streckte sich von hinten eine Hand zu mir herüber: „Ganz besondere Ehre, Sie unter uns zu sehn, Herr B." – : Kultursenator Dr. Tiburtius, der was von mir hält. Eine Reihe vor mir sass eine Dame in grauem Tweed-Kostüm mit dunklem Haarknoten – ich gedachte eines anderen, schwarzen, Haarknotens, den ich einst zauste u mehrfach in Unordnung brachte, einst, in glücklichen Tagen, vor 1 Woche.

Noch mal: das gefällt mir garnicht, dass Du immer nass regnest u mit Wärmflasche liegst. Hast Du Kohlen? Nochmals: Kamelhaardecke sehr von Nöten!

Wie kommst Du eigentlich auf Tumler?? Er ist gerade wieder hier, war gestern Abend mit Madame in einer Premiere, dann bummelten sie mit andren bis morgens 5 1/2, ich war eine Stunde bei Flint gewesen, schlief seit 10 Uhr den Schlaf des Gerechten.

„Eins, zwei, drei,
Hicke hacke hei
Hicke hacke Hasenbrot
13 Kinder waren tot
eins lag unterm Tisch
da kam die Katze mit dem Fisch ? ?
? ? ?

(Aus Sellin) (Abzählspruch)

Was macht London? –

Du brauchst mir über Seiten von mir, die Du in den Büchern u.sw. liest, nie etwas zu schreiben, das ist ein Supplement zwischen uns, nicht die Zentrale.

Morgen Sonntag muss ich Briefe schreiben, auch an Dr. Wessel will ich noch einen Dank schreiben.

Also Du schreibst erst Montag wieder. Wenn ich das weiss, ist es gut. Sonst denke ich, Du hast alles vergessen u bist flatterhaft.

So nun hier die Bücher! Bist mein lieber süsser Mensch. Grüsse bitte Till.

Ich denke immer an Dich, Du bist mein Herz u auch mein Kopf. Uns wird nichts trennen können (bis Du mich verlässt).

Wie letzten Sonntag vormittag:

Dein G.

Goethe-Aufsatz: *Gemeint ist sein berühmter Essay „Goethe und die Naturwissenschaften".*

Tiburtius: *Joachim Tiburtius war lange Zeit Senator für Kunst und Wissenschaft in Berlin. Ein außerordentlich gebildeter Mann, den ich Jahre später gut kennenlernte.*

Die Nachrichten über Regen und besonders über naßregnen waren schon zu einer Art Spiel geworden. Bis jetzt, und ich habe, wie gesagt, das 79ste Lebensjahr hinter mir, hat es mir nicht geschadet, mich gelegentlich naßregnen zu lassen. Pflanzen und Tieren geschieht das auch. Nur überzüchtete Pudel und andere Schoßhunde treten mißvergnügt von einer Pfote auf die andere, wenn sie vor die Tür kommen und es regnet. Gesunde Hunde rennen vergnügt los, schütteln ab und zu die Tropfen aus ihrem Fell und springen weiter.

Tumler: *Vermutlich hatte ich gerade etwas von ihm gelesen und das im Brief erwähnt.*

Flint: *Das war Benns zweite Stammkneipe für abendliche Besuche. Sie war weniger bürgerlich als Dramburg, Benn wechselte gern das Milieu. Auch bei Flint in der Innsbrucker Straße sind manche seiner Gedichte entstanden.*

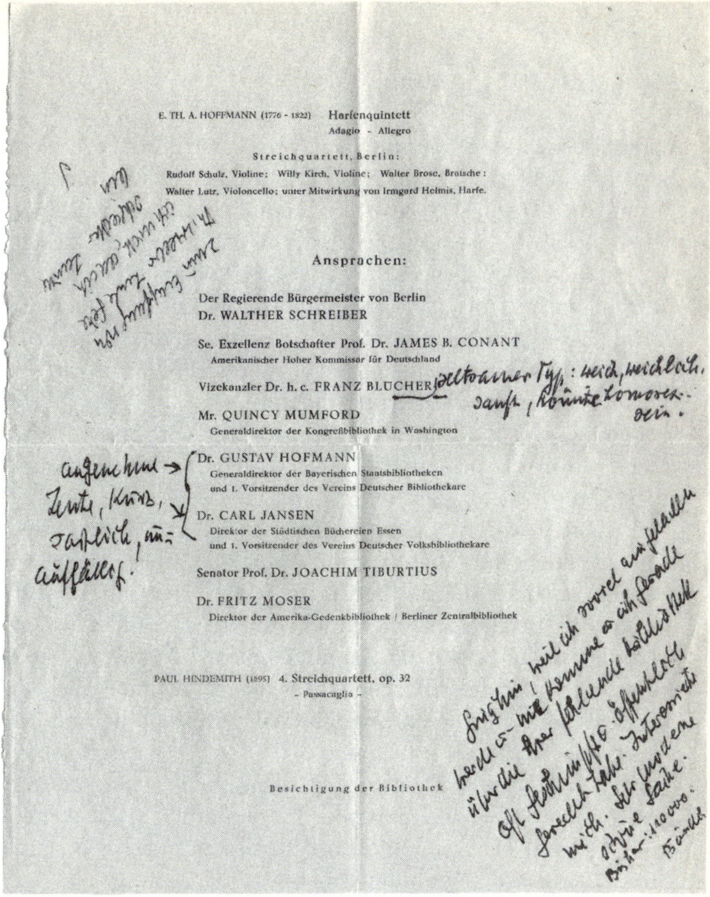

E. TH. A. HOFFMANN (1776 - 1822) Harfenquintett
Adagio - Allegro

Streichquartett, Berlin:
Rudolf Schulz, Violine; Willy Kirch, Violine; Walter Brose, Bratsche; Walter Lutz, Violoncello; unter Mitwirkung von Irmgard Helmis, Harfe.

Ansprachen:

Der Regierende Bürgermeister von Berlin
Dr. WALTHER SCHREIBER

Se. Exzellenz Botschafter Prof. Dr. JAMES B. CONANT
Amerikanischer Hoher Kommissar für Deutschland

Vizekanzler Dr. h. c. FRANZ BLÜCHER

Mr. QUINCY MUMFORD
Generaldirektor der Kongreßbibliothek in Washington

Dr. GUSTAV HOFMANN
Generaldirektor der Bayerischen Staatsbibliotheken
und 1. Vorsitzender des Vereins Deutscher Bibliothekare

Dr. CARL JANSEN
Direktor der Städtischen Büchereien Essen
und 1. Vorsitzender des Vereins Deutscher Volksbibliothekare

Senator Prof. Dr. JOACHIM TIBURTIUS

Dr. FRITZ MOSER
Direktor der Amerika-Gedenkbibliothek / Berliner Zentralbibliothek

PAUL HINDEMITH (1895) 4. Streichquartett, op. 32
- Passacaglia -

Besichtigung der Bibliothek

Programm zur Eröffnungsfeier der Amerika-Gedenkbibliothek mit Benns Randnotizen

Abzählreim: *Wir hatten uns über diese Art von Volkspoesie unterhalten. Benn wollte noch im nachhinein etwas beitragen.*

34

Montag 20. IX [54, Berlin]

Liebste Ursel, der Sonntag ist vorbei, angefüllt von dem Besuch von Herrn Villain aus Paris u einer Lichtpanne, die Berlin von 5 ½ bis 9 ½ in völliges Dunkel hüllte. Las Deinen lieben Brief von Freitag mehrmals u das waren die besten Augenblicke des Tages. Herr V., der gern viel trinkt, ein netter Bursche, mehr deutsch als gallisch, bedankte sich zum Schluss dafür, dass er den Nachmittag „chez un des quatre Grands de l'Europe" verbringen durfte – also jedenfalls sehr höflich. –

Einige Spezialantworten u Fragen:

Bennzie gefällt mir nicht, klingt zu sehr nach Benzin. Weiss aber auch nichts Besseres als U-G. Unsere Namen sind auch nicht klangvoll u. suggestiv. Ex Libris U-G. –

Pritschen: waren vorige Woche hier. Saldo: M. 75. (aber schwarz d.h. ohne Steuer). Einige waren, während ich fort war, bei einem Kollegen hier in der Nähe. Der habe gesagt: „eigentlich befasse ich mich nicht mit sowas, aber in Vertretung von Dr. B. will ich Sie untersuchen". Mit sowas – ein Idiot, trieb aber die Pritschen von neuem in meine Arme. Ein anderer nahm ihnen für eine Untersuchung, die bei mir M. 10 kostet, M. 25 ab, – auch gut.

Falls wir, Du u ich, einige Zeit zusammen in einer andren Stadt wohnten, wieviel müsstest Du monatlich in W. weiterzahlen, damit Du Deine Existenz dort nicht gleich ganz aufgäbest? Ausser der Wohnung noch was? U. A. w. g.

Berlin: ich antwortete noch nicht darauf, weil ich es mir sehr schlimm vorstelle, dass Du hier bist u wir nicht Tag u Nacht zusammen wären. Wir wollen abwarten, bis wir wissen, wann Hamburg u Bern werden.

Wie magst Du den Sonntag verbracht haben? Bekamst Du mein Telegramm? Die Mappe mit Inhalt? – Zu Mittwoch Nachm. habe ich eine Einladung zu einem Empfang für Thornton Wilder. Vielleicht gehe ich hin, da Du gerade ein Buch von ihm lasest.

Kennst Du den Roman: „Der grosse Regen“ von Bromfield? Ich fragte Dich schon danach. Wenn Du [es] nicht kennst, musst Du es lesen, ein wunderbares Buch.

Was hast Du für Pläne für diese Woche? Jeden Tag in Bremen? Und im Café Niedersachsen warst Du Freitag, wie schön war der Tag, als wir dort waren: Ach, alles war so schön, seit wir uns besser kennen u. verstehn. Ich habe ein so sehr grosses Zutrauen zu Dir

Liebste, ich stecke meinen Brief immer vormittags ein, dann ist er am nächsten Morgen in W. Wenn also mit der 2. Post von Dir was kommt, ist noch keine Antwort darauf drin.

Lebe wohl, lieber süsser Mensch, ich liebe Deine Sanftmut u ich liebe Deine Energie – beides zusammen bist Du.

Immer Dein G.

(Unterbrochen von Patienten, Pritschen u. Herrn Tumler – Liebes, Du bist überall dabei)

Bücher in gemeinsamem Besitz hatte ich vorgeschlagen Bennzie-Bücher zu nennen – was aber wirklich arg nach Benzin klingt. Man meint, den Treibstoff geradezu zu riechen bei dem Wort.

Kosten in Worpswede: *Nein, ich hätte keine gehabt, außer der Miete für mein Zimmer, und die betrug 25 DM.*

Das Buch von Bromfield „Der große Regen“ kannte und besaß ich, meine recht literaturerfahrene Tante Alice hatte es mir geschenkt, auch sie wie Benn voller Begeisterung für das Buch. Ich fand es allerdings nicht so bemerkenswert. Das mag ein wenig an der flauen Übersetzung gelegen haben, die Benn freilich auch nur zur Verfügung gestanden hatte. Jedenfalls ist der Roman nicht zu vergleichen in der Qualität mit zwei anderen Büchern, deren Schauplatz Indien ist und die ich Benn sehr empfahl, nämlich von E. M. Forster „A Passage to India“[3] *und von Kipling sein herrliches „Kim“. Wenn Kiplings Buch auch ein wenig arg das Empire-Gefühl vor-*

trägt, schildert es Leben in Indien doch in unvergleichlich farbiger Weise. Auf meine Frage, was ihm denn am „Großen Regen“ gefalle, sagte G.B., es sei die Gestalt der Maharani. Sie ist auch ganz faszinierend dargestellt, sowohl in den privaten politischen Gesprächen mit ihrem Mann, eben dem Maharadscha, wie wenn sie bei offiziellen Anlässen in überaus kostbarem Sari erscheint, mit Diamanten, die sie, wenn ich mich recht erinnere, unbefestigt zwischen ihren Zehen hält.

35

Dienstag 21. IX. 54 17 h. [Berlin]

Liebste, es ist natürlich sehr schwer für mich, auf Deine beiden Briefe, den regulären und den beigelegten irregulären, zu antworten. Unerwartet kommen mir Deine Stimmungen u. Gedanken nicht, auch nicht die bösen, auch nicht die etwas aggressiven; Du und Dein Leben beschäftigen mich u. meine ganzen Gedanken so sehr, dass ich natürlich über all das, was Du schreibst, selber nachgedacht habe. Beleidigt bin ich natürlich garnicht, auch die Welt sehe ich nicht einstürzen, ich frage Dich u. mich nur, was ist zu machen, um aus unserer Liebe oder Freundschaft wenigstens etwas zu retten.

Einer der mich erschütterndsten Punkte ist der mit den 7 Tagen. Das hat mich schon oft beschäftigt. [*Kurze Auslassung*] länger als 7 Tage warst Du nie allein. Ich habe mich natürlich oft gefragt, ob es für Dich möglich ist, Dich in diesem Punkt zu ändern. Sowohl körperlich wie innerlich. Ich weiss es nicht, u aus diesem Brief muss ich schliessen, Du wirst es nicht können. Was also dann?

Kannst Du mir eigentlich Vorwürfe machen über das Alles, was Du jetzt in Bezug auf Wintergrässlichkeiten vor Dir

3 Die deutsche Übersetzung des Buches von Forster erschien allerdings erst 1960, so daß Benn das Buch nicht mehr lesen konnte. Das Original war schon 1924 erschienen; ich hatte es als Studentin auf englisch gelesen.

siehst? Liebste, Du bist es doch, die mir in Bremen am Sonnabend so apodiktisch sagte, Du könntest nur in W. leben? Kannst Du mir Vorwürfe machen, dass ich in Berlin lebe u nicht bei Dir? Aber um Vorwürfe handelt es sich nicht, die wären mir gleichgültig, es handelt sich allein darum, dass Du Kummer hast u Sorgen u das zerreisst mir das Herz. Was das Finanzielle angeht, so weisst Du, dass ich Dir helfen würde, wo immer ich kann (aber Dein Dickschädel lässt es ja nicht zu). Was die Wohnung angeht, kann ich Dir im Augenblick nicht helfen, Du findest ja keine andre u. Du bist ja auch glücklich darin gewesen. Was die Einladung nach Karlsruhe angeht, so hast Du alleine zu entscheiden (das ist ein wunder Punkt, der mir, seit Du mir davon erzähltest, viel Nachdenken u Kummer gemacht hat.) Wenn ich Dir im Wege stehe, stosse mich fort. Eigentlich läuft ja doch die ganze Frage auf Folgendes heraus: Wolltest Du mir nicht begegnet sein? Wenn Du ja sagst, weiss ich, was ich zu tun habe. Wenn Du nein sagst, mit gutem Gewissen, wirst Du unsere Beziehungen zunächst so hinnehmen müssen, wie sie im Augenblick sind. Ich würde alles tun, um Dir das zu erleichtern, Dich treffen u. sehn, sooft es geht. Du musst den Gedanken aufgeben, dass es sich von mir aus um „Arrangement" handelt, um Bequemlichkeit – in der Richtung müsstest Du nicht so böse fremde Worte anwenden, es gibt Notwendigkeiten, an denen Du beteiligt bist, die in meiner Hand für Dich besser ablaufen, soviel könntest Du glauben. Wie jung Du bist, wie stürmisch, wie hartnäckig! Es ist schwer, Dir heute mehr zu schreiben. Aber ich sehe nur, dass Du traurig bist u. leidest. Darum liebe u küsse ich Dich u. bin bei Dir (aber Du kannst mich ruhig weiter fortstossen.)

Immer als Dein Mann, der Dir helfen möchte.

Dein G.

Was ich damals G.B. in welch übler Laune geschrieben habe, weiß ich nicht mehr. Sicherlich gefiel mir die Gewißheit nicht, daß wir uns so selten nur sehen würden. Worpswede –

Berlin, das war weit damals, man mußte mit Umständlichkeiten durch die „Zone“ fahren. Der „Mann in Karlsruhe“ war der mir seit langem befreundete Schriftsteller und Journalist Robert Kukowka, es war ganz natürlich, daß er mich einlud, ihn doch gelegentlich zu besuchen. Von Berlin her kannten wir uns. Benn neigte sehr zur Eifersucht. Aber vielleicht habe ich in jenem Brief auch, um Benn zu reizen, von R.K. geschrieben.

Sicherlich verdroß mich allmählich die finanzielle Situation, mit der ich Monat für Monat zu kämpfen hatte. Nötig hatte ich 125 Mark, um existieren zu können. Die Zeitschrift bezahlte Zeilenhonorar, doch oft nicht das, was ich hätte bekommen müssen. Noch heute habe ich die Hefte, auf den Titelseiten Notierungen darüber, wieviel man mir zu wenig bezahlt hatte. Das waren z.B. einmal zehn, ein andermal bitter spürbare vierzig Mark. Nicht aus Bosheit gab man mir zu wenig, die Zeitschrift kämpfte um ihre Existenz, überwies mir, was sie konnte, mochte aber meine Artikel nicht kürzen, was mir recht war. Doch es verdroß mich, nicht einmal 125 Mark im Monat gesichert zu wissen. Immerhin ist interessant, daß man mit dieser Summe damals im Dorf leben konnte, und ich habe von ihr sogar noch Bücher gekauft, auch die gehörten für mich zum Existenzminimum.

Ganz allgemein lebten wir 1954 doch noch recht karg in Worpswede. Das Wirtschaftswunder der Bundesrepublik hatte die Künstler noch nicht erreicht. Man kaufte erst einmal Kleidung, Möbel, ging auf Reisen, ehe man daran dachte, Geld für Kunst auszugeben. Nur langsam sickerten Kunstkäufer ins Dorf. Ich erinnere mich, daß ich bei der talentierten Galeristin Lotte Cetto, deren Haus später florierte, damals einmal mit zu Abend aß. Sie hatte für sich, ihre drei Kinder und mich trockene Semmeln, die sie aufschnitt und mit Zitrone beträufelte, damit wir zu Vitamin C kamen. Wir waren dennoch fröhlich, jeder gab ab, brachte mit, was er hatte, man lebte gesellig. Ich weiß noch, daß Lotte Cetto über Monate ihre Armbanduhr, es war die einzige Uhr im Hause, nicht von der Reparatur abholen konnte, weil sie die

Kosten von sechs Mark nicht übrig hatte, immer ein Kind vor die Tür schicken mußte, damit es auf der Kirchturmuhr nachschaue, wie spät es ist, wenn die Uhrzeit zu wissen nötig war, z.B. um den Bus nicht zu verpassen.

Winterwidrigkeiten schreckten mich bei der Finanzlage allerdings wirklich; es galt nämlich, Kohlen und Torf zu kaufen, bevor die Preise im Winter anzogen. Man heizte damals sowohl mit Torf wie mit Kohlen, nahm leichten braunen Torf zum Feuermachen, legte den schweren schwarzen nach und tat, um Glut zu halten, später Kohlen drauf.

Das eigentliche Problem aber war: Es gab ein großes, im Grunde nicht zu überbrückendes Ungleichgewicht zwischen Benn und mir. Er unterhielt unsere Beziehung als eine heimliche, während ich Walter Niemann, zu dem ich in enger Beziehung gelebt hatte, die Wahrheit gesagt, „klar Schiff" gemacht hatte. Es wäre mir nicht möglich gewesen, W.N. zu belügen. Ich habe die beiden Männer sofort miteinander bekannt gemacht und W.N. gesagt, wie es mit G.B. und mir stand, und ich hatte das große Glück, bei W.N. auf Verständnis zu stoßen; wir blieben herzlich befreundet und in lebhafter Kommunikation bis zu seinem Tod 1986.

Immerhin, ich hatte Wesentliches aufgegeben, Benn nicht.

36

21. 9. 54 abends [Berlin]

Noch einige Aphorismen zu Deinen mass- u schamlosen Bermerkungen gegen mich:

1) „je m'en fiche". Ich schrieb das von der Literatur, weil Du in Deinen Kinder- u Jugendbüchern ein so besonderes Talent der Darstellung hast. Hinter diesem Spezialtalent für Kinder steht ein allgemeineres Talent zur Darstellung u. Erzählung überhaupt, also ein erweitertes, umfangreicheres Talent. Beleidigend ist das ja eigentlich nicht. Dass die Kin-

derbücher schlechter honoriert werden, ist mir neu, hat aber auch garnichts damit zu tun. Die Kritiken aus dem „Kurier" bin ich ja nicht gewürdigt einzusehn.

2) „ich war noch nie so allein im Leben". Wohl Dir! Es gibt höhere u. bittere Grade der Einsamkeit als den, einen Mann zu kennen, der sich um einen sorgt, immer mit seinen Gedanken bei Dir ist, im Rahmen des augenblicklich Möglichen bereit ist, Dir in jeder Situation zu helfen. Ich wiederhole ernstlich meine Frage: Möchtest Du, nie zu Fournes gekommen zu sein? U. A. w. g.

3) „Gepflegter Herr". (auf anderem Stern), der Taxe fährt u duscht. Hättest Du lieber einen ungepflegten Herrn? Wäre es völlig abwegig, den Gedanken zu streifen: dieser Mann, der mich liebt, war nicht immer, aber ist jetzt in der Lage, sein Leben in Ordnung zu halten, in einer Komfortwohnung zu wohnen, ich freue mich darüber, denn er wird nicht ruhn, bis ich es ebenso habe? Anscheinend nicht möglich, so zu denken (weil Du dumm bist u. rachsüchtig u. vergisst, dass wir uns erst 45 Tage kennen).

4) Für Arsen-Ferratose habe ich Dir kein Rezept geschickt, weil es keinen Sinn hat zu nehmen, wenn Du nicht täglich richtig isst. Dann macht es Dir nur Magenbeschwerden. Am Donnerstag u Freitag, schreibst Du, hast Du wieder nichts gegessen. Hier ist ein Recept u. das Geld, das es kostet. Ein Mann darf ja wohl seiner Frau Medizin kaufen, Du verstocktes Etwas!

5) Es zerrüttet mich ganz, wenn Du bei Deinem Elend u. Kummer Dich nun auch noch verpflichtet fühlst, über Goetheaufsatz u Melancholie zu schreiben. Alles Firlefanz!

6) Bist Du sicher, dass Du für einen Mann nicht ein schwerer Brocken bist mit Deinen Reizbarkeiten, Stimmungswechseln, Aggressionen, Depressionen, Aversionen usw.? Aber ich bin, u. das ahnst Du, boxerisch gesprochen ein harter Nehmer, schlag ruhig auf mir herum, mache Fouls, Nierenschläge, ich glaube, Du kriegst mich nicht auf die Bretter (Ja, Neuhaus war gut)

Liebes, ich erlaube mir trotz meiner Abscheulichkeiten, Gepflegtheit, heiss Wasser u. Lichtjahrferne Dich ganz zärtlich in den Arm zu nehmen, ganz still – wie 2 Verwandte – neben Dir zu sitzen, denn Du bist merkwürdigerweise meines Geistes u. meines Bluts, sehr nahe, sehr sehr süss, brauchst nichts für Deine Haut zu tun, was unter der Haut ist, die Ursel! die nimm dir manchmal vor u sage ihr, dass sie nicht allein ist.

Kuss

Dein G

Zu 1): Bei mir war wohl der Eindruck entstanden, daß G. B. das Schreiben für Kinder als minderwichtiges Schreiben betrachtete. Es ist jedoch von Bedeutung, Kindern die Fähigkeit zu eröffnen, sich anschaulich auszudrücken. Ihr Wortschatz erweitert sich durch Lektüre. Also gilt es, für sie zu schreiben.

Zu 2): Hängt mit der erwähnten Trauer über die Aufgabe eines Aspektes meiner Beziehung zu W. N. zusammen.

Zu 3): G. B. war mir manchmal zu prätentiös komfortliebend vorgekommen. Zuviel Dusch- und Kölnischwasserkult, schien mir. Unterstützt wird dieser Eindruck, wenn Werner Rübe in seiner Benn-Biographie „Provoziertes Leben" erwähnt, daß Lilo Niedermayer, die Frau seines Verlegers, ihn überreden mußte, vor einer öffentlichen Lesung seine weißen Gamaschen abzulegen. Ich hatte immer graue Gamaschen – hélas – über seinen Schuhen zu tolerieren.

Zu 4): Nur um ein Rezept für ein Eisenpräparat, das mir empfohlen, aber auf Kassenkosten nicht zu verschreiben war, hatte ich gebeten. In der Tat aß ich unregelmäßig und halte es noch heute so. Ich muß nicht täglich warm essen, tue es aber öfter aus Geselligkeit. Sehr gut kann ich zwei Tage von Bananen und Datteln leben. Beides sind unvergleichliche Nahrungsmittel. Die Dattelpalme ist eine vermutlich schon achttausend Jahre alte Kulturpflanze. Ich wußte, daß ihr hebräischer wie arabischer Name „Tamar" ist. Datteln waren einmal Hauptnahrung der Beduinen, auch der Seeleute. Sie schmecken zwar hauptsächlich und köstlich süß, enthalten aber außer Kohlehydraten auch Mineralsalze, Eiweißstoffe,

Vitamine. Sie sind äußerst haltbar, bilden keinen Schimmel. Beduinen haben sich über Wochen von Wasser und Datteln ernährt und bekamen keinen Skorbut. Ich habe über Nahrungsmittel immer anders gedacht als Benn, ich mußte keine Kohlroulade in pappiger Soße essen. Was er zu sich nahm, konnte mir recht zuwider sein. Aber weil ich Bananen (Affenfutter in Benns Augen) und Datteln (die Kost analphabetischer Wilder für Benn) so gern aß, war ich ihm suspekt als eine sich Fortträumende, denn natürlich empfand er, daß ich mit einer Dattel im Mund zu den Palmen wollte, auf denen sie büschelweise wachsen, daß ich mich bei Bananen in noch fernere Südlichkeiten träumte, und das bedeutete, nicht ganz verfügbar zu sein, nicht mit allen Fasern am Mitteleuropäischen zu hängen, und sobald es mir möglich war, bin ich dann ja auch ausgeschwärmt auf andere Kontinente, um einzulösen, was mir die fremden Früchte versprochen hatten. Ich bin in ganz anderer Weise ein Reisemensch, als Benn es je war, und er spürte mein Flügelregen.

Zu 6): Ja, ich war damals sicher ein harter Brocken, doch es war auch alles so unpassend zwischen uns, das Alter, die Lebensgewohnheiten, die wirtschaftliche Lage. Ich hatte wohl geschrieben, er sei Lichtjahre entfernt für mich. In der Worpsweder Gesellschaft hatten wir alle das gleiche zu ertragen, man war sich nahe, die Verständigung war leicht.

Neuhaus *war ein damals berühmter Boxer.*

37

22. 9. 54. Mittwoch nachm. [Berlin]

Liebling, mein süsser Pony, erst einige Kleinigkeiten:

1) den Brief mit der kleinen Mappe hatte ich am Donnerstag Nachm. auf die Post gebracht. Bin unangenehm überrascht, dass er erst am Sonntag in Deine Hände gelangte. Nicht sehr zuverlässig die Post bei Euch!

2) von Herrn Lichtenford einen netten Dankesbrief für

Till Hienz auf der Treppe ihres Wohnwagens,
Foto von Ursula Ziebarth

„Ausdruckswelt". Dazu Abschrift von dem Gedicht „Albatros", tatsächlich von Nietzsche. Bitte sage ihm von mir, dass ich den 2. Vers kannte, selbst ~~oft~~ in meinen Büchern zitiert habe, diesen wunderbaren Vers, dass ich aber nicht wusste, dass das ganze „Albatros" heisst. Übrigens hat es auch noch einen anderen Titel, habe ihn aber vergessen. Lies bitte von letzter 4. Strophe die beiden Schlusszeilen u. denke an mich.

3) was meintest Du in Deinem letzten schlimmen Brief mit: „Zweisamer Dusche"? Wenn Du Zimmer 79, 6. Etage, meinst, ist es in Ordnung. Wenn Du Bozenerstr. meinst, bist Du blöd.

4) „Bei Kellnern beliebt“ – auch eine ziemliche unnütze Glosse! Ist es Dir lieber, sie spucken hinter mir her, oder hinter uns?

5) Dies ewige Durchweichtwerden u nass werden! Macht mich wütend. Und dies nur, weil Du so dickköpfig bist u. an einer Art sozialem Masochismus leidest. Du, nein ich, wir werden sehn, wohin das führt.

6) Wo verbrachte Till ihre letzten Winter? Nicht im Wohnwagen? Woher plötzlich diese Winterpanik, nachdem Du 5 Winter dort glücklich warst?

7) Für Dich braucht, wie ich sehe, ein Mann nur eine einzige Eigenschaft zu haben: er muss da sein. Gebrauchsfertig, mit Axt u. Säge, u. im Übrigen ruhig sein, bis die Fürstin ihm wieder befiehlt. Dies ist ein Punkt, in dem ich mich in Dir irrte: ich dachte u hoffte, Du hättest ein geistiges Leben, eine innere Welt, aus der heraus Du Schwierigkeiten für eine Weile kompensieren könntest (Trennung, Entfernung, Abwesenheit), in der meine vielen so zärtlichen Briefe u. Gedanken etwas Widerhall fänden u gemeinsames Kapital der Liebe anlegten, aber s. oben!

Zusammenfassung: ich bitte Dich um eine Antwort auf meine Frage, ob Du bedauerst, zu Fournes gekommen zu sein. Es ist wichtig, dass Du das beantwortest.

Ich umarme Dich still, zärtlich in Freundschaft u Liebe u. bleibe solange Du willst, Dein, nur Dein

G.

Zu 4): Benn bemaß Trinkgelder nicht nach der Liebenswürdigkeit, mit der er bedient worden war, sondern nach der Kategorie des Restaurants. Ich gebe lieber in kleinen Gaststätten reichlich, weil Kellner dort es nötiger haben als die in feinen Speisestätten. Benn gab für sein Ansehen, nicht für den Kellner.

Zu 6) Ja, Till Hienz verbrachte den Winter in ihrem leicht mollig warm zu heizenden kleinen Zigeunerwagen. Meine Wintergedanken-Unlust bezog sich auf die nötigen werktäg-

lichen Fahrten auf dem Motorroller nach Bremen und zurück. Das war an manchen Tagen eine lausig kalte Sache. Man fror erbärmlich, so warm man sich auch anzog. W. N. nahm mich mit, zum Glück, die Busfahrten hätte ich nicht bezahlen können.

Zu 7): Ich war, wie oben erklärt, schlechter dran als Benn, denn ich hatte etwas aufgegeben.

Pony, *diesen Pferdenamen gab Benn mir häufig, weil ich lange, manchmal zottige Haare habe und er mir überdies auch Zirkuspony-Eigenschaften zuschrieb, und zwar solche, die ich dann in einer Tierfabel meiner Schulschrift „Der Garten der Tiere" geschildert habe. Der Text lautet wie folgt:*

Das Pony

Auch im Garten der Tiere sprechen sich Neuigkeiten schnell herum. Und die neueste Neuigkeit war derzeit, daß ein neues Tier kommen sollte, ein Pony.

Es gab keinen Grund, warum nicht auch ein Pony im Garten der Tiere leben könnte, aber jedermann glaubte, tausend Gründe zu wissen, die gegen die Aufnahme eines Ponys sprachen.

Niemand wußte, woher das Pony kam, aber jedermann glaubte zu wissen, daß es aus einem Zirkus kam und also ein äußerst liederliches Tier sein müsse.

„Seine Eitelkeit wird unerträglich sein", behauptete ausgerechnet der Pfau.

„Vom Zirkus her wird es einen Federpuschel auf dem Kopf tragen", stimmte der Paradiesvogel ärgerlich zu.

„Und es wird jemanden brauchen, der seine Mähne kämmt", brüllte der Löwe.

Der ärgste Nachtvogel aber, die Eule, ließ sich so hören: „Niemand wird mehr seine Ruhe haben in der Nacht, denn das Pony wird jeden Abend eine Zirkusvorstellung geben wollen."

„Ja", keiften die Affen, „und wir werden zusehen und klatschen müssen, wenn es seine Narrenpossen treibt."

„Und wie es stolzieren und den Kopf werfen wird", meinte der Hahn.

„Und obendrein wird es scharren und um Süßigkeiten betteln", brummte der Bär.

„Ja, alle Ponys gehen nach Zucker." Der das sagte, war ein ziemlich großer Esel.

Als nun das vielbesprochene Pony endlich kam, drückten alle Tiere ihre Nasen an das Käfiggitter.

Mit Beunruhigung aber sahen sie, daß das Tier, das der Wärter da hinter sich herzog, in gar keiner Weise so aussah, wie sie sich das Pony gedacht hatten.

Es trug weder einen Federpuschel auf dem Kopf noch einen bunten Sattel auf dem Rücken, und seine Mähne sah nicht so aus, als hätte sie während des letzten Jahres einmal jemand gekämmt. Struppige Strähnen hingen dem Pony über die Augen.

Und es stolzierte auch nicht und warf nicht den Kopf. Es ging im Gegenteil mit den Füßen etwas einwärts, und den Kopf hielt es ganz und gar gesenkt.

Als der Abend kam, erwarteten alle Tiere eine Vorstellung. Aber als die Turmuhr acht schlug, ging das Pony in sein Haus und legte sich schlafen. Und das tat es jeden Abend.

Sein Nachbar, der Bär, mußte feststellen, daß das Pony allen Zucker, den die Menschen ihm zuwarfen, einfach liegenließ. Es schaute nicht einmal hin, wenn der Bär mit der Tatze danach angelte.

So lebte das Pony im Garten der Tiere dahin und zeichnete sich eigentlich weder durch gute noch durch schlechte Gewohnheiten aus.

Dennoch wagten sich die anderen Tiere nur sehr zaghaft an das kleine Pferd heran. Alle hatten nämlich ein schlechtes Gewissen, weil sie soviel Böses über das Pony gesagt hatten.

Nur der Büffel machte eine Ausnahme, er hatte nie etwas Schlechtes über das Pony gesagt. Und so fragten ihn denn eines Tages die anderen Tiere: „Wie kommt es, Büffel Jurrok, daß du dem Pony niemals unrecht getan hast? Auch du konntest doch unmöglich wissen, was für ein Pony das Pony ist?"

„Gewiß nicht", gab der Büffel bereitwillig zu, „aber ich wußte, daß ich es nicht wußte!"

Womit Jurrok wiederum bewiesen hatte, daß er ein König war.

Da Benn es liebte, sich als ein altes Nashorn zu bezeichnen, sogar als ein ganz abscheuliches altes Nashorn, schrieb ich ihm die folgende Tierfabel, auch im „Garten der Tiere" veröffentlicht, und ich finde, daß Walter Niemann Benn als Nashorn ganz wundervoll porträtiert hat. Benn gefiel sich sehr in dem Bildnis.

Das ganz abscheuliche alte Nashorn

Sosehr sie sich auch bemüht hatten, es war Adler und Elefant nicht gelungen, den anderen Tieren Furcht einzuflößen. Da half kein Brüllen, Flügelschlagen und Trompeten. Und die Angst, die der Tiger den Tieren einzuflößen verstand, war keine richtige Angst. Das war nur eine Theaterangst.

Gefürchtet wurde im Garten der Tiere einzig das alte Nashorn.

Nicht, daß das Nashorn schon einmal jemandem etwas getan hätte, nein, daran konnte sich niemand erinnern.

Das Nashorn wurde gefürchtet, weil es gewöhnlich nicht zu sprechen war.

Ließ es sich aber einmal sprechen, fürchtete man sich erst recht vor ihm, denn seine Worte waren scharf wie Messer.

Vor allem aber fürchtete man das Nashorn, weil es selber gar keine Furcht hatte.

In aller Seelenruhe hatte es einmal mit seinem gewaltigen Horn das Gitter seines Hauses hochgehoben und beiseitegeworfen. Dann war es über die Kieswege an den Brunnen getrampelt und hatte getrunken.

Als die Wärter mit Stöcken kamen und „Buh" schrien und das Nashorn jagen wollten, hatte es sich nur umgedreht und die Wärter angesehen. Da waren sie erbleichend geflohen. Das Nashorn aber war langsam in sein Haus zurückgetrottet.

Seither wurden auch die Menschen vor ihm gewarnt.

NICHT NECKEN *stand auf einem großen Schild am Nashornhaus. Das Schild war überflüssig, denn wer das Nashorn mit dem mächtigen Schädel, der riesigen Nase und dem mürrischen Gesicht ansah, konnte unmöglich auf den Gedanken kommen, es zu necken. Wer hätte auch einen Hornhieb riskieren wollen?*

So lebte das Nashorn dahin, und alle waren sich einig, daß es ein ganz abscheuliches altes Nashorn sei.

Eine Ausnahme machte das Pony. Es bewohnte jetzt Haus und Garten neben dem Nashorn, und jeden Morgen trabte es als erstes nach dem Erwachen an den Zaun, der seinen Garten vom Nashorngarten trennt, und begrüßte den Nachbarn mit kleinem Gewieher.

Und ob man es glaubt oder nicht, das alte, mürrische Nashorn erhob sich dann, trottete schwerfällig zum Zaun und steckte auch seinerseits die Nase durch das Gitter. Das Pony, nicht beachtend, daß die Nashornnase gefährlich gehörnt war, fuhr mit weichen Nüstern über das alte, faltige Nashorngesicht.

Die Wärter schüttelten den Kopf.

„Seht euch die beiden an!“ sagten sie, „wir sollten doch einmal das Gatter aufmachen.“

Als sie das getan hatten, trabte das Pony schnurstracks in den Nachbargarten, scheuerte seinen Kopf an dem alten dicken Nashorn und legte sich neben ihm in den Sand.

Von nun an wurde die Tür zwischen den Nachbarn häufig aufgemacht, und schließlich wurde sie überhaupt nicht mehr zugemacht.

In regelmäßigen Abständen besuchte nun das Pony das Nashorn. Aber auch das Nashorn zwängte sich ab und zu durch das Türchen und ließ sich beim Pony nieder.

Das beobachtete der Bär, des Ponys Nachbar zur Linken.

„Sage einmal“, fragte er eines Tages das Pony, „wie kommt es, daß du dich mit dem Nashorn angefreundet hast?“

Das Pony und das abscheuliche alte Nashorn,
Zeichnung von Walter Niemann

„Warum sollte ich mich denn nicht mit dem Nashorn anfreunden?“ antwortete das Pony erstaunt.

„Nun“, brummte der Bär, „es ist ein ganz abscheuliches altes Nashorn.“

„Woher weißt du denn das?“ fragte das Pony.

„Niemand ist mit dem Nashorn befreundet. Auch ich habe noch nie ein freundliches Wort von ihm gehört.“

„Hm“, machte das Pony und schüttelte nachdenklich seine zottige Mähne. „Du hast also noch nie ein freundliches Wort von ihm gehört?“

„Nein, noch niemals“, versicherte der Bär.

„Ja hast du denn schon jemals ein freundliches Wort zu ihm gesagt?“ fragte das Pony.

Da sah der große braune Bär das Pony verdutzt an. Dann brummte er verlegen und schüttelte den Kopf.

„Ach so“, sagte das Pony und wieherte ein bißchen.

„Sapperlot“, dachte der Bär, „ich habe doch wahrhaftig noch nie ein freundliches Wort zum Nashorn gesagt. Ich bin ja ein ganz abscheulicher alter Brummbär!“

38

23. IX. Donnerstag. [54, Berlin]
Liebes Urselchen, heute Nachm. kamen 2 Briefe, der vom 21. u. vom 22. Wieder etwas leichtere, freie Briefe, Gottseidank. Bist ein süsses kleines Chamäleon. Hast jeden Tag von mir 1 oder 2 Briefe bekommen, dunkle u. hellere, seriöse u zweiflerische Stellen drin. Nun, wir wissen ja, woran wir sind, ungefähr wissen wir es jedenfalls.

Ich gehe nie nachmittags oder abends mit jemandem, männlich oder weiblich, spazieren. Ich lebe in meiner eigenen Klausur, ein Einsiedler u Mönch. Ich habe jemanden, weit weg, an den ich denke, einen, der mich oft traurig macht, aber auch noch öfter sehr glücklich – den ich selber aber leider nicht so glücklich machen kann, wie ich aus den Briefen ersehe, wie ich so gern möchte.

Hast Du wenigstens als Zeichen Deiner Treue u. Ergebenheit Arsen-Ferratose gekauft? 2 x tgl. 1 Teelöffel, aber nur nach dem Essen, 6 Wochen lang.

Schlimm, dass Du die Arbeiten nun so hetzig machen musst, aber auch wieder nicht schlimm, dann kommst Du nicht auf abwegige, flatterhafte, flirtige Gedanken ....

Das Postamt, in dem Du den Rest des 2 Briefes schrieb[st], kenne ich, habe dort 1 Postkarte geschrieben. (Will alles kennen, wo Du bist).

Liebes, Pony, Urselchen, es wird bestimmt nicht bis Weihnachten sein, dass wir uns wiedersehn, warte ein bischen auf mich, ich jedenfalls werde warten mit – Allem.

Küss Dich, Liebste, – „Du mein Allerliebstes, Du mein Mondgesicht“. Schreibe Du nur, wenn Du Zeit hast. Wir sind in Gedanken doch zusammen.

Dein G.

39

Freitag 24/9 nachm. [54, Berlin]

Liebling, mit der 2. Post kam nun auch noch aus Hamburg Nachricht. Man schlägt mir den 7. oder 14. XII vor. Ich werde den 14. nehmen, dann sind wir da oder in Bremen noch einige Tage zusammen u. können dann vielleicht Weihnachten allein überstehn. Nach der Schweizer Reise fahren wir erst wieder heim u. erledigen unsere Sachen u. dann in Hamburg sind wir wieder da. Gefällt Dir der Plan?

Guten Sonntag, Allerliebste! Vergiss mich nicht.

Dein G.

40

Freitag. 24. 9 54. vorm. [Berlin]

Mein Liebstes, – bekam heute die Nachricht, dass man mich am 21. XI. in Bern erwartet. Wenn Du also Deine Pläne auch in diese Zeit legen könntest, bestünde die Möglichkeit, dass ich den

Geburtstag meines Schatzes

mit ihm verleben könnte. Warte aber bitte mit Deinen Vorbereitungen noch einige Tage, da ich aus Hamburg ja sicher auch sehr bald Nachricht haben werde. Also die Sterne stehn über uns u. führen uns bald wieder zusammen.

Dies mein Sonntagsgruss, erwarte kein Telegramm (denke ich), wir werden jetzt unser Geld zusammenhalten für unser Reisen! Wir können dann auch nach Konstanz fahren, wenn Du willst.

Sei umarmt u geküsst, mein süsser Pony (die von Dir in Deinen Briefen Gezeichneten sehen allerdings mehr wie kleine Esel aus)

Dein Liebster:

G

41

Telegramm vom 25/9 16^{05} [54, Berlin]

Zum Sonntag Liebe und Küsse
Dein Kazü

42

[Poststempel: Berlin 26. 9. 54, 18h]

Sonntag Nachm.

Links oben im Brief die ausgeschnittene und aufgeklebte Zeichnung eines Ponys von mir, Benn hatte dazu geschrieben:

„beisst u. schlägt
Warnung!"

Süsser Pony, hier siehst Du, wie ich Dein Porträt ergänzt habe! Auch Dein Compott-Salat-Vertrag bedarf einiger Ergänzungen, ich werde ihn einige Tage hier behalten Aber vielen Dank dafür.

Gestern Nachm. kamen Deine 3 Briefe. In einem wird wieder geschimpft, aber alles in Allem sind sie süss und schön, habe vielen Dank und einen langen Kuss dafür. Ich hoffe, Du hast mein Telegramm abends bekommen u. meine beiden Briefe mit den Nachrichten über die Reisen. Wie denkst Du darüber?

Wenn Du mir die 10 M. für Arsen-Ferratose zurückschickst, nehme ich Dir das ernstlich übel. 1) sehr kleinlich 2) Eine Absage an Gemeinschaftlichkeit, Mann = Frau Verhältnis, Freundschaft. Du kaufst dafür: Zuckerkuchen, 1 Jägermeister u. Trauben. In diesem Punkt kommst Du mir vor wie eine Suffragette u. ich muss meinen Pony „Pankhurst" taufen.

Seit ich fort bin, hast Du also geschrieben: Fundsachen. London. Straßenhändler – tüchtig, Urle!

Liebes, ich habe Zahnschmerzen. Durch meine Schuld, da ich vor der Behandlung immer Angst habe u schreie, geht wieder einer zum Teufel.

War ein Sonntag wie alle, kalt u. unfroh. Und Du? Hörte heute die Übertragung aus Frankfurt von dem Friedenspreis an Burckhardt, die deutschen Redner ..., aber B. ganz nett.

Freue mich auf den Tag, wo ich Dich wiedersehe u wieder fühle. Sei umarmt

Dein G

Dem Brief ist einer von F. W. Oelze beigelegt, in dem dieser schreibt, daß ihn in dem Gedicht „Melancholie", er nennt es ein „Wundergebilde", eine einzige Zeile gestört habe, nämlich in der vorletzten Strophe der Vers „Antonius küßt die braune schmale Hand". Das sei, so meint Oelze, eine moderne Geste. Benn schrieb dazu an den Rand des Oelze-Briefes:

In „Antonius und Kleopatra" sagt A: „Gespielin, Eure Hand, dies Königssiegel u grosser Herzen Pfand" – wird sie also wohl auch geküsst haben.

Benn beruft sich hier auf Shakespeare, und ganz gewiß wird in der Wirklichkeit damals Antonius die Hand der schönen klugen Kleopatra geküßt haben, viele Male, denke ich mir. Dennoch hat Oelze nicht unrecht, im Gedicht hat die Zeile etwas vom Handkuß als Geste der heutigen ‚höheren Gesellschaft'.

Als Oelze schreibt, wie entsetzt er über Photographien von ihm sei, schreibt Benn an den Rand:

Ich bin noch entsetzter, hasse Bilder – alle Zeiss-Ikons zum Teufel!

Was mit „Kompott-Salat-Vertrag" *gemeint war, daran erinnere ich mich nicht mehr, aber gewiß etwas sehr Freundschaftliches. Vermutlich ging es darum, daß jeder des an-*

deren Gewohnheiten zu tolerieren versucht, so z.B. ich, daß G.B. gern Kompott zu sich nahm, während mir Kompott wie ein Schälchen abgetöteter Früchte vorkam und ich darum lieber frischen Salat aß.

43

Montag 27. IX. 54. [Berlin]

Liebe Ursula, ich bekam eben Deinen Brief von Sonnabend nachmittag. Ich werde den weiteren angekündigten abwarten, aber ich muss Dir sofort antworten, dass ich eine äusserst ernste Krise unserer Beziehungen kommen sehe. Diese schon wieder sich so ultimativ gebenden Formulierungen von Dir akzeptiere ich nicht. Auch die schon wieder im Hintergrund schwelenden Vorwürfe gegen mich lehne ich ab. „Schon zwei Wochen allein" – das ist wohl eine kollossale Leistung für Dich? Wenn ich Dir Glauben schenken darf, warst Du von Ostern bis zum 6 VIII allein, das sind nicht 2 sondern 16 Wochen. „Stippvisitenfrau" ist auch eine überraschende Bezeichnung für unsere Freundschaft, die für mich allerdings anders aussah.

Zur Sache: ich werde am 20. XI. bestimmt nicht in Konstanz sein können, da ich am 21. XI vorm. 11. in Bern reden muss. Dazu sind sicher einige Vorbesprechungen erforderlich, die am 20 stattfinden werden. Ich hatte Dich verstanden, dass Du auch in Bern geschäftlich zu tun hast, offenbar trifft das nicht zu. Was das für „Termine" sind, die Dich zwingen, gleich nach dem 21. XI wieder nach Bremen zurückzureisen, weiss ich nicht. Ist auch nicht wichtig mehr.

Du willst zwar „fürs Erste" noch mitmachen, aber das hat keinen Sinn. Unsere Beziehungen sind für dich gegen Deine Natur: „Etwas völlig Anormales" – also bleibt nichts übrig, als diese Beziehungen zu ändern. Ich nehme dieses Opfer von Dir auch garnicht mehr an. Weisst Du, liebste Ursel, auch ich kann diesem Zustand auf die Dauer nicht folgen. Noch sind Deine Briefe von der vorigen Woche, die mich so beunruhigen u. belasten, in meiner Erinnerung u. in meinem Herzen, und nun geht es schon wieder los. Hier steht Natur gegen Natur, Mensch gegen Mensch u da beide, jeder für sich, einen grossen Wert darstellen, einen ungewöhnlichen, wäre es ein Schaden, dem nicht ins Auge zu sehn. Es kommt mich bitter an, dies an Dich zu schreiben. Es ist natürlich nicht das letzte Wort u. keinesfalls heisst dies: Trennung, aber ich kann Deiner Art, die Dinge anzusehn, nicht folgen.

Trotzdem immer

Dein G.

Ein energischer Brief, in dem sich Benn sicher zu Recht verwahrt gegen einen harschen Ton von mir. Warum hatte ich so scharf geschrieben? Weil ich gegen die Rolle revoltierte, in die Benn mich drängte. Und obwohl ich ihn veranlaßt hatte, empfand ich den Verlust der vorher gewesenen Beziehung doch noch als schmerzhaft. Hinzu kam, daß dies eine redlich unverheimlichte war – und nun eine von mir als unredlich empfundene begann, eine heimliche, die ich als mich degradierend empfand. Bei irgendwem, vielleicht auch im Volksmund heißt es: Liebe kennt keinen Stolz. Ich war aber stolz, und wahrscheinlich war mein Brief ein unbewußter Versuch, mich nicht einer Beziehung anheimzugeben, deren Verwirklichung Vertuschungsmanövern unterworfen war, eine Stippvisitenfreundin zu werden, mit der man sich traf, wenn es nicht auffiel.

Allerdings kenne ich natürlich auch die schöne lateinische Strophe:

nulla unda
tam profunda
quam vis amoris
furibunda

mit ihren geheimnisvollen dunklen u-Vokalen. Diese finden sich nicht in der Übersetzung, sind vielmehr vor allem e-Vokalen gewichen:

Keine Quelle
so tief und schnelle
als der Liebe
reißende Welle.

Ich meine diese Verherrlichung heimlicher Liebe und den Vergleich beider Texte aus dem Aufsatz Ernst Jüngers über die Vokale zu kennen. Er stand in einem schmalen Bändchen, das Gott weiß wer einst bei mir entlieh und (Fluch ihm) nicht zurückgegeben hat. Jedenfalls gehört dieser Aufsatz zu dem wenigen, das ich von Ernst Jünger gern gelesen habe.

44

Telegramm vom 29. 9. 54, 14^{50}, Berlin

Dank für schönes Buch. Bedarf aber keines Erinnerns, weiß alles

Gruß Benn

Es handelt sich um ein Souveniralbum, in dem ich ein bißchen über Worpswede geschrieben und Bilder dazugeklebt habe.

45

Mittwoch. 29. IX. 54. [Berlin]

Liebe Ursel, es tat mir sehr leid, am Montag Mittag nicht dagewesen zu sein, als Du anrufen wolltest. Um 12h gehe ich meistens für einige Minuten fort, um Cigaretten, Zeitung, Rasierklingen usw. zu holen u zu schauen, wie das Wetter ist. Als ich zurückkam, stand der kleine Esel von Praxishilfe da u sagte: „Sie möchten sofort das Amt anrufen". Welches Amt? „Das weiss ich nicht". Von wo kam der Anruf? „Das habe ich nicht verstanden". Es gibt ein Postamt, ein Telegrafenamt, ein Finanzamt, ein Versorgungsamt – welches Amt kann es gewesen sein? „Das weiss ich nicht"! Also ging ich alle Ämter durch. Das Telefonamt wusste zunächst nichts, versprach sich zu erkundigen. Von welchem Ort könnte es denn sein? „Wiesbaden (wo mein Verleger wohnt) oder Bremen". Nach 20 Minuten kam die Nachricht, das Gespräch aus Bremen sei zurückgezogen. Was wolltest du mir wohl sagen?

Ich dachte dann, Du wolltest mir sagen, Du kämest nach Berlin u ich wartete 2 Tage, ob Du von Deinen Freunden aus anrufen würdest. (Wie heissen sie dort, die in Lichterfelde-Ost?)

Noch einer Aufklärung an Dich möchte ich mich entledigen. Als ich Dir Freitag kurz die Termine meiner Reise mitteilte, war ich nur erfüllt von der Freude, dass wir nun die Termine wussten. Der Oktober in Berlin stand ja garnicht zur Diskussion in dem Augenblick. Du hast hineininterpretiert, dass wir uns im Oktober nicht sehen würden.

Das ist der Verlauf. Er ändert natürlich nichts daran, dass nun die Lage zwischen uns traurig ist. Aber ich wollte Dir doch noch eine Darstellung von meiner Seite dazu geben.

Obschon ich nichts mehr von Dir gehört habe, kann ich mir nicht recht denken, dass Du in dieser Form unsern Briefwechsel als beendet ~~ansiehst~~ angesehen haben willst. Vielleicht bist Du so freundlich, Dich doch nochmal dazu zu äussern.

Immer unverändert

Dein G.

46

Mittwoch 29. 9. 54. [Berlin,
Begleitbrief zu einigen Aufsätzen über ihn]

Ein ganz wunderbares süsses Buch! Habe tausend Dank, Liebste. Bin beim Ansehn mit Dir durch Alles gegangen, Seite an Seite, Arm in Arm, mir scheint ja doch – unlöslich.

Wir sind 2 Narren. Laden uns immer soviel Vorwürfe u Bitterkeiten uns u. dem andern auf u. dann telegrafieren wir wieder u verfertigen so schöne, den andern ankettende, erinnerungserschütternde Bücher. Lass uns doch möglichst nicht so grosse Narren bleiben, bitte, wir hatten es uns zwar schon in Bremen versprochen, aber wir wollen es uns nochmal versprechen. Es ist ja doch jeder für den andern unersetzlich. Wenn Du jetzt etwas Pause hast, sende ich Dir ein paar Sachen betr. G. B. Ist einfacher, wie drüber zu schreiben. Das ist mein Worpswede. Nicht aus Eitelkeit, sondern weil Du dazu gehörst.

Über Berlin – Oktober schreibe ich morgen. Heute nur diesen Liebesgruss für Dein Buch. Liebste, süsser Pony, immer

Dein G

Die Studie über „Essay“ ist sehr interessant, u dies in einer wissenschaftlichen Zeitschrift.

Benn bedankt sich (wie im Telegramm) noch einmal für das Souvenirbüchlein, das ich ihm gemacht hatte. Von welcher Studie über „Essay“ die Rede ist, weiß ich nicht mehr, ich schickte ihm manchmal einen Aufsatz, den ich gut gefunden hatte, aus irgendeiner Zeitschrift, die mir gerade in die Hände gekommen war.

47

Telegramm vom 30. 9. 54, 15^{40} Uhr, Berlin

Bin glücklich wenn Du nächste Woche herkommst

Gottfried

Ursula Ziebarth mit dem Ehepaar Lichtenford, Privatfoto

48

30. 9. 54

Du, Liebes, dies Buch ist eine zauberhafte Sache. Passt alles so gut zusammen: die hübschen Bilder u. Dein so reizender schwebender persönlicher Text. Dieser Text von Dir ist rührend schön, ergreift mich richtig. Ich lese immerzu in dem Buch u betrachte alles mit soviel Liebe, in Erinnerung u Zukunftssicherheit. Dass Deine Hauptfreunde dabei sind, freut mich auch so. Und natürlich weiss ich noch jeden Tisch, an dem wir bei Maassen gesessen haben. Till! (Was mag Till wohl von den Männern denken, frage ich mich. Possierliche Insecten, etwas einseitig u. etwas schmutzig, denke ich, wird sie sagen.) Denke, Deine beiden Fenster würde ich nicht erkannt haben, weil die Vorhänge runter sind u. die Regentonne nicht zu sehn ist. Dein Bild auf dem Rosenmontagfest kann ich garnicht ansehn, dann bricht mir das Herz, weil ich nicht neben Dir sitze. Die leeren Blätter, die letzten, mit dem so schönen Papier werde ich beschreiben mit Reflexionen u. Elegieen!

Danke Dir tausendmal – kannst immer daran denken, dass ich das Buch gerade vor mir habe u. darin blättre, auf einiges gebe ich einen Kuss.

Liebste, Dein G.

Es geht immer noch um das Souveniralbum.

49

Donnerstag. 30. 9. 54.

Liebste, erst der Anruf heute morgen u nun noch der so sehr liebe Brief vom Mittwoch „nach dem Frühstück" – Ein schöner Tag. Tut so ein lieber Brief gut, wenn man Kummer hatte wegen des anderen! Dank Dir, Süsse! Wegen Berlin habe ich sofort telegrafiert. Freue mich unendlich auf Dich. Schreibe rechtzeitig, wann.

Habe heute viele Besuche, Belämmerungen, Störungen u kann nicht viel schreiben. Bist ja bald da, süsser Mensch, Ponnychen; – wenn auch nicht alles so erstklassig werden wird wie in W. u. Bre. – jedenfalls sehn wir uns, Liebste.

Dein G.

50

1. X. 54 Freitag. [Berlin]

Liebes, ich hoffe, dass Du kommst. Wann, wie, wohin? Bitte schreibe die Adresse Deiner Freunde in L[ichterfelde]. Ost. Du reist, hoffentlich, mit der Bahn, wie ich gereist bin: II Klasse. Und nun kommt der entsetzliche Kampf um das Billet. Ein Grund, warum ich so lange das Berlin-Project nicht erörtert habe: das grausige Theater, das Du immer vollführst, wenn ich 1 Mark für Dich ausgeben will. Dann der Gedanke, Du kämest wirklich mit dem Milchwagen, wie Du einmal sagtest! Diesen Gedanken kann ich garnicht denken, nicht aus Snobismus u. Bürgerlichkeit, sondern im Hinblick auf die Kälte u. Deine zarte kleine Person. Also, Liebes, Liebstes, nimm ein bischen Vernunft an u.: mit der Bahn.

Am 1. Tag, wo Du hier bist, komme ich nachm. 4h. zu Dir. Alles Weitere werden wir besprechen u sehn. Ich freue mich ganz doll, Dich jetzt hier auf meinem Pflaster mal zu haben!

Dies wird wohl schon mein Sonntagsbrief sein, nun, wo Du kommst, sparen wir uns unsere Gedanken auf, bis wir uns sehn. Liebste, ich umarme Dich u. küsse Dir Dein Gesichtchen ab.

Dein G.

Ich hatte keine Lust, mir von Benn ein Eisenbahnbillett schenken zu lassen. Es gab damals noch die 1., 2., 3. Klasse, und G.B. wollte, daß ich in der 2. fahre. Standesgemäß. Da mußte ich lachen. Sehr gut konnte ich mit dem Molkereiwagen mitfahren. Es war auch nicht oder doch nicht nur die Sorge um meine „zarte kleine Person" (einen Meter und neunundsechzig Zentimeter bin ich groß, mithin einen Zentimeter größer, als Benn es war), die Benn so angelegentlich die Eisenbahnfahrt empfehlen ließ, vielmehr fand er es shocking und nicht ladylike und vor allem peinlich für ihn, mit einer Frau befreundet zu sein, die in der Fahrerkabine eines Lasters unterwegs ist. Ich hatte früh Souveränität in solchen Fragen gewonnen, dank meiner fabelhaften Mutter, die ich zu meinem Stiefvater bei ähnlichen Bedenken einmal hatte sagen hören: „Was eine Dame tut oder nicht tut, hängt von mir ab, denn ich bin eine Dame." Damals mußte Berlin, dem das nahe Umland fehlte, täglich aus ziemlicher Entfernung durch Kühlwagen mit Milch versorgt werden. Durch unsere Worpsweder Molkerei hatte ich Verbindung zu diesen Transporten und große Lust, mit so einem riesigen Kühlwagen mitzufahren, der lebensnotwendige, für Säuglinge überlebensnotwendige Milch nach Berlin brachte. Jedenfalls, weil ich es gern so wollte, saßen wir zu dritt in der Fahrerkabine: Fahrer, Ersatzfahrer und ich, hinter uns die kalte, weiße flüssige Last. Auf dicken Reifen rollten wir über die Landstraßen und die Autobahn. Die beiden Männer, ich kannte sie schon lange, schnackten plattdeutsch, lachten sich krumm, wenn ich es auch versuchte, dann aber erwachte pädagogischer Ehrgeiz bei ihnen, und sie brachten mir den richtigen Tonfall bei. Eine herrliche Fahrt.

Ach, auf wieviel Lastern bin ich im Leben gefahren, zuletzt im Jemen, als ein plötzlicher fürchterlicher Regenguß einen Wadi so mit Wasser gefüllt hatte, daß der Bus, in dem ich saß, mit seiner niedrigen Karosserie nicht hindurchfahren konnte. Ich hatte aber keine Lust wie die anderen ein, zwei Stunden zu warten, bis das Wasser sich verlaufen würde, stieg einfach aus und enterte einen hochräderigen Laster, der mit ansehnlicher Bugwelle quer durchs Wasser rauschte. Mit arabischen lachenden barfüßigen Jungen hatte ich mich hinten auf die Ladefläche gehockt. Jenseits des Wadi wieder hinunter, und dann war ich mit nur einem Stückchen Fußweg im Marib, vor den acht Pfeilern des Tempels der Königin von Saba, der legendären Königin Bilquis. Sie ist ein großes Vorbild für mich, denn sie scheute keine langen Wege, um zu kommen, wohin sie wollte. Mit einem Troß von Dienern zog sie, vermutlich auf einem besonders kräftigen, gewiß auch schönen Kamel reitend vom Marib nach Jerusalem, um König Salomo zu sehen, ihm ein paar Fragen zu stellen, seinen Tempel zu betrachten und die Kulthandlungen, die man dem Gott Jahwe weihte. – Vor die Friese mit den Kerbungen einer noch unentzifferten Schrift kam ich im Marib zu stehen, fand sonderbare Steine im Wüstensand, mußte auch für den Rückweg wieder einen Laster nehmen, denn der Bus hatte kapituliert und war umgekehrt. 1992 war das, da war ich immerhin schon 71 Jahre alt.

> *Wer ängstlich ist, bleibt dumm,*
> *wer tollkühn ist, kommt um.*

– sagte meine Großmutter. Dazwischen liegt Verhalten, das einen weiterbringt, wenn man sich die Welt nicht nur, wie

Benn das tat, aus Büchern exzerpieren möchte: „Ich habe mir immer ein großes Hirn gemacht durch Lesen, Exzerpieren, Notizen“, *schrieb er. Mir war es wichtig, selber sehen, hören, riechen, schmecken, berühren zu können, aber manchmal bin ich einem Wort von Benn später nachgereist: Weil er vom „Gobigram“ geschrieben hatte und ich das Wort so wundervoll fand, bin ich durch die Wüste Gobi gefahren, wurde hineingezogen in älteste Erdzeiten, als ich in Ulan Bator im Museum Skelette von Sauriern sah und Gelege von ihnen, versteinerte Eier, etwa zwanzig, in Kreisform abgelegt von einem Tier, vor achtzig Millionen Jahren – und dann das endlose Fahren durch die Gobi, die nicht so feinsandig und golden ist wie die Sahara, sondern eher tundrenartig. Graugrüner Gobigram.*

Auch nach La Habana auf Kuba bin ich geflogen, weil Verszeilen Benns mich dahin lockten:

„Meinen Sie aus Habana
weiß und hibiskusrot“

Die Stadt wollte ich sehen, spät erst, 1996, bin ich hingekommen, aber ich hatte den Vers im Kopf und die Erwartung von Weiß und Rot. Doch Habana ist eine von Farben schillernde Stadt, Häuser in allen Regenbogenfarben gibt es, manche strahlend vor Farbkraft, andere in zarten Nuancen gestrichen. Benn hatte La Habana keineswegs richtig beschrieben, doch ich war auf seiner Vorstellung von „weiß und hibiskusrot“ nach Kuba geflogen, er verstand Sehnsucht zu erwecken mit „Gobigram“ und anderen Worten noch, so viele hat er erfunden für Länder, die er nie gesehen, aber hingeschrieben hat.

Seinerzeit, als wir über die Notwendigkeit, zu reisen, so zutiefst anderer Meinung waren, schrieb ich ein Antwortgedicht auf Benns „Reisen“. Anmaßend war das von mir, aber ich konnte es damals nicht lassen:

Gottfried Benn

Reisen

Meinen Sie Zürich zum Beispiel
sei eine tiefere Stadt,
wo man Wunder und Weihen
immer als Inhalt hat?

Meinen Sie, aus Habana,
weiß und hibiskusrot,
bräche ein ewiges Manna
für Ihre Wüstennot?

Bahnhofstraßen und Rueen,
Boulevards, Lidos, Laan –
selbst auf den Fifth Avenueen
fällt Sie die Leere an –

Ach, vergeblich das Fahren!
Spät erst erfahren Sie sich:
bleiben und stille bewahren
das sich umgrenzende Ich.

Was das Reisen betrifft, nie habe ich etwas davon gehalten, meine Sehnsüchte auf Papier zu befriedigen. Man muß bis über die Knöchel in Wüstensand eingesunken sein und keinen Halt gefunden haben in der Weite goldenen Sandes, um zu wissen, was das ist, die Sahara, und Gletscher kennt man nur, wenn man seine Hand auf das bläuliche Eis von seit Millionen Jahren existierenden Gletschern gelegt hat, an den Rändern des Beaglekanals beispielsweise.

Ich wollte auch nicht nur von einer Fata Morgana als einer Metapher reden hören, ich wollte sie wirklich sehen. Eines Tages, in der Wüste Namib erblickte ich eine schimmernde blaue Wasserfläche erreichbar nahe vor mir, aber sie war nicht erreichbar. Als ich da hinkam, wo sie gewesen war,

Ursula Ziebarth

Reisen

Meinen Sie Zürich zum Beispiel
sei keine ergreifende Stadt,
sahen Sie nicht was die Uhr dort
für ein großes Zeitziffernblatt hat?

Meinen Sie nicht, daß die Meere,
sturmerfahren und grau,
in ihrer salzigen Schwere
schöner sind als der Tau?

Bahnhofstraßen und rue'en;
es fliegen die Tauben Sie an,
wo uns Fontänen besprühen,
wende die Augen, wer kann.

Fahren und sich nicht bewahren!
Der Mast geht vorm Nordwind zu Stück.
Doch aus der Salzflut nach Jahren
Kommt man mit Muscheln zurück.

war sie nicht vorhanden. Ich war mehr als verdutzt, ich war betroffen, verwirrt – es konnte nicht sein, daß das Wasser kein Wasser gewesen war, zumal da, wo ich herkam, als ich mich umwandte, auch Wasser auftauchte, als wäre ich aus einem See gekommen. Eine Fata Morgana! Als ich sie erlebte und an diesem Tag noch etliche dieser seltsamen Erscheinungen sah, fühlte ich mich bedroht, meinte, mich auf meine Sinneswahrnehmungen nicht mehr verlassen zu können, die Natur täuschte mich mit blauem Glanz, ich war plötzlich unsicher geworden, spürte an Angst grenzende Verwunderung. Fata Morgana, sagte der Kamelführer und lachte, was mich geradezu erzürnte. So hatte ich mir das, was man mir als Luftspiegelung erklärt hatte, nicht vorgestellt. Nicht so an meiner Fähigkeit rüttelnd, mich zu orientieren. Doch wie froh war ich im nachhinein, das Wunder Fata Morgana erlebt und erlitten zu haben, wirklich und wahrhaftig. Nicht vorhandenes Wasser, schön wie von Schiller beschrieben: „Es lächelt der See, er ladet zum Bade". Seltsames blaues Lächeln der Natur.

Doch begreifbar, berührbar, war in der Namibia eine Welwitschia mirabilis, eine der Pflanzen, die es seit frühem Erdzeitalter gibt, und wie Bäume werden diese dicht am Boden lebenden Pflanzen uralt, mehrhundert Jahre. Sie holen sich mit ihren lederartigen meterlangen Blättern aus den Morgennebeln der meernahen Namibia, was sie an Feuchtigkeit brauchen, sind damit unabhängig vom Regen. Man kann sich vor einer Witschwilia in den Sand setzen, ihre Blätter betasten. In einem Holzdöschen verwahre ich zwei Samen dieser Wüstenwunderpflanze, ich habe sie ihr geraubt, muß ich gestehen. Benn hätte sie auch gern auf seinem Handteller gehabt, die beiden Kürbiskernkleinen, die mit Flügelchen wie aus Seidenpapier versehen sind, damit der Wind sie anderswohin tragen möge. Die meinen hat nicht der Wind getragen, sondern ich, denn ich wollte etwas bei mir zu Hause haben von der herrlichen Pflanze. Und wie sehr hätte Benn der Name ‚Witschwilia' gefallen. Vielleicht wäre sie in ein Gedicht gewachsen, die sonderbare Wüstenwohnerin, hätte Benn von ihr und ihrem Namen gewußt, doch ich bin erst lange nach Benns Tod in die Wüste Namibia gekommen.

Benn dachte, wir wissen es ja nun, anders über das Reisen, ich glaube, er hielt es mit der jüdischen Weisheit: „Reisen ist vollkommenes Elend, du zerreißt dir die Kleider und hast niemanden, der sie flickt."

Benn hielt mich für eine Abenteurerin, was ihn offenbar sowohl beunruhigte wie faszinierte. Er ahnte schon, daß ich ein Reiseleben über alle Kontinente wollte. Die Liebe zu Datteln war ihm Indiz für ein Fernweh, das man damals noch nicht stillen konnte. Daß ich eine Freundin hatte, die in einem wirklichen Zigeunerwagen lebte, machte ihn zunächst geradezu sprachlos. Nie hätte er gedacht, daß er selber mehr-

mals im Leben in einem solchen hölzernen Wohnwagen platznehmen würde, um eine denkbar lebenserfahrene, sehr gebildete, kultivierte Frau zu besuchen, die ihrerseits nie gedacht hatte, einmal Gottfried Benn bei sich zu bewirten, denn sie hatte in den zwanziger Jahren und der beginnenden Nazizeit in Berlin gelebt und dem Benn entschieden entgegengesetzten politischen Lager angehört. Nun kamen sie als alte Menschen zusammen und besprachen sich nicht ohne Wohlgefallen aneinander. Zugegen war nicht nur ich, sondern stets auch ein Hund, man denke, schon wenn er bei mir eintrat, mußte G. B. meist vorher zwei Hunde passieren, und Till hatte immer ihren Pekinesen Pizzoni auf dem Schoß, der mit seinem sonderbaren, seltsamen nachdenklichen Gesicht wie ein geschrumpfter Konfuzius aussah. Ein Greuel waren Hunde für Benn, doch er schrieb auf die Karte an Till ein Aufwiedersehen, das offenbar auch dem chinesischen Miniatur-Konfuzius galt.

51

Freitag 1. X. 54. Nachm. [Berlin]

Kindchen, Kindchen, eben Dein Brief vom 30. 9. vor dem Telefon u. nach dem Telefon. Wir sind nicht nur Narren, wir sind Wahnsinnige. Jeder denkt vom andern, er lässt nach, er geht zurück, er will wo anders hin, u. dabei scheint es mir, als ob wir beide nichts anderes sind als etwas verrückt nach einander u. so versunken in den andern, dass von uns selber nichts mehr übrig bleibt. Gut so. Muss so sein. Sonst ginge es garnicht, was wir vorhaben u machen. Aber nun wollen wir endlich Frieden schliessen u dem andern glauben u. uns in den Arm nehmen so eng u. zärtlich wie es geht u. wie es war.

Ob Du „reduziert" aussiehst, wie Du schreibst, ist mir ganz egal. Komm nur her – wir müssen auch Berlin erproben. Wir müssen endlich eine innere Lage schaffen, aus der sich ergibt, dass wir uns nicht trennen u den andern nicht lassen.

Sonst kommen wieder diese Qualen in den Briefen. Also, Liebste, versuche zu kommen. Ich schrieb vormittag einiges dazu (Bahnreise) Und sei nicht gleich entsetzt und böse, wenn hier irgendwas nicht klappt, ich z.B. nicht zum Bahnhof kommen kann usw. Denke doch immer, dass wir ja alles zusammen machen, das Gute u. das Schwierige, u einer dem andern helfen muss.

Kuss, Liebste. Dank für Alles, liebe Dich.

Dein G.

52

Sonnabend 2 X. [54, Berlin, *durch Eilboten*]

Liebes, Dank für Deinen Brief von gestern und die Reiseankündigung! Ich hoffe, Du wirst mir doch schreiben können, an welchem Tag Du reist u wie: ob mit Bus, Bahn oder wie sonst. Wenn Du z. Z. kein Reisegeld hast, sende ich Dir telegrafisch M. 100. Geht in wenigen Stunden, wäre ein Zeichen von grosser Liebe von Dir!

Bitte organisiere die Tage hier nicht ohne mich zu fragen. Ich stelle mir nämlich manches ganz anders vor, als wie Du schreibst: meine Gegend einschl. Flint usw. zeige ich Dir. Ich habe überhaupt viel Zeit, denke ich, für Pony! Nachmittags immer u abends gehst Du ja wohl schlafen?? Oder wir gehn ins Theater zusammen. Alles besprechen wir, wenn ich am 1. Tag nachm. 4h zu Dir komme, wenn ich darf. Bitte teile mir den Tag der Ankunft mit. Du weisst ihn doch genügend lange vorher. Stelle Dir hier alles nicht zu schwierig u schwer vor, wir sind alle sehr friedlich, sei Du es auch. Auf Wiedersehn, allerliebste.

Dein G

53

[3. Okt. 1954, Berlin]

Liebes Urselchen, bitte gib die Blumen Deiner Gastgeberin, Frau Krengel, von mir, wenn es Dir richtig erscheint! Um 4 h

Beischrift auf einer Visitenkarte zu Blumen für meine Berliner Gastgeberin, die Theaterwissenschaftlerin Dr. Ingeborg Krengel-Strudthoff.

54

[*Ohne Datum, auf einen Zettel geschrieben in Berlin, vermutlich am 10. Oktober 1954 mir in die Hand gegeben.*]

Wenn Du denkst, dass Du mit mir und bei mir aushalten kannst, bleibe mir, bitte, treu. In meinem Herzen wirst Du 12 Monate Schonzeit haben, und wenn Du im Winter kommst, um Dir Futter zu holen, werde ich Dich streicheln u. wärmen.
G.

55

11 X 54 [Berlin, *das Datum hat G.B. unter meinen Vornamen auf den Umschlag geschrieben.*]

Montag.

Schlaf süss, mein Pony!
Hier ein Journal aus Wien, das ich immer geschickt bekomme, in Nr 2 sind 14 Lebensläufe ganz jugendlicher aus vielen Ländern, die Dich vielleicht interessieren. Schlafe u träume u., wenn es geht, lache wieder im Traum!
Ich war heute müde.
Morgen gib mir bitte wieder einen Kuss!
Dein G

Benn und Ursula Ziebarth in Berlin im Herbst 1954, Privatfotos

56

[*Postkarte mit Ansicht des Rathauses Schöneberg, aus Berlin, nach Berlin*]

In der Umgebung dieses Rathauses wohnen nette Menschen, besonders ein Kazü ist nicht ganz ohne, er sendet hiermit einen Morgengruss!

G.

11. X. 54.

57

Telegramm, Berlin, 16. 10. 1954 16^{00}

Dank für alles schönen Sonntag

Dein

Es war schön gewesen, Benn einige Tage in Berlin zu erleben. Fast war er ein anderer als in Worpswede. In Berlin fühlte er sich auf sicherem Boden, wurde nicht mit einem Milieu konfrontiert, das ihm fremd war, und da ja auch ich von meiner Geburt 1921 bis 1947 in Berlin gelebt hatte, war Berlin ein gemeinsamer Platz; ich hing natürlich an meiner Geburtsstadt und dem Ort meines Aufwachsens, berichtete Benn, wie ich das Berlin der zwanziger Jahre als Kind erlebte, er hörte wohl zum ersten Mal, wie die Stadt auf ein Kind gewirkt hatte, mit den Kämpfen der vielen Parteien, besonders vor und an Wahltagen. Wie wir neugierig gezittert hatten vor den Worten „Saalschlacht" und „Straßenschlacht", wie wir Kinder des bürgerlichen Westens aufgeregt hörten von dem, was im „Roten Wedding" passierte und in Neukölln, wie gern wir dort einmal hingefahren wären an brenzligen Tagen, das aber natürlich nicht durften. Benn erzählte, wie er damals lebte, wir sahen Straßenecken gemeinsam an, deren alte

Bebauung vom Krieg verschont worden war – wo z.B. eine Amour von Benn gewohnt hatte, gab es unten einen Spielzeugladen, den ich vergötterte, wenigstens seine Schaufenster, und wir stellten uns vor, daß er womöglich an mir vorbeiging ins Haus, während ich mit zu dicken Stummelschwänzen geflochtenen Haaren vor dem Schaufenster die Spielzeugpferde, Kreisel und Murmeln adorierte.

58

Sonnabend. 16 X. 54 [Berlin]

Liebste, – zur Zeit auf der öden Autobahn zwischen Berlin u. Marienborn, hoffentlich wirst Du nicht mehr krank, hast geschlafen u. Dein Gepäck gut untergebracht u. hoffentlich hast Du keinen Nachbarn, dem Du Deine Hand überlässt. (Liebste, diese Fahrt damals mit Dir am 10.VIII. war die zarteste, rührendste Werbung um eine Frau, die ich je vollbracht habe, es war wunderbar.)

Gestern Abend hatte Max aus Wiesbaden angerufen, er ruft Sonntag wieder an. – Von Nele noch keine Nachricht, wann sie eintrifft. – Gestern, gewissermassen zum Abschied von unsern Tagen, standen offenbar in der Frankf.A.Z. zwei neue Gedichte von mir, die ich am Dienstag hinsandte: also sofort, unverzüglich gebracht. Beide sind an Dich u. von Dir. Das 2. direct, der 1 Vers in W. bei Maassen, Zimmer 4, gemacht, die beiden folgenden Bozenerstr als Du so präcise von Deinem R.K geschrieben hattest, daher ~~die~~ der traurige Schlussvers. Dein R ist das andere Meer ...

Im 1. Gedicht, einem typischen GB Kneipengedicht, bist Du im 3 Vers gefühlt u. angebetet drin, ich finde diese Reihen sehr gut u das ganze Gedicht trotz Saloppheit gut. Ich habe die Zeitung noch nicht gesehn, aber schon ein Anruf gab mir davon Kunde u. ein Brief von einer Frau, die das 2. „unnachahmlich" nennt, eine „wahrhaft profunde Welt" – Nun, ich bin skeptisch, Gedichte sind immer eine heikle Sache, auf des

Ursula Ziebarth im Sommer 1955, Foto von Walter Niemann

Messers Schneide. Das 1 Gedicht ist ein Dramburggedicht, an meinem Katzentisch fabriziert, Ende September.

Lebe wohl mein süsser geliebter Ponny. Nimm viele zärtliche Küsse in Dein kleines blasses Gesicht, das immer vor mir schwebt u das mein Gesicht ist u. bleiben soll – bitte!

Dein G.

Verlauf (2 – 16 X 54)

2: U ruft 7h abends an. G. gibt Nachricht weiter an Dr. K. G ruft um 9h. nochmals U. an.
3. (Sonntag) G. schickt Pralinen u Rosen. Kommt 4h. 2 Stunden Streitgespräch. 1 Stunde Liebe. 1/2 Stunde Abendbrod im Schultheiss am Bahnhof.
4) Im Zoo. Büffel u Warzenschweine. Oktoberfest. Kein Vogelhaus zu finden. Dann Mampe: erstes Spagettigericht.
5) Abends Premiere Claudel im Schillertheater. Vorher zufällig in kleiner Kneipe getroffen Hinterher im Kurfürsten Keller gegessen.
6) Nachm. im Quartier Bohème, Kf.damm. Regen! Zum Zoo Briefe einstecken nach Bremen. Dann U. bei Dramburg Abendbrod gegessen.
7) G. abends 6-8 bei Krengels. [*Ein unentzifferbares Wort*] U müde u.etwas bösartig! Lacht höhnisch! Bringt G. zur Taxe.
8) Umzug zu Reddehase. U u G. treffen sich um 4 bei Mampe (Spagetthi); dann Passauerstr. Grosse süsse Liebe.
9) Nachm. 4 Passauerstr. Dann Abendbrod im Restaurant am Wittenbergplatz (Bei U. unbeliebt)
10) (Sonntag) U. abends hier. Dann Mampe (U ein bischen ungezogen! G. traurig.)
11) U u G. sehn sich nicht. G. müde G. sendet gelbe Rosen u. Hefte „Magnum“ nach Passauerstr.
12) Nachm. G. 4-6 Passauerstr.
13) U u G. sehen sich nicht.
14) U. nachts bischen magenkrank! Nachm. 4 kommt G. Geht um 5^{15} !! ins West-Sanatorium. U. in Chaplinfilm.
15) Nachm. 4h mit Inge K Mampe. Dann P.strasse. Rechnung bezahlt. Abschied am Taxi Wittenbergplatz. Kein Zettel, kein Vertrag, nicht mehr nötig. Sicherheit, Hoffnung, Glauben.

Liebste, das waren die Tage in Berlin. Dank , dass Du gekommen bist.

Dein G.

FRANKFURTER ALLGEMEINE ZEITUNG 15.10.1954

GOTTFRIED BENN:

Das sind doch Menschen

Das sind doch Menschen, denkt man,
wenn der Kellner an einen Tisch tritt,
einen unsichtbaren,
Stammtisch oder dergleichen in einer Ecke,
das sind doch Zartfühlende, Genüßlinge
sicher auch mit Empfindungen und Leid.

So allein bist du nicht
in deinem Wirrwarr, Unruhe, Zittern,
auch da wird Zweifel sein, Zaudern, Unsicherheit,
wenn auch in Geschäftsabschlüssen,
das Allgemein-Menschliche,
zwar in Wirtschaftsformen,
auch dort!

Unendlich ist der Gram der Herzen
und allgemein,
aber ob sie je geliebt haben
(außerhalb des Bettes)
brennend, verzehrt, wüstendurstig
nach einem Gaumenpfirsichsaft
aus fernem Mund,
untergehend, ertrinkend
in Unvereinbarkeit der Seelen —

das weiß man nicht, kann auch
den Kellner nicht fragen,
der an der Registrierkasse
das neue Helle eindrückt,
des Bons begierig,
um einen Durst zu löschen anderer Art,
doch auch von tiefer.

„Warum gabst du uns die tiefen Blicke"

Zwei Träume. Der erste fragte,
wie ist nun dein Gesicht:
was deine Lippe sagte
oder das schluchzend Gewagte
bei verdämmerndem Licht?

Der zweite sah dich klarer:
eine Rose oder Klee,
zart, süß — ein wunderbarer
uralter Weltenbewahrer
der Muschelformen der See.

Wird noch ein dritter kommen?
Der wäre von Trauer schwer:
ein Traum der Muschel erglommen,
die Muschel von Fluten genommen
hin in ein anderes Meer.

Die Verse „ – ein wunderbarer / uralter Weltenbewahrer / der Muschelformen der See.“ *beziehen sich darauf, daß ich die Gehäuse von Meerschnecken (allgemein falsch Muscheln genannt) sammelte, von denen besonders schöne Exemplare in Worpswede auf meinem linken Fensterbrett lagen. Es waren seltene, in der Hafenstadt Bremen konnte man sie erwerben, Matrosen brachten davon aus allen fernen Ozeanen mit, boten sie den Hafenläden an. Benn bewunderte sie sehr. Inzwischen ist meine Conchyliensammlung sehr gewachsen.*

Mit R. K. *ist wieder mein inzwischen verstorbener Freund Robert Kukowka gemeint, dessen Beziehung zu mir Benn stets fehlinterpretiert hat. Benn gehörte einer Generation an, in der man noch nicht verstehen konnte, was heute selbstverständlich akzeptiert wird: Daß eine Frau und ein Mann befreundet sind, ganz unamourös.*

Zum von Benn aufgeschriebenen Besuchsverlauf:

Im Zoo: *Benn liebte nicht etwa die verschiedenen Arten von Büffeln, die ihm ähnelten in der schweren Statur, dem massigen Kopf, den gewaltigen Stirnwaffen, er liebte Gazellen, Gemsen, sah begeistert zu, wenn Gemsen auf ihren kleinen Hufen so sicher auf den Felsen herumkletterten. Aber auch die hubbelgesichtigen Warzenschweine hatten es ihm angetan. Er sah Tiere gern, aber nur, wenn sie fern waren, nahm sie ästhetisch wahr. Tiere etwa zu berühren, das wies er weit von sich, und schon gar nicht hätte er eines um sich haben wollen.*

Mampe: *Das war ein berühmtes altes, traditionelles (heute leider nicht mehr vorhandenes) Restaurant am Kurfürstendamm, Ecke Joachimsthaler Straße. Dort saß man in behaglichen Nischen an Tischchen, die mit alten blau-weißen Delfter Fliesen belegt waren. Schon des schönen Mobiliars wegen fühlte ich mich dort wohl.*

Premiere Claudel: *Es handelte sich um das Stück „Christoph Kolumbus“ von Claudel, aufgeführt im Schillertheater. Weder Stück noch Inszenierung gefielen Benn, während ich schon der Gestalt des großen Reisenden wegen an der Sache interessiert war. Benn ließ sich so gut wie nie von Theaterauf-*

führungen faszinieren (es gibt darüber berühmte Stellen in seinem Œuvre), während ich eine begeisterte Theatergängerin war (und bin).

Zu „Reddehase“: *Auf Benns Bitte bin ich von meiner im von Benns Areal entfernten Lichterfelde wohnenden Freundin in eine Pension in der Passauer Straße gezogen, deren Besitzer Reddehase hieß.*

Zu „Restaurant am Wittenbergplatz“: *Es war unbeliebt bei mir, weil es düster und ohne Geschmack möbliert war, im Gegensatz zu Mampe.*

abends hier: *Benn hatte das Bedürfnis, mir seine ganze Wohnung (Bozener Straße 20) zu zeigen, in Abwesenheit seiner Frau. Ich verstand, daß er mich sein Lebensumfeld kennen lassen wollte, doch bin ich später nur noch in seinem Arbeitszimmer gewesen, in dem er Praxis hielt und schrieb. An zwei Tagen haben wir uns damals gar nicht gesehen, einmal nicht, weil wir verstimmt waren, und das zweite Mal, weil ich mich ausführlich meinem Stiefvater und seiner Frau widmen mußte.*

59

Montag 18 X. [54, Berlin]

Liebstes Menschlein, (einsam in der wilden Welt, ohne gelbe Rosen u Spagetthi) mit der 1. Post kamen Deine 3 Karten, danke tausendmal! Bin froh, dass alles gut verlaufen ist. Und in W. fandest Du meinen Gruss hoffentlich vor. – Gestern mit Till Mittag gegessen – bei Schwieberth? Und wie sonst den Tag verbracht? Von H H R bekam ich einen – etwas traurigen – Dankesbrief. Sind Deine Sendungen in B. angekommen u. hat W. sie illustriert? Wie fandest Du Deine Mannschaft in der P[ädagogischen]. A[rbeitsstelle] vor? Nun weiss ich doch, wie der Rastort heisst: Tewel, u Herr Lemmermann macht die guten Schinkenbrode. Und die Imbissstube im Bahnhof B. werde ich auch nie vergessen. Nele kommt Mittwoch nachm.

u bleibt bis Sonntag vormittag. Auch sie ist ein kleiner „Drillbohrer“ u. bohrt mich immer so intensiv an. Wird anstrengend für den Papi!

Gestern schwüler, warmer Tag. Ging 1 1/2 Stunden im Park u. Nymphenburgerstr, wo Deine Schulfreundin wohnte. Abends Anruf Max, nichts besonderes, in einer engl. Zeitschrift soll sehr langer Aufsatz über mich stehn. Dann 1 Stunde Flint, ziemlich öde. Lese „Null-acht-fünfzehn“, ein schweinemässiges Buch über Kommiss, Zoten u dreckige Redensarten, – einer der grössten Bucherfolge des Jahres – (sagt Max). Diese Deutschen!

Mein Ponnychen, mein süsser, vergiss nicht, dass ich für Dich auch ein Ponny bin u. hinter Dir hertrabe! Bitte schreibe mir, ob ich weiter nach Bremen schreiben soll oder nach W.

Sei umarmt u. angeschaut u. angefühlt, Du süsser Mensch. Zärtlich

Dein G.

In Berlin hatte ich an Manuskripten arbeiten müssen, sie nach Bremen geschickt zum Illustrieren.

In Tewel hatten wir damals auf unserer gemeinsamen Busreise Berlin – Bremen Pause gemacht. Der Wirt der kleinen Erfrischungsstube hieß Lemmermann und hatte als Typ Benn so gut gefallen. Benn merkte sich Namen gern, ärgerte sich, wenn er einen vergaß, und freute sich schier bubenhaft, wenn er ihm wieder einfiel.

Die Imbißstube im Bahnhof B.: *Als wir seinerzeit mit dem Interzonenbus in Bremen ankamen, hatten wir zu warten, ehe ein anderer Bus uns nach Worpswede fuhr. Die Busse der Worpsweder Linie gehörten dem Freiherrn von Ahrentschild, was auch in riesiger Schrift auf den Bussen zu lesen war; es amüsierte Benn, so freiherrlich transportiert zu werden. Das Warten auf das Freiherrngefährt verbrachten wir in einer Imbißstube. Benn horchte entzückt auf die breite bremische Sprechweise um uns herum. Idiome interessierten ihn immer.*

Null-acht-fünfzehn: *War ein damals sehr erfolgreiches Buch von Hans Hellmut Kirst. (Übrigens waren es bald drei Bände, die auch sofort verfilmt wurden.) Ich hatte es nicht gelesen und nach Benns Meinung darüber auch keine Lust zur Lektüre.*

60

Dienstag. 19 X. vorm. [54, Berlin]

Liebchen, Deine angekündigte Montagspost ist morgens nicht gekommen, – wird um 2 h kommen. Also studiere ich noch die 3 feinen Reisekarten auf beiden Seiten. Ja, sie könnten wohl in das schöne W.Buch, aber dann müsste ich das liebe Geschriebene opfern u das möchte ich nicht.

Sag, Liebste, warum willst Du eigentlich gelegentlich in Bremen, P.A, übernachten? Das habe ich nicht ganz begriffen. Wegen Wetter u Regen? Und was machst Du dann von 4 1/2 wenn W. abfährt, bis Du schlafen gehst? Oder wegen Heizung? Dort ist Dein Schlafzimmer immer warm, nicht? Schreibe mir doch, bitte, mal darüber. Ich stelle mir ja das Liegen auf der flachen Gummimatratze nicht bequem vor.

3 h. Nachm. Vorhin kamen Deine lieben Briefe von Sonnabend – Montag. Ich weiss, dass Du jetzt ein par Tage viel Arbeit hast: Berlin u die Tiere auf der Strasse. Dank, es sind sehr liebe u. mich glücklich machende Briefe! Gut, dass wir Lichtf. nicht getroffen haben! Wäre für uns langweilig gewesen. – Was für einen Boden willst Du noch heizen? (Muss alles wissen, was um Dich herum vorgeht!) Es wäre schrecklich, wenn ich Dein Zimmer u. Dein Dorf u. Deine Leute nicht kennte, aber nun kenne ich sie u Du kennst Dein Kazümilieu, u. wir können alles immer uns vorstellen u den (geliebten? G. B.?) Anderen in seinem Leben sehn. – Was will denn die Steuer? UAwg! Wieviel will sie, muss man ja nur fragen, diese elende Bande! Wenn Du Sorgen hast, schreibe es mir. Du sollst keine Sorgen mehr haben, mein süsses Leben,

dafür bin ich da. Ich möchte Dich immer in der Hand haben oder in einer Jackentasche, wenn Du allerdings „blaffst", halte ich Dir das Mäulchen zu, aber sonst küsse ich es. Von hier Besonderes nicht zu erzählen. Regen. Grosse Pritschentage gestern u heute. – Fournes werden wir schon wiedersehn u noch einmal Champignonbrod essen, u alles werden wir wiedersehn u wiedertun, Du u ich.

Sei geküsst, mein Liebling.

Dein G.

Ja, ich wollte in diesen ersten schon kalten Tagen auf einer Luftmatratze in einem Nebenraum der Pädagogischen Arbeitsstelle schlafen und tat das auch. Der kalten Fahrt und der häuslichen Heizungskosten wegen. Es machte mir gar nichts, auf einer Luftmatratze zu schlafen. Noch 1998 nahm ich, wenn ich bei jungen Theaterleuten übernachtete, einen Schlafsack mit und legte mich darin auf eine Luftmatratze.

Was ich tat nach Dienstschluß? Lesen! Auch schon die Arbeit des nächsten Tages vorbereiten.

Boden ... heizen: *Da muß G.B. etwas, das ich schrieb, fehlgelesen haben.*

Die Steuer wollte nichts Exorbitantes von mir, aber das leidige Ausfüllen der Formulare verdrießt einen schon.

61

Mittwoch 20 X. [54, Berlin]

Liebste, ich muss mal wieder einen Brief nach W. schreiben. Das Schreiben in die PA kommt mir so büromässig vor. Es muss mal wieder ein Brief in unserem Zimmer liegen, wenn Du abends nach Haus kommst, in dem lieben Zimmer, von dem ich jeden Fleck genau kenne u. alles vor mir sehe, Dich u mich.

Tante Alice aus Konstanz hat mich angeregt, Du wirst sehn, in welcher Richtung. Was Du nicht magst, gib Frau Pohl oder lade Till ein. Es ist ja sehr schwer, Dir was zu schikken, Obst verdirbt u Hackepeter auch u. sonst isst Du ja nichts, Du feines aetherisches Ponywesen. Ich schicke das nur, weil etwas von mir in Deinem Zimmer sein soll u weil es von Hefter ist neben Mampe (U. streng: „nur 2 Bananen, hörst Du?".) Du arbeitest jetzt die Strassentiere u Berlin. Wenn der Verleger über Deine Berliner Besprechungen was wissen will, müsste er sich eigentlich an den Kosten der Berliner Reise bei Dir beteiligen, aber natürlich wird er das nicht tun.

Süsses, liebstes Menschchen, so jetzt bin ich in Deinem Zimmer mit diesen Worten ein bischen drin, liege erst auf dem Tisch aus Eschenholz u. dann wahrscheinlich mit Dir auf dem Bett, wenn Du sie liest, lass Dich von ihnen küssen u. streicheln u die Haarsträhne aus den Schläfen streichen u Du weisst, was noch alles sie tun möchten. Dich liebt immer

Dein G.

Und die Gedichte in der F.AZ.?
Heute abend also kommt Nele angeflogen: wohnt hier im Haus, in der 1. Etage bei Leuten, die Zimmer gern mal vermieten. Komme mir sehr komisch vor mit Tochter!

G

Tante Alice ... hat mich angeregt: *Gewiß hatte ich ihm erzählt, daß sie mir oft Ingwer schickte.*

nur 2 Bananen: *Benn neigte dazu, um mir etwas Gutes zu tun, so viele Bananen zu kaufen, wie man nicht essen konnte, bevor sie „multsch" waren, also innen braun und weich.*

62

I.

21. X 54. vorm [Berlin]

Mein liebes Menschlein, also Nele ist auf die Minute pünktlich in Tempelhof gelandet, ist fidel u. zum Biertrinken waren wir nach dem Essen bei Dramburg. Sie ist gekommen, um sich bei mir Rat in einer Herzensangelegenheit zu holen, den ich ihr auch erteile, aber in anderem Sinne, als sie es sich erhoffte. Ich rate ihr dringend ab, die Sache fortzusetzen. Einzelheiten darüber sind zu weitläufig, um sie Dir zu erzählen hier. Und Du, Liebes? Bist Du sehr in der Arbeit? Können Dich meine Gedanken bis auf weiteres täglich in Br. suchen, im PA? Und fährst Du jeden Abend nach W.? Bitte teile mir das detailliert mit, damit ich weiss, wohin meine Briefe gehn sollen. Was macht Dein Magen? Ist er wieder ganz in Ordnung? UA.w.g. – Auch wenn Nele hier ist, bist Du nicht weniger bei mir, liebster kleiner Pony. Behalte mich lieb.

Dein G

Nachm. 21. X.

Erhielt Deine Briefe, Liebes. Dank. Gehe morgen auf Alles ein. Nur eins: Oe. war nicht hier, war eine Version von ihm für die Ob. Neulander Landstr. Rufe bitte lieber nicht mehr dort an, könnte für ihn Komplikationen geben.

Nele ist anstrengend für mich. Ist reizend u lieb, aber ich vertrage keinen Besuch. Heute Abend Theater: „Die Erbin“ mit der Moosheim, Komödie.

Was Du für eine wohlhabende Frau bist u für feine Sachen hast! Nun, wir reden darüber. Wieso konntest Du das Paket „so schwer loswerden?“ Was heisst das? Kuss, Liebste. Umarme Dich zärtlich

Dein G

63

Freitag. 22 X. 54 10 h vorm [Berlin]

Liebste, ich habe Deine feine Briefsammlung, die gestern kam, nun genau studiert. Ingwer schreibt sich mit G. also nicht Inwer! Und mit dem „Paket“ habe ich Blödsinn geschrieben: Du meintest das Paket, das Du vor Mampe am Freitag aufgabst, ehe Du fort fuhrst, u. ich meinte das Paket von Hefter. Also erledigt.

Was Du an Einzelheiten über wohnen u. Sachen schreibst, ist sehr vernünftig und wichtig. Eins ist mir unklar: meinst Du, wir sollten die Pohlsche Wohnung auf jeden Fall zunächst mieten, auch wenn wir nicht in W. wohnen wollten? Also: dass Du gewissermassen Deine jetzige Stube um 2. erweiterst für alle Fälle? Dass wäre zu überlegen. Aber was ich dagegen sagen würde, ist, dass wir in W. aller Wahrscheinlichkeit doch nicht definitiv bleiben würden, also dort Installationen usw träfen, die Geld kosteten u sehr provisorisch wären: Etwas andres wäre es, wenn Du in die neue – Pohlsche – Wohnung ziehen wolltest u. Dein Zimmer aufgeben, der Unterschied von M. 5 im Monat ist nicht der Rede wert, dann hättest Du, u vielleicht wir, eine Bleibe, solange keine ständige Unterkunft für uns da ist. Aber da das alles erst im nächsten Jahr u. doch wahrscheinlich sehr spät im Jahr erst fertig u spruchreif wäre – denn Bauen dauert doch immer länger als berechnet – vorausgesehn – so glaube ich, dass das keine rechte Sache ist. Was möblierte Zimmer angeht, so könnte es doch sehr wohl Fälle geben, wo man abgeschlossene Zimmer bekäme, über die die Wirtin oder der Vermieter garnichts Einzelnes zu sagen hätten, mit eigenem Eingang usw. Es käme auf ein Inserat an – aber in welcher Stadt?? Du siehst, mein Liebstes, ich überlege genau wie Du die kommenden Dinge. Ich bin nicht so stürmisch wie Du, aber nicht weniger ernstlich in Gedanken darüber, Dich bei mir zu haben. Solange Nele hier ist, bin ich etwas bedrängt in der Zeit. Gestern sassen wir beide bei Mampe an <u>unserem</u> Tisch u sprachen einiges von Dir. (Vater u Tochter schütten sich ihre Herzen aus u. raten einander. Ich bin jetzt etwas mehr für ihren Poul, sie zeigte Bilder, die sehr nett waren. Sie denkt über ihren Vater dafür auch sehr verständnisvoll!) Kuss für heute! Dein

G.

Bin sehr glücklich über Gummiumhang u Südwester!!

„Gaumenpfirsichsaft ..“

Es war öfter die Rede davon, daß wir zusammenziehen wollten, nur in welcher Stadt? Jedenfalls nicht in Worpswede. Benn fehlte dort die Kanalisation. – Zum Spaß hatte ich mir einmal einen Regenumhang und einen Südwester geliehen.

64

Freitag Nachm. 22 X. [54, Berlin, durch Eilboten.]

Allerliebste, Dank für Briefe Dienstag bis Donnerstag! Oh Du Kleingläubige: wenn in Bremen kein Brief ist, kann sehr wohl einer in W. sein auf Deinem Tisch! Und er war es hoffentlich am Donnerstag Abend.

Grossartig Deine Einkäufe! Du bist mir zwar wahrhaftig keine Auskunft schuldig, was Du mit dem bischen Geld machst, aber es ist süss von Dir, es mir zu erzählen. Dann kann ich Dein Leben immer sehn u. fühlen u. beobachten. Ja, in Bern werden wir Deine Neuigkeiten beschaun!

Beantwortungen: 1) von Joyce. Kenne ich kaum etwas. Werde aber vielleicht Dublin nun lesen

2) Zigaretten rauche ich etwa 10-15 am Tag, aber: nie nach innen, in die Lunge, nie bis zum letzten Ende. Wenn man die Theorie Ca u Rauchen zu Grunde legt, soll 20 Jahre über 20 Cigaretten täglich die Disposition schaffen. Merkwürdigerweise habe ich erst spät zu rauchen angefangen,

etwa erst vor knapp 20 Jahren. Bis dahin rauchte ich kaum.

Freut mich sehr, dass Dein Verleger mit Dir einverstanden ist, er hat ja auch allen Grund dazu.

Morgen Abend gehst Du also zu Altona. Freut mich für Dich. Tanze u sei glücklich u denke an uns zusammen beide u. dass ich vielleicht einmal das 4. Glas trinken werde. Ich werde Dein liebes Buch betrachten u. Dir ganz nahe sein. Geh nicht zu spät schlafen, sonst nähst Du Deine Schlafanzüge am Sonntag verkehrt zusammen u ich kann sie nicht abstreifen!

Nele ist heute Nachmittag mit I[lse]. in den Osten, die Stalinallee ansehn. Abends kommt meine Schwester Edith, die halbblinde, her, stolz darauf, meine Tochter besichtigen zu können. Nele ist ganz reizend, ich rede mit ihr wie mit einem Mann (oder wie mit Dir), sie ist erfahren, tapfer, verliebt (in ihren Poul) u. dabei sehr sehr sensitiv u. zart. Gestern war die Moosheim in „Die Erbin" ganz grossartig, eine hinreissende Leistung, spielt eine hässliche reiche ungeliebte Frau, die erst von dem Liebhaber wegen Geld- im Stich gelassen wird u am Schluss ihn hinausfenstert.

So, mein süsser Ponny, mein kleines geliebtes Herz, ich wollte, ich hätte Dich im Arm lange u mit unserer ganzen Zärtlichkeit. Möglich, dass ich morgen kein Telegramm schicken kann, aber bei Dir bin ich u küsse Dich.

Dein G

65

Sonntag Nachm. [*laut Poststempel:* 24. 10. 54 Berlin]

Mein Liebling, diesen Sonntag hast Du kein Telegramm von mir bekommen, fand nicht die 3/4 Stunde Zeit, um zu gehn. Aber ich hoffe, mein Eilbrief kam gestern Abend an u. du nahmst ihn als Ersatz. – Dank für Brief vom Donnerstag / Freitag mit „3 AM" (zurück) u 2 Bildern (auch zurück, für Deine Mappen. 2 reizende Bilder, aber nicht von meinem

Pony, Ponychen sieht anders aus) über Nichterhalt Deiner Briefe brauchst Du nichts zu befürchten. Es ist ausgeschlossen, dass einer in andre Hände gerät als in meine eigenen (u wenn, würde er nie geöffnet) Du siehst ja eigentlich auch wohl aus meinen Antworten, dass u. was ich erhalten habe.

Warst Du heute Nacht im Altona? Wie war es? Hast Du viel getanzt? U mit wem am meisten?? Wer war alles da? Und hast Du heute bei Eva genäht? Oder war das ganze Programm wieder umgestossen?

Nele ist heute vormittag fortgeflogen. Das Netteste an ihr ist ihre unverwüstlich gute Laune, immer lustig u zu jedem Ulk aufgelegt. Das Temperament ihrer Mutter, die auch so heiter war. Sie ist durch ihre Scheidung eine wirtschaftlich nicht ungünstig dastehende Frau. Der Mann, als schuldiger Teil geschieden, war recht wohlhabend u. musste ihr viel überlassen. Das ist gut u ich gönne es ihr sehr.

Zu Deinem Brief noch: Du bist u warst kein Besuch, Dir galt meine Bemerkung nicht, mein Ponychen!

Ich muss jetzt tüchtig arbeiten – u Du auch, mein Süsses. Muss Auslandspass verlängern lassen, Visum beschaffen usw. Schreibe mir bitte, wie Deine Pläne für die Reise sind. Vorher Konstanz? Hast Du an Deine Verwandten schon geschrieben? Den Döblin schicke ich Dir in dieser Woche.

Sei umarmt, geküsst u. immer geliebt

Dein zärtlicher

G

Es hatte ein Künstlerfest im Restaurant des Hotels „Stadt Altona" *gegeben. Mit* „Eva" *ist die Frau des Malers Alfred Lichtenford gemeint, sie besaß eine Nähmaschine, auf der ich mir Schlafanzüge nähen durfte. Benn fragt, ob ich heute bei Eva genäht oder* „das ganze Programm wieder umgestoßen" *habe. Er legte großen Wert auf genaues Einhalten von großen und kleinen Vorhaben, während ich locker etwas auch lassen kann, wenn anderes sich ergibt. Benn fand das wankelmütig, ich sein Am-Plan-Festhalten stur. Gemeint ist außerdem G.B.s Bemerkung, daß Besuch ihn anstrenge, auf die ich gewiß reagiert hatte.*

Döblin: *In der Tat kam etwas später das Akademie-Jahrbuch der Sektion für Dichtkunst 1929, darin auf dem Vorsatzblatt Benns Besitzeintrag und ein für mich bestimmter Hinweis auf S. 228. Dort beginnt Döblins Akademievortrag „Der Bau des epischen Werks" mit mehreren Anstreichungen und Ankreuzungen von Benns Hand.*

66

Montag 25 X 54 [Berlin]

Mein liebstes Menschlein, mit der Morgenpost kamen Brief, Bilder, Horoskop u. Herzen! Tausend Dank, süsser Pony! Leider wirst Du heute in Bremen keinen Brief von mir finden, der gestern eingesteckte wird wegen Sonntagsabholung erst morgen, Dienstag, auf Deinem Bürotisch liegen. Und gestern kein Telegramm von Kazü! Schlimm, aber Du weisst, dass es keines Telegramms bedarf, um Dir meine Liebe zu versichern. Die Bilder – nun kann ich meine Ursel durch ihr Leben verfolgen! Meine kleine süsse Ursel, das kleine schwarze Wiesel, zärtlich (u manchmal etwas bissig wie Wiesel sind) aber immer dicht an meinem Herzen!

Nele war etwas anstrengend u ich war gestern recht marode. Ich habe mit ihr von Dir gesprochen, natürlich nicht so umfangreich, wie ich es gern getan hätte. Sie war gekommen, um meine Meinung über ihre Angelegenheiten zu hören u. da konnte ich nicht sie mit meinen so ausführlich in Anspruch nehmen. Ein Vater kann das ja nicht gut. Aber sie weiss nun von Dir u. ahnt die Möglichkeiten, die sich entwickeln können. Sie nennt mich „etwas unheimlich", gesteht mir aber zu, dass ich handeln muss, wie es in meiner Natur liegt. Einzelnes hierzu, wenn wir uns sehn. – Und nun Bern: siehst Du

Möglichkeiten, die Reise nach Konstanz zu finanzieren? Schreibe mir bitte hierzu!

Ich bin sehr glücklich, dass Du angefangen hast zu essen, auch einen „Jägermeister" hätte ich gerne zugefügt, aber er ist hier unbekannt u. Flaschen sind gefährlich zu schicken, weil sie kaput gehn können. – Ob Du nun im Altona Sonnabend Abend warst? Schreibe mir bitte. – Sind Lichtenf[ords] nett zu Dir? Was haben die in Berlin gewollt? Hast Du schon mal an Inge Kr[engel]. geschrieben? Hast Du auch noch Kohlen? Gratuliere zum Sessel, hoffe ihn bald zu besichtigen.

Muss arbeiten u. diktieren. Vor Bern ist mir etwas ungemütlich zu Mute. (Das Paket bestellte ich am Dienstag, am Sonnabend war es bei Dir, dauert reichlich lange!)

Liebste, alles Zärtliche in Dein Gesichtchen u. überall hin.

Dein G

Zum Scherz hatte ich wohl ein witziges Horoskop aus einer Tageszeitung ausgeschnitten. Ich hatte auch Kinderbilder von mir mitgeschickt. Mir war möglich, die Reise nach Konstanz durch Vor- und Mehrarbeit selber zu finanzieren. Offenbar hatte Benn mir ein Paket mit Lebensmitteln in Dosen geschickt, es bei „Hefter", einer damals berühmten Feinkostfirma, in Berlin bestellt.

Der „Sessel" *war ein bäuerlicher Armlehnstuhl aus Holz und Binsengeflecht. Er ist heute noch mein einziger Stuhl.*

67

26 X [54, Berlin, *erster Brief dieses Tages*]

Liebes kleines Ponychen, auch wenn Du mal bei einem Brief von mir denkst: der ist dof u der Kerl ist nicht lieb im Augenblick – Du irrst Dich, ich sehne mich immer nach Dir, habe aber manchen Tag soviel im Kopf, muss diktieren, sinnieren, spintisieren, dass ich die Liebe u. Zärtlichkeit abschalten muss für einige Stunden. Bin aber trotzdem immer Dein G. u

Spätzchen u Kazü u alles, was Du willst. Habe oft sehr grosse Sehnsucht danach, Dich zu umarmen u. still mit Dir im Arm zu liegen, kann garnicht daran denken manchmal, so schlimm ist es. Wirst sehn, wenn wir wieder zusammen sind. Zärtliche Küsse überall hin!

Dein G

Mein Mungochen [medizinische Nachfrage (fünf Wörter) ausgelassen]? Und kann ich Dir irgendwie u irgendwo behilflich sein, dass Du in den Besitz Deines Lastenausgleichsgelds kommst? Nützt es Dir was, wenn ich erkläre, ich ziehe nach W.? Hast Du den Berlinartikel abgeschickt? Ohne Zeichnungen? Sei bitte lieb, sei süss, sei gut, behalte mich im Herzen. Zu jeder Stunde

Immer Dein G

68

Dienstag. 26 X. Nachm. [54, Berlin, *zweiter Brief dieses Tages*]

Allerliebstes, Dank für Briefe Sonnabend bis Montag. Liebe Briefe, küss Dich! Hast Du nun mit dem Bürgermeister getanzt? Stand Dir sicher alles sehr gut, Ohrringe u. Blume im Gürtel – Zigeunerin von Otto Müller gemalt. Sehr gut, dass Du nicht zu lange bliebst! Heute wirst Du wohl 2 Briefe von mir in B. gehabt haben? (Weiss allerdings nicht mehr ganz genau, schreibe so viel u. werfe soviel Briefe in den Kasten an Dich). Nach München können wir fahren, wollen sehn. Was W[orpswede]. angeht u Deinen Brief aus Br. von Montag, so antworte ich: 1) Ehe Frau P. nicht aus ihren Zimmern heraus ist, können keine Flüchtlinge eingewiesen werden – also erst im nächsten Jahr. Du schriebst ja doch neulich, dass das Alles erst im nächsten Jahr stattfinden wird. 2) Wenn Du 4 oder 5 Jahre in Deinem Zimmer wohnst, kann Dich niemand auf die Strasse setzen, es sei denn, man gäbe Dir eine andere Unterkunft. Ich sage: suche auf jeden Fall 2 Leerzimmer in W., sieh, ob es das überhaupt gibt. Stelle fest, ob Du überhaupt aus Deinem jetzigen Zimmer fort musst u. zu welchem Termin. Ich möchte W. als Sicherheit u. zum Mindesten Sommeraufenthalt auf jeden Fall für Dich oder uns halten, da es in ganz Deutschland so billiges Unterkommen nicht geben wird. Zwischen 2 Stühlen wirst Du nicht sitzen, Du wirst immer ein Stuhl haben auf dem Du ruhig arbeiten u Deine Sachen betreiben kannst u. Deine Bücher um Dich herum.

Die Besuchsserie reisst nicht ab. Gestern tauchte einer der Finckensteins bei mir auf, in deren Haus in Trossin (Neumark) ich aufgewachsen bin (gehörte zur Pfarre meines Vaters in Sellin). Seit 45 nichts mehr von ihnen gehört; hausen jetzt in Friesland alle zusammen als Förster, Bauern, Tischler, Gutsbesitzer. Lesen keine Zeitung u kein Buch (taten sie nie), hören kein Radio, rauchen nicht, trinken nicht, klucken zusammen u. – erzählen Familiengeschichten. Halten sich immer noch für den letzten Hochadel Europas, u. eine Zukunft ohne Preussen ist undenkbar!

Auch wenn einmal ein Tag kommt, an dem ich von anderen Dingen absorbiert bin, gehörst Du zu mir u ich zu Dir. Das bleibt.

Zärtlichen Kuss Dein G

Ich bin sehr mit neuen produktiven Sachen beschäftigt, sehr weltfern im Augenblick. Aber immer Ursel = u Pony nah.

Sei
sicher

69

26. X. [54, Berlin, *dritter Brief dieses Tages*]

Notizen bei Flint.

1) „Feuerwerk" sah ich vor 2 Jahren als Stück. Blöde Sache, aber gute Soubrette (ich habe eine Schwäche für Soubretten, auf der Bühne)

2) Meine Geschwister:
   a) Ruth † 1952, ein Jahr älter als ich, Mann war Oberfinanzpräsident. †
   b) Stephan, 4 Jahre jünger als ich. Superintendent in Templin (Uckermark).
   c) Theodor, kriminell, Fememörder. Weiss nicht, wo er ist, keine Verbindung.
   d) Siegfried, gefallen 1916
   e) Ernst-Victor, z Z. grosser Mann in Industriekonzern in Essen, Dr. jur. Assessor usw
   f) Edith, 52 Jahre, geschieden, augenkrank, trägt Blindenabzeichen.

II. Ehe meines Vaters: 2 Söhne, beide im 2. Krieg gefallen.

Flint 26 X.

Kleines Wiesellied

Da ist ein kleines schwarzes Wiesel,
das weint in seinem Bett nach mir,
soll ich ein harter Mann sein, Kiesel,
ganz unbewegt, ein Ungetier –

Das geht doch nicht! Muss reisen, fahren,
auch wenn kein Kofferträger da,
begegnen Kurven u. Gefahren
Durst, Hunger, bis ich wieselnah.

Dann nehm ich es aus seinem Neste,
doch lass ichs schlafen, wie es schlief
u. sage nur, Du kannst die Reste
der Nacht jetzt atmen still u tief.

Kuss:
G.

Kleines Wiesellied *ist ein bisher ungedrucktes Gedicht.*

Aus der Reihe von Benns Geschwistern habe ich nach seinem Tod auf dem Friedhof am Grab zufällig seinen Bruder Stephan getroffen. Er sah Gottfried so ähnlich, daß ich meinte, dieser sei aus dem Grab gestiegen. Ganz verstört war ich vom Anblick Stephans. Eine Weile habe ich mich mit ihm auf der Bank vor dem Grab sitzend unterhalten.

Auch Edith Benn lernte ich nach dem Tod ihres Bruders kennen und traf mich mehrfach mit ihr. Auch sie ähnelte Benn sehr. Die drei Geschwister kamen nach der aus der Westschweiz stammenden untersetzten Mutter. Ernst-Viktor, dem ich nur einmal begegnete, hatte die Statur des leptosomen Vaters, wie man ihn auf Lichtbildern sieht.

70

27 X 54. [Berlin]

Im Kopf des Briefes zwei kleine Zeitungsausschnitte mit Horoskopen. In meinem hat Benn „Unfallgefahr" rot unterstrichen. Sein Horoskop enthält miserable Voraussagen, aber nichts ist unterstrichen. Als Quellenangabe hat er angemerkt „Hör Zu". *Der Brief ist, wie schon einige vorher, auf taubenblauem Papier geschrieben.*

(Auf diesem Papier habe ich viele Jahre meines Lebens alle Briefe geschrieben, einen Rest fand ich im Schrank.)

Liebste, Dank für Briefe von Montag, Dienstag. Armes Urselchen, muss soviel arbeiten. Aber „Brücken" finde ich ganz anregend. Was für einen Hut willst Du denn auf die Reise mitnehmen? Der grosse geht doch nicht! Kaufe Dir eine von den kleinen Kappen, die jetzt Mode sind oder geht das bei Deiner Haartracht nicht? Ich schicke Dir noch M. 50 zur Reise, schreibe, wohin ich sie senden soll, lege sie am besten in einen eingeschriebenen Brief in die Humboldtstr? Ja, wenn Du willst, nimm Billet über München, höchstwahrscheinlich komme ich mit dahin. Über Basel u Zürich leider noch keinen Bescheid. Wenn das nichts wird, bleiben wir, denke ich, nicht lange in der Schweiz, ist zu teuer, wir gehn wo anders hin. – Komisch: jetzt bin ich für W. Mein Wunsch ist, im Frühjahr, sowie das Wetter es zulässt, einige Zeit in W. zu wohnen – aber wo? Du weisst ja, ehe ich meine Steuerschuld nicht los bin, kann ich nicht viel unternehmen. Warum soll ich schon am 18. reisen? Besondere Gründe, Liebste? [*Einen Satz ausgelassen.*] Morgen Nachm. Sitzung bei Tiburtius, in Sachen Heuss-Spende. (5-7); am Messedamm.

Also Du bist keine hübsche Person u. Dein Charakter ist bekanntlich auch nicht der beste – aber Kuss überall hin, Liebste!

Immer Dein G.

Die ganze Bernreise – wenn Zürich u Basel nichts werden – wird wohl nur 1 Woche dauern, da es sonst zu teuer wird.

Kuss.

Mein nächster Aufsatz für die Jugendzeitschrift hatte das Thema „Brücken“.

Hut: *G. B. kann es nicht lassen, sich Gedanken darüber zu machen, was für einen Hut ich mitnehme auf die Reise:* „Der grosse geht doch nicht!“ *Sogar ein Ausrufezeichen setzt er dahinter. Mein großer schwarzer Hut könnte ja auffallen. Ich mache mir nie Gedanken über so etwas, nehme nach Laune einen Hut mit, auch wenn er groß ist, oder nur ein Kopftuch. Erörterungen darüber enervierten mich.*

71

Freitag 29 X. [54, Berlin]

Lieber Schatz, dieser Brief geht also nach W. weil morgen Sonnabend u Dein Frei-tag ist.

Die Stoffproben gefallen mir sehr, besonders der schwarzrote, ich bin gespannt, ihn als Schabracke auf meinem Pony zu sehn. – Warum, wenn W[alter]. nicht nach Br. fährt, fährst Du nicht im Bus u erledigst Deine Sachen?

Ich lese nie auf der Couch. Ich kann im Liegen nicht: lesen, essen, trinken, rauchen (nur: lieben, falls Du da bist).

Mir scheint, dass eine gewisse Entfremdung zwischen Dir u. Licht[en]f[ord]. eingetreten ist. Ja? Und aus welchem Grunde? Verdenken Sie Dir Deine Freundschaft mit mir?

Auf Deinen Berlin-Aufsatz bin ich neugierig. Ich hoffe ihn zu sehn, wenn er erschienen ist.

Ich schlafe, wie Du, immer auf der rechten Seite. Wie denkst Du, Liebste, Deine Reise einzurichten? Fährst Du direct nach Bern? Wann willst Du abreisen? Ich warte immer noch auf Antwort von den Studentenschaften, vermute aber, dass ich am 19. morgens 7^{15} hier abfliege (bis Frankfurt) u. abends $^3/_4$ 8 in Bern bin. Hotel weiss ich noch nicht. In Frankfurt will mich Maxe aus Wiesbaden begrüssen, ich habe aber keine rechte Lust dazu, weil unser Gesprächsstoff meist nach $^1/_2$ Stunde ausgegangen ist. Muss aber noch sehn, wie alles wird.

Allerliebste, schreibe nicht jeden Tag. Nicht wegen der Post hier, aber Du hast zu tun u. ich muss mich konzentrieren u wenn ich immer nur an mein Ponychen denke, geht das nicht. Schreibe Montag bitte. Sei umarmt u geküsst.

Dein G

Geh Sonntag auf die Post, vielleicht ist ein Brief von mir da, falls es Dich interessiert u Du Zeit hast! Kuss.

—

Weil es mir zu teuer war, fuhr ich nicht mit dem Bus nach Bremen. Fernbustarif.

Immer las, aß, schrieb ich im Liegen. Heute noch, hab schon eine etwas nach links gekrümmte Wirbelsäule davon. Geraucht habe ich nie. Zur Entfremdung mit Lichtenford: Nur weil ich ihn ein Weilchen nicht erwähnte, hatte es doch keine Entfremdung gegeben. Schon gar nicht wegen meiner Freundschaft mit Benn. G.B. neigte dazu, immer irgendwelche negativen Gründe für Verhaltensweisen anzunehmen, die sich rein zufällig ergeben hatten.

Es war mir fremd, schon Wochen vorher darüber nachzudenken, wie ich eine Reise einrichte, wann ich abfahre, welche Strecke ich nehme etc. Es hätte doch genügt zu verabreden, wann wir uns wo treffen. Es scheint auch, daß Benn nun doch zu Hause Schwierigkeiten hatte, wegen der Anzahl meiner Briefe.

72

29 X. Abends. [54, Berlin]

Meine Liebste, tausend Dank für so lieben Brief von Mittwoch / Donnerstag. Sage mal, wo liegen die Briefe an Dich, wenn Du in die P.A. kommst? Wenn sie Deine Kollegen sehn, müssen sie doch denken – 4 Briefe – die ist mit einem Irren verheiratet, der aus seiner Zelle immerzu schreibt.

Nun, ich habe an Hand Deiner mir in Berlin gemachten Familien-Stammbaumskizze Deine Briefe heute systematisch studiert u. weiss nun alles über Helga u Onkel Georg usw. Ich hoffe, einen Teil davon kennen zu lernen. Wir sind also einer Meinung, die Schweiz schleunigst zu verlassen, nicht allein wegen der Preise, sondern mir ist die spiessbürgerlich, geizige, so überaus saubere Atmosphäre dort unsympathisch u. noch dazu Bern als Sitz der Regierung u. der Schweizer Gentry u der Diplomatie. Also fort nach Konstanz.

Ja, mein Süsses, wir kennen uns nun gut, die Herzen u die Glieder, alles gehört einander. Es wird schön sein, wenn wir uns wiederhaben. Erzähle nicht vielen von der Reise, sonst geht was schief, Till kannst Du natürlich alles erzählen. – Dies ist wahrscheinlich der Sonntagsgruss, ich werde arbeiten. Jetzt gehe ich zu Dramburg u. lese den „Spiegel", der da ausliegt. Gestern die Sitzung bei Ti[burtius]. war so stumpfsinnig, dass ich nicht mehr hingehn will. (Und Du auf zu Weihnachtsbaumartikel, mein Urselchen!) In Liebe Dein

G

73

Sonntag Nachm. 31 X. [54, Berlin]

Liebes Wieselchen, gestern kam der nette Brief von W[alter Niemann], bitte danke ihm für die reizende Zeichnung von U. Z. Das Bildchen gehört in unser Dorfbuch, Unterschrift: „die Pädagogin". Das schraffierte Papier ist so hübsch, auf dem er gezeichnet hat.

Dann kamen die Bilder aus Lichterfelde u Dein Briefchen. Tausend Dank, mein Engelchen! Photos hasse ich ja nun mal, jedenfalls solche von mir, ich könnte auf sie spucken. Die von Dir sind sehr süss, aber auf allen Deinen Bildern sehe ich Züge, die ich an Dir garnicht kenne, ich liebe Dich u. Dein Gesicht und Deine Gestalt mehr unphotographiert u. in Natur, vor mir stehend, beweglich u von Seele durchtränkt.

Ich habe nun Antwort von der Studentenschaft. Sie können ihre Pläne mit dem Termin vom 21. XI nicht koordinieren. Das wird also nichts. Ist mir, trotz des Geldes, nicht unangenehm, habe keine grosse Lust, durch die Städte zu reisen. Wir werden in Deutschland mehr voneinander haben, Du u ich, als in dem fremden Land.

Wie ist es nun aber mit Dir, mit Basel u Vaduz? Hast Du da schon einen Plan? Wenn Du von Deinem Onkel dahin gefahren werden willst, müsstest Du doch entweder schon vorher in Konstanz sein, oder länger dort bleiben hinterher. Wie denkst du darüber? Könnte er Dich am 19. nach Basel fahren u. Du kämst dann abends nach Bern u. am 22. XI nach Konstanz zurück? Schreibe mir bitte Deine Pläne. Dein Geburtstag, mein Süsses, wird vielleicht in Bern garnicht so feierlich sein können, sei dann nicht traurig darüber.

Von hier ist nicht viel zu erzählen. Ich sitze u arbeite u. verlasse den Bayerischen Platz kaum. Meistens Regen, aber warm; kaum Telefon, wenig Pritschen. Und wie mag Dein Sonntag gewesen sein? Wo hast Du gegessen? Ist der graue Pullover gewaschen? Hast Du noch Kohlen? Hast Du nun auch die 3 Briefe geschrieben? Von Nele sonderbarerweise

Ursula Ziebarth, karikiert von Walter Niemann, Worpswede 1955

noch kein Wort, seit sie fort ist. Auch Oelze schweigt seit Wochen.

Sei umarmt, denke an unser Wiedersehn, vergiss mich nicht, wenn auch ein schöner Mann vorbeikommt!

Zärtlich Dein G.

Vaduz: *Ich hatte über die Hauptstadt Liechtensteins etwas für die Schülerzeitschrift schreiben und mich deswegen dort einmal umsehen wollen.*

74

Montag, 1 XI 54 [Berlin]

Mein Schatz, mein süsser, der trübe Monat fängt an, allerdings ist er mir noch lieber als der März. Und er wird uns bald zusammenbringen – hoffentlich. Ich habe mit Bern ein komisches Gefühl: als ob etwas da nicht stimmte u die Sache auffliegt. Aber vielleicht ist das nur meine Aversion gegen Bern. Ernstlich betrachtet, können sie den Termin nicht mehr ändern oder aufheben.

Kennst Du in Bremen eine: Ruth Hoffmann, Sekretärin oder dergl – bei einem Bildhauer Prof Eversmann (??) – ich kann den Namen nicht recht lesen – der mich bitten lässt, eine Porträtbüste von mir machen zu dürfen? Angeblich hat er bei Oelze ein Bild von mir gesehn u. Bücher von mir gelesen usw. Kommt mir etwas sonderbar vor. Bitte sage, ob Du einen Bildhauer dieses Namens kennst, aber wende Dich bitte nicht an Oelze oder diesen Professor. Wir sprechen darüber, wenn wir uns sehn.

Anbei 2 Zeitungsausschnitte, die Dich vielleicht interessieren.

Sende Dir morgen eingeschrieben nach P.A M 50. Kleiner Beitrag zur Reise für mein Wieselchen. – Küsse Dich, Liebste, bin Dir nahe u. zärtlich bei Dir

Dein G

75

Dienstag 2 XI 54. [Berlin]

Mein Schatz, anbei, wie verabredet, ein kleiner Zehrpfennig für die Reise oder vor der Reise. Wenn Du mit mir zusammengestossen bist, brauchst Du kein monnaie mehr. – Dank für Brief von Montag, gestempelt in W. Bist nervös, Liebste. Kein Grund. Die Artikel wirst Du schon schaffen, sei nicht zu gründlich u. ehrbar, sei ruhig ein bischen obenhin!

Um Dich nicht zu irritieren, werde ich über Reise u Arbeiten nichts mehr schreiben u fragen. Zur Reise nur Folgendes:

1) Bist doch ein bischen blöd, wenn Du sagst, Du wirst Dich innerhalb weniger Stunden entschliessen müssen, wann Du abfährst. Das wirst Du bestimmt mehrere Tage vorher berechnen können u. ich rechne sicher damit, dass Du aus Bremen brieflich schreibst, wann Du fährst, auch das Hotel in K[onstanz] nochmal angibst, ich nehme an, es wird St. ~~Georg~~ Johann bei Herrn Cammerer sein.

2) Aus K. rufe bitte nicht hier an. Ich bin ja nicht immer am Apparat, u da ich selber nach Bern nach K fahren will, ist es unnötig, zu Kombinationen noch Veranlassung zu geben.

3) Ich komme am 19 XI abends kurz vor (8) 7^{40} in B. an, mit dem sog. „Roland“, ab Fr. a M. 13^{12}, in Basel umsteigen (17^{20}, ab 18^{00}.) Verfehlen ist also unmöglich. Mein Hotel schreibe ich Dir noch rechtzeitig, Du sollst dann auch da wohnen, natürlich. Hoffentlich in der schönen Gruppierung wie in der Post, VI Etage!

Also ruhig, mein Süsses, bald sind wir da.

So, nun geh arbeiten, mein liebes kleines Ponychen. Ich wollte, ich könnte Dir dabei helfen! Mein Süsses, sei umarmt. Immer Dein G

Ich verabscheute es wirklich, schon am 2. 11. darüber reden oder schreiben zu sollen, wann ich am 18. oder 19. abfahre. Ich hatte auch noch etliches auf Vorrat zu schreiben, um finanziell von Benn unabhängig zu sein.

76

3 XI 54 Mittwoch. [Berlin]

Mein süsser Schatzmensch, nur schnell einen Gruss. Will nicht lange stören. Von allen Deinen Bildern, die ich habe, ist uneingeschränkt das das Hübscheste auf der letzten Seite von Deinem feinen Buch, das am Tisch mit L.s, wo Du Deine Ohrringe abmachst. Das ist lebendig u. zart u süss. Das sehe ich oft an. [Vgl. die Abbildung auf S. 99.]

Habe zu tun. Sei guter Laune! Bald küssen wir uns wieder.

Zärtlich

Dein G

77

3 XI. Nachm. [54, Berlin]

Liebes Kindchen, Dank für Brief vom 2. Etwas Allerseelenstimmung? Höre: 1) ich habe nie im Entferntesten je daran gedacht, Bern abzusagen. Dass ich ungern hinfahre, habe ich oft geschrieben. Aber das hat mit Dir und uns nichts zu tun, im Gegenteil, ich habe ja nur angenommen, um Dich zu treffen 2) „Sage nichts weiter, dass wir fahren" –, mein Aberglaube, weiter nichts. 3) dass Du auf den Gedanken kommst, meine Frau führe mit, ist absurd, kindisch. Überhaupt das neue Hereinziehen von meiner Frau u Bozenerstr ist unnütz u ich gehe garnicht darauf ein. Dagegen 4): Ein Reisetag zu zweien kostet etwa M. 50. Also 8 – 10 Tage: 500. M. Dazu das Reisegeld. 14 Tage also 1000. Dass ich darüber nachdenke, wirst Du ja wohl erlauben, ich bin ja kein Backfisch, Teenager, sondern ein vernünftiger Mann. Selbst ein Ponychen, das nicht rechnen kann, sollte das begreifen. 5) Wenn es Dir schwer fällt, jetzt nach Konstanz – Bern usw. zu reisen, wäre zu erwägen, ich mache Bern allein u. wir treffen uns am 22 XI. in München u bleiben dort 1 Woche. Wären dann natürlich Deinen Geburtstag nicht zusammen. Überlege, bitte, blaffe mich nicht an, sei auch einmal ein bischen nett u. solidarisch. 6) Das W[alter Niemann]. meinetwegen jetzt vorarbeiten muss, kann ich nicht finden: Du bist 6 Jahre lang seine Freundin gewesen, Dir ist er behilflich. 7) Hamburg hat überhaupt nichts mit Bern zu tun – wozu nun schon wieder so Vorwürfe u Püffe?? 8) Bei dem Nebelwetter, das selbst Adenauer hindert, pünktlich zu sein, werde ich vielleicht Deinem Rate folgen u. Interzonenzug fahren. 9) Hast Du denn schon Dein Schweizer Visum? 10) Der neulich angefragte Professor heisst: Grosemann, Ernst. Sandte mir heute ein Werk mit Abbildungen seiner Werke. (Scheint mir etwas konventionell zu sein?) Kennst Du ihn?

So, Ponychen, bitte schreibe mir wieder, wenn Du Lust hast. Schreibe lieb u wie man einem guten liebenden Mann schreibt. Bleibe ihm treu!

Dein G

Reisegeld: *Für mich mußte er gar nicht aufkommen. In Konstanz wohnte und aß ich immer bei meinen Verwandten, das war ganz natürlich. Ohnehin war es unsinnig für die damalige Zeit, die Reise mit tausend Mark zu veranschlagen. Überdies hatte Benn mir ja vorher geschrieben, daß ihm vom Veranstalter in Bern die Reisekosten ersetzt werden und er obendrein ein ordentliches Honorar bekommen sollte. Ihn kostete die Reise also de facto gar nichts.*

Leider belästigten mich Vorauserwägungen, sie waren gegen meine Natur, und ich artikulierte das auch. Ich war zu jung und zu anders geartet, um auf Benns Umständlichkeiten immer freundlich einzugehen. Hernach weiß man es. Zuvor hätte man nachdenken sollen.

Den erwähnten Bildhauer kannte ich nicht.

78

4 XI 54 nachm. [Berlin]

im Café Sommerfeld, am Onkel-Toms-Hütte-U.Bahnhof. Es war nämlich mal sonnig u ich wollte etwas Herbst sehn. Daher fuhr ich hierher, Deinen Brief von gestern in der Tasche. Danke, Liebe. Gute Briefe, nett u. „solidarisch“, wie ich gestern erbat! Dein Brief gestern hatte mich ein wenig schokkiert u.sw – nun Strich darunter. (Thorner Kathreinchen hast Du hoffentlich in Deinem Weihnachtsaufsatz nicht vergessen?)

Natürlich freue ich mich auf Bern, besonders jetzt, wo ich aus Deinem Brief höre, mit wieviel Männern Du schon in der Schweiz glücklich warst, dann fällt jetzt für mich vielleicht auch ein bischen ab. Wo beabsichtigst Du am 18/19 in Bern zu wohnen? Ich kenne dort kein Hotel. Kann Dir Dein Onkel eins nennen? Dann miete Du am 18. unsere Appartements (Etage VI als Vorbild!!), ein Zimmer mit Bad oder Dusche. Spielt ja für 2 – 3 Tage gar keine Rolle, wollen nett wohnen u. frühstücken. Kerze bringe ich mit! Alles weitere ergibt sich dann. Schreibe mir bitte, wann Du aus Bremen abreist, wenn es soweit ist.

Also, Ponychen, vorläufig will ich keinen Schwan, glaube auch nicht, dass ich jemals einen möchte. Habe genug mit Dir zu tun. Addio. Sei sehr geküsst u umarmt. Bleibe treu Deinem treuen

Kazü

Thorner Kathreinchen *war unser Versöhnungwort. Wenn wir auch in manchem noch so unterschiedlich dachten und handelten, wir aßen beide gern, sehr gern „Thorner Kathreinchen", ein Weihnachtspfefferkuchengebäck, nach einem besonderen Rezept besonders gewürzt und in besonderer Form in Thorn gebacken. Waren wir also überquer, sagten wir schließlich: „Ach was, Thorner Kathreinchen!", als könne im Grunde nichts unsere Freundschaft erschüttern, da wir ja beide so gern Thorner Kathreinchen aßen.*

Kerze: *Sie war für meinen Geburtstag gedacht.*

79

Freitag 5 XI. [54, Berlin]

Mein Herzchen, ich wollte, ich wäre Postminister, dann würde ich den Verkehr zwischen Berlin u Bremen so regeln, mit strengsten Strafbestimmungen, dass ein Brief, der hier um 16^{30} vom Briefkasten geholt wird, auf jeden Fall am nächsten Morgen in der P.A ist. Da ich es nicht bin, weiss ich nicht, ob mein Onkel-Tombrief von gestern heute bei Dir ist. Wann kommt bei Euch die 2. Post?

Du hast aus dem unerschöpflichen Repertoire Deiner Zärtlichkeitsworte ein neues für mich herausgeholt: Muckelfritze (oder so), bitte schreibe die neuen Liebesworte mit BLOCKSCHRIFT, sonst kann ich sie garnicht lesen u. das möchte ich doch.

Was macht Deine Erkältung, Liebste? Ihre Ursache brauchen wir nicht zu erörtern: Lambretta, im Pelz rumlaufen, warm werden, dann in kalten Räumen sitzen, keinen warmen Schlüpfer u. nasse Füsse. Schlimm mit Dir, Kindchen!

Nun schreibst Du schon so lieb u. familiär von „Robert". Willst Du ihn eigentlich besuchen u. ein bischen mit ihm knutschen? Den darf ich wohl als Deinen Schwan bezeichnen, dessen Leda Du sein möchtest? (Schönes Bild von Correggio!)

Noch einmal, bitte, das Thema Hotel in Bern:

1) ist es Dir vielleicht unangenehm, am 18. XI die Zimmer zu nehmen, dann schreibe mir das bitte gleich, noch heute. Wenn Du sie nimmst, musst Du natürlich in Deines gleich einziehn u da wohnen, nicht erst die eine Nacht wo anders. Preis ist gleichgiltig, wenn ich neulich über Geld lamentierte, so nur aus allgemeinem Ärger über Deinen Brief mit den grauen Untertönen. 2) wäre es möglich, dass ich von Radio Bern eine Nachricht bekäme, dass sie mich in einem bestimmten Hotel einquartierten. Dann würde ich ihnen mitteilen, dass ich schon wo anders gemietet hätte (falls Du s. unter Nr. 1) es tun wolltest. U.Awg.

Hoffentlich bist Du wieder gesund, mein Engelchen. Gut, dass Du nicht soviel mehr vorarbeiten musst. Heute in 14 Tagen abends sehn wir uns, bin schon sehr glücklich, daran zu denken.

Guten Sonntag, aber wahrscheinlich schreibe ich nochmal dazu.

Ich umarme Dich sehr, sehr zärtlich

Dein G.

Ja, ich hatte „Muckelfritze" *geschrieben, ein durchaus zärtliches berlinisches Wort.*

Robert Kukowka wurde von mir wieder einmal erwähnt, wir waren freundschaftlich verbunden aus den ersten Berliner Nachkriegsjahren. Damals hatte er am „Tagesspiegel" gearbeitet, im Ressort Innenpolitik. Der Tagesspiegel war schnell die führende Zeitung in Berlin geworden und ist es noch heute. Kukowka war ein guter ad-hoc-Schreiber. Damals muß Benn, dieser Liebhaber von Tageszeitungen, Kukowka viel gelesen haben. Ein gescheiter Mann war R. K., am Bauhaus ausgebildet. Er pflegte mit Lust und Stolz darauf hinzuweisen, daß er zu Füßen von Klee, Kandinsky, Schlemmer, Feininger, Gropius gesessen habe, und wenn er dann doch Journalist geworden sei, geprägt worden sei er von der Zeit am Bauhaus. Ich unterhielt mich ungemein gern mit diesem Freund, es begeisterte mich, durch ihn unmittelbar von der Atmosphäre, den Usancen dieser bedeutenden deutschen Lehrstätte zu erfahren, vom Charakter, der Arbeitsweise ihrer hervorragenden Lehrer zu hören. Auch literarisch hat Kukowka gearbeitet, in zwei Auflagen erschien 1946 seine Erzählung „Dämmerung", 1947 sein Roman „Monologe 1944". Faulkner war sein Vorbild. Soviel ich weiß, hatte er schwierige Verheimlichungsjahre hinter sich, er war Halbjude. Bei einem Verkehrsunfall kam er zu Tode, da war er etwa fünfzig Jahre. Ich erinnere mich gern an diesen gescheiten Mann, der so ein guter Kumpel war.

80

5 XI 54 Freitag. Nachm. [Berlin,
in Schreibmaschinenschrift mit handschriftlichen Zusätzen]

Liebes, ich werde es nicht so gut können wie Du und meine vielen Liebesworte, die ich immer einflechte, machen sich getippt schon garnicht gut – da hast Du es besser, die gleiten Dir dank deiner Frigidität erst garnicht in die Zeilen ein. – Ich war so stolz auf „Teenager", hatte es gerade in einer Konfektionsannonce in der Zeitung gelesen und mit Hilfe meines Lexikons identifiziert und nun bist Du gar nicht überrascht und wischst es einfach weg. Und wenn Du nun auch noch die Comics kennst, bin ich geschlagen, bist ein kluges Köpfchen, nur im Herzen einige giftige Stellen!

Dass du meiner alten Jacke gedenkst, freut mich, ich trage sie den ganzen Tag, wenn keine Patienten da sind, es ist mein liebstes Stück. Und die Knopfschachtel wollte ich gerade gegen eine neue tauschen, aber da du die alte nun durch dein Erinnern geweiht hast, wirst du sie in Bern wiedersehn.

Du sollst dich nirgends „durchwurschteln", du bist von deinem Mann eingeladen, in die Schweiz zu kommen und wirst vom ersten Augenblick an so leben, wie er es thut, auch wenn er noch nicht gleich da ist. Du würdest mir weh tun, wenn du es anders machtest. Bitte lass um Gottes willen die Matratze zu Hause, dass wäre ein Scheidungsgrund, ich flehe dich an, die nicht mitzunehmen. Unmöglich! Für unsere Reise ist sie unangebracht. Du wirst auch nicht bei Bekannten wohnen, sondern, wie gesagt, in unserem Hotel. Es muss ein anständiges Hotel sein, da ja vielleicht einer vom Radio hinkommen könnte. Über Zürich u.s.w. entscheide du, die Hauptsache ist, dass wir uns am 19. abends auf dem Bahnhof treffen. Alles weitere, einschliesslich München, findet sich. Wir werden sehr vernünftig und wie ein richtiges Paar alles besprechen und machen.

Dank für den Van Gogh-aufsatz. Er bleibt der rätselvollste von allen.

Morgen bist du also wohl in W., nehme ich an. Was macht der Schnupfen? Hast du noch Kohlen bis zu der Reise?

[*Das Folgende handschriftlich:*] Bleibe mein lieber süsser Pony, mein Wieselchen, meine zärtliche Urle. Vergiss nichts.

Kuss zum Sonntag
Dein G.

In Bern kannte ich Leute und hätte es vernünftig gefunden, die Luftmatratze in den Koffer zu tun und bei den Bekannten zu wohnen, solange Benn nicht da war. Aber Benn fand das „um Gottes Willen".

81

6 XI. Sonnabend. [54, Berlin]

Liebe Ursula, Dank für Maschinenbrief vom 5 XI. Ich will ganz ehrlich sein u. es aussprechen, dass ich Deine Tonart in Deinen Briefen manchmal als etwas ungehörig empfinde, als etwas rabaukig, aber da Du ganz offenbar stolz darauf bist, so forsch zu schreiben, tue es ruhig weiter, es scheint Dein Lebensgefühl zu stärken. – Was München angeht, so habe ich wohl in jedem Brief darauf geantwortet, dass ich mit hinkomme, ich wollte mich ja sogar mit Dir da treffen. Es hat keinen Zweck, darüber neue Worte zu verlieren. Was Deine Reise angeht, so richte sie Dir ein, wie Du Lust hast. Steige aus, wo Du willst, übernachte, wo u. bei wem Du willst, besuche alle Schweizer oder was Dich sonstwie reizt. Fühle Dich durch mich nicht beengt. Ich freue mich, wenn Du alle lieben Stätten u. Bekannte wiedersiehst. Was das Hotel in Bern angeht, so bitte ich Dich endgültig, uns in B. eine Unterkunft zu suchen im Stil von Post, VI Etage. Radio B. hat mir zwar mitgeteilt, dass es mich zum 20. XI. im Hotel Bristol einquartieren wird, aber ich werde es ablehnen. Weil 1) ich schon am 19. komme 2) Du und ich dort sicher nicht uns so frei bewegen können, wie wir es wünschen 3) ich von Radio B. frei sein möchte. Ich habe mit der Schweiz doch in gewissem Sinne Recht: hinsichtlich des Altersvortrag bitten sie um Fortlassen gewisser Stellen (z.B. die Beziehung von Sexualität u Produktivität „da Sonntag ist" am 21.), auch andre Stellen muss ich „entschärfen". Habe also noch eine ganze Menge Arbeit zu machen dafür. Suche uns also, bitte, ein Unterkommen, aber es muss anständig sein u nett. Alles Weitere wird sich finden. Am 20. gehe ich vormittag zu Radio u stelle mich vor. Eine Karte für Dich für die Vorlesung am 21. werde ich bestellen. So, nun wäre ja wohl diese Frage definitiv geregelt. Ich bin Dir sehr dankbar, dass Du es übernehmen willst, uns unterzubringen.

Ich gratuliere zu den neuen Bücherbrettern – bald werden auch die voll sein. Und ich bin froh, dass Deine Erkältung besser ist. Dank für die Nachricht über Prof. Grosemann. Er teilt mir jetzt mit, dass er auch nach Berlin (!) käme, um mich zu modellieren! Hoffentlich hast Du einen guten Sonntag.

Alles Liebe

Dein G

P. S.
ich bin nicht im Entferntesten böse auf Dich, Du bist ja so jung u hast, wie ich manchmal denke, noch nicht allzu viel innere Erfahrung, bist halt ein Pony und noch so unendlich mit Dir selbst beschäftigt – nun das tut nichts u deswegen freue ich mich doch sehr, Dich zu haben u. jetzt bald wiederzusehn.

Kuss G

Benn beschwerte sich, ganz gewiß zu Recht, über meine Tonart in dem Brief, den er anspricht. Ich war gereizt, Benns wirklich abstruse Umständlichkeiten gingen mir auf die Nerven, und das schlug sich in aggressivem Ton nieder.

In einem hatte er sicher recht: Ich war ungemein mit mir selbst beschäftigt, besonders der Arbeit wegen. Mir war klar, daß ich nicht über Jahrzehnte vom Schulbücherschreiben und vom Verfassen von Aufsätzen für Jugendzeitschriften leben konnte. Ich hatte, was die Arbeit betrifft, keinen Boden unter den Füßen, während in Benns Leben alles geregelt war. Er hatte feste Einkünfte, war versorgt mit seiner Pension als Oberstarzt der Wehrmacht; Praxiseinnahmen und Literaturhonorare waren angenehme Zugaben zur Grundfinanzierung. Vor allem aber hatte er sein geistiges Arbeitsfeld abgesteckt. Das gelang mir erst zwei Jahrzehnte später. Die Diskrepanzen in unser beider Lebensumständen erklären wohl mein gelegentliches Ausrasten, entschuldigen es freilich nicht.

82

Telegramm vom 8. 11. 54, Berlin,
nachgesandt von Worpswede nach Konstanz

GUTE REISE ALLES LIEBE WIEDERSEHEN +

83

Montag 8 XI. [54, Berlin, *nach Konstanz, hauptpostlagernd*]

Mein Liebstes, nun fährst Du also heute Abend u. hast noch am Morgen einen schlechten Brief von mir vorgefunden. Immer, bevor wir uns sehn, gibt es offenbar kleine Krise, so auch diesmal. Aber wir kennen uns ja nun, u Du weisst, was Du davon zu halten hast. Ich würde Dir gern noch ein Telegramm schicken, aber wohin – Bremen oder W., u ob Du es noch bekommst?

Grässlicher Sonntag gestern hier. Graugrüner Nebel, Regen. Habe den ganzen Tag am Vortrag für Bern gearbeitet, kann ja dort das Vaterland nicht blamieren.

Und wie sieht nun die Welt, Deine Welt, von Konstanz aus aus? Sind sie nett zu Dir? Wohnst Du bequem? Deine Nachricht über Schwiebert ist sehr gut u. wichtig, kann also kommen u. Dein Haus beobachten u bewachen.

Meine alte Jacke war früher, als sie entstand, 1946, 2 reihig mit Knöpfen, wurde dann einreihig umgearbeitet, als die Fülle kam.

Liebste, ich freue mich so auf Dich. Hoffentlich gefalle ich Dir auch noch ein bischen u. Du findest mich nicht zu alt u schäbig, wenn Du mich wiedersiehst ...

Da ich mit der Bahn fahre, fahre ich schon am Donnerstag ab; schreibe also bitte so, dass nach Mittwoch hier nichts mehr einläuft, schreibe also bitte am Montag vielleicht das letzte Mal. Ich werde Dir noch öfter schreiben.

Liebe Dich, küsse Dich.

Dein G.

Schwieberth: *Man hatte im Gasthof bei mir am Platz in Worpswede bequeme Fremdenzimmer eingerichtet.*

84

Dienstag 9 XI. [54, Berlin,
nach Konstanz, hauptpostlagernd]

Liebes, schau wie Du bist: Du hattest geschrieben, Du fährst von Br. erst nochmal nach W. u. holst Deinen Koffer, aber Du bist offenbar direct von Br. aus gereist. Hast also mein Reisetelegramm nicht mehr bekommen.

Nun bist Du unterwegs. Ich weiss nicht, wo Du bist. Das Wetter ist heute hier besser als sonst, hoffentlich bei Dir auch. Dein Sonntagshymnus auf W. macht mich nachdenklich. Kein Zweifel, dies W reicht tief in Deine Natur hinein, in Dein Wesen – wie tief weiss ich immer noch nicht. Entsetzt, direct ins Gesicht geschlagen bin ich davon, dass Du Abschriften von Briefen an mich besitzt, diese Schreibmaschinenbriefe sind überhaupt eine merkwürdige Sache. Ich sehe aus ihnen wie sehr die Handschrift von jemandem, den man liebt, etwas Sinnliches ist, dass einen körperlich berührt, etwas Süsses, Nacktes, Warmes strömt von ihr aus, ein Geruch, ein Atem der Hände. Nun vielleicht bekomme ich auch wieder andre wie früher.

Von hier ist nichts zu erzählen. Ich arbeite immer noch an den Veränderungen des Vortrags für Bern. Habe also hinsichtlich Hotel Bristol abgeschrieben. Was aber, wenn mein Zug Verspätung hat u nach 8 Uhr ankommt, um 8 musst Du doch schlafen gehn??

Was meinst Du eigentlich mit: Drüsen? Welche Drüsen? Meinst Du am Kieferwinkel oder meinst Du die Mandeln? Hast Du Halsschmerzen? UAwg.

Und ins Ausland willst Du? In welches? Hast wohl grosse neue Pläne? Ach, Du Entgleitende ..

Ich bin immer noch – konservativ u. treu u bieder als Stier –
Dein G.

Lebst Du eigentlich noch? Ich kann es mir garnicht vorstellen. Bist so weit fort. Wirst mich schlagen u. verwunden.

Schau wie Du bist: *Geschrieben hatte ich, ich führe vor der Abreise noch einmal nach Worpswede. Dann aber war mir das zu unbequem, ich reiste gleich von Bremen aus ab, nach der Arbeit in der Pädagogischen Arbeitsstelle. Spontan hatte ich das geändert. Benns Bestreben, alles minutiös vorauszuplanen und sich dann mehr als an die zehn Gebote daran zu halten, war mir so sehr fremd.*

Worpswede: *Gewiß hatte ich wieder einmal enthusiastisch erklärt, wie sehr es mir gefällt, das kleine Kunstmacherdorf Worpswede. Noch heute trachte ich, jedes Jahr hinzufahren, der vielen vertrauten und geschätzten Menschen und der so wohltuend schön eingerichteten Häuser wegen.*

Zu Kopien meiner Briefe: Nur *von Schreibmaschinenbriefen besaß ich Durchschläge. Insgesamt habe ich höchstens sechs, sieben Mal mit der Maschine an Benn geschrieben. Ich besaß gar keine, konnte also nur sehr gelegentlich auf der in der Pädagogischen Arbeitsstelle schreiben. Jedoch finde ich wunderschön, was Benn über handgeschriebene Briefe vorbringt, und teile seine Meinung.*

um 8 mußt Du doch schlafen gehn: *Das ist ironisch gemeint, nicht in allen Fällen „mußte" ich das, tat es aber so oft wie irgend möglich. Immer im Leben, von Kind an, war ich eine empfindliche Schläferin, mußte dennoch stets um acht Uhr früh irgendwo sein, in der Schule, in der Bibliothek, in der ich in Berlin von 1945 bis 1947 gearbeitet hatte, und in Worpswede mußte ich fertig sein, wenn ich so gegen 7^{15} Uhr von W. N. mit dem Motorroller abgeholt wurde, um nach Bremen zu fahren. Wenn ich früh ins Bett ging, hatte ich Aussicht, ausreichend zu schlafen. Benn schlief mit Phanodorm. Kein Kunststück!*

und ins Ausland willst Du?: *Natürlich liebäugelte ich damit, einmal ein oder zwei Jahre in England, Frankreich, Italien, je nach Angebot, zu leben und Geld damit zu verdienen, daß ich z.B. an einer Berlitz School Erwachsenen Deutschunterricht gab. Immer hatte ich große Lust, für die deutsche Sprache zu werben. So ist auch meine Arbeit an Schulbüchern zu verstehen.*

85

Mittwoch 10. XI. nachm. [54, Berlin,
nach Konstanz, hauptpostlagernd]

Mein liebes zärtliches Menschlein, vielen Dank für Karte aus Heidelberg. Sehr lieb von Dir, Zeit für eine Karte für mich zu haben. Ich kenne H., allerdings nur von kurzen, 2 – 3 tägigen Aufenthalten. Fand es immer entzückend, einer der allerreizendsten Orte von Deutschland. Freue mich, dass Du da Station gemacht hast. Andreas' grosses Buch steht bei mir, habe viel daraus gelernt, es oft gelesen.

Heute ist hier wunderbares Wetter, kalt, aber Sonne u. blauer Himmel. Hoffe so sehr für Dich, dass es dort ebenso ist. – Also mein Reisetelegramm liegt bei Frau Pohl, Nr. 108; war noch ein lieber kurzer Gruss zur Reise.

Mein Entfernungsgefühl für Dich ist nur bis Br. u. W. eingestellt, weiter darfst Du eigentlich aus meinem, unseren Bereich nicht heraus. Dies ist schon der 3 Brief nach K. Wünsche Dir da schöne Tage. Vergiss nicht, nach BERN zu fahren am 18. XI vergiss nicht, wie sehr Du mir ans Herz gewachsen bist, ins Herz, um das ganze Herz herum, es schlägt in Dir, in Deinem zarten süssen Leben.

Dein G.

Über Heidelberg war ich gefahren, weil ich 1941 dort ein Sommersemester studiert hatte. Gern! Mit Vergnügen las ich später in den Lebenserinnerungen von Golo Mann, wie er den Historiker Willy Andreas beschreibt, der in Heidelberg einen Lehrstuhl für Neuere Geschichte innehatte. Bei allem, was gegen Andreas zu sagen ist: Man konnte etwas lernen bei ihm. Sein Buch über „Deutschland vor der Reformation" ist wirklich ein reiches Zeittableau, und ich freute mich zu erfahren, daß auch Benn es mit Gewinn gelesen hatte. Wir haben uns dann am Bodensee auf Spaziergängen viel über diese aufregende Epoche unterhalten, über den Umbruch vom Mittelalter zur Neuzeit. Man konnte sich stundenlang mit Benn in historische Themen vertiefen. Renaissance und Humanismus begeisterten ihn, waren aber, was er den Deutschen anlastete, keine ursprünglich deutschen geistigen Erscheinungen. In diesem Zusammenhang haben wir uns auch oft und ausführlich über Luther unterhalten, von dem Benn als Pfarrerssohn natürlich viel wußte und dessen Verdienste für unsere Sprache er nicht genug rühmen konnte. „Wir haben alle bei Luther schreiben gelernt!", *meinte er. Natur und Temperament Luthers mochte er nicht so, sie waren aber die Voraussetzung für seine Mammutarbeit und seinen Aufstand gegen eine verkommene Kirche. An solche Gespräche erinnere ich mich besonders gern, und mir fällt eine Stelle bei Musil ein, die ich einst zwar exzerpierte, aber die Fundstelle nicht dazuschrieb:*

> *„Man muß sich selbst den Reim darauf machen, daß Gespräche in der Liebe fast eine größere Rolle spielen, als alles andere. Sie ist das gesprächigste aller Gefühle und besteht zum großen Teil ganz aus Gesprächigkeit."*

Jedenfalls, daß ich in Heidelberg unterbrechen würde, hatte ich nicht angekündigt. Plötzlich hatte ich Lust bekommen, über Heidelberg zu fahren, und tat es. Gewiß sprach das ein ganz kleines bißchen schon wieder gegen mich. Ich war unberechenbar in Benns Augen. Doch war ich dankbar, daß Benn seine Verwunderung und seinen Unwillen diesmal nicht artikulierte, sondern mich zum Wiedersehen mit Heidelberg beglückwünschte.

86

Freitag Nachm. 12 XI 54 [Berlin,
nach Konstanz, Hotel St. Johann]

Liebstes, Dank für 1 Brief aus Konstanz. Nun bist Du also geborgen für einige Tage, beruhigt mich. Das mit Hotel Bristol in Bern kann ich nicht mehr ändern, ich habe dem Radio abgeschrieben, dass ich mich wo anders einquartiere, in einem Hotel, wo Bekannte von mir absteigen werden. Weisst Du: Entweder sie sind nobel, dann bezahlen sie auch das andre Hotel, wo wir wohnen werden, oder sie sind nicht nobel, dann bezahlen sie auch den 19. sowieso nicht, sondern erst vom 20. an u das kommt alles aufs selbe raus. Ein Paar Fausthandschuhe für mein Ponychen werden schon noch übrig bleiben von dem Raub. (Aber in der Schweiz selber ist wohl alles viel teurer als bei uns, also kaufen wir wohl besser in Germany.) Zum Geburtstag bekommst Du sowieso nichts, ich müsste ja alles von hier aus mitschleppen u. an der Grenze doch vielleicht die Koffer öffnen Also weine nicht am 20!

Mein Reiseplan: Donnerstag Abend 7h ab Zoo, Interzonenzug, Schlafwagen. Fr a M: 8h morgens. 10 – 12 Max u Frau aus Wiesbaden. Fr. a M. ab: 13^{12}. Basel 17^{20}. Basel ab: 18^{00} Bern an: 19^{40} [*Das folgende ist mit Rotstift geschrieben*]: und dort hoffentlich die Geliebte auf dem Bahnsteig.

Das ist auch mein Sonntagsgruss. Werde nicht telegrafieren. Fährst Du am Donnerstag schon nach Basel oder direct nach Bern?

Wintermantel, grauer Hut, Gamaschen – das ist Alles, was ich bieten kann u der Mantel ist nicht blau, wie Du schreibst, sondern dunkel.

Leb wohl u. auf Wiedersehn. Dank für die Karte u. Plan von K. Freue mich, freue mich so sehr!

Dich küsst Dein G

Gefragt, was ich mir zum Geburtstag wünsche, hatte ich gesagt: Ein Paar Fausthandschuhe.

87

Sonnabend. 13 XI 54. Nachm. 5 h. [Berlin, *nach Konstanz, Hotel St. Johann*]

Mein liebes Seelchen, Dank für Brief vom Donnerstag: 3 Zettelchen u 11 Nummern. Bin glücklich, dass sie dort alle so nett zu Dir sind.

Höre, Liebste: Wenn wir im St. Johann wohnen natürlich kein Zimmer mit Bad oder Dusche, wird es dort ja wohl auch nicht geben, bei Maassen ging es ja auch ohne dem. Wenn ich den Meldezettel ausfülle, schreibe ich mich einige Jahre jünger: 62! Freue mich, Familienleute von Dir kennen zu lernen, von meinem Ursel. Natürlich fahre ich mit dir nach München. Dort bleiben wir einige Tage u dann Du nach Tegernsee u. ich zurück nach B.

Etwas liegt hier vor, das Folgen haben könnte. Ilse ist seit 2 Wochen wieder krank, abends immer 38° Temperatur, völlig apathisch u. müde. Macht zwar ihre Praxis noch, aber ich weiss nicht, ob es weiter geht. Blutsenkung erhöht, sonst keine Schmerzen u kein Organbefund. Bleibt eigentlich nur übrig anzunehmen, dass irgendwo ein sehr avirulenter, aber doch noch aktiver Tbcherd sitzt, (Bronchial- oder Mesenterialdrüsen). Müsste also vielleicht längere Zeit in Heilstätte u Praxis schliessen. Hätte natürlich allerhand Folgen für den Haushalt usw. Das wird sich nach meiner Rückkehr entscheiden. –

Diese Reise u diese Schweiz hat ihre Tücken. Jetzt teilt mir Bern auf meine Anfrage mit, dass sie nur 1/3 von Honorar u Reisespesen auszahlen dürfen, der Rest muss über Devisenstelle nach Berlin gehn. Ich muss mir also hier die Taschen voll deutschem u Schweizer Geld stopfen.

Aber da Du am Ziel der Reise stehst, mein so sehr lieber süsser Mensch, meine zärtliche Geliebte u. Frau, soll mich alles nicht kümmern, bleibe gesund, bleibe mir wohlgesonnen, behalte mich lieb.

Dein G.

88

Sonntag 14 XI. vorm. [*von Berlin nach Konstanz*]

Liebes Menschlein, wie Du wohl den Sonntag dort verbringst? Iss schön u. trink schön, damit Du fein im Stande bist, wenn wir uns sehn. Aber wenn Du schlecht im Stande bist u. klein u krank, küsse ich Dich erst recht u. lasse Dich garnicht mehr aus meinen Armen.

Hinsichtlich W[orpswede]. haben wir uns missverstanden. Ich finde es so seltsam, dass wir beide, Du wie ich, einmal für W. u dann wieder gegen W. sind. In Deinem 1. Brief nach Berlin schriebst Du, Deine Zeit dort sei vorbei. Natürlich habe ich die Absicht, nach dem Winter für längere Zeit zu Dir zu kommen, um bei Dir zu sein.

Mittwoch ist hier Busstag, kommt also keine Post. Aber Donnerstag werde ich wohl Deinen Brief noch haben. Wie müssen wir uns denn nennen vor Deinen Verwandten? „Sie", natürlich, damit das Urselchen nicht kompromitiert wird, die schon mit sovielen Kavalieren dort erschienen ist ..., nein wir wollen ruhig Du sagen. Oder nicht?

Schatz, ich hätte Dich so gerne schon heute dicht bei mir u spräche mit Dir u fragte Dich soviel nach Dir. Komm ein bischen mit Liebe und Glücklichsein nach Bern, ich bin so froh, dass wir uns wiedersehn.

Sei umarmt u geküsst von

Deinem G

89

Montag 15. XI [54, Berlin,
nach Konstanz, hauptpostlagernd]

Mein Liebling, Dank für Brief vom Freitag. Was das Hotel Bristol angeht, so hat vor wenigen Briefen mein Urselchen geschrieben: schreib dem Radio ab! Aber ich hätte es auch ohnedem getan, die Gründe habe ich Dir ja mehrfach geschrieben. Muss nun dabei bleiben. Übrigens habe ich im März in Stuttgart erlebt, dass sie mir auch die „Reisespesen" ersetzen wollten, mir sogar auch das Zimmer bestellten, aber bezahlen musste ich das Zimmer dann selber. Offenbar sind Reisespesen nur das Billett. Nun, Menschlein, wir werden schon durchkommen u. nicht verhungern u nicht verdursten u Fausthandschuhe kaufen wir auch u nach München fahren wir dann III Klasse zusammen, wird schön sein, Seite an Seite. Übrigens werde ich in Anbetracht der Krankheitslage hier, Sonnabend oder Sonntag zurück sein müssen.

Ich lese nicht soviel wie Du. Bekomme viele Bücher (die Du weiter bekommen sollst), aber lese immer nur ein par Seiten drin. Habe viele Briefe zu schreiben, werde Dir erzählen. Auf Zimmer 22 freue ich mich unendlich. Lebe wohl, Allerliebste, ich nehme an, Du reist am Donnerstag nach Basel-Bern, ich schreibe also wohl nur morgen nochmal.

Auf Wiedersehn, mein süsser kleiner Mungo, ob ich mehr an Dir oder Du mehr an mir herum knabberst, wird sich erst herausstellen. Umarme Dich, küsse Dich

Dein G

90

Montag Nachm. [Poststempel: 15. 11. 54, Berlin, *nach Konstanz, zweiter Brief dieses Tages*]

Liebchen, das tut mir ja grausig leid, dass Du Sonnabend ohne Brief warst, aber ich dachte: Du hast es da so gut, bist so zufrieden, bei netten Verwandten u. entbehrst ein Telegramm oder Eilbrief nicht. Kindchen, was soll denn sein? Krank bin ich nicht, auf unser Wiedersehn freue ich mich ebenso wie Du (oder mehr), kann es nicht erwarten, ein Briefchen mehr oder weniger tut da auch nichts. So dachte ich. Aber es soll nie wieder vorkommen. Habe sehr an Dich gedacht. Wie war das Wetter bisher? Also nun ist Helga auch da. Dann fahren wir nicht über München heim

Am Freitag, Liebste. Danke für den langen Brief mit der Schilderung von Onkel Hermann. –

Ich werde Dich nicht zerdrücken, aber sehr sehr an mich nehmen, Urselchen.

Dein G

Helga: *Eine Cousine zweiten Grades von mir. Sie wohnte bei München.*

91

Montag Nachm. [Poststempel 15. 11. 54, Berlin,
nach Konstanz, hauptpostlagernd]

Schatz, habe eben Deinen Brief mit Schilderung Deiner Arbeit mit Onkel H. genau studiert. Finde es reizend, was u wie Du es schilderst. Bist ein feines Menschlein u. es wird sicher wieder ein gutes neues Buch u keiner wird Papierkugeln machen u sie schmeissen.

Liebling, bist ein süsser süsser Pony u. am Freitag werde ich Dir das mündlich sagen. Letzter Brief dies, wahrscheinlich. Dein Dich so sehr liebender

G.

Es ging um die Lehrlingsausbildung der Köche, über die mein Onkel Herrmann gut Bescheid wußte, weil er die Absolventen prüfte. Ich beabsichtigte, unter dem Titel „Mit weißer Mütze und karierten Hosen“, über das Thema einen Artikel für die Jugendzeitschrift zu schreiben oder eine kleine Schulschrift über diese spannende Berufsausbildung zu verfassen.

92

Telegramm, Berlin, 18. XI. 54 [*von Berlin nach Konstanz*]

GUTE BESSERUNG ALLES LIEBE KOMME MONTAG +

In Konstanz war ich krank geworden, hatte eine hochfiebrige Grippe bekommen, mit der ich nur bei meinen Verwandten im Bett bleiben und Aspirin nehmen konnte. Es war nicht möglich, an meinem Geburtstag in Bern zu sein und ihn mit Benn zu erleben. Sehr zu meinem Bedauern fiel der Plan ins Schnupfenwasser. (Reisevorbereitungen: häufig pure Zeitverschwendung.)

93

18 XI. Donnerstag [54, von Berlin nach Konstanz]

Liebling, das ist ja schlimm, was Du am Telefon sagtest. Gute Besserung, Armes Herzchen. Ich komme am Montag, gehe also in die „Krone". Dank, dass Du trotz Deiner Krankheit noch alles für mich besorgt hast. Ich rufe Dich von Bern aus an. Und Dein Geburtstag –. Keine Kerze von mir.

Über dieser ganzen Reise nach Bern steht ein Unstern u. mir grault vor Sonntag 11h!

Alles Gute, Liebling. Werde nicht ernstlich krank. Am Montag sehn wir uns. Sei umarmt u geküsst von

Deinem G

94

Telegramm, 20. 11. 54 [von Bern nach Konstanz]

NOCHMALS ZAERTLICHEN GEBURTSTAGSGRUSS
KOMME SCHON MORGEN NACHMITTAG HALB SECHS =
GOTTFRIED +

95

Krone 25 XI 54 abends 9 1/2 h.
[*in Konstanz mir in die Hand gegeben*]

1) Sage Dir bitte Folgendes: noch nie in meinem langen Leben habe ich eine Frau so zärtlich, so rücksichtsvoll geliebt wie Dich.

2) Jeden Augenblick bin ich mir der Schwierigkeiten Deiner inneren u. äusseren Lage bewusst. Immer bin ich bestrebt Dir [*es folgt ein nicht zu entzifferndes Wort*] Schwierigkeiten zu erleichtern.

3) Alles, was ich manchmal gegen Dich sage, ist Quatsch. Ich muss Dir dankbar sein u bin es, dass Du mir erlaubst, dich zu halten u in Dein Herz zu sehn.

4) Deine Natur ist an vielen Punkten anders als meine Natur. Aber lieben heisst, den andern mit allen seinen Fremdheiten, Andersartigkeiten, ja ~~sogar Schlechtigkeiten~~ Schwierigkeiten hinnehmen u. ertragen müssen.

5) Ich weiss im Augenblick auch nicht, was aus uns werden soll. Solange nicht sicher [es folgen zwei nicht zu entziffernde Wörter]. Aber ich weiss, dass ich in Deinen Armen, dass Du in meinen Armen an der richtigen Stelle ruhst –.

G.B.

Es gibt tragische Lagen.

6) Nichts ist schöner, als jemanden, den man liebt, schrankenlos sich, sein Leben, seine Gedanken, sein [*es folgt ein unentzifferbares Wort*] anzuvertraun – nichts ist schöner, – aber ist es vielleicht doch dumm?

7) Ich halte Dich für schrankenlos fair, anständig, vornehm, nobel, aber macht die Liebe nicht vielleicht schlecht?

8) Ich flehe Dich an, ich bitte Dich so sehr, über die Bozenerstr. nicht böse zu denken.

Süsse Ursel!

G.

Du bist unvergleichlich, ich hänge an Dir

9) Manchmal bin ich betroffen davon, dass Du niemals angedeutet hast, dass Dir die geistige Begegnung mit mir irgendwas bedeutet.

Kuss G.

10) Es gibt eine Eifersucht auf die Vergangenheit, die ist ebenso bitter wie die auf Gegenwart u Zukunft.

G.

Ein auf drei Zetteln offenbar in Erregung abends geschriebenes Briefchen, das mir in die Hand gegeben wurde.

Wir waren nun gemeinsam für einige Tage am Bodensee in dieser wunderbaren, so mit Kunst gesättigten Landschaft, die ich Benn gut zeigen konnte, weil ich viele Schulferien und auch noch Semesterferien dort verbracht hatte. Natürlich sprachen wir auch über unser seltsames Miteinander, Eifersucht kam auf, auf beiden Seiten. Daß er Andeutungen von mir über die Bedeutung der geistigen Begegnung mit ihm vermißte, fand ich geradezu komisch. Gewiß habe ich gesagt: „Was denkst Du denn, weshalb ich die üble Rolle der verheimlichten Frau, die mir so gar nicht liegt, auf mich nehme?“

Da ich auch von der Bodenseereise für Benn ein kleines Souveniralbum gemacht habe, kann ich die Tage leicht rekonstruieren, abgesehen davon, daß ich mich auch ohne Unterlagen gut an sie erinnere.

Insgesamt habe ich drei kleine Reisealben mit Bildern und Geschriebenem für Benn gemacht. Als ich ihn zum letzten Mal lebend gesehen habe, am 21. Mai 1956, kurz vor seiner Abreise nach Schlangenbad, von wo er dann schon mit Lähmungserscheinungen wiederkam, gab er mir die drei Alben zurück, und als ich fragte warum, sagte er: „Man kann nie wissen“. Er muß gefühlt haben, wie schwer krank er war.

Da ich also Unterlagen habe, hier der Verlauf der Bodenseereise:

Am 21. November, gegen sechs Uhr abends, zog Benn in Konstanz in das Zimmer 8 des Hotels „Krone". Der Inhaber hieß Maierhofer, was Benn gefiel. Er liebte es, sich Namen zu merken (als ich zum ersten Mal mit ihm sprach, es war am Telefon, mußte ich ihm meinen Namen buchstabieren). Er hatte Gefallen an seltsamen Namen, wie hätte er sich gefreut, wäre er bei mir gewesen neulich, als ich an einem großen Namenschild vorbeiging, einem alten Firmenschild, auf dem der Inhaber als „Viktor Rachefalle" ausgewiesen wurde. Es war 45 Jahre nach Benns Tod, und doch dachte ich, als ich den Namen las, sofort an ihn und flüsterte ihm in den Hades hinunter: „Denk mal, Gottfried, da heißt ein Mensch Viktor Rachefalle", und ich hörte Benns Lachen, das gar nicht hohl und tot klang, aber so leise, wie er immer gelacht hat. Ich denke, er hats da unten weitergesagt an den und jenen von den ehemals Schreibenden unter den Toten, die da auf Steinen an den Wassern sitzen. An Goethe, wenn er den Mut hatte, ihn anzusprechen.

Auch an alten Namen hatte Benn Gefallen, so an „Maierhofer". Ich wohnte neben der „Krone" im Haus „Zum Adler", Marktstätte 8. Unsere Häuser waren durch eine Gasse getrennt, die „Brotlaube" heißt, was Benn wiederum sehr gefiel. Meine Verwandten hatten im „Adler" die Belle Etage gemietet. Dort hatten, als der Adler noch Gasthaus war, 1777 Kaiser Joseph II. logiert, 1779 und 1788 Goethe, 1815 der russische Zar Alexander I. Auch die holländische Monarchin Hortense nächtigte 1815 dort und später Napoleon III. Ein traditionsreiches Haus also.

Übrigens stand noch 1990 am „Adler" in goldener Schrift geschrieben, daß die oben Genannten dort ehedem Quartier genommen hatten. Heute ist im „Adler" – hélas – eine Bank untergebracht. Und nur Goethe ist noch in der Inschrift genannt. Man gibt immer weniger zu wissen, das ist ein scheußlicher Zug unserer Zeit.

Wie sehr gefiel es Benn in diesem November 1954, dort im großen Erker Tee mit meinen Verwandten und mir zu trinken (obwohl er Kaffee bevorzugte). Benn hatte das Gefühl einer

Konstanz, Hotel „Krone", links daneben das Haus „Zum Adler"

fast körperlichen Annäherung an Goethe, als er sich vorstellte, wie Goethe in ebendiesem Erker eine Tasse Schokolade getrunken und mit seinen großen dunklen Augen das Treiben auf der Marktstätte betrachtet habe. Mit einem Diamantring hatte Goethe seinen Namen in eine der Fensterscheiben geritzt. (Diese Scheibe wird heute, ich weiß nicht wo, sicher verwahrt.)

Auch ich war stolz auf diesen Stand- oder Sitzort, von dessen Bedeutung man mir schon, als ich noch Kind war, erzählt hatte. Allerdings faszinierte mich damals am meisten, daß der Kaiser von Rußland hier auf dem Parkett auf und ab gegangen sein mußte. Im Pelz stellte ich ihn mir vor, sogar mit funkelnder Krone.

Konstanz, Konziliumsgebäude und Münster

Als Benn zum zweiten Mal zu uns in den Erker kam, offerierte ihm meine Tante Alice eine Tasse Schokolade. Benn strahlte und sah aus seinen graugrünblau schimmernden Augen, in denen es so schöne goldene Funken gab, auf das Marktstättentreiben.

Wir waren nun also in Konstanz, mithin auch in der Zeit, die im Buch von Willy Andreas vorgeführt wird. Wir waren im Zeitalter vor der Reformation, als 1414 bis 1418 das berühmte Konstanzer Konzil stattfand. Noch am Abend von Benns Ankunft gingen wir, das Gebäude anzusehen. Damals muß das mächtige Bauwerk angesichts der kleinen Stadthäuser wie ein Elefant in einer Ziegenherde gewirkt haben. Riesiges holzverschaltes Dach, innen zwei weite Säle übereinander. Wir machten uns in einem Reiseführer kundig, erfuhren, daß damals fünfundachtzig Kardinäle und Erzbischöfe, zweihundertachtunddreißig Bischöfe, neununddreißig Herzöge und an die siebenhundert andere Prälaten und Adelige anwesend waren. Samt Gefolge natürlich. Viel Purpur, Scharlach, Violett, Zobel und ein bißchen Hermelin an den Kragen der Herzöge.

Und was haben sie gemacht? Johann Hus zum Tode verurteilt und auf einem Scheiterhaufen auch zu Tode brennen lassen – und das, obwohl Hus durch Kaiser Sigismund freies Geleit zugesagt worden war. Wie Benn sich über die Verderbtheit der politischen Welt zu äußern verstand, auch bei dieser Gelegenheit. Leider habe ich sein Verachtungszischen nicht aufgeschrieben. Es waren wenige Worte. Aber der Tonfall!

Auch zur Mole gingen wir noch am ersten Abend, es war dunkel, novemberdiesig, die Positionslaternen der Hafeneinfahrt spiegelten sich im Wasser, doch kein Schiffsverkehr mehr spätabends in dieser Jahreszeit. Aber der wunderbare Geruch nach Wasser – und Benn liebte es so sehr, am Wasser zu sein.

Am nächsten Tag machten wir einen ausgedehnten Stadtspaziergang, sahen das schöne Renaissancerathaus an, das Münster, andere Kirchen, besuchten den alten Pelikan im Stadtgarten, den es sehr zu frösteln schien. Doch wir gingen auch auf den Spuren von Hus, dem frühen Reformator, er war Rektor der Universität in Prag gewesen, vor Luther hatte er gegen Luxus und Lotterleben der hohen katholischen Geistlichkeit, gegen das Geschäft mit falschen Wundern und Sündenablaß gewettert. Den Kelch für alle Teilnehmer des Abendmahls hat er gewollt, nicht nur den Priestern sollte er vorbehalten bleiben. Hus hatte gerüttelt von Prag aus an den Vatikanischen, war aber im Vertrauen auf des Kaisers Versprechen für sicheres Geleit nach Konstanz gekommen, um etwas zu bewirken. Die reformunwillige Kirche ignorierte in infamer Weise das kaiserliche Geleitversprechen, verurteilte Hus zum Tod und ließ ihn 1415 brennen. Dem waren Anhörungen vorausgegangen, Hus war nahegelegt worden zu widerrufen, was er gesagt und geschrieben hatte. Die Widerrufformel, die man ihm vorschlug, war diplomatisch gewesen, hätte annehmbar sein können. Hus widerrief nicht!

Da kam dann das Todesurteil, wie es 1431 für Jeanne d'Arc und 1600 für Giordano Bruno gesprochen wurde. Im Münster sahen wir vor der Orgel die in den Boden eingelassene Steinplatte, auf der Hus gestanden haben soll, als ihm das Urteil verkündet wurde. In einer Kirche ein Todesurteil – der katholische Klerus war wie nicht mehr der Bergpredigtreligion angehörig. Über diese Urteilsverkündung in einer Kirche empörte der Pfarrerssohn Benn sich so sehr, wie ich ihn noch nie hatte sich empören hören.

Wir gingen in die Gasse am Schnetztor, wo Hus gewohnt hatte, als er noch hoffte, die Geistlichkeit beeinflussen zu können. Es ging um den Gegensatz der klerikalen Herrschaftsstrukturen zu dem, was das Neue Testament lehrte. Hus hatte das Widerstandsrecht in Glaubensdingen und die Mitsprache der Gläubigen in Kirchenangelegenheiten gefordert.

Auf dem Brandplatz endete Hus. Wir stellten uns vor, wie ihm zumute gewesen sein muß, als er Feuerknistern im Reisig zu seinen Füßen hörte und dann die ersten Flammen an seinen Füßen spürte, an seinen Beinen begannen sie hochzulecken. Benn meinte, es habe gedauert, bis das Opfer bewußtlos wurde, die Schmerzen hätten rasend gewesen sein müssen. Wir konnten den Wachsabdruck einer Medaille kaufen, die im 18. Jahrhundert hergestellt worden war. Vermutlich hatten Tschechen sie in Auftrag gegeben. Man sieht darauf Johann Hus an einen Pfahl gebunden auf einem Reisighaufen stehen. Das Seil, mit dem er gebunden worden war, geht um Hals und Oberarme. Seine Hände greifen nach dem Pfahl hinter ihm. Züngelnde Flammen sieht man noch nicht, sie waren dem Medaillenschneider wohl zu grausam gewesen. Benn war entsetzt von diesen Stätten politischer Schäbigkeit.

Am darauffolgenden Tag, es war Dienstag, der 23. November 1954, schifften wir uns ein, gingen an Bord der „Mainau“, fuhren über den See nach Meersburg. Benn war glücklich, auf einem Schiff und auf Reisen zu sein. Meersburg lag entzückend da. Schon vom Schiff aus auf die Strandstraße schauend, wählten wir ein Häuschen für uns aus, die Nummer zehn war es, wie wir später sahen, Benn wollte unten wohnen, ich dagegen im Oberstock. Ein Wunschhäusel.

Dann streiften wir durch den reizenden, im November nicht von Schwärmen von Touristen befallenen Ort, streunten durch die Gassen, schauten in die Kirchen, ließen uns den Schlüssel für die kleine Kapelle in der Unterstadt geben, in der sich ein wunderbarer Schnitzaltar mit einer Verkündigungsgruppe befindet, so milde der Engel, so lieblich die Madonna. Benn war ganz ergriffen. Der Altar stammt etwa von 1470, wir waren also wieder in der Zeit vor der Reformation, die einen unendlichen Reichtum an Kunst hervorgebracht hat, die sogenannten „schönen Madonnen" waren zauberhafte Huldigungen an die Frau. Keineswegs waren diese Jahrzehnte nur eine verderbte Zeit, gegen die mit Feuer und Schwefel anzugehen war, vielmehr eine Epoche der künstlerischen Verfeinerungen, denen die Bilderstürmer denn ja auch zu Leibe rückten. Es wiederholte sich im Zuge der Reformation, was sich schon in Byzanz ereignet hatte, als die Ostkaiser gegen die Heiligenbilder geradezu zu Felde zogen, soldatische Gröblinge. Erst die Kaiserin Irene handelte einen Kompromiß mit den Ikonoklasten aus. Das war auf dem Konzil von Nicaea im Jahr 787. Die Kaiserin wurde heiliggesprochen dafür, sie hatte die geliebten Bilder geschützt. Etwa siebenhundert Jahre später: Ein Bildersturm in Mitteleuropa. Besonders Mariendarstellungen mußten verschwinden, wurden aber vielerorts versteckt. Für Benn ein Beweis des ewig Gleichen in der Geschichte: Wiederholung der Motive, der Zwänge, des Hasses auf das Artistische, Verfeinerte.

Müde vom Gassenwandern gingen wir schließlich in den Ratskeller und aßen zu Mittag, Benn ein Irish Stew, ich ein Rumpsteak mit Kräuterbutter. Beide aßen wir also etwas Handfestes, Kräftigendes, ehe wir zur Burg stiefelten, die wir natürlich auch sehen wollten, den schier festungsartigen Steinklotz aus der Merowingerzeit, über das Schwäbische Meer ragt der schroff vierkantige Dagobertsturm.

Doch wir läuteten vergebens, entnahmen aber einem winzigen Schildchen, wann wir auf Einlaß hoffen konnten. Was tun? Wir fanden eine windgeschützte Bank auf der Rieschentreppe, einem Abstieg von der Oberstadt zum Hafen. Man denke, im November saßen wir eine gute Stunde in der Sonne. Der See war so, wie ihn die Droste geschildert hat:

*„ist wenn er grünlich golden ruht,
mir eine sanfte Zauberflut“*

Es hatte etwas Märchenhaftes, aus der Welt Versetztes, dies Verweilen auf der Rieschentreppe. Der See: ein goldenes Seidentuch, kein Windgott rührte an die Luft, die Welt war sich selbst überlassen, niemand schien etwas unternehmen zu wollen, nicht einmal eine Katze strich an uns vorbei, eine glückliche Weltstunde.

Dann schlug eine Turmuhr, und wir begriffen, daß wir jetzt in die Burg hineinkonnten: Wehrgänge, Rittersäle, Brunnen, Verliese, eine Küche mit Bratspießen, wie trojanische Kampfspeere, aber dann: Die Zimmer der Droste, zwei, eins das Sterbezimmer, ein Lorbeerkranz auf dem Kopfkissen des kleinen Bettes. Benns Gedicht „Kann keine Trauer sein“ beginnt mit den Versen über diese kleine Sterbestelle:

*„In jenem kleinen Bett, fast Kinderbett, starb die Droste
(zu sehn in ihrem Museum in Meersburg),“*

Früher hatte Benn geschrieben, er ziehe die Gedichte der Lasker-Schüler denen der Droste vor, ich war der Meinung, daß sie gleich wunderbare Poetinnen sind. Am Ausgang der Burg kaufte Benn einen Gedichtband der Droste, er hatte sie lange nicht mehr gelesen, grub sich tagelang ein in die „Mergelgrube“, dieses großartige Gedicht und all das andere, das von ihrer Hand gekommen, mit einer Schreibfeder, die einmal zu einer Vogelschwinge gehört hatte. Wie jämmerlich ist doch das Schreiben mit Kugelschreibern, Filzstiften, wenn nicht gar mit einem Computer gegen das Schreiben mit einer Tierfeder, sei sie auch ein Gänsekiel. Die Anhänglichkeit an diese Tierschreibfedern klingt noch nach, wenn man einen Bleistift früher „Bleifeder“ nannte und von „Füllfederhalter“ spricht.

Wir flanierten von der Burg aus über die kleine Hauptstraße des Städtchens in den Gasthof „Zum Anker“, da wollte Benn hinein. „Anker“ war ein anziehendes Wort für ihn.

Wir bestellten Brot und Käse, Romadur wollte Benn, und wir bekamen so reichlich davon, daß ich, was wir nicht aßen, zu Benns Entsetzen in eine Serviette wickelte und in die Tasche steckte. Ich hatte mit seiner Indignation gerechnet, wollte mich aber diesen provinziellen Feine-Manieren-Regeln nicht beugen, sagte ihm, daß es in den USA ganz selbstverständlich ist, mitzunehmen, was man nicht verzehrt hat, es wird einem als „doggy bag" eingepackt, und ich erzählte von Otto Meier, dem so bedeutenden Worpsweder Keramiker, der, wenn er Übriggebliebenes mitnahm, dem Kellner lächelnd zu sagen pflegte: „Wissen Sie, ich habe zu Hause noch einen Bruder." Benn sah kommentarlos auf seinen Teller, wußte nicht, ob es mir an Manieren oder vielleicht doch ihm an Souveränität fehlte.

Mit einem Schiff, das „Höri" hieß, das letzte an diesem Abend, fuhren wir unter sternblühendem Himmel nach Konstanz.

„Höri", was das Wort bedeute, wollte Benn wissen. Es ist der Name einer Halbinsel, die in denjenigen Teil des Sees ragt, den man auch „Gnadensee" nennt. Gnadensee – Benn war bezaubert von dem Wort, stellte sich Gnaden vor, die das Wasser dort gewähren könnte. Ich sagte ihm, daß Dix auf der Höri wohne. „Beneidenswert", *meinte Benn,* „auf der Höri am Gnadensee zu wohnen!" *Benn war seit langem mit George Groß befreundet, hätte auch Dix gern einmal erlebt, doch hatten wir nicht den Mut, ihn anzurufen, wir kannten ihn nicht. Jahre später hat Dix geradezu wütend bedauert, daß wir uns nicht bei ihm gemeldet hatten.*

Das Schiff „Höri" machte fest an zwei Ducdalben im Konstanzer Hafen, wir schlenderten aufs Hotel „Krone" zu, aber ich kaufte fix noch beim Bäcker in der Brotlaube einige Semmeln. Herr Maierhofer hatte nichts dagegen, daß ich zu Benn ins Zimmer ging. Da beplauderten wir dann den schönen Tag, bis sich Abendbrothunger einstellte und ich die Semmeln und den Romadur vorholte und das Taschenmesser, das ich immer bei mir habe, und nun mußten wir nicht mehr ausgehen zum Abendbrot, wir konnten leckere romadur-

Der Meersburger Hafen von der Oberstadt aus

bepflanzte Semmeln essen. „Praktisch bist Du, das muß man sagen", *ließ Benn sich vernehmen.*

Am Mittwoch, dem 24. November, wieder auf ein Schiff. Nach Überlingen diesmal, und so hieß auch das Schiff. Nicht so ein geschlossenes Juwel wie Meersburg ist Überlingen, doch hat es auch seine Wunder, einen fast tropischen Garten, nicht wie die Mainau so üppig, aber aus Felsigem, Höhligem das Feuer unerwarteter Blüten.

Und dann das Münster! Im Turm hängt die Osanna-Glokke, zwei Meter hoch und einhundertsiebenundsiebzig Zentner schwer, ließ uns ein Informationsblatt wissen. Der Altäre wegen hatte ich Benn hergeführt, der Schnitzkunst des Jörg Zürn wegen. Sein Hochaltar, von 1613 bis 1616 hat er daran gearbeitet, ist ein riesiges Gebilde, in der Mitte die Krippenszene, das Weihnachtsgeschehen, aber auch sonst zu Entdeckungen über Entdeckungen aus der Bibelgeschichte einladend. Noch andere Arbeiten von Jörg Zürn und seinen Brüdern stehen im Münster: Der gold- und rotstrotzende Rosenkranzaltar, dessen Gepränge, dessen leuchtende Fest-

lichkeit Benn noch mehr begeisterten als die feine, in unbemaltem Holz verbliebene Schnitzkunst des großen Jörg Zürn.

Als wir dann auch noch zur Wallfahrtskirche von Birnau fuhren im Bus und alle die sich im Rokokohaus tummelnden Engel sahen und die durch die Oberfenster mit flimmerndem Licht versehenen Heiligen, meinte Benn, es sei doch arg, wie karg die Mark sei, die Neumark meinte er, in der er aufgewachsen war, und es fiel ihm auf, daß arg und karg doch ein gutes Wortpaar seien.

Zurück in Überlingen, schauten wir zu, wie Kinder Möwen fütterten, im Flug nahmen sie den halb ängstlichen, halb entzückten Kindern Brotbrocken aus der Hand. Ihre dünnen roten Beine hielten sie dabei ausgestreckt dicht am weißen Körper. Wir wurden abermals hungrig und fanden wiederum ein Gasthaus „Zum Anker". „Was möchtest du", fragte ich Benn: „Romadur", grinste er, und als der kam, schob er mir auch noch seine Serviette zu zum Einpacken, falls wieder ein ansehnlicher Rest bleiben sollte. Er blieb.

Schließlich stiegen wir an der Schiffslände auf einen Dampfer. Als der ablegte, hatte ich plötzlich das Gefühl, ein Schiff genommen zu haben, das gar nicht nach Konstanz fuhr. Benn fand es höchst vergnüglich, auf dem falschen Dampfer zu sitzen, also wörtlich einer Redensart nachzukommen, die in Berlin geläufig war. Er meinte, irgendwie würden wir schon noch nach Konstanz kommen. So locker habe ich ihn, den Vorausplaner, nicht wieder auf Reisen erlebt. Es war aber der richtige Dampfer, er nahm nur eine andere Route. Und in Konstanz blieb Benn vor dem Hotel stehen, damit ich noch in der Brotlaube Semmeln kaufen konnte. Der zweite Romadur-Abend begann.

Den Tag darauf, es war Donnerstag, der 24. November, hatten wir eigentlich ruhig in Konstanz verbringen wollen, doch Johannes Weyl, der Gründer und Chef des „Südkurier", einer sympathischen, intelligent gemachten Zeitung, die Benn an den Bodenseetagen mit großem Wohlgefallen las, lud uns so nett ein, mit ihm und seiner Frau nach St. Gallen zu fahren im Auto, daß wir annahmen. Weyl – Benn kannte ihn aus früheren Zeiten – gehörte zum Kreis um Ricarda Huch oder sie gehörte zu seinem Kreis, der sich zur Aufgabe gemacht hatte, der Nürnberger Anklageschrift der Alliierten etwas entgegenzusetzen, nämlich eine deutsche Anklageschrift gegen die Verbrecher des Nationalsozialismus. Im Weyl-Kreis war man der Meinung, es sei beschämend, wenn nicht auch eine Klageschrift gegen Nazi-Verbrechen von uns selbst käme. Weyl war ein eindrucksvoller, gebildeter Mann, der für Benn, trotz dessen anfänglicher Unterwerfung unter die Nazis, große Verehrung empfand. Wir fuhren nun in die Schweiz; Benn kannte den Kanton St. Gallen nicht, die Gegend gefiel ihm sehr – und erst die alte Stadt St. Gallen mit ihren so wirtlichen Wirtshäusern, in einem haben wir ganz vorzüglich gegessen, ein schweizerisch-redliches Menü – nein, ich steckte nichts davon in die Tasche. Ich glaub, es blieb nichts Handliches übrig, außerdem wollte ich die Souveränität nicht übertreiben.

Mein Anliegen (und auch das von Johannes Weyl) war gewesen, Benn die Stiftskirche, vor allem aber die Stiftsbibliothek zu zeigen. Umfangreicher Arbeiten am Dachstuhl wegen war sie eigentlich für Besucher geschlossen, aber wir hatten uns eine kleine Sondererlaubnis erwirkt. Benn war glücklich, an diesen alten Mönchsort zu kommen. Er hatte in seinem Werk für die Schwarzen Kutten plädiert, für das mönchische Leben viel Respekt gehabt und freute sich nun, in dieser im siebten Jahrhundert von irischen Mönchen gegründeten Benediktinerabtei kostbare Zeugnisse mönchischen Schreib- und Malfleißes zu sehen. Die Handschrift B des Nibelungenliedes wird in St. Gallen verwahrt, sie stammt aus dem 13. Jahrhundert. Es liegen an die zweitausend Handschriften in der Bibliothek, darunter der Psalter Notker Labeos' aus dem 10. Jahrhundert. St. Gallen war vom 8. bis 10. Jahrhundert eine Gelehrtenstätte und ein Ort der Buchkunst von europaweiter Bedeutung. Benn war ganz stumm vor Ehrfurcht, dort zu sein, er, ein solcher Liebhaber schon moderner Bibliotheken, wie sollte er nicht hingerissen sein von diesem mehr als tausendjährigen Mönchsbücherort.

Am nächsten Tag fuhr Benn nach Berlin zurück, ich blieb noch am See.

96

Sonnabend 27 XI. vorm. [54, Berlin]

Geliebtes Menschlein – gut angekommen, oder vielmehr schlecht: Schlafwagen kalt, dunkel, 2 Stunden Verspätung, im Nebencoupé Frau G. Z aus St. Johann, sprach mit ihr einige Worte, gab ihr Grüsse mit an die Z's in Konstanz! (Hatte 3. Klasse, musste Übergangsgeld von III zu II Kl. zahlen u. Schlafwagen, zögerte lange in Stuttgart.) Bin müde, schlief so gut wie garnicht. Hatte grosse Trauer im Herzen, dachte an viele süsse u. manche bittre Sachen, sah Dich vor mir, Dein kleines blasses Gesicht, mit jeder Sekunde weiter abrückend.

War Frau Weyl im Adler? Von ihm schon ein grosses englisches Werk über „Dada" heute angekommen. – Warte gespannt, was Du mir schreibst, ob Du noch nach Bern gehst. Fahre bald heim, Liebste, bist mir dann näher.

I[lse]. sieht nicht gut aus. Montag zu der Röntgenaufnahme, ist sehr deprimiert. Ich kann mir gar kein Bild von [der] medizinischen Lage machen. Werde mit dem Arzt reden.

Eine Menge Post. Aber zu müde, sie zu realisieren.

Mein Pony, werde nicht nochmal krank, nimm nicht Mirabellen u Bier zu Dir! Bitte grüsse Deine Tante Alice u Onkel Hermann. Danke Dir für Alles, behalte mich lieb.

Sei umarmt von Deinem G

Adler: *Ein Café in Konstanz, dort hatte ich mich mit Frau Barbara Weyl vage verabredet. Aber Benn wollte eine pünktliche Vollzugsmeldung.*

97

Montag 29 XI 54 [Berlin]

Liebling, ich taufe das schöne stolze Pferd: Fournes. Zumal F. mit Vornamen Gottfried heisst. Brenne oder zeichne ihm ein F. ein an eine Stelle, wo es niemand sieht.

Dank für lieben Brief. Mit Frau Weyl war es wohl nichts? U.A.w.g. Er hat mir schon 2 Bücher u. die Zeitung mit dem Process gegen W. Scholz geschickt (die mich nicht so schrecklich interessiert). Hast Du Blumen gesandt? Komm gut heim nachW., in das liebe kleine Zuhause, abends 5 h denke ich daran, hoffentlich ist geheizt.

Habe jetzt dringend Programm für Hamburg zu ~~beantworten~~ bearbeiten. Auch die Goethe-Gesellschaft in Bremen wird mich einladen, schreibt Prof. Pyritz (u. Kiel, worauf ich kein Gewicht lege).

Aus der Schweiz mehrere sehr nette Schreiben Unbekannter, über den Vortrag u. Einladungen. Kennst Du einen Pädagogen oder dergl. Paul Geheeb? Laden mich in ihr Haus ein ins Berner Oberland. U.Awg.

Liebchen, schreib mir jetzt nicht jeden Tag. Lenkt mich so ab, beschäftigt mich so. Bist ja jetzt daheim u. ich sehe Dich vor mir, süsser Mensch. Sei umarmt

Dein G

Das schöne stolze Pferd: *Ich hatte am letzten Tag morgens, bevor wir mit Weyls nach St. Gallen fuhren, ein rotes schwedisches Holzpferd aus Dalarna kaufen können. Ich sammle Spielzeugpferde*[4]*. Benn wollte, daß dieses Pferd „Fournes“ heißen soll, nach dem Restaurant, in dem wir uns zum ersten Mal getroffen hatten.*

4 Die Geschichte dieses Kaufs und der Reaktion von Benn habe ich in „Ein Kinderspiegel“ geschrieben. Bibliothek der Provinz, Wien 1997. Die Erzählung hat dort den Titel „Pferdezauber“.

Was von Barbara Weyl erwartet wurde (in Benns Kopf), weiß ich nicht mehr, jedenfalls habe ich diese angenehme Frau in späteren Jahren oft gesehen in Konstanz. Sie sammelte wie ich Spielzeug und Volkskunst.

Über den Prozeß um Wilhelm von Scholz, der die Bodenseeregion aufgeregt zu haben scheint, war nichts zu mir gedrungen. Doch hat der Kommentator Jochen Meyer Genaueres herausgefunden.

Paul Geheeb: *Mit Schulbüchern und Pädagogik beschäftigt, wußte ich natürlich, wer Paul Geheeb ist, der Gründer der Odenwaldschule und, im Exil 1934, der „Ecole de l' Humanité" im Berner Oberland. Auf die Einladung dieses klugen und unendlich gütigen Mannes hätte Benn stolz sein können. Doch er interessierte sich eben überhaupt nicht für Kinder und schon gar nicht für Schulen und Fragen der Pädagogik.*

Benn bittet mich in diesem Brief zum ersten Mal, ihm nicht täglich zu schreiben, was er sonst immer gefordert hatte – vermutlich, und von ihr aus gesehen zu Recht, hatte Ilse Benn ihrem Mann wegen der Beziehung zu mir Vorwürfe gemacht. Jetzt, wo es seiner Frau schlechtging, wollte er ihr natürlich möglichst keinen Verdruß bereiten. Die tägliche Post war auffällig und lenkte ihn außerdem gewiß von der Arbeit ab.

98

Dienstag 30 XI 54 (9 1/2 h.) [Berlin, *durch Eilboten*]

Mein süsser Pony, jetzt wirst Du gerade in der PA angekommen sein, froh begrüsst von Deinen Leuten, wirst frühstükken, Post lesen (vom Duschen wollen wir nicht reden.) Zu Deinem gestrigen Brief noch: Du bekommst ja feines Geld aus Hannover, 325 Zeilen, über 80 M. – tüchtiger kleiner süsser Pony! Wie wohl die Reise war, ob Du geschlafen hast? Nach Deiner Theorie, dass Du gut schläfst, wenn Du schlecht liegst, hast Du vielleicht geschlafen.

Heute Abend kommt George Gross mit Frau zu mir, sie fahren in wenigen Tagen zurück nach USA. Wird wohl etwas

Gesaufe geben, er kann ja nicht nüchtern sein; wenn es mir zu viel wird, gehe ich mit ihnen zu Dramburg u schiebe sie ab.

In Bremen übrigens soll ich nicht von der Goethegesellschaft, sondern von der „Bremer Landesgruppe des Germanistenverbandes" eingeladen werden, von Hamburg aus hinzukommen. Ich las den Brief von Pyritz nochmal nach. Bisher aber habe ich keine Einladung erhalten. Auch Kiel soll die gleiche Absicht haben.

Liebste, iss u trink schön, damit Du Dich erholst u schön u jung bleibst. Und die Fausthandschuhe haben wir vergessen zu kaufen! Und die Schlafanzüge sind sicher auch nicht fertig geworden? Nur die Pferdchen u Tauben blühen u gedeihen.

Kuss, Liebste! war schön in der Krone, Zimmer 8!

Dein G

Fausthandschuhe: *Die als Geburtstagsgeschenk erwähnten Fausthandschuhe hatten wir vergessen zu kaufen. Ich liebe diese Art von Handschuhen, die sich so schnell abstreifen und wieder anziehen lassen, und man kann die Finger frei bewegen in der warmen Wollhöhle.*

Im folgenden klingt ein Vorwurf an, nämlich der, daß ich sicherlich die Schlafanzüge nicht, wie geplant, fertiggenäht hatte, weil ich nur auf Objekte meiner Sammlung Zeit verwende, die aber nicht nur auf Pferdchen und Vögel beschränkt war.

99

30 XI. 54 [Berlin]

(II Brief)

Urselchen: immer dasselbe! Man will nicht den ganzen Tag an Pony denken u schreiben u lesen, sondern sich konzentrieren u. arbeiten und nun geht es schon wieder los:

Einladung nach Bremen heute eingetroffen! (Abs. Erich Trittin, Brinkum bei Bremen, Bremerstr 4; Germanistenverein Landesgruppe Bremen). Werde ihr folgen. Zahlen auch 300 M. Das Geld strömt uns zu! Ich werde den 17. XII ansetzen. Ich bitte aber Frl U. Z. mir die ganze Woche vom 13 XII an zu widmen.

Plan: Treffen am Montag 13 XII in Hbg. schon mittags. Am 14. Vortrag. Am 15 nach Br.-W. 2 Tage Schwiebert. Am 17. ins Hotel Post, 6 Etage. Am 18 oder 19. zurück. Einverstanden? Süsser Pony! Sollte sich Kiel auch noch melden, müssen wir das auch noch verkraften, (falls auch dort 300 M.) Ich denke, ich kann überall das gleiche Programm nehmen.

Dies in Eile schnell an meine süsse Geliebte.

Umarmung. Kuss. Dank für Brief vom Sonnabend / Sonntag! Bald wieder in Deinen Armen:

Dein G

100

1 XII. 54 [Berlin, *auf einem Briefbogen mit gedrucktem Kopf von Johannes Weyl*]

Schau, Liebes, was für ein feiner Mann Herr W. ist. Auf die Weise bekommst Du mal ein Schreiben von mir auf erstklassigem Papier. Gestern Abend war George Grosz u Frau Eva, dazu Herr Ulrich Becher, Schweizer Dramatiker, („Samba", „Löwenzorn") ein alter Freund von Grosz, mit mir bei Dramburg von 8 – 11 1/2; hatten uns noch umbestellt: nicht in meine Wohnung kommen, sondern gleich bei Dr. treffen, da sie viel essen wollten u. es hier ja nicht viel gibt bei Be's. Tranken mittelviel, keinen Schnaps, nur ein bischen Bier, war ganz lustige Unterhaltung.

Erklärung für den Eilbrief: Ging gegen 4 h. nachm. auf mein Postamt hier, um 4 Briefe einzustecken, von dort zu Mampe = Hefter, kleines Paket an mein Ponychen schicken, kam 6h zurück u. fand den Brief an Dich noch in meiner Tasche. Wollte, dass er heute bei Dir ist in der P.A. wegen der guten Nachrichten.

Kennst Du in Hbg ein Hotel für uns? Ich dachte an „Reichshof", am Hauptbahnhof. Will von hier hinschreiben u mir 1 Zimmer bestellen, Du, bitte, bestellst Dir auch dort eins oder fährst Montag 13. früh schon hin u. nimmst eins dort u. beziehst Dich auf meine Bestellung. Ich will mit dem „Fliegenden Hamburger" kommen, der etwa um 11 dort ist, vormittags. Neben „Reichshof" liegt ein kleineres, älteres: „Kronprinz", wo ich vor 4 Jahren einmal wohnte (als ich zu Nele fuhr), käme auch in Frage. Was meinst Du, mein Ponychen? [*Ein Satz über meinen physischen Befund ausgelassen.*]

Hoffentlich kommt das Paket zum Ende der Woche an, damit Du schön essen kannst.

Immer denkt an Dich, fühlt Dich, küsst Dich

Dein G

101

1. XII 54. [Berlin]

Süsses Menschlein, habe manchmal das Bedürfnis, nach W. zu schreiben, in Dein liebes Zimmer einzudringen, in Dein (und unser) Zuhause. Wenn Du heim kommst aus Bre., siehst Du dann ein Kouvert auf Deinem Tisch. Denke an den ersten Vormittag bei Dir, am 11.VIII. – wie sonderbar, wenn man heute daran zurückdenkt. Eine Linie, eine schöne, ansteigende Linie von da bis heute.

Dein G.

Dabei ein Brief von F. W. Oelze an Benn vom 28. XI. 1954, an den Benn noch einen Beizettel geheftet hat:

Zur Erinnerung an unsere Reise.

Oelzes Brief enthält u.a. genauere Auskünfte über den Bildhauer Prof. Gorsemann und das schon erwähnte Fräulein Hoffmann, Deutschlehrerin an einer Bremer Oberschule und bewundernde Leserin Benns.

102

Donnerstag 2 XII [54, Berlin]

Liebste, auch ich esse Schmalz, mit Zwiebeln u. Äpfeln gemacht, sehr gern. Futtere nicht alles auf, gib mir noch eine Stulle, wenn ich komme!

Die reizende Karte gleich anbei zurück. Freut mich ungemein, dass Du an Frau Weyl Gefallen gefunden hast (u sie sicher an meinem Pony auch) Erzähle mir davon, wenn wir uns sehn.

Weiss heute, Donnerstag, noch nicht, ob Du am Dienstag morgen in Br. angekommen bist. Ist für eine Ehefrau reichlich nachlässig ihrem Mann gegenüber. Aber heute ist Donnerstag, also Zanktag, auch falls mit der 2. Post ein Brief kommt, wird er wohl nur mittelprächtig sein.

Wie denkst Du über die Hotelfrage in Hamburg? Wann glaubst Du, kannst Du am Montag in H. sein?

Was arbeitest Du jetzt? Stört Dich die Hamburger Woche sehr? Langweilt es Dich, schon wieder mit dem alten Kazü zusammen zu sein? Hast Du anderes, besseres Engagement für die Woche? Vielleicht Reisebekanntschaft?

Freue mich sehr, sehr, Dich wiederzusehn!

Behalte mich bis dahin lieb (Du kleine Verräterin in Konstanz, Frau W. N.!)

Zärtlich umarmt Dich

Dein G

Donnerstag, also Zanktag: *Der Donnerstag war immer ein kritischer Tag bei uns. Bis heute ist mir zumindest das Wort Donnerstag noch nicht sympathisch. Es bezeichnet den Tag des ziemlich rüden Gottes Thor und hat folglich mit Donner zu tun. Dagegen liebe ich den Freitag, besonders, wenn es ein Freitag, der 13. ist. Die Göttin Freya ist zwar langweilig, aber nicht unsympathisch.*

Frau W.N.: *Ich hatte wohl meine ehemalige Zeit mit Walter Niemann als eine glückliche Zeit erwähnt.*

103

3 XII. 54 Freitag [Berlin]

Liebes Urselchen, Dank für Deinen netten ersten Brief aus Bremen. Bin sehr zufrieden, dass Du so angenehm reistest u. alles mit nach Hause brachtest. Von den Weyls bist Du ja ganz berauscht u. vor Frau Barbara machst Du einen tiefen Knix, aber ich werde ihr gern gelegentlich mitteilen, dass Du ihre Malerei bewunderst. Dass andere weit eher u. deutlicher erkennen, dass Du ein so feiner Pony bist, ist ja klar, bei mir handelt es sich ja nur um einen Kazü u. die Laus aus Mansfeld. Wohl Dir! Du bist mit Dir so unendlich glücklich u. in Dir zufrieden, Dir kann man garnichts wünschen. Was nun meine Reisepläne angeht, so kann ich den Termin vom 17. für Br. nicht mehr ändern. Ich hatte ihn so gelegt, um eventuell noch Kiel am 15. machen zu können, aber Kiel hat sich nicht gemeldet u. nun nehme ich es nicht mehr an. Wenn Du nicht soviel Bettenwechsel wünschst, gibt es folgende Möglichkeiten: Du kommst nicht nach Hamburg, ich fahre erst am 14. früh hin u. Du erwartest mich am 15. in Br bzw. W. (wäre natürlich sehr traurig). Ferner: ich fahre von W. aus im Auto (das mich s. Z. nach Oberneuland brachte) nach Br. nur zu dem Vortrag am 17 u. dann zurück. Das Auto würde 25 M kosten u. das müsste der Germanistenverein bezahlen, der sich zur Beteiligung an den Reisekosten bereit erklärt hat. Falls Du zu müde bist, legst Du Dich in Dein Bettchen schlafen u. bleibst zu Hause. Nun schreibe, was Du magst, es ist nicht so, dass Du „Dich doch nach mir richten musst", wie Du trauervoll schreibst. Was den 19. angeht, werde ich es wohl im Sinne Deines lieben Vorschlags machen. Es wäre sehr süss, mit Dir Weihnachten zu feiern, obschon ich, ich muss es sagen, augesprochen weihnachtsfeindlich bin u. für alle diese Riten nichts übrig habe. Aber es ist bei Dir u. damit ist es schön. Würde ich denn bei Schwiebert wohnen können? Also rechne mit dem 19., Liebes.

Und dieser Brief kommt Sonnabend bei Dir an. Vielleicht

zum Sonntag noch mehr. Aber ich habe den Eindruck, dass Dir garnicht mehr soviel an mir u meinen Briefen liegt. Kuss.

G.

„Deine Sonne“ – schreibst Du höhnisch, nein – deren bedarfst Du wirklich nicht!

„Bin noch unter Deinem Einfluss“ – schreibst Du. Ist wohl schlimm, ja, möchtest wohl unter jemanden anders Einfluss stehn? Und wer ist unter Deinem Einfluss? Ein gewisser G.B. (Spätzchen)

Für Hamburg muss ich mich gut vorbereiten. Habe dort Feinde. Als ich von Heuss den Orden bekam, protestierte der Hbger Schriftstellerverband dagegen! Allerdings vergeblich. Machte sich nur lächerlich.

G.

[*Auf einem Beizettel, auf dem die Anrede rot unterstrichen ist:*] 3 XII 54

Urselchen, könntest Du mich nicht am Sonntag, also übermorgen, nachmittag zwischen 5 u. 6 anrufen? Aber von wo? Post wird geschlossen sein, aber könntest Du nicht zu Altona gehn oder zu Maassen ins Café W? Wäre süss von Dir. Hätte so gerne Deine Stimme in meinem Zimmer. Willst Du so lieb sein? Spräche so gerne mit Dir. Bezahle das Gespräch, wenn wir uns sehn. Ich sende dann kein Telegramm am Sonntag dafür.
[*Das Folgende mit Rotstift geschrieben:*]

U

Sonntag, 5 XII, 5 – 6 h

Berlin 71 20 97 an G.

Kaum schreibe ich mit einiger Zustimmung von Menschen, nennt Benn das „berauscht“, *und daß ich Barbara Weyl als*

Sammlerin und Malerin einige anerkennende Worte widmete, nennt er schon „einen tiefen Knix machen“. *Ich sollte halt nur ihn bewundern. Was ich für einen Eindruck von Selbstzufriedenheit vermittelt haben soll in dem Brief, auf den er reagiert, weiß ich nicht mehr. Aber warum soll man nicht auch einmal mit sich zufrieden sein?*

104

Sonnabend 4 XII. 54. [Berlin]

Liebes, ich hoffe, dass es morgen Nachmittag mit dem Telefongespräch klappt. Allerdings ist morgen Wahl in Berlin u da wäre es möglich, dass die Fernleitungen sehr besetzt sind. Aber ich hoffe, wir werden uns sprechen.

Dank für Brief von Freitag. Die hübsche Karte mit Frau Weyl wirst Du zurückerhalten haben. – Geriet gestern zufällig im Radio in ein Interview mit dem Paul Geheeb in Schweiz, werde Dir erzählen.

Schrieb an Hotel Kronprinz. Bekomme ich zusagende Antwort, bestelle ich für Dich ein Zimmer nebenan oder gegenüber dazu. Du kannst Dich dann bei Deiner Ankunft darauf beziehn. Teile Dir das noch mit. Ich komme auch erst 11[49] an, also kaum eher wie Du. Wir werden dann die Zeit schon hinzubringen wissen, Liebste!

Als Weihnachtsgeschenk wünsche ich mir alle Deine jetzt erschienenen Artikel. Dafür kaufen wir Dir feine Fausthandschuhe. – Freue mich über Alles, Deine Wohnung wieder zu sehn. Am 11. 9. sah ich sie zum letzten Mal (als ich Dich zu früh abholte.) Deine liebe kleine, von Dir so durchtränkte u. erfüllte Wohnung!

Bis dahin behalte mich lieb. (Das Programm für Hbg. macht mir gewisse Schwierigkeiten, bin nicht sicher, dass ich die richtige Auswahl treffe).

Der Brief von Oe. war dämlich politischen Inhalts, sein Steckenpferd: sein abgründiger Hass gegen Bonn. Ja, „Untergrundbahn“ mit Strophe 3 hatte es ihm plötzlich angetan. Ferner: „Stunden, Ströme“. S. 66 in „Trunkene Flut“. Ich antwortete: Sie werden dann erlauben, dass ich auch über Bern aus Strophe 5, Reihe 2, 3, 4 schreibe.

Kuss, mein liebster Pony! Jetzt muss ich gehn, mir 10 neue Rasierklingen u Leinoelsalbe (zum vorherigen Einfetten) kaufen. Um 5 schliessen die Geschäfte hier.

Freue mich so, mein Ponychen wieder zu sehn u wieder zu fühlen.

Dein G.

Hier schreibt er auf das gefühlvollste, geradezu sehnsüchtig über mein Zimmer in Worpswede, das er später, wir werden es lesen, beschimpft.

105

Montag, 6 XII 54 [Berlin]

Du verstehst es, Liebste, in so überaus reizender süsser Weise zu erzählen, dass das neue Buch wieder eine richtige Kostbarkeit geworden ist. Habe innigen Dank. Ganz wunderbar hat mich das Buch mit Erinnern erfüllt, obschon ich keine Stunde u. keinen Ort vergessen habe und vergessen könnte, wo wir nebeneinander waren. Für mich ist Nikolaus kein Begriff, nie gewesen, weder in Sellin noch sonstwo, darum habe ich nicht daran gedacht, Dir was zu schicken, sei nicht böse, Liebste. Es wäre ja schön wenn wenigstens das banale Paket heute am 6. XII. ankäme. (Am Mittwoch 1. XII abgesandt). Dank noch für Weihnachtsmännchen mit Rute u. Brief dazu! Danke tausendmal, dass Du gestern anriefst. Wenn wir uns auch nichts Besonderes zu sagen hatten, war es schön, Deine Stimme so nah zu haben. Ich vergass, Herrn Maassen einen Gruss sagen zu lassen.

Ich habe an Dich, an die PA, 2 Bücher senden lassen, durch meine alte Secretärin, den Döblin u. den Steinberg. In Steinberg schrieb ich nichts hinein, da Du ihn ja vielleicht

Deinem W[alter] zu Weihnachten schenken wolltest. Für mich hier ist Verpacken, Verschnüren, auf die Post gehn u. dort eventuell zu hören, dass es nicht als Päckchen geht usw. so schwierig, dass ich es der alten Dame übergeben habe. (Eine alte Kollegin, arbeitslos, von meiner Schwester Edith, die sich gerne bei mir etwas verdient u. gut schreibt.) Frl. Bleidorn, 62 Jahre.

Wenn ich Antwort habe vom Hotel Kronprinz, Hbg, schreibe ich es Dir. Ich bestelle dann ein 2. Zimmer für Dich dazu.

Leb wohl, mein süsser Mensch. Werde nicht wieder krank. Nochmals Dank u. Dankesküsse für das schöne, liebe Buch.

Immer Dein

alter Kazü

Benn bezieht sich auf ein kleines Album über die Bodenseereise, das ich ihm gemacht hatte. Im übrigen liebe ich das Nikolausfest noch heute und Weihnachten ohnehin. Glückliche Kinderzeiterinnerungen. Benn war kein festfreudiger Mensch. Vermutlich war es im Selliner Pfarrhaus zu den Festen spartanisch zugegangen.

106

7 XII. [54, Berlin]

Rasch einen Kuss von Katzü auf sein Ponychen! Katzü arbeitet immer noch u. liest das feine Bodenseebuch. Dazu 2 Brief heute von Pony, – dieses Nikolausfest ist ja eine dolle Sache bei Euch. Bist arbeitsscheu, wie mir scheint, nur auf Vergnügen aus! Bist ja wirklich ein kleiner Kinder- Pferde- u Spielzeug-Narr, mein Urselchen! Tut nix, in Hamburg werden wir ernste Dinge treiben.

„U.grundbahn“, ganz früh. In den Anfang Zwanziger Jahren.

Die Lesung in Bremen wird voraussichtlich [im] „Goldenen Saal der Böttcherstr." stattfinden. Abends 8 h. Etwas sonderbar kommen mir diese Germanisten vor, darüber mündlich mehr.

Bitte schreibe am Donnerstag Vormittag Deinen letzten Brief hierher. Post ist z Z. merkwürdig unregelmässig, wohl schon Weihnachtspräludium. Am Montag Mittag komm in meine Arme, süsses Menschlein.

Dich küsst

Dein G

Von mir kriegst Du aber noch weitere Nachrichten bis Sonntag.

Benn reagiert auf meine Schilderung des Nikolausfestes in Worpswede. Dort liefen die Kinder als kleine Nikolause verkleidet mit einem Säckchen von Haus zu Haus, klopften an die Türen, sagten oder sangen:

Sünner Klaus, de grode Mann
kloppt an alle Dören an.
Gode Kinner gifft he wat,
slechte stick he in den Sack.

oder

Ich bün son lütjen König,
geft mi nich to wenig,
lot mi nich so lange ston,
denn ick mutt noch wieter gon.

Gab man an einer Tür nichts, wurde gesungen:

Witten Twirn, swatten Twirn,
gietzge Lüer de geft nicht giern.

oder

Lütje Deern mit kruse Hoar,
lütje Jung mit scheewe Been,
de schöt jo all dat Geld verdeen.

Benn war meine Begeisterung für Kinder und ihre Welt nie verständlich. Er hatte keine Freude an Kindern, war nicht begabt dafür, mit ihnen zu reden, sich ihrer Phantasie und Zutraulichkeit zu erfreuen. Doch diese Verse entzückten ihn als ein Stück Volkspoesie, besonders die letzte Strophe.

107

Mittwoch. 8 XII 54 [Berlin]

Liebes Menschlein, Dank für Brief von Dienstag. Was mit Eva L[ichtenford]. los ist, musst Du mir mal erzählen. – Höre, Schnuckchen, wir wohnen also im Hotel Kronprinz, Hamburg 1, Kirchenallee 46, gegenüber dem Hauptbahnhof. Tel. 24 32 58. Sie haben meine Bestellung für mich bestätigt, u. ich bestelle morgen oder übermorgen für meine Assistentin, Frl. U. Z, aus Bremen ein 2. Zimmer neben meinem oder gegenüber. Du bist also angemeldet u. gehst von der Bahn aus hin. Wenn mein Zug pünktlich ankommt, bin ich um 12 im Hotel, dort warte ich auf Dich. Sollte mein Zug Verspätung haben, wartest Du auf mich, bitte. Hoffentlich klappt alles.

Hat eigentlich Maassen in W. auch auf? Aber Schw[ieberth]. ist natürlich besser wenn Du da auch ein bischen zu mir kommen kannst, u. wenn es warm ist. Hast Du Kohlen für Dich? Es wird jetzt kalt werden! Fausthandschuhe!

Wenn man so nahe vor einem Wiedersehn ist, hat man sich weniger zu schreiben, man denkt an den Augenblick, wo man sich umarmen wird u alles sagt. Leb wohl, mein süsser Pony. Du bekommst bis Sonnabend (nach W.) noch Nachricht von mir. Komme glücklich nach Hbg u freue Dich auch ein bischen auf Deinen Kazü, der Dir Küsse schickt.

G

108

Mittwoch Abend. 10 h.
[8. Dezember 54, Poststempel Berlin, 9. 12. 54]

Süsse, ich bin allein in der Wohnung. I[lse]., der es besser geht (der fragliche Herd ist keine Tbc., sondern ein bronchitischmenonischer Herd, sie ist entfiebert), ist in die „Schildkröte", (Uhlandstr, Ecke Kfdamm) ein Schauspielerlokal, wo sie sich mit Herrn Ulrich Becher trifft, auf den sie neulich geflogen ist, der Schweizer Dramatiker, den Grosz mitgebracht hatten. Es ist eisig kalt, ich habe in einer Kaschemme, die ich manchmal frequentiere, weil ich so gerne Betrunkene sehe, 2 Bier getrunken u sitze an meinem Schreibtisch. Las Dein so entzückendes Bodenseebuch nochmal Wort für Wort u Bild für Bild – wie kannst Du schreiben: Plastisch, inhaltsreich u so süss. Du bist ein ganz grosses schriftstellerisches Talent! Und dann las ich auch die Briefe alle nochmal seit Konstanz, was für einen Reichtum von Freundschaft u. Zärtlichkeit habe ich da in meinem Besitz! In meinen Jahren, in meiner inneren Zerfetztheit, in meiner Isoliertheit – Du lieber süsser Mensch, ich küsse Dich in Gedanken überall, zart, still, Dir ganz gehörig u Du mir. Und Rias sendet dazu „in Dur u Moll" – das sind wir auch, beide hart u beide weich, wenn wir uns umarmen u. zusammen sind.

Dies ist ein grosser Liebesbrief – nach 4 Monaten Kennenlernen, Trennung u. Besitz, nach Fremdheit u. Vertrautheit, nach Zaudern, Misstrauen u. tiefem Vereinen. Du u. ich. Liebste, danke Dir!

Dein G

Donnerstag vorm.

Eben rief Frau Oe. aus Bremen an u teilte mir mit, dass Oe. Montag verunglückt ist u. im Städt Krankenhaus liegt. Ich werde ihn also sofort in Br. besuchen müssen. Bitte bringe die Telef. Nr. von unserm Hotel zur Post mit, falls wir (oder ich) doch zuerst da wohnen müssten. Wir haben Montag viel zu besprechen. Auch dieser Germanistenverein ist schwierig, da er kein Telefon angibt u [*ich*] mit ihm gleich Fühlung aufnehmen muss. Nun – on verra.

Kuss Dein G

109

10 XII 54 [Berlin]

Mein liebes Engelchen, dies ist vermutlich der letzte Gruss vor Hbg. Auf jeden Fall hast Du ein Zimmer im „Kronprinzen". Nun pack Dein Köfferchen, verschlafe nicht den Bus am Montag früh (wie einst, als Du nach Berlin zu Fournes reistest) u. komm gesund in Hbg an. Am Dienstag vorm. habe ich da nichts vor, da sind wir für uns allein. Auf Wiedersehn, mein Liebstes.

Sei geküsst.

Dein G

Ein Gruß vor der Reise. Über deren Verlauf das Folgende:

Die Hamburger und Bremer Tage habe ich nicht ausführlich dokumentiert, es fehlen mir also die Unterlagen, und ich kann nur aufschreiben, woran ich mich erinnere. In Hamburg bezogen wir im Hotel „Zum Kronprinzen" die Zimmer 202 und 203. Daß es sich um dreistellige Zahlen handelte, erfreute Benn, „das macht was her", sagte er grinsend. Es gab ein angenehmes Restaurant im Haus. Natürlich spazierten wir die Mönckebergstraße entlang, der grüne Helm der Petrikirche dort gefiel ihm besonders, er liebte die Farbe Grün fast so wie das Blau, die Farbe der „Introvertierten". Auch auf dem Jungfernstieg gingen wir auf und ab, beschauten die üppigen Auslagen in den Schaufenstern. Schließlich aßen wir in einem Restaurant, das tief an der Alster gelegen ist. Benn aß mit großem Geschick und mit Lust Muscheln. „Hanseat" hieß die Gaststätte.

Benns Lesung im Auditorium Maximum war ein voller Erfolg. Der Saal war besetzt, wirklich bis auf den letzten Platz, es wurde geklopft und getrampelt, als Benn hereinkam. Das Programm hatte er mit mir besprochen, sein Vorleseexemplar des „Ptolemäer“ mit den für die Lesung vorgenommenen Streichungen und Markierungen hat er mir geschenkt, ich besitze es noch. Er las auch Gedichte, vor allem aber eben aus dem Ptolemäer. Der Beifall war groß. Anschließend waren wir zu einem Imbiß in die Wohnung des Germanisten Hans Pyritz eingeladen. Benn hätte gern gesehen, daß ich nicht auch dort hinginge, weil es vielleicht jemand genant finden könnte, daß er mit einer jungen Frau auftauchte, und es in Berlin herumerzählte. Nun kannte ich aber Herrn Pyritz von Berlin her, ich hatte studiert bei ihm, und als er mich sah, lud er mich sofort ein, er nahm gar nicht wahr, daß ich Benn kannte.

Von Hamburg aus fuhren wir am nächsten Tag nach Bremen, weil Benn auch dort zu lesen hatte, im Goldenen Saal in der Böttcherstraße. Er las fast die gleichen Texte wie in Hamburg. Auch in Bremen war der Erfolg sehr groß. Das Publikum war freilich ein ganz anderes, eher eine Honoratiorenversammlung, während in Hamburg Studenten und andere junge Menschen weit in der Überzahl gewesen waren.

Eintrittskarte für die Lesung in Hamburg

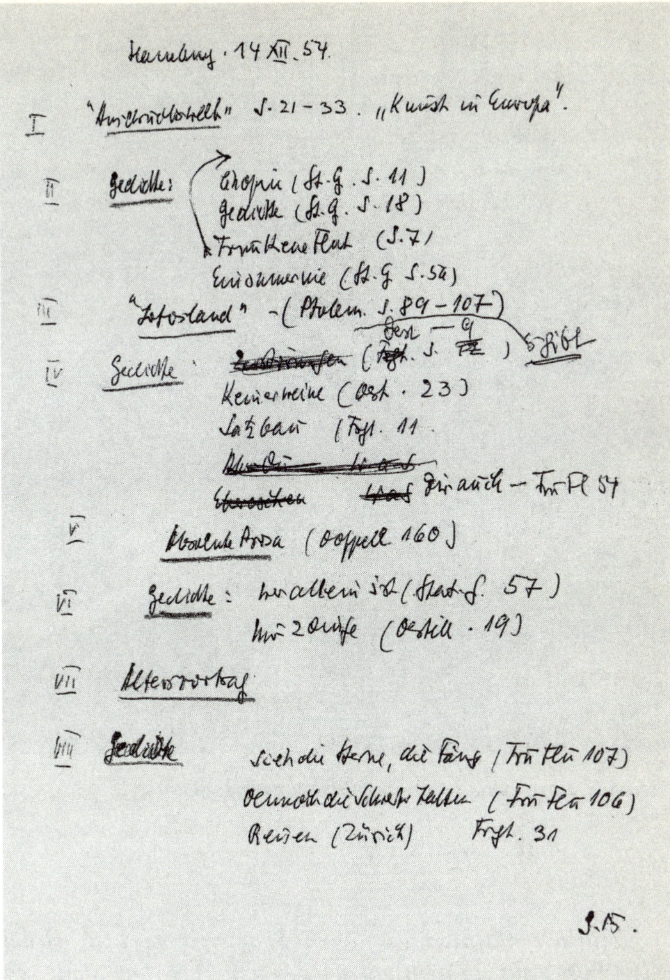

Hamburg · 14 XII. 54.

I "Ausdruckswelt" S. 21–33. „Kunst in Europa".

II Gedichte: Chopin (St. G. S. 11)
Gedichte (St. G. S. 18)
Trunkene Flut (S. 7)
Einsamer nie (St. G. S. 54)

III "Lotosland" – (Ptolem. S. 89–107)

IV Gedichte: ~~…~~ (~~Fragm.~~ Dest. S. ~~…~~ 9) Bibl
Keiner weine (Dest. 23)
Satzbau (Fragm. 11
~~…~~
~~…~~ ~~…~~ Dir auch – Trunk Fl 54

V Absolute Prosa (Doppell. 160)

VI Gedichte: Wer allein ist (Stat. G. 57)
Nur zwei Dinge (Destill. 19)

VII Altersvortrag

VIII ~~Gedichte~~ Sieh die Sterne, die Fänge (Trunk Flut 107)
Dennoch die Schwerter halten (Trunk Flut 106)
Reisen (Zürich) Fragm. 31

G. B.

Programm der Lesung in Hamburg am 14. 12. 1954 (vgl. Brief Nr. 234)

Fotoserie, aufgenommen von Jutta Vialon nach der Lesung in Bremen am 17. 12. 1954

Natürlich machten wir auch Spaziergänge vom Hotel „Zur Post" aus, in dem wir wieder wohnten. Die Stadt sah reizend aus mit allen den vielen leuchtenden Weihnachtsbäumen auf den Plätzen, in den Geschäften. (In Hamburg hatten zu Benns Verwunderung viele strahlende Bäume hoch auf den Gebäuden gestanden.) Auch die Pädagogische Arbeitsstelle in der Humboldtstraße besuchten wir, Benn wollte sehen, wo ich arbeite, begrüßte meine Kollegen sehr freundlich,

inspizierte meinen Schreibtisch, wollte wissen, in welcher Schublade ich Butterbrote oder Bananen oder Datteln verwahre. Er hatte ein außergewöhnliches aber sympathisch teilnehmerisches Interesse an solchen Details. Am Marktplatz wählten wir den kleinen Anbau an die Liebfrauenkirche aus als Wunschhäuselquartier. Es ist das Küsterhäuschen der Kirche. Im Erker sollte Benns Arbeitszimmer sein. Darüber wollte ich meine Spielzeugsammlung unterbringen.

Auch die Weser wollte Benn sehen, und wir schlenderten über beide Brücken.

Dann fuhren wir nach Worpswede, Benn wohnte diesmal im Gasthof „Haar". Wir machten Besuche bei Till, bei Rief, Lichtenford und plauderten mit wem auch immer wir von den Bekannten auf den Dorfstraßen zusammentrafen. Frau Pohls Hunde erkannten Benn wieder, bewedelten ihn, wenn er zu mir kam. Wir verlegten den Heiligen Abend vor, ich

glaube auf den 19. Dezember. Benn hatte sich daran beteiligt, sorgsam neue längere Fäden an den Christbaumschmuck geknüpft, er sah dem Schmücken gern zu, Sterne wollte er selber anhängen. Obwohl er vorher und nachher betonte, daß er sich gar nichts aus dem Weihnachtsfest mache, schien ihn der kerzenleuchtende Baum im gemütlichen Zimmer dann doch sehr zu erfreuen.

110

Dienstag. 21. XII 54. vorm. [Berlin]

Liebes Urselchen, bin gut, sogar pünktlich angekommen. Die beiden Brode von Haar, die wir Sonntag Abend machten, waren sehr nützlich, da es zum Speisewagen zu gelangen, der von Hannover an da war, infolge der übervollen Wagen u. Gänge kaum möglich war. Sage Till, sie soll erst nach Neujahr reisen, es wird schaurig werden. Fand hier eine solche Menge Post u. Bücher usw, dass ich noch lange nicht durch bin. – Anbei Deine Rechnung vom Hotel Kronprinz. – Wo soll ich das Bild vom Gasthaus Haar einkleben? In welches Buch? Das 1. aus W. oder in das 3: Hbg u Bremen?

Wir werden einige Zeit vergehen lassen, aber dann müssen wir eine Diskussion beginnen über diese Zwischenfälle, die unser Zusammensein so trüben u mir die Freude daran so oft verbittern. So einfach, wie Du es darstellst, ist es ja doch nicht. Hinterher ein Spätzchen u. Kazü u. Muckefucke – damit ist es nicht getan. Ich muss wissen, was Du Dir dabei eigentlich denkst. Aber später! Erst Weihnacht u Neujahr!

Dein Heftpflaster ist noch drauf. Ich merke nichts. Eine Erinnerung an den 19. XII. Wegen des Telefongesprächs in Hbg bitte ich Dich nichts zu unternehmen.

Schlafe schön, lies Stendhal, heize gut ein u iss u trink u. beschau unser Weihnachtsbäumchen.

Kuss u Dank für schöne Tage!

Dein G.

Benn war, wie ich erfahren mußte, nachtragend. Wir hatten in Hamburg auch gestritten. Ich hatte das überhaupt nicht tragisch genommen. Benn empfand anders.

Am Abend vor Benns Abreise hatten wir im Gasthof „Haar" zu Abend gegessen, ich hatte ihm Reisebrote gemacht, und auf seinen Wunsch hin hatten wir noch einmal Till Hienz in ihrem Zigeunerwagen besucht. Benn war seltsam fasziniert von diesem Wagen und seiner so vornehmen Bewohnerin. Sie, eine schon ältere Frau, war von Kopf zu Zehen eine Dame – und lebte doch so einfach. Benn bestaunte und bewunderte die so andere Lebensform. Noch heute, lange nach ihrem Tod, steht Tills Wagen im Schluh, das Holz modert langsam in den Grund.

111

22 XII 54. [Berlin]

Liebes Seelchen, wie hast Du den Montag verbracht? Warst Du im Kino? Nachm. werde ich wohl Brief von Dir haben. Die Post geht jetzt sehr weihnachtlich = unregelmässig, wenn also einmal nichts von mir da ist, sei nicht böse. Ich habe Zahnschmerzen, der bewusste Zahn muss raus. Aber Madame hat sich beim Bohren den einen Finger ziemlich schwer verletzt u. kann im Augenblick nicht extrahieren. – Der Leukoplastverband ist heute früh abgemacht, eine Stelle ist noch wund, aber nicht schlimm. – Warst Du im Gartenbauamt wegen der Bäume? Hast Du Fausthandschuhe gekauft? Hier sehr schlechtes Sturm- u. Regenwetter. Viele Briefe u Sendungen zu Weihnachten. Ich wollte, ich könnte sie zu Dir leiten.

Adieu, Liebes, mein Ponychen! Dich küsst Dein G.

Vermutlich wegen eines zu schreibenden Artikels über Bäume und Baumschulen hatte ich ins Gartenbauamt gehen wollen und ging wohl auch dahin.

112

Donnerstag 23 XII 54. vormittag. [Berlin]

Liebes Urselchen,
habe noch nichts von Dir gehört, vielleicht nachmittag? – Dies ist also mein Gruss zum Heilig Abend. Mehr kann ich nicht schicken, da Paket usw nicht mehr ankämen. Ich werde morgen Nachmittag an dich denken, Dich zu Till begleiten u. abends mit Dir unter Deinem Baum sitzen. (Den Stendhal allerdings lese ich nicht mit). Bei mir wird nicht viel los sein, kein Baum, um 6 kommt meine Schwester Edith, wir essen Gänsebraten (wie ich neulich bei Lange mit Dir). Das Wetter ist ganz grausig, Gummischuh- u. Schirmwetter. Ich werde meinen Aufsatz für Maxe arbeiten über den Expressionismus (kotzt mich an). Mein Zahnschmerz ist wieder vorbei. Meine Wunde re. unten, ohne Heftpflaster, heilt. Wenn du bei Haar vorbeigehst, wirf einen Blick auf das Fenster im Südgiebel. Schreibe mir, ob Du zwischen Weihn. u. Neujahr in der PA bist oder zu Hause bleibst.

Ich hoffe, Du bekommst einige Briefe u Päckchen, die Dich erfreuen. Iss u trink, mein lieber Pony. Sei umarmt u. geküsst von

Deinem Pummi.

Lange: *Der Wirt des Gasthauses „Stadt Altona" in Worpswede. Dort hatten wir unser Vorweihnachtsessen eingenommen.*

Maxe: *Gemeint ist Benns Verleger Max Niedermayer. Benn nannte ihn berlinisch „Maxe".*

Leukoplastverband: *Benn hatte sich an einem Weidegatter am rechten Bein verletzt, wollte kein Jod, keine Heilsalbe, er klebte Leukoplast ohne Polster direkt auf die Wunde (es war nur ein Ratscher). Ich bin in solchen Fällen für Jod und Luft. Er, Arzt, machte es, wie ich es für sonderbar hielt, aber mit Erfolg.*

In diesem Brief taucht zum ersten Mal die Unterschrift „Pummi" auf, als Anrede verwandte ich das Wort manchmal, es nicht etwa von „pummelig" herleitend, sondern von zwei sehr unterschiedlichen Vorbildern:

1. habe ich mich immer für Glocken interessiert und Benn mehrfach von der großen Glocke im Wiener Stephansdom erzählt, die im österreichischen Volksmund „Pummerin" genannt wird.

2. gab es in meiner Freundesumgebung ein reizendes Kind, den damals vierjährigen Jungen Joachim Barloschki, er wurde von jedermann „Pummi" genannt. Benn war geradezu eifersüchtig auf mein Interesse an diesem munteren Kerlchen, von dem ich nicht einmal erzählen sollte. „Du immer mit deinem Pummi", sagte Benn einmal so verdrossen, daß ich antwortete: „Na, ich kann dich ja auch ‚Pummi' nennen." Damit war Benn sofort einverstanden, zumal das Wort auch an die große wohltönende Wiener Glocke erinnerte.

113

Telegramm aus Berlin vom 24. 12. 54, 11 Uhr

In Gedanken bei Dir alles Liebe
Dein Gottfried

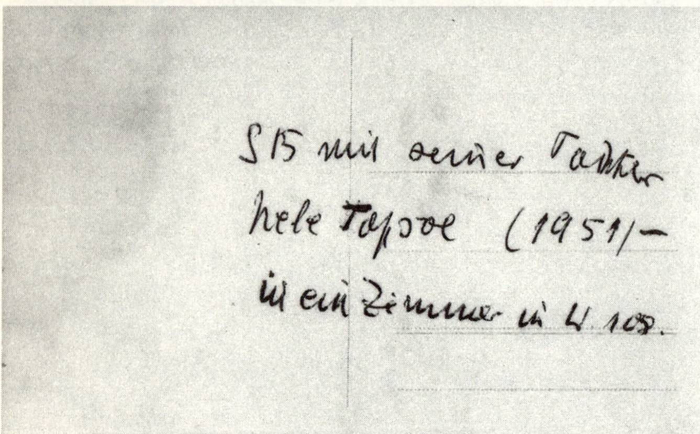

114

Poststempel Berlin, 24. 12. 54

Der Umschlag enthält ein Foto, das Benn mit seiner Tochter Nele zeigt. Auf die Rückseite hat Benn geschrieben:

GB mit seiner Tochter Nele Topsoe (1951) – in ein Zimmer in W. 108.

Das Foto war ein besonderes Geschenk. Benn kam im Bild zu Weihnachten zu mir herein.

115

25 XII 54. [Berlin]

Liebes Urselchen, vielen Dank für Deinen Anruf gestern um 12h. War sehr nett, Dich zu sprechen. Sagtest Du, Du seiest krank? Aber wenn Du ausgehn konntest, war es doch wohl – hoffentlich – nicht so schlimm.

Dein Brief vom 21. XII gepostet, kam am 24 XII nachm. an. Ungewöhnlich, aber die Weihnachtsüberlastung erklärt es wohl. Das wäre also in Ordnung. Heute kamen Deine Aufsätze – vielen herzlichen Dank. Bin gerade dabei, sie zu lesen.

Die Blumensache hat sich aufgeklärt: sehr sonderbar! Ich bekam einen schönen Strauss mit schreibmaschinen Umschlag mit Adresse u. darin ein Blatt, als ob es von Dir wäre, aber das Blatt war wiederum so, dass ich es nicht zeigen konnte, so zärtlich. Ilse fragt, von wem der Strauss? Ich sagte: Keine Ahnung, kein Brief dabei. Dann kam Dein Gespräch, das I. entgegennahm: „Anruf aus Bremen" rief sie mir zu u. verschwand. (Ich war im Vorderzimmer). Nach dem Gespräch sagte ich: „von meiner Freundin aus W. sind die Blumen nicht, also was ist damit los?" Da erzählte sie, sie habe das arrangiert, damit ich von Dir Blumen am Heiligabend hätte, sie wollte mir eine Freude machen. Ich sagte, dass ich das einen äusserst unpassenden Scherz fände. Aber sie war sehr freundschaftlich u ich gab mein Schimpfen auf. (Fange Du nun bitte nicht noch nachträglich an, darüber erbost zu sein. I ist viel entgegenkommender u. kameradschaftlicher, was Dich u mich angeht, als ich Dir erzählen konnte das letzte Mal.) I. ist schon wieder krank u hat Fieber. Ich weiss nicht, was ich mit ihr machen soll, da an den Lungen nichts zu finden ist.

Gestern Abend also war meine Schwester da. Um 9 h brachte ich sie nach Hause, da sie nachts nichts sieht.

Wie geht es W[alter Niemann]? Wirklich eine Rippenfellentzündung? Diese schlimme Lambretta bei diesem schlimmen Wetter! Bleibe zu Hause die ganze Woche, Ponychen!

Wirf nicht immer gleich die Flinte ins Korn, wenn wir uns aussprechen! Nicht immer gleich: in Bremen bleiben u. W[orpswede]. verlassen u. in die Fremde gehn. Werde ein bischen hart u stabil gegen Dich, dann kommen wir weiter. Von Aufgeben ist nie die Rede gewesen, daran denke ich nie. Kuss Ponychen.

Bleibe oder werde gesund. Heize gut ein.

Dich umarmt Dein Pummi.

Benn hatte sich am Telefon bei mir für Blumen bedankt, die ich gar nicht geschickt hatte. Die von Benn geschilderte Auflösung fand ich merkwürdig, habe mich aber nicht dazu geäußert.

Der Schluß des Briefes bezieht sich auf einen Telefonstreit. Ich dachte manchmal sehr daran, einfach von allem weg in eines der Nachbarländer zu gehen und dort die deutsche Sprache zu lehren.

116

27 XII 54 [Berlin]

Liebes Urselchen, Weihnachten ist vorbei. Einen Tag habe ich gelegen, da ich so müde u. erkältet war. Bin aber wieder auf. Ich hoffe, von Dir zu hören, dass Du wieder gesund bist. Anbei ein Recept für Vitamin C. forte – oder, da ich nicht mehr weiss, was für eine Kasse ich darauf schreiben muss, sende ich es Dir gleich in natura.

Was unsere in Gang befindliche Diskussion angeht, würde ich Dir raten, ja dich bitten, keine Entschlüsse zu fassen, die Du nicht vorher mit mir besprichst. Am besten, Du fasst zur Zeit gar keine Entschlüsse. Denke bitte immer daran, dass

Du noch mir gehörst, dass ich immer mit meinen Gedanken um Dich bin u. meine Sorge für Dich u. um Dich nicht endet.

Kuss, mein liebes Ponychen.

Dein G

117

28 XII. 54. [Berlin]

Liebes Ponychen, heute kamen die Briefe der Feiertage, abgestempelt W. 26. u. 27. XII. Dank. Sehr liebe Briefe. Nach Br. habe ich keinen Brief geschickt, wie Du gemerkt haben wirst. Ich liege schlafend herum u weiss die Tage kaum, an denen ich schrieb, schrieb aber jeden Tag, glaube ich, ausser dem 2. Feiertag (?). Bin abgespannt, vielleicht noch Nachwirkung der Reise u. ihrer Einzelheiten ..

Von Hamsum würde ich „Stadt Segelfoss" vorschlagen, aus seiner reifsten epischen Zeit. Allerdings nicht aufregend im Inhalt. Ich bewundere es sehr.

Bin sehr glücklich, dass Du die Weih. Tage gut verlebt hast u Sylvester gehst Du feiern u tanzen –. Schön, dass Du wieder gesund bist u. W[alter]. auch. Sende noch heute Vitam. C. fortiss. Von Herrn Fellmann sehr sehr netter Brief. Frl. Ruth Hoffmann ist hier u. rief mich an, vielleicht treffe ich sie mal, will mir von den Bremer Eindrücken erzählen. – Bekam Grüsse aus Chikago, Bagdad, Tokio, Zürich, Florenz, Rom, Paris – muss alles beantworten. Sende den Green[e]. – Hast Du von den Konstanzern etwas bekommen? –

Unser Bäumchen hat ja wirklich viel geleistet, wenn es jeden Nachmittag gebrannt hat mit den guten Stearin Kerzen!

Werde vielleicht nicht jeden Tag schreiben können. Denke aber lieb an Dich.

Alles ist noch nicht gut!! Aber das Meiste, mein Ponychen. Sei umarmt u. sanft geküsst.

Dein G

118

28 XII 54 / 29. XII [54, Berlin, *mit Rotstift geschrieben*]

1) „Dein Körper gehört Dir“ (nicht ~~uns~~ mir) ist der Titel des Aufsatzes im „Querschnitt“. (Dein Körper allerdings gehört vorläufig mir).
2) Die Spanschachtel sah ich ja in der P.A. Er [Walter Niemann] bemalte sie gerade.
3) Gott sei Dank, dass die [*unentzifferbares Wort*] nun verkonsumiert ist.
4) Radio Bremen: anständig.
5) Was gab es bei Frau Pohl??
6) Dresssler Exportbier ist sehr gut! Trinke es, Ponnychen!
7) „Spiegel“ las ich auf Deinen Rat. Fand den Aufsatz über Th. M nicht gut. Olle Kamellen für den, der die Zeit miterlebte. Für kleine Backfische natürlich nett. Die Notiz über das Röntgenbild des Papstes stimmte mich doch etwas skeptisch.
8) Göntje ist das Mädchen von der Haltestelle des Bus am 18 XII, 2h.? Brillenträgerin.

Pummi kann nie hart u. böse mit Ponny sein Aber einige räudige Stellen hat Ponnychen auf seinem schönen schwarzen Fell!

Schnäuzchenkuss!

Dein G.

[*Mit gewöhnlichem Kugelschreiber nachgetragen:*]

Deine Aufsätze sind sehr gut – klassisch für diese Sparte der Literatur.

II

29 XII 54.

Lieber Pony am Jahresende! Dies Jahr brachte uns zusammen, wollen wir so sein, dass das kommende uns zusammenhält. Dazu müssen wir ein bischen schonend mit dem andern umgehn – schonend, nicht nur aus Liebe, sondern auch aus Verstand u. Verständnis.

Rufe bitte am Freitag nicht an. Wir sind ja wieder in Ordnung. Und ich weiss nicht genau, wann ich meinen Familienbesuch in Siemensstadt mache, vorm. oder nachm. Wir denken ja doch an den andern u. umarmen ihn. – Wenn Du Deine Brief auf soviele Zettel kritzelst, bitte nummeriere sie, sonst finde ich nicht durch. Schreibe nicht jeden Tag. Ich bin in einer Periode von Müdigkeit u Apathie, nicht krank, aber müde. I[lse]. ist auch wieder krank, ihre Fieberperiode 38^2, u ich weiss nicht mehr, was zu machen ist. Gebe ihr jetzt auch Cebion Tabl. fortissim. – Ich gehe am SylvesterAbend nicht aus. Aber ich freue mich, wenn Du zu Lange gehst. Grüsse Till.

Alles Liebe u. Zärtliche! (Haar!)

Dein G.

Offenbar hatte ich Benn animiert, einen Aufsatz über Thomas Mann im „Spiegel" zu lesen. Natürlich kannte er die Szene besser als ich und vielleicht auch als der Autor des Artikels, an dessen Namen ich mich nicht erinnere, jedoch war Benn immer gereizt, aus erklärlichen Gründen, wenn die Rede auf Thomas Mann kam.

Göntje: *Sie war die Tochter meiner Freudin Elida Schargorodski, geborene von Alten, einer Schriftstellerin und Malerin, Witwe des Schriftstellers Görge Spervogel und zu Benns Zeit die Lebensgefährtin des Malers Richard Oelze, mit dem sie später auf das elterliche Rittergut Posteholz bei Hameln zog. Göntje heiratete einen amerikanischen Geist-*

lichen und lebt noch mit ihm in Philadelphia. Von der Mutter stammt das schöne, seinerzeit bei S. Fischer erschienene Buch „Kindersommer", das ich auch Benn zu lesen gab. Obwohl es von Kindern handelt, mochte er es seiner poetischen Aura wegen doch gern lesen.

119

29. XII 54. [Berlin]

Liebes, die Sache mit dem Gehn stammt aus Deinem Brief vom 22 XII „muß ich mich von Dir zurückziehn", „ohne Vorwurf, ohne Ressentiment", stammt nicht von mir. Der Gedanke daran lebt allerdings in mir seit Donnerstag, d. 25 XII im Hotel Krone, nachmittags, wo Du anfingst, von unserer Zukunft zu reden. Dieses Gespräch war Dein Recht. Auch der so von mir gefürchtete rauhe Ton war Dein Recht bei diesem Thema. Ein Mann meiner Jahre u meiner Art kann Dich nicht allein lieben, er muss an Dein Leben u Deine Zukunft denken, sonst wäre er ein übler Bursche. Also dies Gespräch war von Dir berechtigt. Nie habe ich das anders angesehn. Aber seitdem habe ich oft daran gedacht. Ich schreibe das nur heute, um Dich aufzuklären, dass ich Dir den Gedanken, mich zu verlassen, nie von mir aus nahe gelegt habe. Sprechen wir jetzt nicht davon. Danke Dir sehr für lieben, lieben Brief vom 28 XII. Das Buch von Marie Hamsun werde ich natürlich lesen. Bist mein lieber, süsser Pony, streichele Dich u küsse Dich. – Bin heute abend nicht mehr so müde. Nehme nur noch 1/2 Phanodorm. Umarme Dich Immer Dein G

G.B. geht hier auf Dissonanzen ein. Manchmal meinte ich mich gegen ihn wehren zu müssen. Mißstimmung und Müdigkeit Benn's wurden sicher gefördert dadurch, daß er sich angewöhnt hatte, täglich abends das Schlafmittel Phanodorm zu nehmen.

120

30 XII 54 [Berlin]

Liebes Mädchen, mein Müdigkeitszusammenburch scheint vorüber zu sein (unberufen, toi, toi, toi) u. es sieht wieder alles etwas freundlicher aus. Stelle Dir vor, bei mir gibt es Serien von Tagen, die sind ganz so, wie bei Dir von abends 8 h. an, wo Dich niemand besuchen u. anfassen darf. So war es jetzt bei mir – morgen, Sylvester, Abend bin ich nur mit Lennig zusammen, erst kommt er her u. kriegt einen Drink u dann gehn wir beide höchstens zu Dramburg oder Flint, also Bayerischer Platz for ever, selbst in der Neujahrsnacht. – Rätselhaftes 1954, seine 2. Hälfte: Brennend, stürmisch, unerwartet – „Charon oder die Hermen oder der Daimlerflug, was aus den Weltenschwärmen tief Dich im Atem trug" – (Tru Flu S. 55). Dich Liebste, trugen sie mir zu. Dank für Liebe u. Geduld, werde meinen süssen Ponny pflegen u zärtlich mit ihm sein. Nimm Kuss, sanfte u. andere, aber immer wird es ein Kuss sein von

Deinem G

Lennig: *Walter Lennig, ein Journalist, der in Benns Nähe wohnte und ihm sehr ergeben war. Er besorgte Benn z.B. Literatur, versorgte ihn auch mit dem neuesten Stadtklatsch, was Benn manchmal amüsierte.*

121

30 XII 54. [Berlin]

Seelchen – Menschenskind, was soll ich denn für Schuhe tragen? Wildlederschuhe trage ich auf keinen Fall, nie u. nimmer; braune ungern, weisse nie, Sandalen auf keinen Fall, es wird immer bei schwarzen Halbschuhen bleiben müssen. Entscheide Dich! übrigens habe ich Deine Schuhe nie kritisiert, ich habe über Sie nachgedacht, wie ich über Deine Kleidung, Deine Strümpfe, Deine Unterwäsche nachgedacht habe. Vielleicht geht Dir doch eines Tages auf, dass Nachdenken was anderes u. Erlaubtes ist!

Aber lege nur los, Seelchen, wir kommen dem Kern der Dinge näher. Dein Brief von gestern zeigt, wie richtig meine Bemerkung war, alles ist noch nicht in Ordnung. Aber wo ist Alles in Ordnung? Ich glaube, selbst beim lieben Gott nicht. Einiges habe ich noch dazu zu sagen, aber heute nicht. Ich denke, wir werden uns in Allem verstehn u den andern ruhig u in Güte anhören. Nur 2 Dinge: 1) Ich habe nie gesagt, dass Du bei oder durch W. versackt u. verkommen bist. W. ist ein tadelloser Mann: Es sind Dinge in Dir, die ich zur Sprache bringen würde. 2) Du wirktst lächerlich auf mich, wenn Du den Merian u die Gedichte erwähnst. Ich kann nur sagen: lächerlich. Du selbst misst diesen Dingen eine Bedeutung bei, die mir rätselhaft ist, aber auch zu einer der Grundfragen unserer Liebe führt. Später mehr davon, gelegentlich. Räume Du weiter Deine Missstimmungen gegen Deinen Pummi aus, ist mir sehr interessant.

Ponnychen, einen letzten Jahresabschiedskuss! Wenn ich alles überdenke, lag mir immer mehr daran, Dich zu erkennen, als zu besitzen. Eine Frau allerdings erkennt man nur, wenn man sie besitzt. Beim Mann ist das offenbar anders: einer Frau kann ein Mann völlig, einschränkungslos, besinnungslos körperlich gehören u sie erkennt viele Züge an ihm doch nicht. Er ist offenbar erotisch nicht völlig zu erschliessen u zu erkennen für die Frau. Ist vielleicht sehr gut so, das eine wie das Andere.

Liebste, Dich küsst u. umfasst u. umfühlt

Dein Pummi.

Der Greene war auch hier nicht sofort zu bekommen

Benn hatte mehrfach Bemerkungen über meine Schuhe und über meine Kleidung überhaupt gemacht. Um zu kontern hatte ich gesagt, ich fände seine Schuhe ganz und gar nicht

Walter Niemann 1955 in Worpswede, Foto von Ursula Ziebarth

schön. Auch der vorliegende Brief gab mir Zündstoff. Ich fand es empörend, daß er W., gemeint ist Walter Niemann, einen „tadellosen Mann" nannte. Der Hochmut in der Formulierung brachte mich geradezu auf. „Einen tadellosen Mann", so fand und finde ich, kann ein mittelständischer Unternehmer den LKW-Fahrer nennen, den er in Diensten hat, nicht aber konnte Benn einen Freund von mir so charakterisieren, der Benn, ich muß es so ausdrücken, an Loyalität, Fairneß weit überlegen war. Niemann war kein Beckmann und kein Klee, aber ein wirklicher Künstler. Als Professor an der Bremer Hochschule hat er die Studenten hervorragend gefördert. Benn war immer noch haltlos eifersüchtig auf ihn. Und was heißt im übrigen „versackt und verkommen"*? Nie-*

mand in unserem Worpsweder Kreis versackte und verkam – ich schon gar nicht.

Zur Kleiderfrage: Benns Vorstellungen von dem, was „eine studierte Frau aus gutem Hause" anzieht, waren völlig veraltet. Beispielsweise schrieb er am 14. 9. 1954, nachdem er Oelze und mich im Café Jakobs in Bremen bekannt gemacht hatte, an diesen: „Schreiben Sie mir bitte einen Zettel über die schwarze Dame (Mutter Italienerin[5], daher die schwarze Tracht)." Er meinte entschuldigen zu müssen, daß ich ein schwarzes Schneiderkostüm trug. Er hatte nicht bemerkt, daß zu jener Zeit, der Zeit der Existentialistenkeller in Paris, der Juliette Gréco, viele junge Frauen Schwarz trugen. Es war die Farbe der Zeit für Frauen meines Alters. (Übrigens kleiden sich heute, ums Jahr 2000, wieder junge Frauen schwarz.) Auch als ich Benn das erste Mal traf, hatte ich Schwarz getragen.

Zu 2): Was mit „Merian" und den Gedichten gemeint war, weiß ich nicht mehr. Doch erstarrte ich darüber, daß seiner Meinung nach man eine Frau nur erkennt, wenn man sie besitzt (was ist eigentlich „besitzen"?). Er kannte offenbar nur den sexuellen Besitz. Der genügte ihm schon zur Erkenntnis. Wohingegen eine Frau nicht fähig sei, einen Mann zu erkennen (was ist eigentlich für ihn „erkennen"?[6]), obwohl er ihr „einschränkungslos, besinnungslos körperlich" *gehört! Der Mann hat also eine stille Reserve, an die die Frau nicht herankommt, während die Frau keine solche hat, sich in der Sexualität restlos offenbart. Ich war entsetzt über Benns Auffassung.*

122

Telegramm vom 31. 12. 12[05] [54, Berlin]

Dank für das vergangene Jahr, Hoffnung für das neue.

5 Sie war Halbitalienerin.

6 Die alttestamentarische Bedeutung von „erkennen" hat er, der Zusammenhang zeigt es, nicht gemeint.

123

1 I 55. Nachm. [Berlin]

Ponnychen, die Post scheint einzusehn dass das so nicht weitergeht: Dein Brief aus Bremen, Sylvester, kam schon heute an. Dank für Anruf (trozdem Du ja nicht solltest – so teuer). Dass die Fausthandschuhe nun von Till sind, ist nicht gut, Du solltest alles Wärmende u Hütende von mir bekommen. Wenn nun Till u HHR fort sind, bist Du wirklich allein in Deinem Dorf. Nun werden es die Kinder gut haben, die Du zu Dir holst.

Bekamst Du: 1) „Vitamin Ca fort?" 2) den Greene? UAwg. (dies sind die 2. Seiten der Neujahrsgratulationen, gutes Papier.)

Und gestern Abend? Warst Du zu Hause? Glaube kaum! Hier: Lennig u. dann noch Frau Tumler (von dem oesterr. Romanmann) der bei seiner Braut in Salzburg blieb. Gingen nicht mehr fort. Nahm kein Phanodorm. Hatte weder viel getrunken noch geraucht, bin heute frisch. Trank um 12h mit Deinhard Kabinett, (Weihnachtsgeschenk eines Patienten) auf meinen Ponny, seinen süssen u. seinen struppigen Teil, einschliesslich zu grosse Schuhe u Haarsträhnen am Ohr. Brauchst mich an nichts zu erinnern. Weiss alles genauestens.

Kuss, mein liebes Urselchen. Dein

Pummi.

HHR: *Gemeint ist Hans-Herman Rief, der schon erwähnte Archivar in Worpswede.*

Greene: *Benn fragt nach dem von mir erbetenen Band von Graham Greene „Die Kraft und die Herrlichkeit".*

zu große Schuhe: *Benn hätte gerne gehabt, daß ich spitze Schuhe mit hohen Pfennigabsätzen trüge. Die fand er damenhaft, und ich weiß, daß Männer auf Schuhe schauen, sie für weibliche Insignien nehmen. Nun muß man sich aber vorstellen, daß die Wege in Worpswede damals im Sommer aus grauem Mahlsand bestanden, im Winter waren sie großenteils aufgeweicht und voller Pfützen. Die sogenannten Straßen hatten Kopfsteinpflaster. Wahrhaftig nix für Stöckelschuhe. Aber davon abgesehen, habe ich immer Wert auf schöne Schuhe gelegt, weil ich unschöne Gegenstände vermeide, doch wollte ich stets Schuhe, in denen ich meine Zehen gut bewegen kann, und weil ich die auch immer getragen habe, verfüge ich noch heute über gut bewegliche nicht verkrümmte oder schief liegende Zehen, wie Damen mit den für schick gehaltenen, der Anatomie des Fußes aber nicht gerechten Schuhen sie meistens haben. Benn fand, meine sähen (Größe 38) zu groß aus.*

Haarsträhnen am Ohr: *Benn hätte schön gefunden, ich sähe friseurfrisiert aus. Ich meine das bis heute nicht und gehe niemals zum Friseur. Schon der Geruch in Frisier-Etablissements ist mir zuwider. Ich lasse meine Haare wachsen, wie sie wollen, stecke sie hoch, und wenn eine Strähne aus dem Knoten herausrutscht, ist das kein Malheur.*

124

3 I 55 [Berlin]

Mein liebes Urselchen, es wird kalt u. Du musst schön heizen. Besorge Dir Briketts u. auch Holz, auch mit Holz wird Dein Ofen warm. Der nasse kalte Garten vor Deinem Zimmer ist eine grausige Kältequelle, hoffentlich wohnst Du nächsten Winter nicht mehr da. Mit Lambretta ist's nun wohl vorbei u. Du musst Bus fahren. Ich sende Dir noch in der ersten Januarhälfte etwas Geld für die Busfahrten u. wärmenden Kakao u. dicke Schlüpfer, damit Deine schönen Sachen nicht frieren und erstarren, bis ich wiederkomme.

Bist Du mit Deinen beiden Aufsätzen fertig geworden? Ich habe keine Lust zum Arbeiten, muss aber für Max den Aufsatz machen. Den Schiller werde ich wohl kaum machen, langweilt mich, werde lieber eignes machen.

War einen Nachmittag mit Frl. Ruth Hoffmann im Quartier Bohême, (das Dir nicht gefiel!) u trank mit ihr eine Tasse Café. Sie ist die Freundin von dem Bildhauer u. eine stille, aber ehrliche G.B. Verehrerin: Ich war ihr das eigentlich schuldig wegen der netten Bremer Studienräte, denen ich Grüsse bestellte.

I[lse]., der es einen Tag sehr schlecht ging, habe ich mit einem neuen Penizillinpräparat, das speziell für Lunge u. Bronchien eingestellt ist („Pulmo 500“) entfiebert. Für wie lange, bleibt offen. (Oelze sehr krank gewesen, Pneumonie.)

Nochmals alles Liebe für Dich für das kommende Jahr! Dein Pummi bleibt Dir erhalten, wenn er Dir genügt. Sei umarmt, mein Liebes.

Dein G

Das Haus, in dem ich in Worpswede wohnte, stand allerdings und Gott sei Dank, in einem Garten. Natürlich ist ein Garten naß, wenn es regnet, und in Norddeutschland regnet es ja nicht selten, und im Winter ist der Garten kalt. Ich wohnte damals auf dem Lande. Benn in seiner Jugend ja auch. Doch war er jetzt so sehr an zentralgeheizte Großstadtwohnungen gewöhnt, daß ein Garten ums Haus eine „grausige Kältequelle“ *für ihn war.*

125

3 I 55 [Berlin,
wahrscheinlich ein Beizettel zu einem Päckchen]

L. Ursel, ich glaube, ich werde jetzt während der Kälte immer nach W. schreiben. Du wirst nicht jeden Tag in B. sein, wenn ja, findest Du abends meine Nachrichten.

Alles Liebe. Umarme
Dich zärtlich.

Dein G

126

4 I. 55. vormittag [Berlin]

Liebling, ahne nicht mehr, wo Du weilst u was Du treibst. Seit dem Sylvesterbrief kam nichts mehr an. Hast Du Dich am Sylvesterabend beim Tanz verliebt u was Besseres gefunden –. Dann erzähle mir, was u wen!

Bei mir beginnt grosse Zahnrestauration an 4 Stellen. Hatte bis vor 2 – 3 Jahren gute Zähne, war eigentlich nie beim Zahnarzt, aber jetzt ist es soweit. Hast Du Kohlen? Ich bin so beunruhigt, dass Du frierst.

Schnäuzchenkuss! (sofern nicht ein Konkurrent jetzt dran ist) – trotzdem: Dein G.

Liebes Seelchen, Tokio: der Japan-Professor für deutsche Literatur, der mich vor 2 Jahren mal hier besucht hat. Bagdad: Jene junge Frau v. M. aus München, die das ist, zu was Du mich in Konstanz machtest: Heimats- u Jugendbekannte aus Sellin-Mohrin, mit deren Onkel von Rohr ich wirklich befreundet war (vergiftete sich 1945). Was sie in Bagdad macht u. mit wem, weiss ich nicht, weiss überhaupt nicht viel von ihrem Leben. Mein Vater hatte ihre Eltern getraut. Chicago: mein altes Trudchen, das schon 1923 rüberging, dort eine Art Hochstapler heiratete, geschieden, aber immer noch lange Zeiten mit ihm zusammen. Nett, klug, Dr phil, Halbjüdin. Besuchte uns 1947 hier, jetzt wohl auch 60 alt. Lake Forrest, Illinois: Lohner u Frau Onassa. Zürich: Mein Verleger der „Arche", Schifferli u Frau. Florenz: Traverso, mein Übersetzer. Rom Ignatio Silone. Paris: Frau Sternheim. London: Erna Pinner, Schriftstellerin, alte Freundin von mir (1930-32 etwa) gelegentlich, wohnte in Frankf. a Main.

Du wolltest wissen, woher meine Glückwünsche alle kamen.

Von allen berühmten Frauen bist Du die berühmteste: es gibt keine Liebesbriefe von mir; nirgends; nur Ursel Z.

4 I 55

127

4 I 55 Nachm. [Berlin]

Urselchen, liebstes, nachm. kam Dein Sylvester- u Neujahrsbericht. Dank, Liebste! (Tillbrief darin enthalten). Würde sagen: Miete Du sofort das Einzelzimmer, wenn Du Deine Sachen da unter bringen kannst. Ist doch auf jeden Fall besser als jetzt. Das jetzige musst Du nicht behalten. Sei nicht sentimental darin. Natürlich hängst Du an dem feinen so geliebten Zimmer, so erinnerungsreich (nicht nur etwa durch meine Nebbichkeit ~~allein~~), durch all die Jahre, – aber Du musst aus dieser muffigen Bude raus. Höre auf mich, bitte. Vielleicht kann ich da auch schlafen, ein par Tage, auf Deiner Aufblasematratze. Nur ein par Tage, dann ziehe ich wo anders hin, wo ich Dich nicht störe. Die Kosten werden uns nicht stören, ich beteilige mich an meinem süssen Ponny sein Lager. Nur schnell dies: Addio, meine süsse Ponny- u Pummifrau!

Dein G

Ich hatte überlegt, ein Zimmer in Bremen zu nehmen, der Winterfahrten wegen. Es kostete so viel wie die Busfahrten, und ich sparte viel Zeit. Aber mein Worpsweder Zimmer war keineswegs eine „muffige Bude“. *Es war vielmehr entzükkend.*

128

5 I 55 [Berlin]

Mein liebes süsses Menschlein, gestern nachmittag ging ich um 4 nachm. spazieren, es waren 2°-, angenehm, kein Wind, fuhr mit Linie 3 vom Bayer. Platz zum Kfdamm –, die Ecke, wo Quartier Bohême liegt, wanderte zu Fuss den ganzen Kf.damm herunter, beschaute die Läden u fuhr mit der 77 (die auch nach Lichterfelde fährt, Ursel – Krengel) zurück.

Dauer 1 1/2 Stunden. Kein Taxi. Kragen hochgeschlagen, Hände auf dem Rücken. Sah alles mögliche, was ich meinem süssen Ponny gern kaufen würde, Elegantes u. Wärmendes, Schickes u. Praktisches. Vielleicht wird es einmal sein.

Es gibt Tage, an denen man so sehr intensiv an den andern denkt. Nicht weil Dein so sehr lieber Sylvester-Neujahrsbrief mich „warm" ~~gebracht~~ gemacht hatte, zart warm, innig warm, – es war mehr eine tiefe seelische Neigung zu Dir, zu allen unsern guten Stunden u zu Deinen weichen, lieben, stillen Zügen, zu Dir, als Frau in meinen Armen u. an meinem Herzen. Weisst Du, wir wollen unsere kritischen Gänge abschliessen, ich will Dir ganz offen etwas sagen: mir ist manchmal unsre Liebe zu intensiv. Du kannst Dich nicht in einen Menschen hineindenken, der so allein seine Stunden verbrachte wie ich es tat, mein ganzes Leben lang. Ein Alleinleber bin ich, ein schweigsamer, in sich gekehrter. Die letzte halbe Stunde in Hamburg im Hotel Kronprinz vor dem Vortrag hätte ich gerne alleine verbracht. Du sagtest: „Wenn Du Lampenfieber hast, verachte ich Dich". Es ist kein Lampenfieber, es ist ein Bedürfnis, sich zu sammeln, denn geistige Spannungen bringt so eine Sache immer mit sich. Statt dessen machtest Du mit „Abhalftern" eine Scene, die mich sehr irritierte. Auch – verzeih mir, wenn ich nun [das] noch erwähne, mochte ich nicht, dass Du für Bremen auf „Du" bestandest u meine Auffassung, das Gesellschaftliche zu beachten, übel nahmst. Urselchen, wir sind uns sehr nahe, wir gehören sehr in ein Boot, aber ich bin für Formen, für Vorsicht, ich habe zu oft in meinem Leben Nackenschläge bekommen, ich bin zurückhaltend gegen alles Äussere u. Gesellschaftliche. Das hat nichts mit unseren Beziehungen u der Enge unseres Lebens miteinander zu tun, das ist meine reichere Erfahrung in diesen Dingen, die auch Dir zu Gute kommen sollte. Verstehe das, bitte. Es ist dabei überhaupt nicht das Inhaltliche u Konkrete, das mich betrübt. Was mich betrübt ist, dass eine Frau, die ich so liebe, die mir so nahe steht, mit der ich das Leben so eng verbunden habe, von mir schroff u streng behandelt werden muss. Demgegenüber sind die „Rabaukentöne", selbst die wenig schönen im Autobus, nicht so wichtig. Ich mag sie nicht, ich kann sie kaum ertragen, aber die würden durch die immer wieder so tiefe u. wunderbare Einigkeit, die zwischen uns besteht, wenn wir allein sind u uns in Küssen u Zärtlichkeiten vereint fühlen, aufgewogen werden. Ich schreibe Dir das alles heute, weil ich so zärtlich für dich gestimmt bin u. Dich so sehr mit mir vereint fühle, dass wir ruhig auch über das Störende u Trennende reden können. Bist mein's, Du Süsse! Willst mein's sein u wir bleiben wie bei Haar: Ein einziger Mensch.

Kuss, mein Allerliebstes! Denke an mich als an Deinen G.

In Hamburg, vor Benns Lesung im Auditorium Maximum, hatte ich nicht bemerkt, daß er lieber allein gewesen wäre, um sich zu sammeln. Ganz gewiß habe ich nicht gesagt, daß ich ihn verachte, wenn er Lampenfieber hätte. So Törichtes gab ich bestimmt nicht von mir. Wohl aber hatte ich geäußert, daß für Lampenfieber doch gar kein Grund sei, er möge bedenken, daß er weder den Hamlet noch den Lear zu spielen habe, sondern gemütlich an einem Tisch sitzen könne, um aus einem Buch vorzulesen. Benn hatte daraus abgeleitet, daß ich eine Lesung von ihm für weniger wichtig hielte als eine Theateraufführung. Ich hatte es praktisch gemeint, mich aber sichtlich nicht klug in ihn hineinversetzt. Er stand wohl unter ziemlichem Druck, schon wegen des großen Auditoriums, auch weil er meinte, daß es in Hamburg Feinde gab.

In Bremen hatte Benn mich gebeten, ihn in Gegenwart von F. W. Oelze nicht zu duzen, er würde Sie zu mir sagen, hatte er angekündigt. Das war unmittelbar bevor er mich mit Oelze im Café Jakob bekannt machen wollte. Ich hatte geantwortet, daß ich einverstanden sei, aber dann möchte ich nie wieder geduzt werden von ihm, und ich würde auch immer „Sie" zu ihm sagen. Ich konnte solch unredliches Mimikry nicht ausstehen, es war mir noch nie vorher abverlangt worden und nach Benn auch nicht. Als Kompromiß schlug ich vor, die Unterhaltung so zu führen, daß wir uns gar nicht anreden mußten.

Was war das für ihn, das „Gesellschaftliche", *was waren für ihn* „Formen"*? Die Erlaubnis, die Macht, eine Frau in die Rolle einer verheimlichten Geliebten zu drücken, die sich nicht der Beziehung gemäß zeigen darf? Zwar weiß ich, daß es Frauen und Männer gibt, die solche heimlichen Beziehungen romantisch, poetisch, erregend finden, sie für ein zärtliches Verbergen vor profanen Blicken halten, für einen Schutz vor dem Preisgeben – mich erinnert solches Verhalten von Männern ganz banal an den Vers von Heine aus dem „Buch der Lieder":*

> *Blamier mich nicht mein schönes Kind,*
> *grüß mich nicht Unter den Linden,*
> *wenn wir nachher zu Hause sind*
> *wird sich schon alles finden.*

Benn hatte kein Gefühl dafür, daß er mir solch Verheimlichungsverhalten nicht zumuten durfte. Aus „gesellschaftlichen" Gründen nicht. Sein Mangel an Souveränität, „gesellschaftlicher", erschwerte den Umgang mit ihm. Ich weiß nicht, woher diese Ängstlichkeit kam, er stammte aus guter Familie, sein Vater war als Pfarrer ein „studierter Mann", wie man so sagt. Aber Benn war unvergleichlich viel eingezwängter, als es beispielsweise Dix war, den ich nach Benns Tod kennenlernte, ein Arbeiterkind aus einem Vorort von Gera, hatte er doch etwas Aristokratisches, geradezu Fürstliches, fürchtete sich vor nichts und Niemandem, redete mit jedem ohne Floskeln und Bedenken, freimütig, selbstsicher, redlich.

129

Donnerstag 6 I 55. [Berlin, durch Eilboten]

Liebes Urselchen, anbei mit vielem Dank den Romaufsatz zurück. Er ist sehr reizend. Ich sehe meinen lieben kleinen Ponny durch die grosse Stadt traben u schauen u. alles in sich hineintrinken. Da ich das Wort „ansonsten" garnicht mag, habe ich es mit Rotstift ersetzt durch ein anderes.

Liebes, ein Gebiss brauche ich nicht zu bekommen. Wäre ja grausig. Dann könnte ich Dir nicht mehr vor Augen treten. So schlimm ist es doch noch nicht.

Liebes, Du hast einen wichtigen Punkt nicht beantwortet: was für Schuhe soll ich mir denn kaufen? Was ist denn Dein Geschmack? UA.w.g.

Be[nn] Ruth H: ich habe nicht gefragt: „Wem gehören Sie?" Das ist mir sehr gleichgiltig. Sie fragte: „Wie gefiel Ihnen das Buch von Prof. G. u die Abbildungen seiner Werke?" Ich: „Darf ich fragen, steht er Ihnen nahe"? Sie: „Ja". Daraufhin äusserte ich mich sehr höflich u. zurückhaltend. (Ach, das dumme Urselchen, mein kleines, süsses, dummes Urselchen!) – Heute ist ein 6. (6. VIII Fournes)
(5 Monate her!)

Gestern Nachm. war ausser Fechter noch Holthusen hier, der plötzlich anrief. So verteilte sich die Last der Unterhaltung, trotzdem war ich (von 4 1/2 bis 7 1/2) ganz erschlagen von Müdigkeit. Sie assen u tranken begehrlich!

Urselchen, warum bleibst Du in Bremen? Wegen Heizung u der üblen Rückfahrt? Hast Du das vorigen Winter auch getan? Oder wegen der soignierten Herren im Abendessensrestaurant?? UAwg

Das Buch von Marie Hamsun werde ich bestimmt lesen. Interessiert mich brennend. Alles schwer zu kriegen. Mein Buchhändler will an den Kauf für seine Leihbibliothek nicht ran, „H. interessiert überhaupt nicht", sagt er. Ich werde es mir vom Verlag schicken lassen. – Max will plötzlich seine Express. Anthologie nennen: „Dein Lächeln weint" – angeblich ein Vers von Stramm. Da mache ich nicht mit. Finde den Titel schlimm:

„Dein Lächeln weint"
Lyrik des Expressionismus.

Was sagst Du dazu? UAwg.

Danke bitte W. für seinen Brief. Du scheinst ihn ja wegen „Rom“ arg maltraitiert zu haben! Bist eine richtige Landplage, kleiner Ponny! Ich streichle Dein Gesichtchen u. beschaue Dich genau, bleibe süss u treu, Du!

Dein Pummi.

[*Neben das bunte Kinderbild einer Glückwunschkarte geschrieben*]:

Ponnychen mit 5 Jahren, – Kaiserallee.

Ich finde Deine Einleitung zu den Hauptstädten so besonders hübsch, mit [*es folgen zwei nicht entzifferbare Worte*]

Dass Du Sylvester nicht aus warst, ist süss von Dir. Es soll kein anderer Mann Dich anfassen u fühlen.

Ja, ich blieb wegen der langen, kalten Fahrten und um Kohlen zu sparen, in Bremen.

Zum Titel der Expressionismusanthologie: Den vom Verleger vorgeschlagenen Titel fand auch ich grauslig und habe Benn sehr geraten, sich gegen ihn zu wehren. Man hat die Anthologie dann nüchtern und nobel „Lyrik des expressionistischen Jahrzehnts“ genannt.

wegen Rom arg maltraitiert: *Walter Niemann hatte Benn wohl geschrieben, daß er über den Illustrationen zu meinem Rom-Aufsatz schwitze und ich noch nicht zufrieden sei.*

130

Freitag 7 I 55. [Berlin]

Liebes Ponnychen, Dank für Brief vom Donnerstag! Nun sind wir ja endlich wieder bei den guten alten Rabaukentönen, die so lange zwischen uns fehlten! Aber etwas Drolliges ist eingetreten: ich muss jetzt lachen, wenn ich das lese. „Im Kreise der Menschen, mit denen ich gewöhnlich umgehe ..": Gott, ist das eine feine Frau, sage ich mir, so ein vornehmes Ponnychen habe ich mir erbeutet! Und über Zivilklagen weiss sie auch Bescheid, aber in diesem Fall ist es etwas kindisch, aber immerhin, sie setzt sich so niedlich zur Wehr! Und was ist mit „Hafenarbeiter"? Du bist doch so sozial, wie kannst Du, wie kann diese feine zarte Frau einen ganzen Berufsstand, der zu unserem Wohl und Wehe beiträgt, belasten wollen, indem sie einen unsauberen Geist wie mich zu ihnen herabstösst? Kurz, Ponnychen, Du bist reizend wie je, lebfrisch u ungebrochen, trotzdem Du Bauchweh hast, armes Kindchen, wäre gerne bei Dir u. tröstete Dich! Zurücknehmen allerdings kann ich wohl nichts. Dein süsses Zimmer, das auch mein Zimmer ist, ist muffig von dem nassen Garten u der Regentonne, u wahrscheinlich ist der Schwamm in den Wänden tut nichts. Wenn man einen Kleiderständer hätte u sich bei Dir die Hände waschen könnte, wäre es wahrscheinlich unerträglich schön, so paradiesisch, dass ich nicht mehr fortginge.

Mit dem Kapital hast Du recht. Wir wühlen geradezu in Reichtum u Besitz u keiner kann es uns rauben, kein Bankkrach, keine Inflation

UZ
GB.
A.G. Stammkapital 10 Millionen Dollar.

Und damit Schluss für heute. Muss jetzt zu einer Beerdigung gehn, ein Herr aus meinem Hause ist gestorben.

Lebe wohl, süsse Pädagogin. Sei umarmt

Dein
Pummi

Rabaukentöne: *Wenn ich mich energisch wehrte, nannte Benn das* „Rabaukentöne" – *die hatte wohl aber eher er verwendet, sonst hätte ich nicht geschrieben, er artikuliere sich wie ein Hafenarbeiter. Natürlich hatte ich mich darüber beschwert, daß er mein Zimmer* „muffig" *nannte. Aber darauf-*

hin legte er erst recht los. Wieder hat er etwas gegen den nassen Garten und die mir sehr sympathische Regentonne vor dem Fenster, in die es bei Regen so hübsch anzuhören plätscherte. Niemals war je Schwamm in dem soliden Haus. Einen Kleiderständer hatte ich allerdings nicht, dafür aber reichlich Kleiderhaken im Flur, an der Wand; die mochte Benn jedoch nicht benutzen, weil die Wand kalt war und folglich auch sein Mantel womöglich kalt gewesen wäre, wenn er ihn vom Haken nahm. Zwar hatte Worpswede damals noch keine Kanalisation, aber unser Haus verfügte über den großen Vorzug einer Grundwasserpumpe in der Küche. Man mußte nur den Schwengel bewegen und Wasser kam frisch und klar. Die Bewohner anderer Häuser hatten ihren Brunnen im Garten, für manche war er fünfzig Meter weit entfernt, und auch diese Leute waren vergnügt und sauber. Ich hatte Benn geschrieben, für ihn könnte doch ein Brunnen nichts so Schlimmes sein, schließlich sei er im Dorf Sellin aufgewachsen, wo es damals ganz gewiß keine Wasserleitungen gab. Wogegen ich in Berlin groß wurde in einer Wohnung, wo kaltes wie warmes Wasser aus den Leitungen kam. Für mich sei die Umstellung auf ländliches Leben mithin viel schwerer gewesen. Er könne sich sehr wohl die Hände bei mir waschen, entweder indem er Wasser ins Becken pumpe oder unmittelbar unter dem Strahl. Das letztere abzulehnen, weil dann seine Manschetten naß werden könnten, sei lächerlich, jeder normale Mensch sei in der Lage, sie hochzuzupfen, bevor er seine Pfoten unter den Wasserstrahl halte. Später, nach seinem Tod, als seine Briefe an F. W. Oelze herausgegeben wurden, las ich in Brief Nr. 145 vom 29. 6. 1938: „Mein Bürozimmer ist kühl und sauber, hat fließendes Wasser, ich kann mir häufig die Hände waschen – eine Liebhaberei von mir.“ *Diese seine Liebhaberei mag ein tic nerveux gewesen sein. Darauf bin ich damals nicht gekommen. Jedenfalls ich konterte gewiß kräftig, wenn Benn mir mit Nörgeleien wie den zitierten kam, und ich hatte geschrieben, daß, wenn Zimmer sich wehren könnten, meines seiner Verleumdungen wegen eine Klage gegen ihn einreichen müßte.*

131

8 I 55. [Berlin, *durch Eilboten*]

Mein Liebchen, ich habe schon wieder soviel Schulden bei Dir, bin überhaupt ein großer Rabauke: die 20 M. sind nur für die beiden Telefongespräche von Heiligabend u Sylvester u. das viele Porto für Briefe an den dummen Pummi. Nächste Woche werde ich wieder, – neben Mampe Halb u Halb, – ein Paketchen an dich abgehn lassen. Du bist sicher schon sehr böse auf mich, dass ich Dich nicht besser versorge. Sei wieder gut u. behalte lieb Deinen – ohne Gebiss – weiterwirkenden, Dich sehr umarmenden G.

Guten Sonntag, Liebes!

132

Sonnabend 8 / I 55 Nachm. [Berlin]

Liebes, Dein Spielschächtelchen ist angekommen u. ich bedanke mich sehr. Muscheln habe ich ja sehr gern u auch die Tierchen sind lieb. Den Ponny habe ich sofort hinzugetan, damit er nun Gesellschaft hat. Den Postwagen habe ich hin u. herfahren lassen u auf Pünktlichkeit hingewiesen. Bitte danke W. für die schön mit Hahn bemalte Schachtel. – Den Eilbrief sandte ich, weil ich jetzt unsicher bin, wo Du eigentlich bist u. wie lange. Also werde ich nun wohl zu Montag, Dienst. u Mittwoch früh nach Br schreiben, ebenso zu Donn. u Freit. Eigentlich sehr nett für Dich, nun etwas Bremer Abendkultur genießen zu können. Ich will mich nun auch enthalten, zu dem Thema Deines Zimmer in W Weiteres zu sagen, will Dich ja nicht kränken, wünschte nur so sehr, Du hättest es besser, Liebes.

Ich sitze u schreibe über dem Aufsatz für Max. Etwas werde ich ja für ihn fabrizieren müssen. Wenn er abends anruft, werde ich ihm Bescheid sagen über den Titel.

Du antwortest auf vieles nicht. Bekommst du alle Briefe? Schrieb wohl zu viel u zu kritzelich, unleserlich. Bekamst Du „Neue Zeitung“ – Parodie? Ist auch nicht nötig, auf jedes einzelne zu antworten. Das Buch von Marie Hamsun schickt mir Max, der hat es. Guten Sonntag, Liebes Urselchen. Guten Montag! Gutes Amsterdam! Eigentlich ist doch Ursel der süsseste Name für Dich, noch besser als Ponny. Vergiss mich nicht im Grossstadtleben! Ich bin lieb u gut.

Dein G.

Da Benn die Miniaturspielzeuge in meinem Schränkchen zwischen den Fenstern immer sehr angestaunt hatte, schickte ich ihm einige, und Walter Niemann verfertigte dazu ein Schächtelchen, bemalte es mit einem bunten schwanzfederprunkenden Hahn.

Aufsatz für Maxe: *Die Einleitung zur Anthologie expressionistischer Lyrik ist gemeint.*

Die Autobiographie der Marie Hamsun hatte ich Benn empfohlen, weil man in ihrem Buch sehr viel über den Charakter Hamsuns erfährt, über sein Verhalten im Alltag, seine Schreibgewohnheiten.

Amsterdam: *Im Rahmen der Hauptstadtserie schrieb ich gerade über Amsterdam, und Benn wünschte mir Gelingen.*

133

10 I 55 Montag. [Berlin]

Mein liebes Urselchen, ich bekam Deinen Brief von Sonnabend, den trüben, ernsten, und ich bekam auch den von Sonntag, den also die guten Busfahrer richtig in Br. zur Post gebracht haben.

Auf den Sonnabendbrief werde ich Dir ausführlich antworten, aber nicht heute. Gleich kommt meine Sekretärin u. ich muss diktieren, um mit meinem Aufsatz weiterzukommen. Aber in den nächsten Tagen schreibe ich dazu. Nicht im Geringsten kann ich böse über Dich sein, nicht im Geringsten Dir „schwere Vorwürfe" machen. Im Gegenteil, wir müssen alles besprechen. (Denkst Du vielleicht einmal an meinen allerersten Brief an Dich, nach meinem ersten Aufenthalt in W. in dem ja eigentlich alles stand, was sich dann entwickelte in Bezug auf Dich, Deine Wohnung, Dein Sein in W.?)

Meine Freundschaft verlierst Du nie, wo, wie oder mit wem Du auch bist. Sie ist ein Fels im Meer für Dich, solange Du willst und, wenn Du nicht mehr willst, auch noch. Die ist besser u. pummifester, als ein Py[j]ama sein könnte.

Eine Abrechnung schicke mir nur nicht, obschon mich alles natürlich sehr interessiert. Aber Du hast dich ja bis jetzt, jedenfalls gelegentlich, als meine Frau betrachtet u. die hat Anspruch auf Nadelgeld von ihrem Mann, über das ist sie keine Rechenschaft schuldig. Frage Deinen Juristen in W.

Womit deckst Du Dich in Br. auf der Matratze zu? Nur mit Deinem Pelz? Hast Du Decke? U.Awg.

Bald mehr, mein süsses, liebes Kind!

Dein G.

Vermutlich hatte ich mich sehr über meine Arbeitssituation beklagt. Über das leidige fürs Zeilenhonorar Schreiben. Worum es bei den Vorwürfen ging, von denen ich erwartete, daß er sie mir machen würde, weiß ich nicht mehr. Der eisigen Fahrten auf dem Motorroller wegen, um sie zu vermeiden und doch nicht die Busfahrten zahlen zu müssen, übernachtete ich in einem Nebenraum der Pädagogischen Arbeitsstelle. Am Bremer Abendleben nahm ich nicht teil. Ich las und las und las – „Ce vice impuni la lecture" (Valery Larbaud).

134

Dienstag, 11. Jan. 55. [Berlin]

Mein liebes Urselchen, Brief Nr. 133 war doch gut u lieb! Dass Du annehmen könntest, er würde „sich gewaschen haben“ u. „eiskalt“ sein, erschüttert mich fast. Das würde ja bedeuten, dass ich über Dich, Dein Leben, Deine Gefühle u. unsere Beziehungen gar nicht nachdächte, während ich das doch unaufhörlich tue. Wie wenig kennst Du mich! Zu Deinen Fragen: 1) Der Nachtbriefkasten am Bayer. Platz wird um 1 1/2 morgens geleert. Wenn ich also spätabends meinen Brief dahineinstecke, schreibe ich manchmal schon das Datum des Abholtages darauf. 2) Max hat den Titel aufgegeben u. nennt es nun: „Gedichte aus dem expr. Jahrzehnt“ 3) Anbei Recept für Vitasellan. Ist mir völlig unbekannt, steht auch in den neuesten Pharmakolog. Büchern nicht drin. Aber O. P. sagt genug, d. h. Original-Packung, bedarf keiner weiteren Dosierung.

Bekam von Max „Den Regenbogen“. Las sofort darin. Stiess auf den frappanten Satz: „In der Liebe gibt es nichts, was man Harmonie nennen könnte“ (S. 118). Ein fürchterlicher Satz, aber vielleicht wahr. Las ferner, dass auch Frau Hamsun das Eis in der Waschschüssel aufschlagen musste, als sie schon mit Knut verheiratet war. Werde weiter lesen. Was ist das mit der „Pille“, wie Du schriebst? Die schöne Russin im Grand Hotel? (Pille ist nämlich ein auch manchmal gebrauchtes Wort für „Pritsche“). Nein, eben sehe ich, es ist die Pille S. 151.

Morgen fährst Du wohl nach W.? Werde nicht mutlos, Liebstes Kind!

(Ich finde etwas u muss es aussprechen: Die Liebesbriefe von H. gefallen mir nicht so gut. Seltsam, selbst ein sehr grosser Mann wird dabei eintönig u etwas töricht.)

Mein liebes süsses Ponnychen, Dich vergisst keine Stunde Dein Pummi.

Den Regenbogen: *Das ist der Titel der Autobiographie von Marie Hamsun. Auch das Folgende dreht sich um dieses Buch, in dem auch Liebesbriefe von Hamsun an seine Frau abgedruckt sind.*

Nur mit Schmunzeln kann man lesen, daß „selbst ein sehr grosser Mann in Liebesbriefen eintönig und etwas töricht" *wird – bedachte Benn dabei, daß man das auch von seinen Liebesbriefen sagen könnte, nicht nur von diesen hier, auch von denen an Tilly Wedekind und Elinor Büller? Es ist halt so, Verliebte spinnen den anderen ein in Wortzärtlichkeiten, wiederholen sich dabei, werden ein bißchen albern – das ist menschlich, man sollte es nachsichtig lächelnd wahrnehmen. Schließlich liest man Briefe nicht nur aus literarischem, sondern auch aus biographischem Interesse, als Dokumente. Freilich, in der Zeit Bismarcks und Moltkes schrieb man Liebesbriefe, anscheinend unüberrumpelt von Gefühlen, literarisch disziplinierter. Bismarcks Brautbriefe beispielsweise sind durchweg von hoher literarischer Qualität.*

135

Dienstag 12 I 55. vorm. [Berlin,
dieser Dienstag war der 11. 1. 55]

Liebes Kindlein, habe den ganzen gestrigen Abend im Hamsun-Buch gelesen. Interessiert mich sehr. Ein Verrückter war er ja wohl auch, aber ohne dem geht es wohl nicht. Was ich gestern über die Briefe schrieb, galt nur für die anfänglichen Liebes- u Brautbriefe. Die späteren sind nüchterner und spannender. Dank Dir, dass Du mich auf das Buch hingewiesen hast! Diese Marie ist allerdings nicht sehr mein Geschmack. Für mich gibt es nach Goethe keinen, dessen Person in allen ihren Äusserungen mich so interessiert wie dieser K H.

Ponnychen, heute wirst Du wohl in W. sein, aber morgen wieder in P.A. Ich nehme aber an, Du fährst erst heute vorm.

zurück nach W.? bekommst also noch den Morgenbrief von gestern nachm. von mir. Was hast Du die beiden Abende in Br. gemacht? Hast Du eigentlich die schwarze Unterwäsche schon einmal angehabt? Wie heisst das Lokal, in dem Du Abendbrod isst? Liegt es in der St. Jürgenstr.? Berichte ein bischen über Alles!

Habe heute viel Arbeit, Dictieren Briefe u. Aufsatz. Umarme Dich, Liebling, denke jede Stunde an Dich. Immer

Dein
Pummi

Das schwarze Hemd liegt noch heute bei mir in einer Schublade.

136

Telegramm vom 13. 1. 12^{10} [55, Berlin, *an die Pädagogische Arbeitsstelle adressiert*]

ANTWORT BRIEF MORGEN BREMEN GRUSS = BENN +

137

Mittwoch abends. 12 I 55 [Berlin]

Mein liebes Urselchen, Deine Dienstagschreiberei war unnütz. Ärgerte mich! Nicht so ultimativ! Bin ja kein Schuft, antworte Dir schon. Aber vielleicht muss ich einiges dazu überlegen (Häusliches, Finanzielles, Abrechnung von Max [Niedermayer] usw.). Dass Du nicht isst, ist blöd, schön blöd. Ich kann nicht kommen, Dich füttern. Dein Satz: „– ich werde es kaum jemals zwischen uns zur Sprache bringen, eben weil es sich um mein Leben handelt“ ist nicht gut. Selbstverständlich wirst Du Alles zwischen uns zur Sprache bringen. Du bist nicht frei, mein liebes Urselchen. Noch nicht. Erst u. nur, wenn Du es verlangst. Bis dahin aber musst Du Alles zwischen uns zur Sprache bringen, was unsere Beziehung betrifft. Es wäre eine Herabwürdigung unserer grossen, liebe- u. tränendurchtränkten Freundschaft, wenn Du es nicht tätest.

Morgen ist Donnerstag der 13. – Ob ich da schreibe, weiss ich noch nicht. Aber auch an diesem Tag:

Dein G.

Spätestens Sonnabend in W. hast Du meine Antwort.

G

Irgend etwas Ungeduldiges werde ich geschrieben haben, vermutlich über das nicht in Aussicht stehende Wiedersehen.

138

Donnerstag, 13 I 55. [Berlin]

Liebes Urselchen, ich werde versuchen, Dir auf Deine Fragen eine Antwort zu geben, wobei ich nicht weiss, ob sie Dich befriedigt. Nach meiner Meinung steht im Mittelpunkt unserer Zukunft nicht die Liebe, die ist vorhanden u. hat sich erwiesen, sondern im Mittelpunkt steht für den Augenblick ganz allein die äussere Gestaltung Deines Lebens. Du musst eine Behausung finden, die sommer- u. winterfest ist, die Heizung hat, die Benutzung eines Baderaums zulässt, in die Du alle Deine Sachen, die jetzt um Dich sind, mitnehmen kannst. Ob ich gelegentlich einmal oder länger in dieser Wohnung mit Dir wohnen kann oder neben ihr in einem anderen Zimmer, ist in Anbetracht meines Alters u. meiner Lebenslage nicht das Entscheidende. Für mich, der ich nicht nur Dein Geliebter, sondern vor allem Dein Freund sein muss, ist das Wichtigste, Dir bei diesem Unternehmen zu helfen.

Dein Gedanke, vielleicht nach Hamburg zu ziehn, entspricht meiner weiteren Überlegung für Dich, dass es gut wäre, wenn Du aus W. u. Br. u seiner ganzen Atmosphäre für einige Zeit herauskämest. Es wäre für Dich innerlich u. äusserlich gut, ja sogar notwendig. Dir in Hbg. eine neue Art von Tätigkeit zu suchen – neben Deiner bisherigen –, wäre sehr mein Wunsch. Jede Art von Hilfe von mir für Dich ist Dir dabei sicher. Jede Empfehlung von mir steht Dir zur Verfügung, soweit Du sie brauchst u sie Dir was nützt.

Wie ist es nun mit diesem Frühling? Es würde jetzt doch wieder auf Maassen, Haar oder Post hinauslaufen müssen, da wir keine gemeinsame Bleibe haben u. bestimmt auch nicht bis dahin finden werden. Dann wäre also die Lage wieder die, die du nicht wünschst, mit Recht, auch ich bin für diese Hotelzwiespältigkeit nicht mehr sehr gestimmt. Dieser Frühling hat aber auch noch andere Probleme. Ich bin nach Rom eingeladen vom German. Institut der Universität Rom, u gleichzeitig vom P.E.N. Club in Florenz unter sehr ehrenden u finanziell günstigen Bedingungen. Ich habe mich bisher nicht entschieden, aber meine Gedanken beschäftigen sich damit. Auch dies trug dazu bei, diese Antwort an Dich zu verzögern. Aber nun kommt die Hauptfrage. Wenn ich jetzt mit Dir lange Zeit, 1 – 2 Monate, zusammen wohnen würde, ginge meine Berliner Existenz in die Brüche, meine jetzt gewissermassen labile stabile Ehe löste sich auf. Können wir das übernehmen? Bist Du sicher, dass es zwischen uns so wird, dass wir zusammenbleiben können? Mit Träumen u Hoffnungen ist hier nichts zu machen –, wie ist die Realität? Ich meine zunächst nicht die finanzielle Realität, sondern die geistige? Sind unsere Naturen nicht doch sehr verschieden, in der Liebe immer vereint, aber im Leben doch sehr zwiespältig u. auseinander strebend? Ich habe bei unseren letzten Reisen alles sehr genau studiert u. in mich aufgenommen: Du willst Dich mir anpassen, Du bist im Herzen sehr lieb mit mir, aber Deine Natur kannst Du nicht ändern u. die hat Züge, mit denen ich mich nicht abfinden kann. Dazu bin ich zu alt, zu fest gefügt, zu konsolidiert auf einem langen, immer sehr erkämpften u. umkämpften Lebensweg. Du weisst, welche Züge ich meine: die schroffen, ichsüchtigen, den Partner völlig für sich verlangenden, fast ihn vergewaltigenden Züge. Du liessest mir keinen Lebensraum für mein inneres u äusseres Leben, es fällt dir schwer, zu glauben, dass es für Deinen Mann, dem Du Dich gibst, überhaupt noch andre Dinge geben kann als Dein körperliches Wohlbefinden, Deine Stimmungen, Deine Launen. Das hier, was ich schreibe, sind keine Vorwürfe gegen Dich. Dazu hätte ich nicht das geringste Recht. Ich habe um Dich geworben mit der Leidenschaft einer letzten Liebe u Du um mich mit allen Deinen so fascinierenden Eigenschaften, Deiner Intelligenz, Deiner Jugend, Deiner süssen Zärtlichkeit, das wird so bleiben, wenn wir uns jetzt nicht trennen, aber ist das für Deine Zukunft gut? Ich liege manchmal nachts wach u überblicke die lange Reihe meiner Lebensjahre u. dann die kleine Deines sich eben erst entfaltenden Daseins u dann kommen Momente der Beschämung über mich, dass ich mich Dir angetragen habe, oder weiter Deine Zukunft versperren möchte, ich komme mir unfair vor u. verspreche mir in der Nacht, Dich Deinen eigenen Weg gehn zu lassen, immer als Dein wahrer Freund u. Helfer u. Ratgeber an Deiner Seite, aber Dir zu sagen, such Dir einen jüngeren, leichteren, ungebundeneren Mann, der biegsam genug ist, sich mit Dir zu vereinen u. sich Dir anzupassen u. ein neues Leben aufzubaun.

Zusammenfassend also sage ich: denke an Dein Leben, Deine Zukunft, Deine Existenz. Schaffe Dir eine neue Wohnung u. womöglich eine neue Tätigkeit. Wenn Du willst, vergiss unsere Liebe, ich werde sie nicht vergessen. Wenn Du sie nicht vergessen willst, schreibe mir das. Dann müssen wir weitersehn. Fasse bitte nicht den Gedanken, jetzt nach Berlin zu kommen. Das würde ja unsere Lage nicht ändern. Wir müssen erst beide diese Probleme in uns verarbeiten. Du kannst sie in größter Ruhe verarbeiten, ich bin Dir als Freund u Hilfe völlig sicher, Du kennst mich jetzt genug, um das zu wissen. Rede Dir nicht ein, ich hätte uns getrennt, mich von Dir getrennt. Sei nicht impulsiv, überlege bitte in fairer Weise, was ich geschrieben habe. Sage Dir auch, einen besseren Geliebten wie mich findest Du sicher, aber einen solchen Freund wie mich wohl nicht.

Das wäre es, Urselchen, was ich Dir antworte.

Ich bleibe
Dein G.B.

Benn hatte völlig recht, seine Häuslichkeit hätte ich ihm nie ersetzen können. Das Risiko, seine labil-stabile Ehe aufs Spiel zu setzen, konnte er unmöglich eingehen. Ich war kein Ersatz für eine Ehefrau. Das ist eine Rolle mit Pflichten, die ich auch später im Leben nie übernommen habe.

139

Telegramm aus Berlin vom 15.1.55, 16^{00}

Dank für Seite Elf des langen Briefes guten Sonntag mus arbeiten

Dein Gotfried

Nicht einmal mehr andeutungsweise erinnere ich mich, was ich auf Seite elf des erwähnten Briefes geschrieben habe.

140

Sonntag. 16 Jan. 55 (Vorm.) [Berlin, *durch Eilboten*]

Liebste Ursel, Dein langer Brief – so viel Themen, auch viele Verkehrtheiten, aber im Augenblick, bitte, keine neue Diskussion. Lass uns ein paar Tage liebe, frühere Briefe wechseln. Mich hat die vergangene Woche reichlich erschöpft, nicht nur Dich, mich auch. Nie habe ich gesagt oder gedacht, dass unsere Beziehungen nur im Körperlichen vollkommen sind – wo endet der Körper, wo beginnt die Seele, es ist alles in Allem: in jedem Kuss, aber auch in jedem Wort und Gespräch, in der Stille ohne Wort u in der Discussion mit Gegensatz u. Kontroverse – in allem ist der Andere da, d. h bei Dir kommt überall die übermenschliche Süssigkeit Deines Wesens durch, das ist es ja, was mir soviel Schmerz u Zwiespalt bereitet, wenn wir gegen einander u. bösartig mit dem andern sind.

Also morgen kommt Inge. Verbringe eine gute Woche mit ihr. Wo wird sie wohnen? Warum schliefst Du in der Nacht von Donnerstag zu Freitag auf der Matratze, nicht im Schlafsack, der doch wärmer ist? [Der letzte Satz ist am Rand angestrichen.]

Dank für Zeitschrift mit den beiden neuen Aufsätzen. Sende sie morgen zurück. Reizvoll wieder alle beide! Wächst nun Amsterdam heran?

Nichts ersehnte ich mehr, als dass wir uns bald wiedersähen u zusammen redeten – es wird bald sein. (Nie war ein einziges Wort, das ich zu Dir redete, nicht wahr. Warum hätte ich Dich „sicher machen" sollen? U. was Rausch angeht, wollte ich weder einen kurzen noch einen langen, sondern gar keinen – Du kamst, erschienst u dann wollte ich – sehr, sehr zögernd – Dich. Nichts war Berechnung, nichts war Lüge, das weisst Du ja auch.)

Lebe wohl, mein Liebes. Nochmals Dank für freundliche Worte in Deinem Brief.

Dein Gottfried

Erhielst hoffentlich gestern Abend mein Telegramm. Sandte es um 4 h. ab.

Sende dies als Eilbrief, da sonntags hier unsichere Postabfertigung.

Inge: *Meine Berliner Studienfreundin Ingeborg Krengel-Strudthoff besuchte mich.*

Schlafsack und Matratze: *Man schläft im Schlafsack auf der Luftmatratze. Benn kannte sich mit diesen Utensilien nicht aus, aber es ist bemerkenswert, wie intensiv und sogar mit Anstreichung er nach einem Detail fragt. Er war immer detailversessen, was mir sympathisch ist.*

141

16. I. [55, Berlin]

Liebes, bitte kläre mich doch nochmal über die Zimmer bei Frau M. auf. Da müssen zwischen uns Missverständnisse vorliegen. Ich habe 2 Berichte von Dir darüber: 1) vom 1. I., wo Du ausführlich schreibst, 2) die kürzere Nachricht zum Brief am 14., dem langen Brief In diesem schreibst Du: (S. 2) „sollte ~~mich~~ mir Frau M. den Raum nicht ohne Möbel geben, liesse ich sie für die Dauer unseres Zusammenseins bei Frau Pohl". Welche Möbel liessest Du bei Frau Pohl? Deine, offenbar. Ich hatte ja bei der ganzen Betrachtung Deiner Ausführungen vom 1. I immer gedacht, Du wolltest die Wohnung bei Fr M. für immer nehmen, die beiden Zimmer, dorthin ziehn für ganz mit Deinen Möbeln. Dann würde ich für meinen Aufenthalt das eine Zimmer bewohnen können, neben Dir. Aber könntest Du dann nur für die Dauer meines Dortseins die Zimmer bei Fr M. nehmen u bei Frau Pohl wohnenbleiben? Dann hätten wir 3 Zimmer u Du würdest Dich dort bei Fr M, im neuen Zimmer, garnicht zu Haus fühlen. Ich frage nicht wegen der Miete, sondern ich möchte wissen, wie Du Dir das Arrangement vorstellst. Willst Du im Prinzip lieber bei Frau Pohl bleiben?

Ich würde unendlich gerne mit Dir zusammen wohnen, neben Dir, aber ich dachte immer, dass das dann Deine Dauerwohnung sei, in die Du Deine Sache[n] mitnähmest. Bitte nimm Dir die Mühe, mir das nochmal genau zu schreiben. Wenn Du es nicht kannst, während Inge da ist, tue es in der nächsten Woche, ja?

Adieu, Du süsser Mensch. Vergiss unsre Liebe nicht.

17 / I
Manches müsstest Du nicht schreiben z B. dass Du, wenn Du in Berlin Herrn Strelitz besuchst, mich garnicht anrufen würdest. Wenn Du nach Berlin reisen willst, werden wir beide, Du u ich, das vorher genau besprechen. Denn wir wollen uns sehn u. allein mit einander sein. Was würdest Du sagen, wenn ich Dir schriebe, „ich werde in den nächsten Tagen Herrn Oe. in Bremen besuchen. Aber ich werde Dich nicht benachrichtigen, um Dich nicht eine einzige Stunde des Zusammenseins mit W zu berauben, mit dem Dich, wie Du schreibst, eine „lebenslängliche, verlässliche Freundschaft“ verbindet. „Wenn ich in Berlin zurück bin, schreibe ich Dir dann wieder.“ Nun? Ich hoffe, Du würdest sagen: „das ist unmöglich“

10 h. Bekam sehr lieben Sonnabend-Brief. Hattest leider mein Telegramm noch nicht! Kuss: Dein Pummi.

Zum Wohnungsangebot einer Frau M., die offenbar möbliert vermieten wollte: Benn hatte richtig empfunden, daß ich im Grunde bei Frau Pohl bleiben wollte, schon ihre beiden Hunde, Nicki und Hasso, hätte ich vermißt, und Frau M. – Meyerdierks hieß sie auf gut norddeutsch, was Benn sicher gefiel – war zwar auch sehr liebenswürdig, aber anstelle von Hunden hatte sie einen äußerst sprechfreudigen Papagei. Man hörte und verstand ihn sogar im Nachbarhaus. Benn wäre entsetzt gewesen, aber ich hätte den Vogel auch nicht ertragen.

Herrn Strelitz: *Gemeint ist mein Stiefvater, mit dem ich immer gut gestanden hatte und den ich mehrmals jährlich besuchte, so, wie auch er nach Worpswede kam, ohne sich jemals über die dörflichen Unvollkommenheiten, wie die fehlende Kanalisation, zu beschweren. Dabei war er Mediziner wie Benn, als Sohn eines Altphilologen städtisch aufgewachsen, ging aber souverän mit den Gegebenheiten des Dorflebens um.*

Aus Zorn oder Bockigkeit hatte ich wohl geschrieben, wenn ich das nächste Mal nach Berlin käme, würde ich mich überhaupt nicht bei ihm melden.

142

18 I 55 [Berlin]

Liebes, ich schicke Dir M. 100 für Kohlen, Kekse, Jägermeister u was Schulken sonst noch Appetitanregendes hat. Wenn Du sie nicht brauchst, tue sie „in den Umschlag", wie Du immer sagst. Habe gerade wieder unerwartet etwas Monney bekommen.

Bist mein süsser Mensch.

Dein Pummi

Schickte Benn mir Geld, gelegentlich, als Beitrag zu den Alltäglichkeiten, gab ich das keineswegs aus, sondern steckte es in einen Umschlag. Im Frühjahr 1956 waren das 380 Mark, und ich kaufte davon einen kleinen Schreibsekretär, an dem ich heute noch arbeite.

Schulken: *Er war der Inhaber eines Kolonialwarenladens in Worpswede.*

143

18 I 55 nachm. [Berlin]

(Die alte Sekretärin tippt im Vorderzimmer den Aufsatz ab, der gestern nacht fertig geworden ist, gottseidank!)

Liebes Ponnychen, Dank für Brief mit feiner Abrechnung! Habe sie genau studiert. Wenn schon, denn schon, also –: Wie kommt es, dass Du im 2. Halbjahr soviel weniger verdientest? I Halbjahr: 1625 II Halbjahr 1003. Seit Pummi auftaucht, geht es abwärts! Woher die grossen Summen (400!) am 5 II u. 1. IV ? u am 30. VI nochmal 300.? Woher die grossen Honorare? Bist ja ein hochbezahltes Ponnychen!

Marie Hamsun: sie ist so spiessig. Z B. bei der Verleihung des Nobelpreises hört man mehr über ihr Kleid dazu als über die Rede von ihm, die so weltberühmt geworden ist. Ich stelle sie mir so sehr unelegant vor, nicht gut zum Umarmen! Hat Dein Exemplar den Buchumschlag mit den dollen Bildern? Innen drin? Er sieht ja ganz unheimlich aus, namentlich auf dem Hochzeitsbild, so elegant u. fatzkig, aber sicher nur Pose u Harlekinade, mit den feinen Handschuhn in der Tasche! Und die spitze Nase! Aber nette 4 Kinder. Gerne wüsste ich etwas Näheres über die 1 Frau u die Scheidung. Sie war, soviel ich weiss, Wienerin u. wohl nicht das rauhe u wilde Leben in Norwegen gewohnt. Hörte ich mal.

Traven kenne ich nicht, nie was von ihm gelesen. Vergiss aber „Den grossen Regen" nicht, Urselchen!

Wie sind die Tage mit Inge? Bitte grüsse Sie von mir. Nimm die 100 M. an, mein Liebes, was Du hast, habe ich auch.

Sei zärtlich umarmt.

Dein Pummi

Vermutlich hatte ich das Bedürfnis, Benn auf Heller und Pfennig vorzuführen, wie meine wirtschaftliche Lage war. Die „großen Summen" von 400 und 300 Mark flossen mir durch Neuauflagen von mir verfaßter Schulschriften zu. Nachdem sie im ersten Halbjahr gedruckt und abgerechnet waren, gab es im zweiten Halbjahr 1954 keine Nachdrucke. Folglich war das Einkommen in den letzten sechs Monaten geringer.

Traven kenne ich nicht: *Es erstaunte mich, daß Benn ein Buch wie „Das Totenschiff" nicht kannte. Als Taschenbuchausgabe habe ich es ihm später geschenkt. Mich hatte das Buch sehr fasziniert wie alle oder doch viele Schiff- und Seefahrtsbücher, besonders die große maritime Literatur von Melville und Conrad. Kam hinzu, daß die Identität des Autors Traven damals noch ein spannendes Geheimnis war.*

Der große Regen: *Das Buch muß ihn wirklich sehr beeindruckt haben, er empfahl es mir immer wieder. Ich fand es, wie schon gesagt, eher flau. Benn war eben, auch wenn sie nur geschildert war, von einer Frau, hier der Maharani, zu begeistern. Sympathisch, nicht wahr, auch von einer geschriebenen Frau so entzückt zu sein.*

144

20 I 55 [Berlin]

Richtiger Donnerstag, Liebling: draussen düsteres Wetter, ich Zahnschmerzen, die alte Sekretärin krankgemeldet, musste nach einer anderen suchen u. telefonieren, da ich Max versprochen hatte, dass am Sonnabend die Sache bei ihm ist. Kommt jetzt gleich: 3h nachm, muss zu Ende schreiben, dann zur Post: ein schreiben lassen, Liselotte hatte den Nachm. frei. Nur schnell: ich habe die 100 M abgesandt bevor ich Deine Rechnung bekam, aber bemerkenswert, dass wir beide am gleichen Tag das gleiche Thema u. Gedankengut hatten. (Sympathie, zwei Herzen u 1 Schlag.)

Inge bei Haar! Dank für Zettel von ihr. In Eile Kuss

von

Pummi!

Inge bei Haar!: *Im Gasthof Haar hatte auch Benn einmal gewohnt.*

145

21 I 55 Freitag. [Berlin]

Liebes, Dank für Donnerstag Briefe! Der Brand ist ja schrecklich u Du willst hageln, wenn wir uns wiedersehn – die Elemente wüten offenbar in W .. Wie kann der Brand ausgebrochen sein – Ein elektr. Heizofen wahrscheinlich?

Wann fährt Inge ab? Habt ihr zu essen u trinken gehabt?

Gratuliere noch sehr zu dem neuen Buchauftrag. Freut mich sehr u. ist wahrscheinlich keine so ganz grosse Arbeit für Dich? Lass Dir etwas Vorschuss zahlen u wenn es 200 M. sind! Habe eine neue Arbeit begonnen. Schreibe bald mehr darüber. Rom habe ich zunächst mal abgesagt. Schreibe Näheres nächste Woche an Dich.

Sei Sonntag, falls Du wieder allein bist, nicht einsam, bald ist Frühling u. alles ist anders u besser.

Sei umarmt, Liebste, mein Ponnychen, mein süsses.

Dein
G-Pummi.

Ein alter Bauernhof war abgebrannt. Das war im Dorf ein elementares Ereignis. So ein Haus war eine Persönlichkeit, eine Institution. Man vermißte es, der Anblick des Brandplatzes war einem schier unerträglich. Wodurch das Feuer verursacht worden war, weiß ich nicht mehr. Kaum durch einen elektrischen Heizofen. Es ist charakteristisch, daß Benn als erstes an ein Feuer durch Kältebekämpfung dachte.

neuer Buchauftrag: *Es handelte sich, wie üblich, um eine Schulschrift. Das Thema war die Versorgung einer Großstadt.*

146

23 I 55 [Berlin]

Liebes, ich hatte Zahnschmerzen u konnte nicht schreiben. Hatte auch neue Gedanken, die mich beschäftigten.

Gruss u Kuss
Dein guter
Pummi

147

24. I Montag. [55, Berlin]

Liebes Urselchen, ja ein richtiger Brief ist fällig. Dank für Deinen von Sonnabend. Also Inge ist wieder fort. Von mir hörtest Du wenig u Kurzes, ich war nicht auf der Höhe. Zähne: nicht der tut weh, der extrahiert werden muss, der tut z Z. garnicht weh. Aber ich bekomme ausserdem 1 Stiftzahn, 1 Goldhaube über einen Backenz u. 1 Krone über einen vordren oberen. Und diese Schleiferei und Bohrerei ist scheusslich, trotzdem ich mir am Sonnabend eine tüchtige Einspritzung dazu machen liess, um nichts zu fühlen. Aber diese Einspritzungen sind ja auch nicht schön u wirken etwas auf das Allgemeinbefinden ein. Nun, es muss sein. Bald ist es vorüber.

Habe sehr an Deinen einsamen Sonntag gedacht. Gratuliere zu den M. 130 aus Hannover. Vorschuss ist nichts Ehrenrühriges: die meisten Verlage bieten es einem ja an. Bald verdienst Du mehr als ich. Die letzte Halbjahrsabrechnung von Wiesbaden war mässig. Es ist immerhin erstaunlich, dass 3200 von meinen fragwürdigen Büchern in 6 Monaten verkauft werden, aber sie bringen ja nichts ein bei 10%. Neuauflagen jetzt von: 1) Probleme d. Lyrik (3. Auflage), 2) Destillationen 3) Stimme hinter dem Vorhang. 4) Doppelleben. Aber es ist ja doch deprimierend, dass man von seinen vielen Sachen nicht leben könnte. Was nützt einem der Ruhm – ein Schmarren. Honorare sind wichtig. Das ärgerte mich auch sehr in den letzten Tagen. Die Folge ist, dass ich Neues schreiben muss u werde, das bringt ja dann immer Rundfunk, Nachdrucke usw. Also los! Pummi im Joch, u. muss Geschirr anlegen u ziehn! Dies hat mich auch mitbestimmt, Rom abzusagen. Rom wäre im Mai – u bis dahin beschäftigt u resorbierte es mich noch, was ich da vortragen soll u übersetzen lassen usw. Ausserdem strengt es mich einfach auch zu sehr an. Ich werde hier bleiben u. arbeiten. Florenz wäre dann auch noch dazu gekommen u das ganze Honorar wäre durch

Reise u. Besichtigungen u Nebenspesen draufgegangen. Ausserdem, wenn man kein Wort Italienisch u kaum noch Französisch richtig sprechen kann, macht man ja dort eine traurige Figur. –

Hans Bender hat vor einigen Tagen an mich geschrieben, langen Brief, nett u. bittend um Beiträge. Ich habe ihm 3 Gedichte von der Kölnerin Astrid [Claes] gesandt, Du weisst, keine avantgardistischen Gedichte, aber recht schöne, innerliche u sie ihm empfohlen. Wenn er sie bringt, bekommt er ein neues von mir! Deinen Namen habe ich natürlich nicht erwähnt, Du wolltest es nicht. Bin aber entzückt, wenn du Dich auf mich bezögest, mein Ponnychen. Auf H.H.R. würde ich an Deiner Stelle nicht viel hören, er ist ja ein sehr netter u feiner, aber doch schwacher u unproduktiver Kopf. Vielleicht schickst Du mir doch mal ein par von Deinen Gedichten?? Du kannst sicher sein, dass ich sie sowohl mit grosser Liebe, als auch in Deinem Interesse qualitativ beurteile.

Du hast die nächste Zeit viel zu arbeiten, ich auch. Bald ist der Winter rum, der für Dich so schlimme harte Winter. Denke mit Liebe an Dich u sehe Dein süsses kleines Gesicht u alle lieben Dinge immer vor mir. Sei umarmt, mein süsser Ponnymensch.

Immer Dein Pummi

Benn kannte Rom und auch Florenz nicht. Daß es ihn nach Florenz nicht zog, weil ihm bildende Kunst nicht viel bedeutete, verstand ich. Aber daß er auf Rom als den historischen Nabel der doch von ihm geliebten europäischen Welt verzichtete, erstaunte mich. Doch mußte ich erkennen, daß er sich die Unternehmung nicht mehr zutraute. Reisen strengte ihn als einen Menschen, der alles vorher planen mußte, nur noch an. Ich glaube, auch in seinen früheren Jahren konnte er nichts locker angehen. Wichtiger Mitgrund seiner Absage war, daß er, nicht italienisch und nur schlecht französich sprechend, eine „traurige Figur" machen könnte. Es kam ihm immer sehr auf den Eindruck an, den zu machen er in der

Lage war, eben einen sehr guten und nicht den, nicht mit allen internationalen Wassern gewaschen zu sein. Auch in dem Punkt waren wir von sehr verschiedener Natur: In wieviel Ländern bin ich später umhergefahren, ohne die Sprache der Bevölkerung zu verstehen und zu sprechen: in China, Japan, im Iran, im Irak, in vielen arabischen Ländern. Und gar nicht kann man dort zuverlässig damit rechnen, auf Leute zu treffen, die eine europäische Sprache kennen und können. Mit Gebärden bin ich immer durchgekommen, aber für Benn war es undenkbar, sich darauf einzulassen. Nach Rom zu fahren war für ihn, einen Stein wälzen zu sollen, ohne dafür die Kräfte zu haben.

148

Telegramm aus Berlin vom 25. 1. 55, 16 h
[*an die Pädagogische Arbeitsstelle*]

GUTE BESSERUNG VORSICHT ARZT FRAGEN BREMEN BLEIBEN = KUSS +

149

25 I. nachm. [55, Berlin, *durch Eilboten*]

Liebste, das gefällt mir aber garnicht. Weder die Dauer, der bei Dir [*ein unentzifferbares Wort*] noch die Schmerzen im Bauch. Was ist das? Sei vorsichtig! Blinddarm? Ich selbst habe plötzlich links ein schweres Ischias bekommen, humpele wie ein Invalide, aber nichts Gefährliches, hatte ich vor Jahren schon mal, Erkältung, nasse Füsse u. dergl. Aber Du? Konnte nicht zur Post gehn, Telegramm aufgeben am Sonntag. Liebes, miss Fieber, bleibe liegen oder geh ins Krankenhaus. Sauzustände das in Deinem Zimmer, kalt u niemand, der Dir hilft. Bleibe in Bremen, bitte! Will jetzt sehn, auf die

Post zu humpeln, um Dich anzurufen oder Telegramm zu machen. Bald ist es warm u. alles ist gut. Schicke dies nach Br., da Du hoffentlich heute da schläfst. Liebes, sei unbesorgt, immer Dein Pummi (mit Missständen äusseren u inneren) aber immer Dein Pummi.

G

150

[*Auf einem Zettel mit Adressenstempel*]

(das sind die selbstverfertigten Zettel für die Pritschenatteste)

25 I 55 6 h. abends. [Berlin]

Nach dem Telefongespräch: süsses Urselchen, Gute Besserung! Immer diese Darmsachen bei Dir (Reddehase, Konstanz usw) woher bloss? Wärme, Theetrinken, schön schlafen! [*Zwei Sätze über medizinische Befunde ausgelassen.*]

Kuss

Dein G

151

26 I 55. Nachm. [Berlin]

Liebes Ponnychen, eben kam Dein Brief vom Dienstag, gepostet um 19 h, aber offenbar geschrieben vor Telefongespräch. Als ich gestern Deinen Trauerbrief bekam u Du wolltest, dass wir telefonieren, trabte ich mit meinem Hinkebein zum Postamt, um mit Dir zu sprechen oder, wenn das zu lange dauerte, zu telegrafieren. Während ich wartete, gab ich das Telegramm auf, steckte den Eilbrief ein u. als ich mit Dir sprach, warst Du ganz munter, zum Glück, u. nicht mehr krank. Auch aus dem Brief von gestern klingt es nicht mehr krank, bischen Erkältung, u. eigentlich war mein Marsch zur Post unnötig. Ich muss phlegmatischer werden gegenüber Deinen Impulsiv- u. Schwächebriefen! Dabei komme ich auf den Graham Greene zu sprechen, den Du nun nicht einmal gelesen hast. Damals war es sehr dringend u ich trottete herum, um ihn zu besorgen, zu verpacken u zu verposten, den könnte sich Ponnychen doch auch in Bremen besorgen, dachte ich. Und wie recht hatte ich: Nach 4 Wochen liegt er noch bei Dir herum. Ich glaube, Du denkst nicht darüber nach, in wieviel Richtungen ich meine Gedanken täglich u. meine Zeiteinteilung richten muss. Die ärztlichen Dinge besorge ich Dir ja gern sofort u postwendend, aber sonst denke bitte daran, wieviel ich zu bedenken habe. Ich schreibe durchaus nicht alles, was ich zu erledigen habe an Briefen, Sitzungen, Besuchen usw.

Schreibe bitte im Augenblick nicht jeden Tag. Neulich durch Zufall bekam I[lse]. 2 Tage hintereinander die Nachmittagspost in die Hände, am einen Tag waren 2 Briefe, am nächsten einer. Das gab natürlich Stoff zu allerlei Unterhaltungen u. im Augenblick kann ich absolut keine kritischen Konflikte brauchen. Du kannst nichts dafür. Aber wo soll ich jetzt im Winter hin, wenn ich hier fort müsste u. W. gänzlich unbewohnbar ist. Bitte schreibe jetzt so, dass Deine Briefe am Dienstag u Freitag hier sind. Ich kann Dir natürlich öfter schreiben, wenn Du willst. – Stuttgart hat 2 x angerufen u. ich muss die Schillersache nun doch machen. Bis Anfang März. Also viel Arbeit. Du ja auch, das Grossstadtbuch vor Allem.

Schreibe mir bitte Genaueres über die Wohnung bei Frau M. in W. Dies ist ein lieber Brief.

Gruss u Kuss Dein G

Im nachhinein finde ich auch, daß ich in jener Lebensphase anfällig für zahlreiche kleine Infekte war und mit denen auch zu zimperlich umging. Benn hatte recht, sich darüber zu beschweren.

Graham Greene: *Ich hatte sein Buch „Die Kraft und die Herrlichkeit" gern lesen wollen, und Benn hatte eine Buchhandlung ganz nahe um die Ecke, die er immerfort aufsuchte, um sich Kriminalromane zu leihen, da dachte ich, er könne mir das Taschenbuch mitbesorgen. (Die Bitte war auch als ein Wink gedacht, der ihm bedeuten sollte, mir lieber Lektüre anstatt schwarzer Wäsche oder Strümpfe zu schicken.) Weil das Buch mit seiner auch vehement religiösen Thematik streitgesprächsweise eine Rolle im Kreise Worpsweder Freunde spielte, hatte ich es von Benn erbeten, ihm aber nicht über die Unterhaltungen berichten wollen, nehme ich an. Ich halte für ausgeschlossen, daß ich das Buch nicht sofort gelesen hatte. Sicher war ich nur bestrebt gewesen, inquisitorische Fragen zu vermeiden.*

Verständlicherweise bekam Benn häuslichen Ärger, wenn allzu häufig und regelmäßig Briefe von mir eintrafen. Er tat recht daran, seinen häuslichen Frieden nicht aufs Spiel zu setzen. Ich war keine Haushaltpartnerin für ihn, ich hatte gar keine Vorstellung von dem, was Benn an alltäglicher Ordnung brauchte (allenfalls hatte ich eine Alptraumvorstellung davon). Andererseits war mir am Austausch gelegen, und den sah ich nicht gern beschnitten.

152

Donnerstag. 27 I 55. [Berlin]

Liebes, Dank für roten Brief. Bin zufrieden, dass Du wieder im Aufstieg bist, hast wohl die neuen Recepte bekommen.

1) Die Anthologie erscheint sicher noch lange nicht, ist ja ein dickes Ding u. ich hatte 2 Monate lang die Gedichte hier, konnten also nicht gesetzt werden. Werde Dir aber Korrektur senden, die schon vorliegt, Fahnenabzug. Nichts Besonderes, Max allerdings ist begeistert (weil er ohne die Einleitung das Buch nie hätte bringen können).

2) Deine Briefe sind vollzählig vorhanden, nicht so geordnet wie bei Dir meine, aber sicher verwahrt. Was allerdings mit ihnen wird, sollte ich plötzlich sterben, weiss ich nicht. Sie liegen sicher im rechten Abteil meines Schreibtisches, das abgeschlossen ist. Einige trage ich immer bei mir.

3) Deine Schrift kann ich im Allgemeinen sehr gut lesen. Du schreibst seit einiger Zeit leserlicher, vielen Dank dafür!

Zieht der Kortokrax für immer wieder nach W.? Gibt das nicht neue Komplikationen? Für Euch alle?

Wenn Du nun Freitag Abend nach W. kommst, ist dann Dein Zimmer warm? Ich kann garnicht daran denken, wie elend Du in dieser Wohnungsfrage dran bist.

Bekamst Du eigentlich auch noch den Eilbrief vom Dienstag Nachm.?

„Blaue Stunde" von Ingeb. Bachmann las ich daraufhin nochmal. Ja, sehr schön. Beim ersten Lesen waren nur die Verse: „bis unter sanften Bissen Dein Mund einkehrt bei meinem Mund" bei mir haften geblieben, da musste ich einhalten, so sehr dachte ich an Dich u mich u wollte, dass es augenblicklich geschähe.

Ischias ist wie weggeblasen. – Mache nun in Schiller – Dank Du Knigge, sehr einfallsreich, der kleine Ponny. Merkwürdig, dass sie immer Sachen reinbringen, die nicht von Dir sind.

Geliebte, – mal sind wir so, mal sind wir anders, aber immer sind wir dicht zusammen. Ich jedenfalls!

Einen Kuss
von
Deinem Pummi,
(z Z. etwas nervös u. mit Arbeit überlastet.)

Kortokrax: *Gemeint ist der Maler Rudolf Kortokraks, der eine Zeitlang in Worpswede gelebt hatte. Er war vielfach verflochten mit dem Kreis meiner Freunde, aber nie direkt mit mir. In meinem Zimmer in Worpswede war ich niemals elend dran. Es war schön und gut heizbar, sofern man Geld für*

Max Niedermayer, Verleger des Limes Verlags, Foto von Ursula Ziebarth

Torf und Kohle hatte. Wenn ich trachtete, etwas anderes zu finden, dann damit Benn wenigstens für dann und wann eine ihm zusagende Bleibe im Dorf hatte. Ich hatte noch nie einen so komfortbedürftigen, Kälte geradezu panisch fürchtenden Menschen wie Benn erlebt. Natürlich waren in einem nicht zentral geheizten Haus im Winter Windfang und Diele kalt. Mein Problem war der werktägliche Transport von Worpswede nach Bremen und zurück. Auf dem Fahrzeug durch den eisigen Fahrtwind zu rollen war denn doch lausig kalt.

Sachen reinbringen, die nicht von Dir sind: *Aus pädagogischen Gründen fügten die Herausgeber der Schulschriften manchmal einen oberlehrerhaften Zeigefingerschlenker hinzu. Nicht schlimm – aber nicht von mir, die ich wohl nicht immer schulratgerecht schrieb, und es handelte sich ja um Unterrichtslektüre.*

Knigge: *Gerade begann ich mit einem neuen Schulbuch unter dem Titel „Ein Lächeln zu wenig, ein Lächeln zu viel. Geschichten vom Nettsein." Es ging um menschliche Verhaltensweisen im Alltag.*

153

29 I Freitag [55, Berlin, als Eilbrief]

Alles grausig, mein Schatz. Nun bist Du also wieder im kalten W. u bist krank. Was soll ich bloss zur Hilfe machen? Und ein fragwürdiger Brief von mir auch noch dazu. Kein Segen zur Zeit über uns. Wegen hier brauchst Du Dir keine Sorgen zu machen, ist meine Sache, kann Ponnychen nicht viel bei helfen. Also schreibe sofort, wie es Dir geht. Deine vielen Bauchsachen hängen bestimmt mit Deiner unregelmässigen u. fragwürdigen Ernährung zusammen, daran zweifele ich nicht. Und in Br. kannst Du nicht mehr schlafen? Das eine Gute hat diese Misere, dass Du nun siehst, dass Du absolut eine Wohnungsänderung vornehmen musst. Wenn das dadurch geschieht, ist es sehr gut.

Aber im Augenblick ist Deine Lage fürchterlich, namentlich die Toilettefrage. Willst Du nicht ins Krankenhaus nach Br. u Dich einmal gründlich allgemein untersuchen lassen? Deine Arbeiten sind im Moment nicht so wichtig, wegen Geld mache Dir keine Sorgen, da wird Pummi helfen, für etwas muss er doch zu brauchen sein.

Im Mitte oder Ende Februar werden wir uns vielleicht sehen können. I[lse]. geht voraussichtlich für 2 Wochen in die Berge. Dann wird es sich finden, wo wir zusammentreffen. Werde gesund!

Armes liebes Urselchen. Bist sicher wieder ganz blass u elend. Küsse Dich, Liebes.

Dein trauriger Pummi.

Eigentlich nur nebenbei schrieb ich Benn von dem, was im Dorf häufig war: Halsschmerzen, Bellhusten, pruschender Niesschnupfen – man nahm es meistens mit Humor. Benn stieg jedesmal ernstlich auf meine Befindensbemerkungen ein, schon um mir zu beweisen, daß man in einem Moordorf nicht leben könne. (Wie schon gesagt, werden aber überdurchschnittlich viele Menschen uralt dort.) Freilich, wenn man eine fiebrige Erkältung hatte, war es unangenehm, durch den Garten zum Plumpsklo zu trotten. Doch war das halt damals auf dem Lande so. Heute stehen die Wasserversorgung und Entsorgung keiner städtischen nach.

Im Nebenraum der Pädagogischen Arbeitsstätte konnte ich nicht mehr schlafen, weil er für damals aufkommende abendliche Gesprächskreise benötigt wurde.

154

Telegramm aus Berlin vom 30. 1. 55 11^{58} Uhr

Gute Besserung tut mir alles so leid. Innigen Gruß
Benn

155

Sonntag. 30/1. 11h. [55, Berlin]

Liebes Urselchen, da es gestern nicht ging, habe ich eben von meinem Schreibtisch aus ein Sonntagstelegramm an Dich aufgegeben. Ich hoffe, es kommt nachmittag bei Dir an. Wie es Dir gehn mag? Ob Du morgen in Bre. bist? Oder ob Du ins Krankenhaus gegangen bist? und welche Ärztin behandelt Dich dann, war Deine Ärztin nicht die, die abgebrannt ist? Wie ist das Fieber? Kannst Du lesen oder dämmerst du bloss dahin? Gottseidank ist es ja jetzt etwas wärmer draussen. Kommt W[alter]., Dich besorgen u. Dich pflegen?

Gestern Nachm. sass 4 Stunden lang ein wiener – amerikan – jüdischer Emigrant bei mir u. ass u trank unendlich, den der Herausgeber des Merkur, Herr Paeschke, an mich gewiesen hatte. Dieser 35jährige, ganz nett aussehende Bursche, hatte bei Paeschke einen Aufsatz gegen mich eingereicht, von dem Lohner geschrieben hatte, er solle mich vernichten. P. hat ihm daraufhin gesagt, er solle mal mit mir reden. (Das weiss ich hintenrum von P.). Nun kam er also. Ganz intelligent, wie diese jüdischen Literaten ja alle, verfilzt mit der Londoner Clique, die mich ja auch sehr verfolgt (Mendelssohn usw) u ich lachte ihn aus. War sehr vorsichtig mit ihm, aber doch sehr nett. Ich glaube nicht, dass er noch viel gegen mich unternehmen wird, aber wissen kann man es nie. Trank 3/4 Flasche Cognak u war zum Schluss blau. Deswegen kam ich nicht dazu, mein Telegramm an Dich abzusenden.

Mein lieber süsser Ponny, meine Gedanken sind ununterbrochen in Deinem Zimmerchen bei Dir. Sei versichert, dass ich immer Dein Pummi bin mit allen süssen Erinnerungen an Dich.

Einen Kuss

Dein G.

Ärztin: *Drei Ärztinnen hatten wir damals, mir war am liebsten eine ganz alte, sehr strenge Ärztin aus Ostpreußen, sie hieß Laser-Rogge, wackelte im wörtlichen Sinn bereits mit dem Kopf, war längst mehr als achtzig Jahre alt, fuhr immer noch ihr Auto selber, alles sprang beiseite, wenn ihr Wagen in Sicht war, aber sie war medizinisch unendlich erfahren und eine ungemein originelle Person. Das letztere waren die beiden anderen Ärztin-Damen auch. In Worpswede war niemand ein ganz normaler Bürger, wie hätten es die Ärztinnen sein sollen, schließlich hatten sie ja vom Morgen bis zum Abend mit Sonderlingen zu tun, mit einem Bauern, der täglich die Londoner „Times“ las, mit einer Lady, die in einem Zigeunerwagen lebte, mit Spökenkiekern, Nachtwandlern, mit Bauern von der dickschädeligsten Art und natürlich mit einem Haufen Malern, die, wie jeder Bürger weiß, sowieso alle übergeschnappt sind. Worpswede war prima damals, eine Wonne an Verrücktigkeit, Toleranz, Laissez faire. Niemand scherte sich darum, was anderswer von ihm dachte. Wir in Worpswede waren alle gute Figuren!*

Heut ist Worpswede verändert durch den Zuzug von Bremern und den Tourismus. Doch gibt es immer noch Nester des alten Dorflebens. Die Nachkriegsjahre: Eine wunderbare, von Geschichten wuchernde Zeit. Benn muß sich wie unversehens in eine Kältesteppe geraten vorgekommen sein, in der ein Volksstamm herumwuselte, dessen Sitten ihn verblüfften, den er für eine Spur gefährlich hielt, freilich auch für ein wenig verächtlich. Aber leider waren diese merkwürdigen Leute dort in der Überzahl, er stand ihnen ganz allein gegenüber.

156

[*Vier Beizettel zu einer Sendung verschiedener Drucksachen*]

1. II. 55 [Berlin]

Abzug von Expr. Aufsatz folgt in den nächsten Tagen. Brief folgt auch.

Dank für Brief vom Sonnabend. Wie geht es, Kleine? Nachm. kommt wohl Brief von Dir. Alles Liebe u Kuss!

Dein G

Steht im nächsten Heft der „Akzente“. Die Geschichte dieses Gedichts ist folgende: in München erscheint eine Monatsschrift, „Musik u. Dichtung“, das Organ der „Gema“, die die Rechte der Autoren, namentlich der Komponisten vertritt. Die hatte mehrfach an mich geschrieben, ob ich nicht einen diesbezüglichen Beitrag geben könnte. Ich hatte einige Verse u. Notizen aus dem jetzigen Gedicht im Notizbuch u verfertigte das Ding. Aber als es fertig war, sah ich, dass ich die Schallplatten u die Evergreens unsanft behandelt hatte, also das Milleu u das Material, von dem die „Gema“ u also auch diese Zeitschrift lebt, u. da behielt ich es lieber hier. Nun wird es in den A[kzenten]. stehn. Mal eine soziale Nuance, die es bei mir ja eigentlich garnicht gibt.

31. I 55. G.

Die N[eue]. Z[eitung]. hatte für die Abschiedsnummer auch was erbeten. Gerade an dem Vormittag hatte ich diese kleine Improvisation gemacht u. sandte es. Leider haben sie im Druck aus Gott Gatte gemacht – entsetzlich, zerstört das Ganze u nun haben sie mich auch noch zu einem [nicht zu entzifferndes Wort] gemacht! ([Wiederholung des Wortes]= 175er). Ich schwöre: ich hatte nie einen männlichen Gatten!

1 II Nachm.

Brief kam an. Las ihn noch nicht zu Ende. Antworte bald.

Liebes, Dein
Pummi

Vier Beizettel zu Gedichten. Der Druckfehler war: anstatt „damals war Liliencron mein Gott“ – „damals war Liliencron mein Gatte“.

157

2. II 55. [Berlin]

Liebchen, Dank für Brief Sonntag / Montag mit Plan der Wohnung. Nicht ersichtlich, ob alles möbliert vermietet wird oder leer. Es handelt sich ja um eine Wohnung für Dich, das ist das Entscheidende. Das grosse Zimmer wird sicher voll, wenn Du Deine Bücher alle aufstellst. Wäre doch eine feine Sache für den aufsteigenden Ponny. – Kindchen, was Du für ein Wesen davon machst, wenn Du Dir mal Schokoladenspeise u. Kartoffelpuffer machst oder machen lässt! Da ist ja das Elend, dass Du das als grosse Sensation ansiehst, was du 2 x am Tag machen solltest, regelmässig. Sei doch nicht so ein Vagabonde u Pennbruder, gewöhne Dich doch ein bischen an civile Verhältnisse. Trinke auch nicht soviel Milch, jedenfalls nie unabgekochte! Das ist gefährlich.

– Ich schreibe bis auf weiteres nach W., da Du ja doch wohl nicht regelmässig in B. sein wirst.

– Der Herr von Sonnabend hiess Dr. Peter Heller. Schickte Montag eine riesige Azalee mit Karte: „Dank für die grossartige Gastfreundschaft, Dank für das wunderbare Gespräch, Entschuldigung, für das viele Cognactrinken". Also ganz nett, nachträglich.

– Das Telegramm am Sonntag gab G.B von seinem Schreibtisch aus auf. Gehe meistens auf die Post, damit die Telefon-rechnung nicht so hoch wird, ist schon immer hoch genug: 30 – 40 M.

– Gestern gab es Königsberger Klops –, sehr gut, u Obstsalat, (Apfelsinen u Äppel), auch sehr gut. Esse jeden Tag Obstsalat oder grünen Salat. Heute gibt es Blut- u Leberwurst mit Sauerkohl.

– Herr Lennig ist jetzt am „Tagesspiegel" abserviert u. ist frei. Sucht am Rundfunk Köln anzukommen.

– Mein Schreibtisch sieht noch wüster aus als sonst, da soviel Schillerbücher herumliegen. Langer Aufsatz über GB aus US.A angekommen. Viele Briefe, viele Anfragen nach Beiträgen – die Literatur besteht für mich nur noch aus Belästigungen.

– über Februartreffen bald Näheres. Berlin ist wohl das Beste. On verra

– wenn ich aus einem Märchen bin, dann nur ein böser Zauberer. Du kannst manchmal süsse Sachen schreiben, kleiner Fratz.

Urselchen: iss Haferflocken, Reis, Eier, trink, schlafe, damit Dein Gesichtchen nicht so schmal u blass wird.

Kuss Dein G.

Die Pritschen stören mich zZ furchtbar, da ich mich immer im Lesen u Schreiben unterbrechen muss. Aber sie bringen eben doch etwas ein, ohne Unkosten, ich werde sie behalten müssen.

G.

Ich kochte nie und tue es bis heute nicht. Ich habe keine Lust dazu. Pudding und Kartoffelpuffer hatte mir sicher jemand gebracht, und daß ich, davon belustigt, es Benn schrieb, war auch wieder nicht recht. Dabei war ihm doch sonst so am Erzählen gelegen. Daß es eine falsche Lebensweise ist, unregelmäßig zu essen, mag ja sein, immerhin bin ich mit ihr bisher neunundsiebzig Jahre geworden. Natürlich, wer nicht pünktlich ißt, ist eine Vagabonde, wer gar gelegentlich mit Vergnügen auf einer Luftmatratze schläft, ein „Pennbruder", ganz klare Sache, und wer nicht fähig ist, in einem Schlafsack auf einer Luftmatratze zu schlafen, wenn es mal nötig ist, und sich deswegen schon deklassiert fühlen würde, hat nicht so sehr viel Klasse. Das ist auch eine klare Sache.

158

3 II 55. [Berlin]

Liebes Urselchen, es ist vormittags 11 h u. in diesem Augenblick vor 10 Jahren begann jener grausame Angriff auf Berlin, dem Deine Mutter u. Grossmutter zum Opfer fielen. Eine schlimme Erinnerung, ich denke an Dich u. dass Dein Schicksal ohnedem vielleicht anders verlaufen wäre, vielleicht leichter, vielleicht behüteter. –

Was macht Deine Erkältung u Deine Darmsache? Nimmst Du noch Eldoform ein oder was sonst? Wie gelangst Du jetzt immer nach Br. hin u. zurück? Immer wird doch Herr Müller nicht zur Stelle sein können.

Über Wiedersehn kann ich noch nichts Sicheres schreiben. Es ist wahrscheinlich, dass I[lse]. verreist, aber nicht ganz sicher. Aber, Liebes, lange kannst Du nicht herkommen, nur ein paar Tage. Mehrere Wochen ist nicht gut möglich, eine Dreieckssache hier in Berlin machen wir nicht, das wäre für keinen gut u tragbar. Ich werde Dir in etwa 4 Tagen Bestimmtes schreiben können, u. Dein Herkommen würde vielleicht auf den 13 oder 14. II fallen können. Aber, wie gesagt, 100%tig ist es noch nicht. Mache Dich bitte bis dahin gesund! An Reddehase schreibe noch nicht, vielleicht gehst Du in eine andere Pension, die ich suchen würde, die näher ist u. Centralheizung hat. Und jeden Tag zu Mampe gehn wir auch nicht!

Kuss, Liebste

Dein G.

Es rührte mich sehr, daß Benn unter diesem Datum an jenen fürchterlichen Bombenangriff auf die zentralen Bezirke Berlins dachte, nach dem meine Mutter durch einen tückischen Zeitzünder so schwer verletzt wurde, daß sie daran sechs Wochen später starb. Meine Großmutter überlebte noch bis zum September. Ich saß während des Angriffs im Keller der Universität Unter den Linden, war, wie stets am Sonnabend, in das Plato-Kolleg von Eduard Spranger gegangen. Das Krachen der Bomben und der einstürzenden Häuser in der Umgebung der Uni war entsetzlich gewesen, doch die Uni kam glimpflich davon.

Herr Müller: *Gemeint ist der Enkel Heinrich Vogelers, Hans Georg Müller, Architekt, vor allem auch Innenarchitekt. Er hatte manchmal in Bremen zu tun und nahm mich dann in seinem Auto mit.*

159

Laut Poststempel 4.2.55, Berlin

Inliegend nichts als ein von Benn gelöstes Silbenkreuzworträtsel, das er aus einer Zeitung ausgeschnitten hatte.

Eine text- und grußlose Zusendung. Wir hatten Zoff infolge eines Telefonats oder eines Briefes von mir. Ich hatte wohl deutlich verlauten lassen, daß ich es leid sei, auf ein Treffen immer warten zu müssen, bis es eine genügend geheimzuhaltende Möglichkeit dafür gäbe. Benn schickte mir immerhin ein von ihm geratenes Silbenkreuzworträtsel als stumme Geste, weil ich nach seiner Lust an solchen Rätseln, die ich nie teilte, gefragt hatte. Ob er denn jemals eines wirklich lösen könnte, wollte ich wissen. Er übersandte mir den Beweis, wobei die Nennung des italienischen Astronomen fehlt. (Er hieß Donati, lebte von 1826 bis 1873 und hat als erster spektroskopische Untersuchungen von Kometen unternommen, was ich nachschlug und Benn schrieb.)

160

10 II 55 [Berlin, durch Eilboten]

Liebe Ursel, wir wollen uns nicht länger feindlich gegenüberstehn, das geht nicht. Wenn Du nicht mehr böse bist, rufe mich bitte morgen vorm. an. Ich würde Dich anrufen, aber ich weiss nicht, ob u wann Du in der PA bist. Natürlich sehn wir uns hier in Berlin. Ich bin ganz allein. Wenn Du schon Sonnabend kämst, könntest Du 2 Tage in einer Pension wohnen u am Montag zu Inge gehn. Den Sonntag hätten wir dann für uns. Bitte rufe morgen an.

Dein G.

Natürlich rief ich an. Wir verabredeten uns in Berlin.

161

21 II 55 [Berlin. *Dieser Brief wurde mir in Berlin in einem Umschlag übergeben, auf dem* „An Ponnychen." *stand*]

Liebes Urselchen, es waren so sanfte schöne Tage, wir lagen mit unter dem Schnee, dem weissen, stillen, – vergiss sie nicht, wenn wieder jeder für sich ist. Was es an Glück gibt, war bei uns, mehr als je bei unseren früheren Zusammenkünften, nimm das als Zeichen für Wiedersehn u. Dauer. Stück für Stück rücken wir in den andren vor u entfalten den andren zärtlich zu einer grossen Gemeinsamkeit. Ich danke Dir sehr, mein süsser Ponny. Ich habe durch Deine letzten Briefe u. durch die Stunden hier tiefer in dich hineingesehn als früher u. überall sah ich, dass Du „wimmelst" von lauter süssen Dingen. Ich hoffe, dies ist ein Zettel für unter das Kopfkissen u Du schläfst darauf schön ein. Kuss, Liebling!

Dein G.

21. II 55
(Rosenmontag)

Es waren wirklich schöne Tage gewesen in Berlin. Immer wenn wir Ruhe hatten, wo auch immer das so war, kam es zu endlosen Gesprächen „über Gott und die Welt", wie man so sagt, und ich wußte wieder, warum ich die Rolle der verheimlichten Frau auf mich genommen hatte. Benn war ein so wunderbarer Gesprächspartner, er sprach leise, drängte einem seine Meinung nie auf, war immer bereit, ein Thema hin- und her zu wenden, Zweifel zuzulassen, nach neuen Beweisen zu suchen, wenn er seine These beibehalten wollte. Er konnte mündlich auch ungemein witzig formulieren, besonders wenn es um jemanden ging, den er als Schriftsteller nicht ausstehen konnte. Schriftlich blieb er Kollegen gegenüber gemäßigt. Wir griffen die absonderlichsten Themen auf, z.B. machten wir uns Gedanken darüber, was für einen Gang wohl Kant gehabt haben mag. Wie Schiller ging, ist leicht vorstellbar, auch Goethes Gang, jedenfalls den des alten Goethe glaubt man imaginieren zu können. Aber den von Kant? Ich finde die Gangart eines Menschen überaus aufschlußreich. Wenn man jemandes Gang nachahmt, hat man sich am allerbesten in sein Wesen hineinversetzt, meine ich.

Luthers Gangart kann man sich denken, auch die von der Luthers ganz verschiedene Melanchtons. Aber wie ging Kant? Es beschäftigte uns sehr. Akkurat und steif ging er, meint man zunächst, aber da kann man irren, das ist zu plump gedacht. Vielleicht hatte er sogar einen zögernden, etwas unregelmäßigen Gang. Sollte nicht ein Philosoph einen solchen haben?

(Mit großem Erstaunen las ich viele Jahre später in der Autobiographie seiner Tocher, daß Stalin einen ganz leichten, tänzerischen Gang gehabt habe. Nie wäre ich darauf gekommen. Ich hatte ihm schwerfälliges, bärenhaftes Trotten zugetraut. Doch die Tochter schildert, daß man ihn oft gar nicht kommen hörte, so leicht war sein Schritt. Das hat auch etwas von geheimem Näherkommenwollen und paßt eben doch zu ihm.)

Wir trieben das Gang-Spiel lange fort. Wie mag Hegels Schritt gewesen sein? Schwäbisch solide-schwer? Wie ging Shakespeare? Schnell und leicht?

Ich erinnere mich, daß ich die köstliche sich bietende Gelegenheit nahm, Benn darauf hinzuweisen, daß eine Frau, die auf hohen Absätzen geht, sich ihres individuellen Ganges beraubt, sie muß sich dem anpassen, was die Stelzen unter ihren Fersen zulassen. Und ich wies darauf hin, daß z.B. Greta Garbo immer in flachen Schuhen ging, auf allen Privatfotos ist sie in solchen zu sehen, und in Biographien über sie ist es zu lesen. Freilich sei die Vorliebe für flache, bequeme Schuhe die einzige Ähnlichkeit zwischen der Garbo und mir. Wir lachten sehr. Nach Benns Tod las ich, daß sie es haßte, sich fest zu verabreden (außer für Arbeit), sie liebte es, den Tag sich entwickeln zu lassen. Damit sind meine Übereinstimmungen mit Greta Garbo aber wirklich erschöpft. Übrigens erinnere ich mich, daß Simone de Beauvoir irgendwo ge-

schrieben hat, die Emanzipation der Frau beginne mit den Schuhen, damit, daß sie sich getraue, nicht zu tragen, was Männer schick finden, sondern was ihren Füßen guttut und Lust am Laufen macht. Mit Benn hatte ich noch den Gang Kleists erörtert. Wie ein preußischer Offizier, meinte Benn, den Schritt eines Offiziers des Potsdamer Garderegiments habe er gewiß nie ablegen können. Ich dachte, daß er unter preußischen Offizieren vielleicht allein schon dadurch aufgefallen sein könnte, daß er eine Spur unregelmäßig, irritierbar ging.

Wir verstiegen uns. Wie ging Sokrates? Benn meinte scherzhaft, dessen Gang müsse Ähnlichkeit gehabt haben mit dem seinen. Benn ging langsam, stetig, erwartete, daß Entgegenkommende ihm ausweichen. Auch von einer Laterne oder einem Stein in seinem Weg schien er das zu erwarten. Freilich, ich habe Benns Gang nur in seinen letzten beiden Jahren gekannt. So ging Sokrates ganz gewiß nicht. Er wird schlendernd gegangen sein. Wissen wir, wie man im Altertum ging? Immerhin, die anatomischen Voraussetzungen des Gehens sind gleich geblieben. Aber die Varianten! Wie ging Cäsar? Auch die großen Römer hatten nicht nur Auftritte auf dem Kapitol. Wie ging Ovid, als er nach Tomi, dem heutigen Constanza in Rumänien, verbannt wurde? Geduckt, gebückt? Oder gerade besonders aufrecht?

Es war mir eine Freude und gab Anlaß zu immer neuen Gesprächen, daß Benn sich eminent für Körperlichkeit und Lebensgewohnheiten bedeutender Menschen interessierte. Er war Arzt, da lag es nah. Aber er ging mit seinem Interesse sehr weit. Ich bin ein Augenmensch, daher war ich auch betrachtungslustig. Am aufschlußreichsten ist übrigens, wie ein Mensch die Treppe hinuntergeht, es läßt Schlüsse zu auf seine Lebenssicherheit, sein Selbstverständnis, seine Bekümmertheit, seine Unbekümmertheit, sogar auf seinen Mut.

162

26 II 55. Sonnabend vorm. [Berlin]

War sehr lieb von Dir, vom Bahnhof nochmals anzurufen! Hoffe sehr, dass Du Platz bekommen hast u. keine Schmerzen leidest. Bist so ein lieber süsser Mensch, möchte Dir ein Häuschen bauen, wo Du schön wohnen u schlafen kannst u viele Bücher lesen – mein lieber Ponny, Du.

Nr. 108 in W.
Haar in W
Hot. Zur Post in Br.
Hot. Zum Kronprinzen in H.
Hot. Krone in K
Redderhase in B
Banck in B
Bozenerstr in B
u alles war sehr sehr zärtlich u süss.

Umarme Dich, mein Urselchen! Und nun gehe Deiner Wege u. schreibe Deine Briefe. Wenn ich mal einen Tag nicht schreibe, hat das garnichts zu bedeuten, Du musst trotzdem gut schlafen u viel essen u. Dir einen Gürtel kaufen u einen Rock. Habe gestern Briefe nach Stuttgart diktiert, dass ich Sch[iller]-Vortrag nicht mache. Bin froh darüber, bin nun frei für eigene Sachen. Lennig lässt noch grüssen.

War schön, mein liebes Urselchen!

Dein G.

Benn führt unsere besonders schönen Begegnungen auf, die Orte, an denen sie stattfanden: Worpswede, Bremen, Hamburg, Konstanz, Berlin.

„Banck“: *Eine Pension in der Bundesallee in Berlin, nahe der Wohnung Benns.*

Lennig: *Walter Lennig war, wie schon gesagt, ein Benn besonders ergebener Journalist, der ganz in seiner Nähe wohnte. Später hat er im Rowohlt Verlag eine kleine Benn-*

Biographie veröffentlicht. Natürlich konnte Benn es nicht lassen, uns in einem Restaurant zusammenzubringen. Er wollte wissen, wie sein Intimus Lennig „mich findet“. Ich kam mir wie eine Stute vorgeführt vor. Der Fall lag ähnlich wie bei dem Treffen mit Oelze. Ich habe das seinen Kandauleskomplex genannt, was Benn wiederum empörte.

163

Sonntag Nachm. 5 h. [Poststempel vom 28.2.55, Berlin]

Mein liebes Kätzchen, ich habe den ganzen Tag daran gedacht, wie Du wohl „zu Hause“ dran bist, ob es warm ist, ob Du von der Reise sehr kaputt warst, ob Du noch Schmerzen hast usw. Jetzt geht der Sonntag schon zu Ende, er war grau u kalt, u. I[lse]. kam auch heute früh nicht, rief um 10. etwas verlegen aus München an, sie habe gestern den Zug verpasst, käme morgen früh. Na, wollen mal sehn. Ärgerte mich, denn ich hatte Essen besorgt usw.

Habe fast den ganzen Tag auf der Couch gelegen u. an vorigen Sonntag gedacht. Denke, an Stuttgart hatte ich doch am Freitag geschrieben u gestern Sonnabend mittags riefen sie schon hier an, ich liess mich aber nicht sprechen. Liselotte musste lügen u sagen, ich sei den Tag nicht zu Hause. Ich habe keine Lust, mich telefonisch beschmusen zu lassen.

Bekam gestern von Max das Manuscript des jungen Berliners, dass er so gut fand. – Nun, ich nicht: Alter Quatsch mit Schwarzhandel, Währungsreform, Schiebung, Homosexualität usw. Sagte ihm abends, als er anrief, dass ich abrate. – Las dann in „Texte u Zeichen“ das von „Pocahontas“, was Du erwähntest, dieser Autor Arno Schmidt ist eine Potenz, keine ganz angenehme, aber entschieden originell u kühn. Hast Du es gelesen?

Liebes, jetzt gehe ich den Brief einstecken zum Bayr. Platz, trotte langsam, atme, beschaue die Welt. Umarme u küsse Dich.

Dein G.

Um welches Manuskript eines Berliners über Schwarzhandel, Währungsreform etc. es sich handelte, weiß ich nicht mehr.

Da ich eine begeisterte Arno-Schmidt-Leserin bin, damals von einer Geschichte „Seelandschaft mit Pocahontas" gehört hatte, fragte ich Benn danach und empfahl sie ihm blindlings.

164

1. III 55. vorm. [Berlin]

Liebes, hier ist der Brief aus Köln. Etwas Besseres wirst Du in Deinem Leben nicht finden können. Überlege, brause nicht auf, wirf nicht Alles gleich über den Haufen u sage: nein. Ich, G.B u Pummi u. Kazü u Spätzchen rate Dir zu dem Schritt. Schünemann u. Cornelsen u Hannover – alle zusammen können Dir das nicht bieten. Was uns angeht, so ist Köln nicht weiter als Br., im Gegenteil ich habe in Westdeutschland mehr Möglichkeit zu reden u. vorzutragen u Du weisst, dass Du meins bleibst. Dann stehst du doch auf festen eigenen Füssen u. hast Möglichkeiten, wie sonst nirgendwo. Denke vernüftig, Ponnychen. Schreibe an Frl. Dr. Astrid Claes, Gleuderstr. 153. Köln-Lindenthal (220). Schreibe mit guter Handschrift u auf anständigem Papier. Briefe bitte gelegentlich zurück. Schreibe bitte nicht, dass ich Dir den Brief im Original geschickt habe, schreibe bitte, ich hätte Dir seinen Inhalt mitgeteilt. [Die letzte Unterstreichung und Randanstreichung mit Rotstift.]

Nachm. Dein Brief von 28 II, Montag, kam eben. Dank. Sein Inhalt zeigt ja, dass es so nicht weitergeht. Jetzt musst Du Dein Schicksal in die Hände nehmen. Etwas Besseres könnte Dir auch P., wenn er noch lebte, nicht vorschlagen. Kindchen, sieh mal, auch unsre Deine u. meine Beziehungen sind davon abhängig, dass Du Dein Los verbesserst. Wir können nicht wieder 250 M. für Berlin ausgeben, so süss die Tage waren u so süss sie wieder sein würden, solange Du so leben musst, wie Du es jetzt tust. Und meine finanzielle Hilfe ist ja nicht so gross u. unbegrenzt, dass ich Dir wirklich aus

„dem Schlamassel" helfen könnte. Diese Offerte aus K. ist doch wie ein Märchen, besonders da Du Dich da ganz frei nach Deinem Talent u Genie entfalten könntest. Also: W.G.w = W.U.t. Überlege, schreibe Donnerstag an mich. K. d. M.! (= Küsse die Muschel!) Ich tue es auch.

In Liebe
Dein G

– Bekamst Du Montag meinen Brief mit den Ortsangaben? Am Sonnabend in P.A adressiert
– Einverstanden mit Schaffenrathstr. 30!

Dein G

Benn hatte bei der ihm gut bekannten Astrid Claes, die in Köln im Winkler Kinderbuchverlag als Lektorin arbeitete, aber im Begriff war, diese Stelle aufzugeben, angefragt, ob nicht ich sie haben könnte. Offenbar hatte er mir den zusagenden Brief von Astrid Claes beigelegt. Ich hatte damit die Chance, eine feste Anstellung zu bekommen. Als ich aus Berlin nach Bremen zurückkam, hatte ich keinen neuen Auftrag vorgefunden, was natürlich sehr ungünstig für meine wirtschaftliche Lage war. Daß ich in dem Kölner Verlag, wie Benn schreibt, meine „Talente" entfalten konnte, sah ich allerdings von vornherein keineswegs, denn es war nicht vorgesehen, daß ich für den Verlag schrieb (und mir lag doch am Schreiben für Kinder), sondern die eingehenden Manuskripte las, entweder wohlbegründet ablehnte oder sie für den Druck fertigmachte. Es handelte sich dabei um Lektürehefte, wie ich sie selber für den Schulunterricht geschrieben hatte, nur dienten die des Winkler-Verlags der Unterhaltung.

P.: *Gemeint ist Prof. Wilhelm Pinder, mein Lehrer der Kunstgeschichte an der Universität Berlin.*

Die Formel „W.G.w. = W.U.t." *hatte ich erfunden für den greulichen, von Benn immer gewünschten Tatbestand: „Was Gottfried will, ist (hat zu sein) Was Ursel tut". Er erwartete eben doch leider, daß ich mich stets nach ihm richte.*

Küsse die Muschel: *Ich hatte Benn eine schöne Muschel mitgebracht, ihm die Hälfte des Tierhäuschens gegeben und die andere behalten. (Ich habe sie heute noch.) Sie blieb das Symbol unserer Zusammengehörigkeit. Es war ein Exemplar aus der Familie Veneridae, und zwar eine „Tapes litterata Linné" mit dem wissenschaftlichen Namen. Durch ihre Musterung sieht sie aus, als wäre sie beschrieben – was mir zu uns zu passen schien. Ich hatte sie meiner schon erwähnten Conchyliensammlung entnommen und unter uns geteilt.*

Schaffenrathstr. 30: *Dort hatte ich für den Rest des Winters günstig ein Zimmer mieten können. Die Straße war nicht weit von der Pädagogischen Arbeitsstelle in Bremen entfernt.*

165

2 III Mittwoch [55, Berlin]

Kleine Ergänzungen:

1) Wo liegt die Schaffenrathstr.? In der Nähe der P.A?
2) Am Sonntag Nachm. hörte ich, genau wie Du, Meerkatz u Dehler, teils am Schreibtisch sitzend, teils auf der Couch.
3) Habe Lennig angerufen u gebeten, Dein Lesezeichen an sich zu nehmen. Ich gab nämlich das Buch gleich an ihn zurück. Oh, oh!
4) War gestern Abend in „Canaris" (hier im kleinen Kino, Meranerstr.) Gefiel mir nicht sehr. Er ist mir zu weichlich u. redet zuviel Banalitäten. In Wirklichkeit war er ein undurchsichtiger, gefährlicher Bursche.
5) Das Buch „Dichter über Dichtung" ist im Stichnote-Verlag in Darmstadt erschienen. Aber kaufe es nicht. Ich schicke es Dir.
6) Ich hatte an A. C in Köln Deine Worpsweder Adresse angeben. Wenn Du ihr schreibst, vergiss nicht, Deine Bremer anzugeben.

Und nun will ich Deine Überlegungen nicht stören. Meine Ansicht kennst Du.

Liebes, süsses Kind! Wage den Sprung in das neue Leben. Ich werde auch in ihm Dir nahe sein.

Kuss u. immer

Dein G.

Meerkatz und Dehler: *Benn erwähnt ein politisches Streitgespräch im Funk, das ich auch gehört hatte; leider erinnere ich mich nicht mehr, worum es ging und welche Standpunkte vertreten wurden.*

Warum es zu „Oh, oh!" *Anlaß gab, daß ich ein Lesezeichen von mir in einem Buch von Herrn Lennig gelassen hatte, weiß ich nicht mehr.*

Canaris: *Gemeint ist der Film über den Chef der Abwehr unter Hitler. Gespielt wurde er von O. E. Hasse, einem guten Schauspieler, aber welch ein Schauspieler ist einer Figur schon adäquat, die so einflußreich und zwielichtig war?*

Die Annahme einer Lektorenstelle in einem winzigen Verlag für einen Sprung in ein neues Leben zu halten, empfand ich als geradezu abwegig. Benn war es so wichtig, daß ich die Arbeit annahm, weil er mich aus dem ihm etwas unheimlich gebliebenen Worpswede forthaben wollte. Auch aus Eifersucht auf alle meine gewachsenen und dauerhaften Freundschaften dort.

166

Telegramm vom 3. 3. 55 aus Berlin an die Pädagogische Arbeitsstelle in Bremen

RUFE DICH MORGEN FREITAG AN ENTWEDER 4-5 IN P.A ODER 7 IN SCHAFFRATHSTR GRUSS = BENN +

167

6 III 55. [Berlin, gestempelt am 5. 3. 55.
Benn hatte sich im Datum geirrt.]

– Nicht nett von Ponny, den Donnerstag / Freitagbrief zu verbummeln! Auch heute mit der 1. Post kam er nicht.
– Anbei Lesezeichen zurück. Einen neuen gibt es nicht.

Gruss u Kuss

G

Mit der II Post kam Dein Brief. Vielen Dank.

1) In Canaris war ich, weil das Kino 2 Minuten ab ist. Ich war schon vor Wochen in dem feinen Kino, wo Du drin warst u sah es.

2) „Orpheus" kenntest Du, wenn Du Dich überhaupt für meine Sachen interessieren tätest. Es ist in den „Statischen Ged." u heisst „Orpheus Tod".

Was bist Du als Ganzes?: Ein kleiner Affe! – Köln: Das Wichtigste ist zunächst m. E., dass Du das Ehepaar W. becirkst? bezircst?, dazu Astrid u Herrn Grünter. (sehr reicher, verheirateter!) Mann. Germanist, vielleicht hat er Geld im Verlag W.

Ich schreibe überhaupt vorläufig wegen Deiner Sache nicht mehr an Astrid. Du hast die Sache in der Hand. Es wäre vielleicht ratsam, Du führest hin, stelltest Dich vor u. sähest Dir das Ganze an.

Das Heft mit Pocahontas sende ich Dir gern. Aber im Augenblick hast Du andere Dinge im Kopf. Und Graham Green[e]?? Auch ein Reisser?? Der Schluss mit der Schallplatte ist doch wahrhaft grausig.

Also morgen in W!

Gruss u Kuss, mein lieber Ponny, mein süsser; bleibe mir auch in der Entfernung süss u. zärtlich gewogen.

Dein Pummi.

Graham Greene: *Benn hatte mir in Berlin die Taschenbuchausgabe von Greenes Buch „Am Abgrund des Lebens. Brighton Rock" geschenkt und hineingeschrieben: „Pinki ist fast Raskolnikow". Ich fand das Buch so bösartig und grauslig, daß ich es nie zu Ende gelesen habe. Ohnehin widern „Krimis" mich an, es ist mir nicht möglich, mich an Morden zu delektieren und dem Raffinement der allmählichen Auflösung des Falles mit Genuß zu folgen. (Auch im Fernsehen schalte ich nie einen Krimi ein.) Benn liebte Krimis, wie er sagte, „als Radiergummi fürs Gehirn". Vor Greene meine Reverenz, aber nicht für dieses Buch.*

168

Montag 7 III 55 [Berlin]

Liebes Urselchen, Deine Fahrt gestern nach W. habe ich in Gedanken mitgemacht. Sicher warst Du bei Schwiebert essen u. im Schluh zum Besuchen. Und ich vermute, Du fährst nicht mit Bus 7^{30} zurück, sondern schon eher.

Liebes, ich sende Dir in dieser Woche M. 100 an die PA. 50 M. für das Zimmer u 50 M. als Beitrag für eine eventuelle Probe-reise nach Köln. Du weisst, das Geld sind Küsse, gib mir also dafür Deinen kleinen schiefen Mund zu einem Schnäuzchenkuss u. gib ihn keinem anderen!

Kowno ist hoffentlich erledigt. Und was arbeitest Du noch in diesem Monat? Wie ist denn die Unterhaltung abgelaufen, die ich Freitag durch meinen Brief unterbrach? Kannst Du das Grossstadtbuch auch noch in diesem Monat einigermassen zu Stande bringen?

Hier zu Hause eine gewisse Spannung. Aber wir bereden alles ruhig u freundschaftlich. Mir scheint, wir sind nun quitt. Darüber bald mehr.

Hat A[strid] Dir schon geantwortet? Bitte schreibe, wenn Du in der PA bist, wann ich Dich am besten anrufen kann, freibleibend für Dich, nur ungefähr, wann Du meistens da bist.

Schläfst Du weiter gut?

Bald mehr, mein liebes Ponnychen.
Sei umarmt u geküsst.
Dein G

Kowno: *Für die Schülerzeitschrift schrieb ich gerade einen Aufsatz über die litauische Hauptstadt, die litauisch „Kaunas“ heißt.*

Großstadtbuch: *Ich arbeitete an einer Schullektüre: „Unsere große Stadt“, in der es um die Versorgung einer Großstadt mit Lebensmitteln, Wasser, Strom, Institutionen wie Krankenhäusern, Feuerwehr etc. ging. Auch um Straßennamen.*

169

Dienstag 8 III Nachm.

Liebchen, Dank für so sehr reizende Briefchen u Zettelchen vom Freitag / Montag. Sonntag in W. war ungefähr so, wie ich ihn mir dachte, nur die Kindergesellschaft ahnte ich nicht. Freut mich alles, was Du tust: dass Du im „Senator“ Leber isst (gab es heute auch bei uns), Spagetti warm machst, gut schläfst u. das ganze Haus Sohn so früh aufstehn muss, wie Du es für Dich gewohnt bist. Gratuliere zu dem Berliner Erfolg! Feiner Ponny!

Gestern Abend mit Herrn Hagelstang[e] u Lennig bei Dramburg. H hatte hier Vortrag. Netter, harmloser Bursche, in Unteruhldingen (uns nicht unbekannt! Überlingen, 24 XI 54) mit Frau u. 4 Kindern von Lyrik u. Vorträgen sich durchschlagend.

Wundre mich, dass A[strid]. Dir noch nicht geantwortet hat. Na, wird schon kommen.

Stuttgart hat angeboten, ich möge das Honorar selbst bestimmen. Meine Antwort: Mein Brief war kein Erpresserbrief, sondern eine definitive Absage. Werde nun für „Akzente“, die baten u. gutes Honorar in Aussicht stellten, was darüber verfassen. Machen ein grosses Heft mit hoher Auflage u a. Th. Manns Schillerrede darin. Das ist zwangloser, ich kann kurz oder lang machen u. habe noch gute Zeit dazu.

So, mein Liebes Ponny, streichle Dich überall u nehme Dich in den Arm, Du weisst, wie wir das machen u. gut können, Du im schwarzen Kleid u ich im dunklen Anzug, zärtlich dicht zusammen. Kuss Dein

G

Weil ich in Bremen nun in der Schaffenrathstraße übernachtete, fuhr ich nur am Wochenende nach Worpswede – und da ging es dann mit all den Freunden sehr gesellig zu.

Berliner Erfolg: *Worum es sich damals handelte, weiß ich nicht mehr.*

170

9 III 55. [Berlin]

Wird wohl nichts allzu Freundliches sein? Bitte kurze Angabe darüber u. Zeitung zurück!

Gruss u K.
Dein G.

Beizettel zu einem englischen Artikel über Benn, den ich zurückschicken sollte. An den Tenor des Artikels erinnere ich mich so wenig wie an seinen Autor.

171

Brief ohne Datum, etwa vom 10. 3. 1955, Berlin. Ein größerer Umschlag enthielt zwei Briefe an Benn:

A) von Herbert Fritsche, Stuttgart-Obertürkheim, Poststempel vom 14. 9. 54, darin ein an Benn gerichtetes Ge-

dicht. Auf dem Umschlag hat Benn notiert: „Schreibt selber Bücher: ‚Der Erstgeborene'. Pseudowissenschaftler, ‚Hahnemann' usw. Alter Verehrer von mir, aber ein treuloser, der mich während der Nazijahre nicht mehr kannte. Wird kurz behandelt!"

B) Brief eines Chirurgen Professor Marcus aus einem Hotel in Amsterdam, Poststempel vom 20. 9. 1954. Ein sehr bescheidener verehrungsvoller Brief. Der aus Berlin stammende Mann lebte seit 1934 in Tel Aviv, war auf Europareise und bat, mit Benn ein paar Minuten reden zu dürfen. Benn hat der Bitte stattgegeben. Mir hat er auf die Rückseite des Umschlags geschrieben: „War am 28.9. [1954] bei mir (4-6). Ein ganz ungewöhnlich netter, kluger, zarter, sensibler älterer Mann. Unverheiratet, vielleicht homo –. Reist durch Europa, war einen Tag in Berlin, nur um mich kennenzulernen."

Beim Aufräumen seines Schreibtischs waren Benn diese schon älteren Briefe wieder in die Hand gefallen, und er schickte sie mir zur Lektüre. Er ließ mich gern wissen, wie sehr er in aller Welt berühmt war und verehrt wurde.

172

11. III 55 Freitag vorm. [Berlin]

Liebes Kindchen, in dem Heft „Texte u Zeichen" ist eine Zeichnung von Held[t]: „Bombentrichter", die mir gut gefällt. – Dickens kenne ich kaum. – Was hast Du eigentlich am Sonntag mit den grossen Kindern gemacht? Sie haben doch kaum Platz in Deinem Zimmer u. keine Stühle? Und fährst Du diesen Sonntag wieder nach W[orpswede].? Fährt W[alter]. nun schon wieder Lambretta oder noch Autobus? Und, vor allem, was hat Dir Schünemann denn für einen Vorschlag gemacht? Vielleicht erfahre ich das und einiges andere in dem Nachmittagsbrief. – Bekamst Du Sendung von Herrn Reddehase?? Kannst Du Dir ein Röckchen kaufen oder einen Übergangsmantel? Frühstückst Du morgens bei Frau Sohn?

Werner Heldt: Bombenkrater, Schwarze Tuschzeichnung, in: Texte und Zeichen, herausgegeben von Alfred Andersch, 1955, 1. Heft, S. 69

Und was? Hast Du das Schloss an Deinem Köfferchen reparieren lassen? Tu es doch!

Endlich habe ich von Herrn Rinderknecht, dem Berner Radiomann, einen ganz reizenden Brief bekommen, er entschuldigt sich sehr, so lange nichts von sich haben hören zu lassen, er war krank. Ich soll wiederkommen usw. Bin wirklich beruhigt, denn ich wusste nicht, was eigentlich da los war. Auch aus Westdeutschland neue, sehr günstige Einladungen. Habe aber z. Z. wenig Lust, wieder auf Reisen zu gehn. Bin in mich gekehrt, etwas apathisch hinsichtlich meiner Produktion, nicht gut zu sprechen auf den ganzen G.B (Pummi).

Umarme Dich, mein feiner schwarzer Ponny. K. d. M. Sind gut miteinander, nicht? Küsse Dich

Dein G

Guten Sonntag!

Dickens: *Als ich in Bremen in der Schaffenrathstraße wohnte, jedenfalls dort übernachtete, gleich nach Dienstschluß dort hinging, las ich Dickens und wieder und noch einmal Dickens, voller Bewunderung für seine Menschlichkeit, seine Anteilnahme am Geschick, besonders von Kindern – und für sein hohes Darstellungsvermögen. Ich las „David Copperfield", „Oliver Twist", aber auch „Dombay and Son", auch „Martin Chuzzlewit". Es war eine wunderbare Dickenszeit. Ich kam so gegen halb sechs nach Hause, machte mir Brote, legte Bananen und Datteln zurecht und las und las, eingesponnen in Dickens' englische Welt. Immer bin ich eine leidenschaftliche Dickensleserin geblieben, während ich dem berühmten Roman von Jane Austen „Emma" nie etwas abgewinnen konnte, auch nicht den noch berühmteren Arbeiten der Schwestern Brontë, wohl aber Thackeray und Thomas Hardy. Bei dessen „Tess of the Durbervilles" konnte ich mit Benn wieder zusammenkommen, das Tragische dieses wunderbaren Romans gefiel ihm, während er sich aus Dickens' moderatem Erzählen so wenig wie aus dem Fontanes machte.*

Schünemann: *Gemeint ist der Verlag Eilers und Schünemann, in dem meine Schullektüre erschien. Was für einen Vorschlag man mir damals aus jenem Verlagshaus machte, zeigt einer der nächsten Briefe Benns.*

Reddehase: *Das war der Inhaber einer Pension in Berlin. Ich hatte dort einmal gewohnt, und Benn, der, wie schon gesagt, Spaß an originellen Namen hatte, benutzte den Namen des Wirts manchmal zum Scherz oder um etwas zu verdekken.*

das Schloss an Deinem Köfferchen: *Außer einem größeren Koffer hatte ich meist noch einen kleinen Koffer für das Nötigste dabei. Z.B. auch für meine Reiselektüre. Es war ein sehr schönes Lederköfferchen, das mein Stiefvater mir überlassen hatte. Eines der beiden Schlösser sprang manchmal auf, weswegen ich beim Tragen einen Zeigefinger auf das Schloß legte, und für den Fall, daß einmal kein Zeigefinger frei war, band ich eine Schnur um den Koffer, es war eine aus Leder gedrehte Kordel, wahrscheinlich hatte sie einmal als Gürtel gedient. Benn fand es entsetzlich, daß ich einen nicht ganz intakten Koffer benutzte. Es gehöre sich einfach nicht für „eine studierte Frau aus gutem Haus", wie er sein Nörgeln artikulierte. Und so wichtig war es ihm, daß er noch im Brief mich bittet, den Koffer doch reparieren zu lassen! Ich konnte es nicht fassen, daß dergleichen Lappalien ihn derart beschäftigten. Ich ließ den Koffer niemals reparieren. Lächerlich scheint mir der Aufwand, wegen eines manchmal aufspringenden Schlosses einen Sattler oder Schlosser aufzusuchen – den Koffer hinzubringen, wieder abzuholen: ganz unsinniger Zeitaufwand, die Kordel verhinderte, daß der Koffer sich richtig öffnen und seinen Inhalt auf die Straße entleeren konnte, auch war ja das andere Schloß in Ordnung. Benns Vorstellungen waren andere als meine. Ich blieb bei meinen.*

K. d. M.: *Abkürzung für „Küsse die Muschel" (vgl. Brief 164).*

173

11. III Nachm. [55, Berlin]

Liebes:
Zu A:
1) Dies Jahr 27 geworden.
2) ich glaube: 1952 (oder 53).
3) Kings Kollege – war sie wohl mal „Lektorin“ am Germanistischen Seminar (zuammen mit ihrem Grünter). Kenne mich in diesen College-sachen nicht aus. Jetzt geht sie wohl nach U.SA.
4/5) Geboren in Leverkusen bei Köln, wo ihr Vater Oberbürgermeister war. Eltern leben, macht wenig Gebrauch von ihnen, sagt sie, hasst den Vater. 2 Schwestern, eine in Berlin verheiratet.
6) Wir sahen uns im Juni 54 einmal in Westdeutschland, einen Tag.
7) Wir sind (Du u ich) Landsleute, Neumärker, ich kannte Deine Familie. (Also unsere beliebte Version!) Streng beibehalten!!
8) Natürlich erzählen, dass ich in W. bei Dir war mit dem Zusatz: er hat da noch alte Bekannte. Schlage vor, Maler Oelze zu nennen, da sie den Namen Oelze von mir u Lohner kennt.
9) Gefühlsüberschwang würde ich es nicht nennen, sie ist sehr vielschichtig differenziert. Vielleicht auch geistig raffiniert, äusserst empfindlich, selbstbewusst. Aber sie ist enschieden eine Persönlichkeit von starker Prägung. Man muss sehr vorsichtig mit ihr umgehn. [Zwei Sätze ausgelassen.]
10) Nicht nur aus Gedichten weiss ich, dass sie mich unendlich liebt. Darüber kann ich Dir nur mündlich berichten. Sei in der Richtung bitte sehr, sehr vorsichtig! [Ein Satz ausgelassen.] Seitdem sind wir nett miteinander, in den Briefen. (Ihr Ideal schlechthin ist Else Lasker-Schüler)

11) Ob katholisch weiss ich nicht, vermute es aber. Vermute eher, dass etwas Jüdisches im Blut. Übrigens, sie ist klein u. unansehnlich.

Liebes, Dank für den wirren Zettelbriefhaufen! Einige Worte kann ich nicht entziffern z B mit wem Du in W. am Sonntag sprechen musst. Tut nichts. Das Angebot von Herrn Schäfer ist sehr unbestimmt. Wäre also doch kein Fixum am Monatsersten u das gerade ist für Dich das Wichtigste.

Von A[strid] habe ich seit dem langen Brief über Dich nichts gehört. Ich werde ihr jetzt schreiben, Du hättest mir mitgeteilt, dass sie Dir sehr nett geschrieben hätte u werde ihr dafür danken. Ich werde – ich hoffe, Du bist einverstanden, Liebste – ihr jetzt noch Folgendes schreiben. Ich hätte Deine Mutter u. Grosseltern gekannt, mit denen Du zusammenlebtest und ich hielte meine Hand etwas über Dir, seit Du ausgebombt u. Mutter u Grossmutter verloren hättest. Das klingt gut u. verlegt unsere Beziehungen weiter zurück. Denn Lohner hatte ja grosses Gequatsche damals über mich u. W[orpswede]. gemacht u. es ist besser, wir tun zunächst etwas distanzierter – bis Du die Stelle hast. Dann wird sich das Weitere finden.

---

12 III 55 Sonnabend vorm.

Vorgestern Abend in „Troilos u Cressida" (Schillertheater), bekam Karte von einem beteiligten Schauspieler. War sehr interessant. Insceniert von Sellner (Darmstadt). Blieb 2/3 des Stücks da. Die Gorvin gut; aber der Inhalt des Stücks war das Interessanteste, unsägliche Menschen- Helden- u Geschichtsverachtung. Herrliche Stellen drin. Viele hübsche junge Männer in schicken Uniformen (Trojer u. Griechen), Du hättest Dich bestimmt in 2 oder 3 verliebt. ...

Die Sache mit Langen-Müller: Maxe hat einige Lizenzen vergeben für kleine Bücher, ausser Lang-Müll. auch an einen neuen Ullsteinverlag (30 000 Auflage). Ich habe ihm freie Hand gelassen, da die Verläge ja zahlen u. Max 50 % abbekommt. Da kann ich mich nicht sperren. Habe noch keine Belege, dann bekommst Du natürlich.

Wenn Du nochmal über „Time“ schreibst, bitte die Stelle etwas genau über Nicht-Gedicht! Dies Nicht-Gedicht beschäftigt mich schon lange, ich habe ja seit langem solche Abneigung gegen das idealistische, erhabene, seraphische Gedicht (Carossa, Binding, Bergengruen, Stadler, Schnack, Weinheber), dass ich immer ein Nicht-Gedicht dagegen hauen muss. Also die journalistischen Gedichte meiner letzten Periode. Ob ich darin Recht habe, weiss ich nicht, denke aber viel darüber nach.

Addio, Schatz, ich habe viel zu schreiben. Morgen in W. bin ich bei Dir den ganzen Tag. Werde arbeiten. Küsse Dich! Bleibe mein.

Dein G

Ah – jetzt sehe ich, mit wem Du in W. sprechen musst. Mit Fournchen. Tue das!!

A: *Offenbar hatte ich Fragen nach Astrid Claes gestellt, um zu wissen, mit wem ich es zu tun bekommen würde.*

Zu 7 und 8: G.B. schreibt mir, daß er mich bei Astrid Claes unter falschen Angaben vorgestellt hatte. Die Version, daß er meine Eltern kannte, war bei mir unbeliebt, denn nichts war an dieser Behauptung wahr. Er hielt solche Tarnungen für seine Regiekünste.

Zu 10: Ob es wirklich so war, wie Benn hier behauptet, möchte ich bezweifeln. Mir scheint eher männliche Eitelkeit im Spiel zu sein.

Zu 11: Astrid Claes war weder besonders klein noch gar „unansehnlich“.

Fournchen: *Fournes, so hatte Benn das große rote Spielzeugpferd aus Dalarna genannt, das ich auf unserer Bodenseereise erworben hatte. Er hatte es als besonders schön empfunden.*

174

14 III 55.

Montag [Berlin]

Liebes Urselchen, war sicher sehr schmutzig gestern in W, die Wege aufgeweicht, Matsch u. noch kein Frühlingszeichen.

Hier schon wieder Emigrantenbesuch aus U.SA, Herr Leo Matthias, wird mir ein bischen viel, sie reden alle soviel von sich selber.

Abends gestern mit Lennig u seiner Karena N. bei Flint. L. geht in 1 Woche nach Hamburg, Stellung suchen. Hoffentlich findet er. – Auf meinem Hinterhof schmilzt der Schnee u. die Katze ist fett geworden. – Dachte gestern so an Dich, mein Liebes, schmales Menschlein, strich Dir die Strähnen hinter die Öhrchen u beküsste Dich. Bleibe gesund.

Immer Dein G

Karena N.: *Gemeint ist Karena Niehoff, die damalige recht bekannte Theater- und Filmkritikerin der Berliner Zeitung „Der Tagesspiegel“.*

175

15 III 55. [Berlin, durch Eilboten]

Also gute Reise nach Köln, liebes Urselchen. An A[strid]. habe ich deinetwegen nicht mehr geschrieben, kannst ruhig sein. Aber wenn ich geschrieben hätte, könntest Du auch ruhig sein, einige Dinge der Welt u. gewisse Personen kenne ich ja doch wohl besser als Du. Aber wie gesagt, wir haben wochenlang nichts von einander gehört. Du allein hast die Sache in der Hand; es gibt ein Bulgarisches Sprichwort: „Gott gibt, aber er trägt nicht ins Haus.“ Die Chance gab Dir der liebe Gott, aber ins Haus tragen musst Du es alleine.

Antworten: 1) Der Band für Preetorius enthält von mir nur das, was im „Tagesspiegel" stand. 2) Das Buch von Martini soll sehr gut sein. Er schickte mir seinerzeit den Artikel über mich, er erschien mit das Beste, was man darüber lesen kann. Das Buch ist zu dick u teuer, um es zu kaufen. Vielleicht bekomme ich es geschickt.

Nach Köln werde ich Hauptpostlagernd einen Gruss senden.

Über Times-Artikel bitte keine weitere Auskunft. Oelze schrieb mir genug darüber.

Einladung nach Düsseldorf, für den Herbst, gut bezahlt. – Einen neuen Sommermantel brauche ich nicht, der alte graue ist nach Mass gearbeitet u gefällt mir immer noch. Am Montag also wieder in der PA. Alles Liebe!

Kuss

Dein G.

Chance: *Benn hat die mögliche Anstellung als Lektorin in einem sehr kleinen Kinderheftchen-Verlag denn doch arg überschätzt, wenn er den simplen Job eine von Gott gegebene Chance nennt.*

176

Donnerstag 5h. Nachm. 17 III 55. [*Berlin, gerichtet nach Köln, hauptpostlagernd*]

Mein Liebes, jetzt wirst Du auf der Fahrt nach Köln sein. Seltsam, Dich mir dort vorzustellen in einer ganz fremden Umgebung u allein. Aber Du wirst Dich schon behaupten. Wo wohnst Du da eigentlich? Hotel? Hier schneit es den ganzen Tag u. grosser Frost ist angekündigt, hoffentlich ist dort die aus Frankreich einströmende warme Luft um Dein kleines Gesichtchen.

Ich bin natürlich aufs Äusserste gespannt, wann was Du dort erlebst. Ich werde Dich wohl Montag in P. A anrufen. Oder bleibst Du länger fort? Dies wird mein einziger Gruss nach Köln sein. Du hast da anderes zu tun, als ~~meine~~ Kritzeleien zu studieren. Ich denke an mein Ponnychen u. drücke ihm den Daumen.

Kuss, Liebling.

Dein Gottfriedchen.

177

Sonnabend 19. III 55 vorm. [Berlin, durch Eilboten]

Liebes Ponnychen, ich begrüsse Dich daheim! Dank für Reisebrief, in Köln schon gepostet, den ich mit Spannung erwartete. Nun sind die dramatischen Tage vorüber – und ??

„Attraktiv" hatte natürlich ich geschrieben – wer sonst? Bist Du es nicht? Kleiner Vamp, Du! Ich vermute, Du bist heute, Sonnabend, schon zurück, um morgen nach W. zu fahren u dem Afrikaner mit den Suren Blut abzuzapfen ...

Derz: ich wundre mich, dass das nicht auch in den westdeutschen Zeitungen stand: natürlich verurteilt, Einstimmig von allen Schöffen u. Richtern. Revision angemeldet, aber diesmal wohl aussichtslos. Dein weiches humanes Allerweltsherzchen wird ihn gewiss bedauern, aber sonst wohl keiner.

Kindchen, wenn Du jemals etwas Geld verdientest, gäbe es soviel Wünsche, die ich für Dich hätte, dass Du für Kussgeld nichts übrig behieltst; zB. eine neue Aktentasche wie die hübsche von Strelitz, die Du hier trugst u. a.

Ich werde Dich Montag anrufen, wahrscheinlich zwischen 4 u 5, P. A, oder 7 – 8 bei Sohn. Addio, mein Ponnychen. Schlaf süss. Komm dicht ran an mich, Schnäuzchenkuss.

Dein G.

Afrikaner mit den Suren: *In Worpswede war damals ein Freund der Malerin Liesel Oppel zu Besuch, ein Muslim aus Marokko. Er hieß Mullai, ging immer mit Turban und weißem Burnus durchs Dorf, eine eindrucksvolle Erscheinung. Er war ein hochgewachsener Marokkaner aus dem Atlas. Seine träumerischen, vielfarbig leuchtenden Aquarelle gefielen mir sehr.*

Derz: *Das war die Hauptperson eines damals sehr viel diskutierten Kriminalfalles.*

178

Sonnabend 19 III Nachm. [55, Berlin]

Liebes, natürlich habe ich nach Köln geschrieben, am Donnerstag Mittag eingesteckt, Luftpost. Hätte Freitag da sein müssen. Du hattest ja allerdings vor, Sonnabend oder gar Sonntag erst zurückzufahren. Dein Brief aus Köln kam, genau wie Brief aus Bremen, am Freitag Nachmittag bei mir an.

Deine Nachricht klingt ja leider etwas deprimiert. Vielleicht war der erste lange Brief von A[strid]. damals etwas zu euphorisch u. wir haben zuviel erwartet. Trotzdem glaube ich, Dir zuraten zu müssen. Es scheint mir doch möglich, dass Du auf W[inkler]. Einfluss gewinnst. Hinsichtlich der Qualität der Produktion des Verlags denke ich anders wie Du. Du siehst es geisteswissenschaftlich an oder speziell im Sinne Deiner pädagogischen Interessen u Zielsetzungen, während ich im Augenblick eine gewisse Sicherung Deiner wirtschaftlichen Existenz eher für das wichtigste halte. Natürlich das Anfangsgehalt nicht viel u die Übersiedlung nach K bringt manche Ausgabe mit sich. An einer Stelle Deines Briefes schreibst Du etwas von „Probezeit". Was heisst das? Wie lange soll die dauern? Und bekommst Du nach der Probezeit mehr Gehalt? Hast Du da Bürostunden? Hättest Du Zeit (und Kraft), Deine bisherigen Arbeiten zu vollenden oder weiterzuführen? Und wie ist es mit dem Zimmer? Ich fürchte, für M. 50. bekommst Du keines. Was sagt A dazu? Habt Ihr darüber gesprochen? Wann geht A eigentlich nach U.SA?

Wo hast Du in Köln (so schlecht) geschlafen? Bei Deinen Bekannten oder Hotel? Armes Ponnychen, kommst ja ganz zerzaust wieder heim!

Ich denke nochmal an den Vorschlag Schäfer = Schünemann. 180 M u den Rest an Feuilletons dazu schreiben, das scheint mir auch nicht schön. (Übrigens ist Dein Brief von gestern aus Br um 22 h. abgestempelt u. war doch nachmittags bei mir. Wechselt wohl auch sehr alles bei der Post) Ja, Ponnychen, wohin geht nun Dein eigener Wunsch? Dich hält Br, aber ich glaube, ein Wechsel wäre Dir gut. Mehr Fortkommen u. Zukunftschancen sehe ich in K. Deine Möbel in W. lasse doch stehen, bis Frau P[ohl]. umzieht. Dann siehst Du in K. ob es weiter geht für Dich oder nicht. Dass A. nett war u. Dir gefallen hat, beruhigt mich sehr. Dass der Grünter nichts wert ist, ahnte ich aus seinen Briefen u. Publikationen. Am Montag rufe ich an. Hoffentlich bist Du bis dahin ausgeschlafen. Schrieb Eilbrief heute morgen in Schaff[en]rathstr. Ich hoffe, er kommt morgen in Deine Hände.

So, mein Liebling, nun fasse wieder Mut. Bist u bleibst mein süsser Ponny u ich

Dein Pummi.

Benn hatte wohl geglaubt, daß Astrid Claes, wenn ich in Köln arbeitete, in den Vereinigten Staaten sein würde.

179

23 III 55 Mittwoch. [Berlin]

Liebes Urselchen, Du wirst also nach unserem Telefongespräch gestern das Annahmetelegramm nach K. gesandt haben. Was dabei herauskommt, wird sich zeigen. „Probezeit“ bedeutet ja, dass sie auch für Dich gilt. Du bist ja in einer gewissen Zwangslage u. hast oft genug geschrieben, dass irgend etwas geschehen muss. Dass eine Tätigkeit im Zimmer u Büro Dir eigentlich nicht liegt, dass Du lieber herumläufst, fragst, interviewst, beobachtest, als theoretisch zu denken, ist mir klar. Aber versuchen wirst Du die andre Form des Arbeitens für eine Weile nun auch müssen.

Dass ich wegen A. Dich nicht besuchen könnte, sehe ich nicht ein. Ich habe gegenüber A. keinerlei Verpflichtung. Dass wir uns jetzt noch sehn, wird nicht gehn. Es ist finanziell schwierig.

Die Erwähnung Deines Robert erscheint mir etwas unmotiviert. Willst Du mich mit ihm bedrohen u. eifersüchtig machen? Das wäre zu naiv, als dass ich es Dir zutraute. Ausserdem kann er doch garnicht kommen, wenn Du ihn nicht einlädst, er legt doch wohl kaum seine Angeln oder Seismographen überall nach Dir aus. Wenn Du ihn aber einlädst, hätte ich ja garnichts dagegen, falls Du glaubst, dass er Dein Leben besser sichern könnte als ich u Dich von jeder Arbeit befreien. Dein Zusatz: „obschon er mir ja nichts tut,“ ist besonders lieb.

Unsre Beziehungen, Deine u meine, sind genau so mein Anliegen wie Deines. Nur sehe ich die Lage etwas anders als Du, darüber haben wir ja oft genug geschrieben.

Also geniesse das Wochenende noch in W. Hat denn Frau Pohl Deine Kohlen wieder herausgegeben?

Derz hat keine Eltern mehr, den Vater hat er ja umgebracht u die Mutter ist lange tot.

Prof. Martini sandte mir sein dickes Buch mit hervorragender Widmung. Es ist sehr interessant u. ich glaube, es wird viel besprochen werden. Im übrigen liege ich z Z. etwas quer u. komme mit gewissen Gedankengängen nicht weiter, je älter man wird, umso schwieriger wird alles, u solche grossen anerkennenden Aufsätze sind für weitre Produktion eher hinderlich als fördernd.

Adieu, mein lieber kleiner Ponny. Bewach Deinen Körper, lerne Deine Konstitution kennen u. organisieren u. erleiden u. ertragen. Das scheint mir für Deine Zukunft eines der wichtigsten u schwerwiegendsten Probleme zu sein.

Immer mit Kuss
Dein G.

[Das folgende am Rand rot angestrichen:]
Aus welcher Veranlassung warst Du jetzt zur Untersuchung beim Arzt? Was bewog Dich dazu? UAwg.

G.

theoretisch zu denken: *Die bei Winkler erforderliche Büroarbeit hatte mit theoretischem Denken gar nichts zu tun. Es waren vornehmlich Verwaltungsarbeit und Lehrerinnen-Korrekturen an mittelmäßigen Manuskripten erforderlich. Das war mir klar. Und ich hatte durchaus recht damit, daß Benn Scheu haben würde, mich im Umfeld von Astrid Claes zu besuchen. Er fürchtete ihren Einblick in unsere Beziehung. Und nicht weil es finanzielle Schwierigkeiten bereitet hätte, konnte er mich vor dem Umzug nicht besuchen, sondern weil er seine Frau nicht verstimmen wollte. Ein legitimer Grund. Wenn ich Robert Kukowka erwähnt hatte, so, weil auch er sich um Arbeit für mich kümmern wollte, freundschaftlich, wie er immer war.*

180

Donnerstag 24 III 55. [Berlin]

Liebes Urselchen, es ist natürlich Donnerstag u da kommt Dein Brief, den Du lieber nicht hättest schreiben sollen, vor allem deswegen, weil er ruhig noch einen Tag Zeit gehabt hätte, nämlich bis zu dem Freitagbrief. Ich sehe daraus nur wieder, dass Du zwar immer von Liebe sprichst, aber sie doch nicht so gross ist, meinen Bitten zu entsprechen. Es ist das alte Lied: Du, Deine Stimmungen, Deine Affekte beherrschen Dich vollkommen, – der Mann ist nicht gut dran, der auf Dich rechnet u. Dir vertraut.

Mir liegt vor allem dran, eine Legende von vornherein zu zerstören, die Du jetzt pflegst: Du gehst nicht meinetwegen nach Köln. Ich habe Dir die Chance verschafft, aber Dir die Entscheidung ganz allein überlassen. Du brauchst nicht hinzugehn. Mein Opfer bist Du nicht. Aber ich meinerseits wollte Dir behilflich sein, finanziell vorwärts zu kommen. Allerdings gebe ich zu: eine Frau, die mit einem bindfadenverschnürten Koffer u. einem bei dem man das Schloss zuhalten muss, ankommt, passt nicht zu mir. Ich bin aus den Primaner- u Studentenjahren hinaus. Du kannst das Kazü nennen oder sonstwie – rührt mich garnicht.

Ich habe keine Lust, heute mehr zu schreiben. Es ist mir zuviel, jeden Tag Brief zu lesen u schreiben u Telefon u Telegramm usw. Wir verstehn unter Liebe etwas anderes, Du u ich. Für Dich heisst Liebe, alle seine Stimmungen, Reizungen, Vorwürfe, Forderungen dem andren aufzuladen, nichts mehr mit sich selber abmachen zu können (u. vor allem nicht zu wollen), anzunehmen, dass der andre bösartig ist, wenn er mal anders ist u handelt, wie man es wünscht. usw usw. usw.

Habe heute keine Zeit mehr.
Gut u lieb.

Dein G.

Ein scharfer Brief, vor allem wohl, weil ich mich nicht an die erwünschten Schreibtage gehalten hatte. Ich war wütend gewesen, weil er sich nicht, wie er doch angekündigt und zugesagt hatte, noch mit mir treffen wollte, bevor ich nach Köln übersiedelte. Natürlich war doch ein gewisser Druck von ihm ausgeübt worden auf mich, diese Stelle anzunehmen. Er erwartete es nach der Formel: „W.G.w. = W.U.t."

bindfadenverschnürter Koffer: *Wie schon früher gesagt, handelte es sich nicht um eine Strippe, sondern um eine Lederkordel. Gewiß war sie nicht allerneuesten Datums, doch Leder ist ein edles Material, und selbst wenn ich einen Bindfaden verwendet hätte, auch Schnur ist nichts Unedles, aus Hanf gewöhnlich. Ich bin Schnüren besonders zugetan, denn in meiner Kindheit gab es gegenüber unserem Haus, Kaiserallee* 104 *(heute Bundesallee), in dieser eher vom Großbürgertum bewohnten Straße, einen dort fremdartig wirkenden Laden, in dem ein kleiner Handwerksbetrieb untergebracht war. Über dem Schaufenster stand auf schwarzem Glasschild mit goldenen Buchstaben:* SEILEREI. *Zur Schule ging ich noch nicht, aber meine Großmutter hatte mir die Buchstaben beigebracht, ich konnte meinen Namen zusammensetzen, und eines Tages, als ich am Fenster stand und auf das schwarzgoldene Schild sah, ging mir auf, die Buchstaben machen das Wort* SEILEREI *aus. Es war ein kleines Jubelerlebnis für mich: Ich hatte* gelesen, *ich konnte lesen! Vielleicht gründet von diesem Tag an meine Vorliebe für Schnüre aller Art. Natürlich habe ich den Arbeiten in dem Laden dann auch begeistert zugeschaut, später las ich in den Märchen von Tausend und einer Nacht von den Seilern. So ist es kein Wunder, daß ich auf Sizilien, in Syrakus, in die Grotte der Seiler strebte, sie öffnet sich neben dem berühmten Ohr des Dionysos, dem Gefängnis mit dem seltsamen Echo, in dem der Tyrann* 411 *v. Chr. erhorchen konnte, was seine Gefangenen sprachen. Eine finstere Höhle. Die* Grotta dei Cordari, *die der Seiler, dagegen ist weit und hell, jedoch arg feucht (die Arbeit an Seilen erfordert Feuchtigkeit). Eine riesige Wasserlache, fast ein See steht vor der Felswand, davor haspelte ein alter Mann, der ganz krummgezogen war von der gebückt auszuführenden Arbeit und der immerwährenden Nässe. Zwei feine Schnüre kaufte ich ihm ab, besitze sie noch, diese Beispiele ältester Handwerkstradition. In Nepal erwarb ich einige der kunstvollen dicken, noch in sich verzierten Schnüre aus langem braunen Yakhaar, mit denen diesen Tieren die Lasten aufgebunden werden, Salzsäcke, die sie langsam durch den Himalaja schleppen. Schnüre aller Art verwahre ich in meiner Sammlung von Volkskunst. Zu den urtümlichsten Gerätschaften der Menschheit gehören Schnüre. Ist ‚Bindfaden' nicht ein schönes Wort? Binden mit einem Faden, man denke an den Ariadnefaden! Und an die Fadenkreuze, die es bei mittelamerikanischen Indios wie bei den Tibetern gibt. Magische Zeichen, für die Benn durchaus Interesse hatte. Besonders natürlich für den Ariadnefaden.*

Meine alte Kofferkordel, sie lebe hoch!

181

Freitag 25 III 55. [Berlin, durch Eilboten]

Kindchen, Du schreibst, Du seiest labil u. aufgeregt u nervös u. ich soll Dir feine Briefe schreiben. Was bin ich eigentlich? Wohl ein grosser Affe, dem man Cayenne Pfeffer unter den Schwanz streut, damit er immer schön herumhopst. Das scheint mir so.

Ich möchte nun unverzüglich, bitte, den Bescheid des Arztes wissen, auch mit Extrabrief! Ist mir sehr wichtig, bitte. – Weisst Du, als Absender W. N. zu schreiben, ist verkehrt. Deine Handschrift ist bekannt u niemand wird Deinen Brief öffnen, falls ich mal nicht da bin. Aber ein Brief mit fremdem Absender könnte schon mal geöffnet werden, ohne böse Absicht, zumal jetzt die Post auch für die andere Seite lebhaftes Interesse hat.

Du bist ein kleines Biest. Du schilderst die Apriltage so süss u verlockend, dass ich gelähmt werde. Werde darüber nachdenken, aber es handelt sich nicht allein um die M. 200, die ich natürlich auch ohne Dein freundschaftliches Angebot hätte, es handelt sich darum, dass ich eine bestimmte Summe nicht antaste, für den Fall, dass wir mal dringend etwas brauchen für Krankheit usw., wir: d.h einschliesslich meines Ponny. Kindchen, Du weisst ja genau, dass ich gerne käme. Aber dann jaulst Du wieder vom 1. Tag an: „Du schickst mich nach K." „Ich will nicht hin". „Du fauler Kopp, sitzt am Bayrischen Platz u rührst Dich nicht u. lässt mich auf Arbeit gehn, Du Zuhälter" usw, u.sw ich kenne doch mein Ponnychen!

Kuss zum Sonntag! Fährst sicher nach W., um den Araber zu sehn u. Suren zu lesen – „Schliess in Dein Gebet all meine Sünden ein".

Knöchelödeme kann man auch von Anstrengungen u. Herumlaufen bekommen.

Kuss usw., Kleines.
Dein G

Es ist mir entfallen, welcher Art meine Beschwerden damals waren. Vegetative Dystonie war eine seinerzeit beliebte Diagnose, doch sagte der Arzt etwas sehr Kluges: „Werden sie erst mal älter, dann wird Ihnen nix mehr fehlen. Die Art von Labilität, die Sie jetzt empfinden, verschwindet mit dem Älterwerden." Recht hat er gehabt. Allerdings dann im wirklichen Alter –.

182

Sonntag 27 III [55, Berlin]

Liebes Urselchen, zum Sonntag kann ich Dir keinen Gruss mehr zukommen lassen, da ich nicht weiss, wo Du bist. Wahrscheinlich in W? Einige Spezialfragen, bitte:

1) Willst Du 15. V den Dienst in K. antreten? Musst dann wohl am 13 IV. fahren, um Unterkunft zu suchen (in der Nähe von Nietzsche Strasse). (N. Strasse sollte verboten werden, grausig).

2) Hast Du bei Frau Sohn bis 15. IV. gemietet?
3) Willst Du Dir nicht doch für Dein Zimmer in W einen Schlüssel machen lassen, den Du Frau P[ohl]. gibst? Ist doch zu gefährlich, alles offen zu lassen („Führe uns nicht in Versuchung“)
4) Kommt Astrid eigentlich noch zu Dir?
5) Max [Niedermayer] sagte gestern Abend, A. habe sofort nach Erhalt seines (auf meine Veranlassung) an sie gerichteten Schreibens ihm ein Manuskript Gedichte gesandt u. eine Prosasache „Gin“, das ich kenne was wirklich gut ist. Max will vielleicht eine kleine Serie jüngerer Autoren rausbringen, die noch unbekannt sind. (à 1,80 M) Ich habe von A. seit jenem langen Brief über Dich nichts mehr gehört. Fällt mir auf.
6) In K. würdest Du dort Sonnabend – Montag immerhin Zeit haben, mich zu empfangen, hoffe ich?
7) Dank für Heft. Sehr gut beides. Wo hast Du die Fabel her von Jurrok?? Aesop? oder U. Z.? Sehr hübsch! warum nicht Dein Name drunter? Geht heute noch an Dich zurück. Dank.
8) Bin etwas mau gestimmt. Nicht krank, nur Depression u. asozial. Hat nichts mit uns zu tun oder hiesigen häuslichen Verhältnissen.

Komme innerlich produktiv nicht weiter. Sollte wohl überhaupt nichts mehr schreiben u. veröffentlichen, habe ja genug gemacht.

Kann noch nicht sagen, ob ich im April komme. Liebste, Du weisst ja, wie sehr ich an Dir hänge, muss aber mein Leben etwas bewachen, kann ihm im Augenblick nicht viel zumuten, keine Einbrüche mir leisten, muss schweigen u dämmern. Wetter ist ja auch wieder katastrophal u. neue Polarluft angekündigt. Wird in W. noch nicht so schön u frühlingsmässig sein, werden frieren müssen.

Addio, Liebste. Sei Du guter Laune, das hilft mir schon weiter. Immer in zärtlicher Nähe

Dein

Pummi.

Schlüssel: *Nein, ich habe keinen Schlüssel für mein Zimmer anfertigen lassen. Es war vollkommen überflüssig. Damals wurde nichts gestohlen in Worpswede. Die Haustür und mein Zimmer blieben immer unverschlossen.*

Astrid: *Benn erwartete, daß Astrid Claes mich noch vor dem 15. 4. in Worpswede besuchen würde, sie hatte das vorgehabt, doch wurde wegen der Kürze der Zeit nichts mehr daraus.*

Dank für Heft: *Die Fabel „Die Geschichte vom rechten König" ist die erste in meinem Tierfabelbüchlein „Der Garten der Tiere". Selbstverständlich bin ich Autorin des ganzen.*

Die Geschichte vom rechten König

Die Tiere des Zoologischen Gartens kamen auf den Gedanken, einen König zu wählen.

Sie beschlossen, die schnatterige Elster herumzuschicken und alle Tiere zur Königswahl einladen zu lassen.

Da erhob sich der Löwe aus dem Sand, schüttelte die Mähne und sagte: „Die Wahl ist überflüssig, denn König der Tiere bin ich, ihr seht es an meiner Mähne, und ihr hört es an meinem Gebrüll. Wagt jemand zu widersprechen?" Damit reckte sich der Löwe und brüllte dann so gewaltig, daß das gläserne Vogelhaus in der Nachbarschaft klirrte.

Die Tiere aber antworteten ihm: „Was nützt uns ein König, der seine Haare pflegt und brüllt?"

Der Löwe glaubte, nicht richtig gehört zu haben. Als er aber sah, daß alle ihm den Rücken zukehrten, ließ er sich wieder nieder in den Sand und war bis ans Ende seines Lebens beleidigt.

Nun spreizte der Adler sein Gefieder und erklärte: „Ihr werdet nicht bestreiten, daß ich ein königliches Tier bin. Seht meine Schwingen. Niemand kann sich höher über euch erheben als ich."

Damit breitete er seine Flügel aus und hob sich in die Luft. Aber er vergaß, daß er im Vogelhaus war, und stieß sich den Kopf an der Decke.

Die anderen Tiere kicherten und sagten: „Du willst zu hoch hinaus, mein Lieber. Was nützt uns ein König, der über uns in den Wolken schwebt?"

Da ließ der Elefant einen kräftigen Trompetenstoß hören und sprach schnaubend: „Was macht ihr so überflüssiges Gewäsch um die Wahl? König bin ich, denn ich bin der Stärkste. Jeden von euch könnte ich unter meinen Füßen zertrampeln. Bäume habe ich umgeknickt und Hütten eingerannt."

Als die Tiere den Elefanten hörten, begannen sie ganz fürchterlich zu schimpfen.

„Das hätte uns gerade noch gefehlt", riefen sie, „ein so gewaltiger Kerl, wie du es bist, als König! Scher dich fort, sonst rücken wir dir alle zusammen auf dein dickes Fell."

So wurden also die ersten drei Bewerber um den Königsthron abgewiesen. Der erste, weil er eitel, der zweite, weil er hochmütig, der dritte, weil er gewalttätig war.

„Schicken wir endlich die Elster aus", sagte der Pelikan, „sie soll alle zur Wahlversammlung rufen. Dann werden wir schon herausfinden, wer von uns zum König taugt."

Die Elster tat, wie sie sollte, und eines Nachts verließen Zebra, Ratte, Wolf, Giraffe, Kaninchen, Bär und alle anderen Tiere geräuschlos ihre Käfige und begaben sich auf den großen Rasenplatz, wo manchmal Musik für die Menschen gemacht wurde.

Der Elefant kam fünf Minuten später, weil er beleidigt war. Der Adler kam zehn Minuten später, weil er noch beleidigter war, und der Löwe war so beleidigt, daß er erst nach einer Viertelstunde erschien.

Als das Pferd nachzählte, ob alle da wären, bemerkte es, daß Jurrok fehlte. Jurrok war ein alter zotteliger Büffel, der sein Haus am Ende des Gartens hatte.

Die Elster wurde noch einmal ausgeschickt, weil sie vergessen hatte, Jurrok einzuladen.

Der Büffel lag ruhig unter einem Baum. Die Elster flog vor ihn hin, wippte mit dem Schwanz und verneigte sich.

„Komm näher, Vogel", sagte der Büffel, „ich bin ein wenig blind."

Der Büffel Jurrok, Zeichnung von Walter Niemann

„Büffel Jurrok", sprach die Elster so feierlich sie konnte, „die Tiere laden dich zur Königswahl ein."

„Sprich lauter, Elster", bat der Büffel, „denn ich bin ein wenig taub."

„Du sollst zum Rasenplatz kommen", schrie die Elster ihm ins Ohr, „dort wollen wir einen König wählen."

„Ich kann nicht kommen", antwortete Jurrok, „denn ich bin ein wenig lahm."

Da flog die Elster wieder zurück zur Versammlung.

„Nun", fragten die Tiere, „wie ist es mit Jurrok?"

„Er kann nicht kommen", schnatterte die Elster, „denn er ist ein wenig blind, ein wenig taub und ein wenig lahm."

Die Tiere überlegten, was zu tun sei, und der Pelikan meinte schließlich: „Wenn Jurrok nicht herkommen kann, müssen wir zu ihm hingehen. Denn bei einer Königswahl sollen alle mitwählen."

Die anderen Tiere waren einverstanden, und so machten sie sich auf zum Büffelhaus. Es war ein langer Weg, und selbst der Elefant ging die ganze Zeit auf Zehenspitzen, damit die Wärter nicht im Schlaf gestört wurden.

Vor dem Büffelhaus setzten sich die Tiere hin und redeten Jurrok an: „Wie kommt es, daß du ein wenig blind bist?"

„Nun", meinte der Büffel, „ich bin alt und habe viel sehen müssen, den Ansturm meiner Feinde und die Flucht meiner Freunde."

„Und wie kommt es, daß du ein wenig taub bist?"

„Ich habe viel hören müssen, die Flüche meiner Feinde und die Klagen meiner Freunde."

„Und wovon bist du ein wenig lahm geworden?"

„Soll man nicht lahm sein, wenn man um die halbe Welt gegangen ist?"

Die Tiere schwiegen, als sie Jurrok so sprechen hörten.

Nach einer Weile traten Walroß und Nilpferd vor und redeten den Büffel an: „Jurrok, wenn du so viel gesehen, so viel gehört hast und um die halbe Welt gegangen bist, wirst du auch unseren Streit entscheiden können. Das Walroß meint nämlich, daß es ein besseres Pferd sei als ich, der ich doch ein prächtiges Nilpferd bin. Wir streiten schon darüber, seit wir hier im Garten der Tiere wohnen."

„Oh", meinte Jurrok, „der Streit ist leicht zu entscheiden. Wer von euch mit einem Reiter schneller über die Hürden des Rennplatzes kommt, ist zweifellos das stärkere und prächtigere Pferd."

„Jurrok", riefen Walroß und Nilpferd wie aus einer Schnauze, „schau uns an! Sehen wir aus, als könnten wir auch nur über einen Baumstamm springen? Hast du jemals einen Reiter auf unserem Rücken erblickt?"

Da sagte Jurrok: „Wer keinen Reiter tragen und über keine Hürde springen kann, ist auch kein richtiges Pferd. Wenn ihr aber beide keine richtigen Pferde seid, braucht ihr auch nicht zu streiten, wer von euch der bessere Gaul ist."

Nun sahen Walroß und Nilpferd ein, daß sie nur ihres Namens wegen nicht zu streiten brauchten, und beschlossen, fortan friedlich nebeneinander zu leben.

Es meldete sich der Tiger. Er hatte einen Streit mit seinem Wärter und wollte von Jurrok einen Rat haben. Auch der Vogel Strauß, die Antilope und der Bär erzählten dem Büffel ihre Kümmernisse. Und obgleich Jurrok ein wenig taub war, verstand er ihre Klagen sehr gut und wußte alle zu trösten.

Als endlich auch die Maus ihren Kummer dem Büffel ins Ohr gepfiffen hatte, graute schon der Morgen.

„Zurück in die Käfige", klapperte der Pelikan mit seinem großen Schnabel. Eilig machten sich alle auf, um in ihre Häuser zurückzukommen, bevor noch die Wärter erwachten.

„Aber die Wahl, die Wahl", krakeelte die Elster, „wir wollen doch einen König wählen!"

Als die anderen Tiere das Geschrei hörten, schüttelten sie den Kopf und dachten: „Sie ist dumm, sie ist sogar sehr dumm. Sie hat alles gehört, was gesprochen wurde, und weiß doch nicht, wer unser König ist."

183

Montag. 28. III [55, Berlin]

Liebes, Dank für den Herzbrief. Dass man Dich 4 x die Treppe hochjagt finde ich barbarisch, im Allgemeinen genügen 10 Kniebeugen auch. Aber natürlich um so besser jetzt, dann weiss man genau, was nach Belastung los ist. Dass alle sonstigen Untersuchungen in Ordnung sind, freut mich ungemein. Also wird mir mein feines Ponnychen doch noch erhalten bleiben, bis wir unzählige Male glücklich waren u. ich dahin muss.

Ich finde es für Dich schade, dass Du nicht bis zum 15. IV. das Zimmer behalten willst. Es ist doch eine bequeme Absteige für Dich, falls Du einmal nicht von Br. nach W. zurückwillst. Auch als Ablage für Sachen ganz gut, dann brauchst Du nicht alles von W. aus zum Schluss auf die Bahn zu schaffen.

Nein, an W. N. ist nicht aufgemacht. Nur wäre es besser, Du schreibst selbst, wenn es wieder einmal über Dich kommt!

Würde gerne konkrete Angabe, ob Jurrok von Dir stammt, ist wirklich reizend u. einfallsreich. Von wem gibt es noch Tierfabeln? Von Lafontaine, glaube ich. Schmückst Du Dich mit fremden Federn? Hast Du aber garnicht nötig. Seltsames Ponnychen, denke viel an Dir herum. Bist ganz aus Zuckerkandis, würde Dich gern ein bisschen ablecken.

Habe neue Einladung nach Zürich, in der Studentenschaft, u. nach Basel, für den Sommer. Habe aber vorläufig keine Lust. – Die Festschrift für Jünger ist jetzt erschienen, ein wahrhaft erbärmliches Buch. Muss ihn bei allen ernsthaften Leuten herabsetzen, vor allem ist es tötlich [!] langweilig.

Warst Du gestern bei Mulai oder er bei Dir? Und wann kommt Till wieder ins Dorf?

Lennig ist für einige Zeit nach Hamburg gereist, sucht Arbeit u. will sein Romanmanuscript (500! Seiten) anbringen. – Anbei ein Brief von Paula K, die mich in Hbg. vor dem Vortrag begrüsste. Bitte zurück! Höre sie Dir doch mal im Radio an. Vielleicht brauchen wir sie auch mal für Dich. Hoffentlich kam mein Sonntagbrief von gestern heute an. Brachte ihn um 3h nachm. zur Post. Aber die Sonntage ..

Kuss, mein lieber, schwarzer Liebling.

(Berlin war sehr schön, eigentlich unsere schönste Zeit)

Kuss. Immer Dein G

Jurrok: *Natürlich stammte die Geschichte von mir. Die Nachfrage beleidigte mich geradezu.*

Mulai: *Benn fragt wieder nach dem marokkanischen Maler, dessen Anwesenheit in Worpswede ihm bedrohlich erschien. Im Grunde drängte er mich nur nach Köln, weil ich aus dem ihm etwas unheimlichen Worpswede fortsollte.*

Paula K.: *Wer das war, weiß ich nicht mehr, denn den mitgeschickten Brief bekam er gewiß von mir zurück.*

184

29 III 55. [Berlin]

Mein Liebstes, Deine Meinung ist garnicht unmassgeblich, sie ist für mich die allermassgeblichste. Es ist sehr, sehr gut, dass wir mal das Thema Literatur angeschnitten haben, es brennt mir so auf den Nägeln. Natürlich weiss ich: Du hast Recht. Ich fühle ja, irgendwo, irgendwie mich einrosten u verfaulen – Aber wie heraus kommen? Dahinter steht ja immer die Angst, fertig zu sein, nie mehr zu können, sich verausgabt zu haben – eine grässliche Angst. Vor sich selbst nämlich. Die andern sind mir ja sehr schnuppe. „Wenn Du die Mythen u. Worte entleert hast, sollst Du gehn, eine neue Götterkohorte wirst Du nicht mehr sehn“ usw. (aus: Sieh die Sterne, die Fänge) Du bist sehr, sehr lieb, mit mir darüber zu reden. Ich habe ja sonst wirklich niemanden, dessen Urteil mir von Belang erscheint. Oelze ist ein sehr bürgerlicher, sehr bremischer Typ, immer voll Unsicherheit vor allem Neuen u. leider Einer ~~derer~~, der sich nie verkneifen kann ~~zu sagen~~ anzudeuten: „Früher war es besser u. vollendeter was Sie schrieben“. Wenn er es vermocht hätte, hätte er mich etwa 1948 gestoppt. Er kennt nicht die Unruhe, das Gewagte des geistigen Arbeitens, würde nie ein Risiko auf sich nehmen, alles muss glatt u. im Grunde doch konventionell sein. Also brauche ich meinen Ponny, vergiss das nicht. Auch wenn ich Ostern nicht komme, bleiben wir, bitte, ganz verbunden. Ob ich komme, schreibe ich morgen.

Noch einmal Literatur: suche doch in Deiner Buchhandlung in Br. den jetzt erschienenen Anthologieband von Limes zu betrachten. Der Umschlag ist fascinierend, finde ich. (Lyrik des expr. Jahrzehnts).

Leb wohl, Allerliebste. Bist mein einziger süsser Mensch, brauche keinen Schwan u. kein Getier irgend welcher Art. Küsse Dich, mein Liebstes!

Dein G.

185

Mittwoch. 30 III 55. [Berlin]

Mein liebstes Mädchen, über das EKG bin ich sehr glücklich. Das Herz ist also besser, als wir dachten, es ist eigentlich überhaupt völlig in Ordnung. Das ganze Mensch ist gesund, u. hat eigentlich keinen Grund mehr, abends aus dem Bett zu springen „darf ich?“ u in sein Zimmer zu entfliehn. Pass auf, ich werde das ausnutzen. Ich sende die Unterlagen sofort an Dr. A[lbrecht] zurück. Der Sonntagsbrief lag auch heute nicht bei, hast wahrscheinlich guten Grund, ihn nicht zu zeigen. (Suren). Meine Briefe sind doch eigentlich immer Ei – Ei briefe, andre kann ich doch garnicht an Dich schreiben u. wenn es manchmal anders scheint, sieht es bloss so aus. Auch das Folgende:

ich werde zu Ostern nicht kommen. Kindchen, ich bin es doch, der das als bitter u. schlimm empfindet u Dich sehr, sehr bittet, zuzustimmen. Meine Gründe: 1) ich fühle mich nicht frisch genug zu unserer Begegnung, so voll Entzücken u. Bestrickung, ich bin müde u. leer u muss mich ausruhn u. noch einiges bedenken. 2) das Wetter wird genau so grausig sein wie es heute ist, kalt u nass u ich mag keinen Schnee mehr sehn u. ins Gesicht bekommen. 3) Am Mittwoch musst Du fahren, bist also die Tage vorher schon ganz mit Vorbereitungen beschäftigt u ich bin Dir hinderlich. 4) Habe Angst vor dem Osterreiseverkehr. Dagegen:

Werde ich Dich Pfingsten in W. erwarten. Schon einige Tage vorher bei Maassen mich erholen, ehe der Pfingstrummel beginnt. Dann hast Du schon spezielle Eindrücke von Köln u Herrn W[inkler]. u wir können das weitre, das wir vorhaben, besprechen. Wenn Du Herrn W. etwas um den Bart gehst, bekommst Du sicher 1 Tag länger Urlaub. Urselchen, unsere Freundschaft u unsere Liebe ist von soviel Ungewöhnlichkeiten u. Schwierigkeiten belastet, dass es ein Wunder ist, dass wir uns gehalten haben. Ich weiss, u Du hast es ja oft gesagt u geschrieben, wie schwer das alles für Dich ist. Ich weiss es ganz genau u. kein Tag vergeht, ohne dass ich mir das klar mache u Dir dankbar bin für Dein Zumirhalten. Lass uns auch das überstehn. In Deinem Herzen weisst Du ja, wie ich mich nach Dir sehne, nach Deinem Gesicht, Deinem Gerede, Deinen Süssigkeiten überall. Du weisst auch, dass ich Dir treu bin, solange Du willst. Wir haben so an einander herumgezerrt u. uns gegenseitig so durchtränkt mit Gutem u Bösem, wie es nur 2 Menschen tun, die in einander leben u. das halten wollen. Kuss, mein Süsses, in Dein liebes, liebes Gesicht!

Alles, was Du tust, wird richtig sein. Nimm das Zimmer in A's Haus: Allerdings, Deine Post wird sie genau kontrollieren. Aber ich könnte Dir ja ins Geschäft schreiben?

Von Arno Schmidt hab ich 1 oder 2 Bücher, ich werde sie Dir schicken.

Z. Z. ist Gabriel Marcel aus Paris hier. Ich gehe heute Abend in einen seiner Vorträge. (Wir waren vor 2 Jahren in Genf zusammen in der Internat. Jury) Kein sehr angenehmer Mann. Möchte jetzt Gide, Claudel u Bernanos vereint darstellen, langt aber nicht ganz dazu.

Donnerwetter, eben finde ich Deinen reizenden Sonntagsbrief – auf dem Fussboden an meinem Schreibtisch. War aus dem dicken Brief beim Öffnen herausgefallen. Dank! Auch an Kiko meinen Gruss. Den Goetz muss ich mir mal anschauen, kenne ihn nicht. – Über den Roman wird noch jetzt immerzu geschrieben zB „Merkur" (Hillard). Auch die Engländer schreiben viel darüber z B ein gewisser Forster.

Bekommst diese Woche noch ein Osterei, nach W. von Sarotti, Kfdamm Ecke Joachimsthalerstr, guten Appetit.

Dich küsst immer
Dein G.

Natürlich enttäuschte mich sehr, daß Benn zu Ostern nicht, wie angekündigt, nach Worpswede kam. Hinter allen ange-

gebenen Gründen steht wohl, daß er seiner Frau gegenüber eine erneute Worpswedereise nicht vertreten konnte.

Kiko .... Goetz: *Christoph Weichberger, einer der Söhne meiner Worpsweder Freundin Heide Weichberger, er war zwölf Jahre alt; Goetz war sein gleichaltriger Vetter.*

186

31. III 55. [Berlin]

Liebes, sandte die ärztlichen Unterlagen an Dr. Albrecht zurück. Und an Dich ein Buch von Arno Schmidt (als Drucksache). Sonntag wirst Du also in W. sein u von da an dort bleiben. Bald mehr.

Kuss

Dein G

Dr. Albrecht: *Er war mein Bremer Arzt, der auf Benns Wunsch und mit meinem Einverständnis mich betreffende Untersuchungsunterlagen an Benn geschickt hatte.*

Das Buch von Arno Schmidt war: „Aus dem Leben eines Fauns". Innen hatte Benn notiert, wann es bei ihm eingegangen war, nämlich: „Be. VIII 53". *Im Klappentext heißt es: „Der jetzt 43jährige Dichter, dessen Ursprünglichkeit so verschieden geartete Geister wie Hermann Hesse, Gottfried Benn, Ernst Jünger, Hermann Kasack anerkannten". Neben diesen gedruckten Text hat Benn ein Fragezeichen gemacht und geschrieben:* „Mir unbekannt! Be". *Er war sicher, sich nie öffentlich über Schmidt geäußert zu haben.*

187

Freitag Nachm. 1. IV. [55, Berlin, *durch Eilboten*]

Liebes Urselchen, bitte rufe morgen vormittag nicht bei mir an. Es wäre nur schmerzlich für mich u Du hättest nichts Gutes davon. Ich kann u. werde zu Ostern nicht verreisen, weder nach W. noch nach Hamburg. Es muss also der erste Teil Deines langen Briefs in sein Recht treten: Du trennst Dich unwiderruflich von mir, ich sah es kommen, ich musste ja damit rechnen. Mein literarischer Brief von neulich ist kein Grund, Deinen Entschluss zu ändern. Auch in diesem Punkt komme ich alleine durch, es ist unendlich lieb von Dir, darauf so einzugehn, aber die Entschlüsse über Dein eigenes Leben sind wichtiger für Dich u. für mich. Du hast Recht, Du willst Dein Leben gestalten, wie es Dein[er] inneren Stimme u. Stimmung entspricht u die schliesst auf die Dauer für Dich eine Beziehung zu mir aus. Wir wollen garnicht viel mehr darüber reden oder schreiben. Die Entscheidung ist gefallen, für mich ist sie gefallen. Ich kann zu meiner Verteidigung nur anführen, dass es in meinem Inneren Schichten gibt, in die Du nicht hineinreichst, nicht hineinreichen kannst, die ich aber mir bewahren muss, solange ich den Plan habe, weiterzuleben. Ich schrieb Dir früher schon einmal, ich bin ein „Alleinleber". Das konntest Du auch nicht ändern u ich wollte es auch garnicht ändern. Ich glaube, auch wenn ich frei wäre, unverheiratet, würde ich weiter allein leben müssen. Natürlich gibt es Glücke u. ein solches warst Du, aber einem Glück würde ich mich für dauernd nicht anvertrauen, ich bin in der Hand von andren Substanzen.

Dein Brief ist sehr, sehr lieb. Habe tausend Dank für ihn. Auch für die schönen Verse, die durchaus das enthalten, was auf mich zutrifft. Aber allen den Letalfaktoren in mir helfen sie nicht. Ich weiss u fühle, ich bin alt u. Du kannst mich nicht begleiten.

Liebste Ursel, ich verdanke Dir soviel, dass ich mich nie innerlich von Dir trennen kann, Du kannst immer über mich verfügen im Rahmen dessen, was ich geben kann. Aber das ist ja nicht allzuviel. Wir können uns schreiben u einander erzählen u. am andern teilnehmen – aber die bisherige Form unserer Beziehungen ist zu Ende. Wir wollen auch garnicht versuchen, das zu verschleiern. W. wird für mich immer eine Art Heimat bleiben, ich werde es auch wieder besuchen, wenn Du fortgezogen sein wirst, es bleibt für mich: unser Dorf.

Es ist beschränkt, was ein Mensch geben und für einen anderen leisten kann, auch was er von einem anderen nehmen kann, ist beschränkt, das ist wohl ein Gesetz des Lebens jenseits von Gut u Böse. Meine Trauer ist, dass ich Dir nicht das geben konnte, was Du erhofftest u. erwartetest, eine ganz grosse Trauer ist das u sie erfüllt mich ganz. Ich habe nichts als die Hoffnung, dass Du bei Deiner eigenen inneren Reife u. Seelenhaftigkeit, nie einen bösen Gedanken über unsre Beziehungen haben wirst, nicht über mich, der Dich liebte u Dir angehörte. – Nun wollen wir nicht mehr darüber schreiben. Ich schreibe jedenfalls eine Zeitlang nicht. Wenn Du magst, schreibe mir. Zu Ostern werde ich Dir Grüsse senden.

Du kannst nicht traurig sein, es ist gut so für Dich. Wenn Du schriebst [*Fortsetzung des Satzes hier ausgelassen*] ich habe versucht, jeden Tag mit einem Briefchen .... ich habe versucht, jeden Tag mit einem Brief bei Dir zu sein, ich glaube, es war kein Tag, wo ich nicht mit einem Gruss bei Dir war. Auch das war Zusammensein u auch das war Liebe.

Ich umarme Dich zum letzten Mal.

Dein G.

Ich war wirklich sehr verstimmt über Benns Osterabsage. Mir kam es unnatürlich vor, sich so selten zu sehen. Ich hatte, was man meinem Alter zurechnen muß, auch keine Lust, stets auf eine andere Frau Rücksicht zu nehmen, abzuhängen davon, was ihr Mann ihr zumuten konnte, um sie nicht allzu sehr zu verdrießen. Und das, obwohl ich andererseits durchaus Verständnis für den Protest von Ilse Benn hatte. Leider hatte mich Benn nicht mit ihr bekannt gemacht. Sie blieb also für mich eine bedrohliche Größe im Unsichtbaren. Als ich sie zwanzig Jahre später kennenlernte, stellten wir beide fest, daß wir die damaligen Probleme weit einfacher und übereinstimmend hätten lösen können, wenn Benn nicht diese Verheimlichungstaktik angewandt hätte. Natürlich war auch ich für sie damals eine bedrohliche unsichtbare Größe.

Damals hatte ich Benn also geschrieben, wir wollten uns trennen. Er hätte eben Schichten, „in die ich nicht hineinreichte". Es war auch mir verständlich, daß er noch Gedanken zu Papier bringen wollte und nicht mehr sehr reisefreudig war. Aber vor allem hatte er Sorge, seine Häuslichkeit zu sehr zu gefährden, und die war denn doch die Basis, auch für seine Arbeit. Er brauchte ein friedliches Zuhause, handelte also richtig, nicht zu kommen. Aber ich wollte mich freimachen aus dieser Abhängigkeit von Umständen, die mit meinem Leben nichts zu tun hatten. Ich denke, Benn war zunächst sicher ganz froh über meinen Brief, der ihn der Schwierigkeiten mit seiner Ehefrau enthob.

Was wollte ich? Eine nicht zu seltene Möglichkeit, mich in Ruhe zu unterhalten, zusammenzusein mit ihm.

188

2 IV 55 Sonnabend [Berlin]

Liebes Urselchen, falls Du wegen Deines Pap Str. nach Berlin musst, wirst Du, schlage ich vor, nicht bei Inge wohnen, sondern wieder in der Pension Banck (Bundesallee 31a, T: 876987.) Und dann fahre nicht mit dem Bus, da gibt es ja jetzt wohl Schwierigkeiten. Benachrichtige mich für diesen Fall, damit ich eventuell die Pension anrufen kann oder eine andre.

Ich sage damit nicht, dass ich Dir zurede zu kommen, nur falls Du wegen Herrn St. kommen musst, will ich Dich natürlich sehn.

Leb wohl, mein Liebes.

Dein G.

Schon einen Tag später schreibt Benn, daß ich, wenn ich nach Berlin komme, in der Pension in seiner Nähe wohnen solle und er mich natürlich sehen wolle.

Pap Str.: *Gemeint ist mein Stiefvater Arthur Strelitz.*

189

Donnerstag 7. IV 55, abends nach Rückkehr. [Berlin, *durch Eilboten*]

Süsser Ponny, ich sehe noch Dein kleines liebes Gesicht, das ich eben verlassen habe, u. danke Dir für die schönen 4 Tage u. alle Deine Liebe. Ich werde Deine Rückreise morgen u. Deine Ostertage mit viel Liebe in Gedanken begleiten. Du musst nicht traurig sein, wenn wir nicht zusammen sind, eine solche starke Verbindung, wie sie zwischen uns besteht, kann nicht enden.

---

8 IV. vorm. .. und dann ging ich schlafen, war sehr müde, schlief gut (I[lse]. kam 2 1/2), bin auch heute noch müde bis auf einen Punkt, wäre schon wieder gerne bei Dir, die letzte halbe Stunde gestern Abend war so sehr schön. Für Dich hoffentlich auch u Du erinnerst Dich! – Hast Du Sitzplatz im Zug? Gehst Du essen in den Speisewagen? Feine Handschuhe hast Du jetzt! Und die feine Tasche! Freut mich sehr. – Wir haben über manches doch vergessen zu reden z B. die Bücher, die [Du] mitnehmen willst nach Köln u. von neuem lesen. Mich interessiert zu hören, wie der „Grüne Heinrich" jetzt wirkt. – An einem der Ostertage will ich mal in die Galerie in Dahlem gehn, kenne sie noch garnicht, u. da meine Ponnyfrau soviel von solchen Sachen versteht, muss ich es nachholen. Sonst geht sie doch zu Springer über.

Stilles Wetter draussen, grau, etwas Regen, angenehm sanft, lautlos. Viel Matheus[!]-Passion u Parsifal im Radio.

Es gibt grüne Bohnen u. Hammelfleisch[.] Morgen bist du also in Bremen. Und am Sonntag Abend denke ich an die

Osterfeuer. – Sind nicht die Hefte über das Schlafen der Tiere ganz interessant? – Wie würdest Du aussehn wenn Du 10 Pfund zunehmen würdest? Wo sollen diese 10 Pfund sitzen? 4 h. es regnet stark. Du bist jetzt von Hannover abgefahren. Du hättest gestern Abend bei Gruban u Suchay noch Salat oder Obst essen sollen. Pardon, dass ich es vergass. (Du selber bist ein süsses Kompott, Birne Helène oder eine Schüssel Mirabellen, innen u. aussen Du, ich würde gerne jede halbe Stunde einen Löffel nehmen.) Wann wirst Du immer u.w.? Um den 20. herum, nicht wahr? In Konstanz, in Hamburg (am 13 XII), – muss ich immer alles wissen! Was für ein reizender, wunderbarer Anblick bist Du in bestimmten Lagen! Muss das alles noch genauer studieren. Das war das VII. Rendezvous von G u U. Viele werden folgen. Wird immer alles süsser mit jedem Mal. (Du siehst, ich bin verliebt in Dich)

6 h. Schrieb einen höflichen Osterbrief an A. C. von Dir schrieb ich ~~wenig~~ kaum, nur: ich danke ihr noch für die freundliche Aufnahme in Köln, u am 15. IV. begönnest Du ja nun bei Herrn W. „hoffentlich gefallen sie sich gegenseitig". Wollen sehn, ob sie antwortet.

10 h. abends: War eben bei Dramburg. Schreibe mir doch mal bitte, wo Du u Inge damals zum Mittagessen gesessen hat, an welchem Tisch. Werde ihn dann mit Liebe betrachten. Auf dem Rückweg Schneeflocken! – Jetzt schläfst Du schon, aber in Deinen süssen Sachen trägst Du hoffentlich mich.

---

9. IV Sonnabend: morgens. Wieder kalt, 2°. Du fährst jetzt nach Br. auf dem Lambretta. Muss zur Post, da ich keine Marken mehr habe. Kuss u. Osterumarmung, Ponnychen! Schönen Schnäuzchenkuss! Liebes Urselchen, bleib gesund

Dein G.

Der Brief wurde offensichtlich unmittelbar nach der Rückkehr aus der Pension geschrieben, in der ich wohnte. Wir hatten ausnehmend schöne Tage gehabt.

Galerie in Dahlem: *Gemeint ist die damals dort untergebrachte Gemäldegalerie.*

Springer: *Der Galerist Rudolf Springer. Ich hatte ihn in Berlin besucht, kannte ihn schon aus Malente, wo er mit seiner französischen Frau und fünf reizenden Kindern gelebt hatte.*

Hefte über das Schlafen der Tiere: *Benn hatte mir Werbeschriften pharmazeutischer Firmen gegeben, in einer davon wurde über den Schlaf der Tiere berichtet.*[7] *Jetzt, da ich sie gerade wieder las, fällt mir ein, wie erstaunt und entzückt Benn (in Heft 1) gelesen hatte, daß Mauersegler fliegend schlafen. In Gruppen bis zu fünfzig Tieren begeben sie sich nachts nicht wie Krähen und andere Vögel auf einen Schlafbaum, machen nicht Zweige zu ihrem Nachtquartier, sondern erheben sich zum Schlafen in die Luft, schlafen in Höhen von 1500 bis 2000 Metern mit ausgebreiteten Flügeln auf dem Wind, der sie wiegt und treibt, ruhen auf der Luft; Piloten haben es bestätigt. Erst bei beginnendem Tageslicht begeben sich die Vögel wieder in tiefere Luftschichten. – Benn beneidete die Tiere geradezu um diesen entrückten Himmelsschlaf.*

Heute, ein halbes Jahrhundert später, ist die Schlafforschung weiter entwickelt. Man weiß z.B., daß auch Tiere träumen, sogar Tiere, die aus ältesten Erdzeiten stammen, z.B. Australiens Schnabeltier. Ich weiß nicht, ob der Himmelsschwebeschlaf der Mauersegler sich bestätigt hat, finde die Vorstellung dieses schlafenden Schwebens unter den Sternen aber auch ganz wunderbar.

Gruban und Souchay: *Seinerzeit ein Weinrestaurant am Bundesplatz, in dem wir gegessen hatten.*

Dramburg: *Heute heißt das Restaurant „Robbengatter" und ist ein sehr frequentiertes Lokal für junge Leute. Ich gehe da noch manchmal hin, die Küche ist vorzüglich.*

7 Documenta Geigy, Heft 1 und 2, Basel o. J.

190

10 IV 55. Sonntag. [Berlin]

Kleiner Schatzmensch, war sehr froh, gestern von Dir einen Reise- u Ostergruss zu bekommen. Warst also schon früher in W., als wir dachten. Hoffentlich war es warm u. Du konntest Dir noch zu essen kaufen. War Post da? Meinen Brief von Sonnabend hast Du hoffentlich heute bekommen.

Von hier nichts Neues. Habe nichts unternommen, ausser Dramburg. – Schrieb viele Briefe. Frl. Ruth Hoffmann aus Br. meldete sich bei mir. Treffe sie aber nicht, bin nicht unterhaltungssüchtig.

Ich schreibe bis Mittwoch in P. A (also am Dienstag zum letzten Mal). Von da an in die Nietzschestrasse.

Kuss, mein Liebling.
War schön an Deiner Seite.
Dein G

191

Montag. 11. IV. nachm [55, Berlin]

Mein liebes kleines Schnuckelchen, Du räumst u kramst jetzt sicher in Deiner Wohnung in W. herum u. denkst an die Reise. Schön ist das eigentlich nicht, dass jetzt so unruhige Tage für Dich u. damit für uns kommen. Nun, wir werden u müssen es überstehn. Ich schreibe morgen Dienstag nochmals in die PA., von da an nach K., Verlagsadresse. Wie hast Du die beiden Ostertage verbracht? Wo gegessen? Wetter war hier sehr mies, immerzu Regen. Bin über Dramburg u. nachm. kleinen Parkgang nicht herausgekommen. Sonst nichts Neues!

Schliess Dich nicht immer gleich an alle möglichen neuen Leute an, die Deinen Weg kreuzen. Geh in der Nacht nicht, Dich mit fremdem Leib zu mischen! Nur mit Pummi Vermischung! For ever. – Nun schreibe mir noch einiges Geschäftliche: hast Du Deine Schulden bei Gerdes bezahlt? Soll ich am 1.V die Miete an Frau Pohl schicken? Würde als Absender Inge Krengel schreiben. U.Awg. Suche das Zimmer in K. nicht nur unter dem Gesichtspunkt des Preises, nimm eines, in dem Du gern bist u wo Du Sonntags gern zu Hause bist. (Sonst treibst Du Dich herum!) Bewahre alle guten Erinnerungen von W. u Br. u. Berlin in Deinem Herzen. Wenn Du einschläfst, denke an unsren letzten Abend bei Banck – Du Süsse! Brauchst in den ersten Tagen nicht viel zu schreiben, Deine Gedanken werden mit den neuen Eindrücken genug zu tun haben. Denke nicht zuviel an Springer u Mulai; lass Fournes zu Hause, er bewacht Deine Sachen u. nimm nur die Muschel mit.

Adieu, mein liebes Kind u Herzchen und bleibe meine Ponnyfrau.

Dich küsst zärtlichst

Dein G

alle möglichen neuen Leute: *Vermutlich hatte ich von Menschen geschrieben, mit denen ich in der Eisenbahn gefahren war und mit denen ich mich unterhalten hatte. Ich höre gern, was Fremde erzählen.*

geh in der Nacht nicht: *Das bezieht sich auf ein Gedicht von mir, das ich ihm geschickt und geschenkt hatte als Adieu, nachdem er geschrieben hatte, er würde Ostern nicht kommen. Er spielt auch schon in Brief 187 auf das Gedicht an, hier nun mit einem Zitat. Das ganze Gedicht lautet:*

Spruch für einen Dichter

Den Gürtel
vom Orion lege an,
die Schuhe nimm
von einem alten Mann:
lauf in die Dörfer,
sieh die Feuer rauchen

geh bis ans Meer,
du sollst nach Träumen tauchen.
Brich dir das Brot
an fremden Tischen,
sollst in der Nacht
mit fremdem Leib
dich mischen,
und unter Himmeln
wo Kometen fallen,
wirf dich hinab
mit den Gestirnen allen.

Schulden bei Gerdes: *Man ließ beim Milchhändler nebenan anschreiben und zahlte am Wochenende. Das war üblich. Meine Summe betrug immer so um die sieben Mark. Auch meine fünfundzwanzig Mark Miete konnte ich selber zahlen, wenn nicht irgendwelche Sonderkosten hinzukamen, z.B. in Köln eine zusätzliche Miete.*

192

12 IV 55. [Berlin]

Liebling, das wird mein letzter Gruss in die P. A sein. Und wenn Du am Freitag in Deiner neuen office keine Nachricht von mir hast, wundere Dich nicht. Du musst da ja erst sehen, wer die Post in Empfang nimmt usw. Kindchen, liebes, ich denke sehr an Dich u. werde alle diese Tage sehr in Gedanken bei Dir sein. Du bist stets von mir begleitet. – Von A. C. heute kurzen Dankesbrief wegen der Gedichte in „Akzente“. Von Dir kein Wort im Brief. – Hier nichts Neues. Habe gearbeitet gestern den ganzen Tag.

Grüsse bitte auch Walter noch mal schön von mir u streue einen Liebesblick von mir noch einmal über Dein Dorf, Dein liebes Dorf.

Kuss u. Umarmung!
Dein Pummi G.

Brief von Dir wird wohl nachmittag kommen

193

Mittwoch Nachm. 13 IV. [55, Berlin, *erster Brief nach Köln an die Adresse meines neuen Arbeitsplatzes*]

Mein liebes Menschlein, vielen Dank für den Brief von Montag / Dienstag aus Br. Rasch noch: ich habe den Osterbrief am Sonnabend vorm. 9.h. selbst auf das Postamt gebracht, 1,20 draufgemacht u 2 rote Streifen. Er hätte bestimmt Ostersonntag bei Dir sein müssen. Tut mir so leid, dass Du ohne warst am 1. Tag.

Nach Br. postlagernd schreibe ich nicht, da doch wieder Wirrwarr wahrscheinlich. Also Köln. Liebste, nun bist Du also da. Habe einigen Mut, es wird schon für 3 Monate gehn. Meine einzige Sorge ist das Zimmer für Dich, eines, in dem Du schön schlafen kannst. Habe kein Heimweh nach W. Weine am Sonntag nicht! Bin bei Dir, Arm immer um Deine Hüfte.

In den Galerien war ich Ostern nicht wegen zu strömenden Regen. Gehe aber gleich in die Jebensstrasse. – Am Montag gehe ich zu Auden, der in der Buchhandlung Schöller vorliest.

Lennig schrieb aus Hamburg, bleibt bis Juni fort. – Bei Dramburg sasset Ihr am richtigen Tisch: das ist mein Tisch, nun erst recht. –

Wenn Du, Liebling, einmal Zeit findest, schreibe mir doch Einzelheiten über Dein neues Leben: hast Du ein eigenes Zimmer als Büro? ist da Telefon drin? welche Nummer? wohnen W's auch dort? wo u. wann isst Du jetzt? Nimmst Du was mit oder gehst Du essen oder isst Du garnichts mehr, was wohl das Wahrscheinlichste ist? (Die schönen Stullen von Walterchen!)

14. IV 55 Liebes, jetzt gerade verlässt Du Br. Und ich stecke schnell diesen Brief ein, damit Du ihn am Freitag im Büro hast. Kuss u. alles Liebe.

Auch für Köln: Dein Pummi.

Bei Dramburg sasset Ihr am richtigen Tisch: *Einmal war ich mit meiner Freundin Ingeborg Krengel-Strudthoff zu Dramburg gegangen, um ihr Benns Stammlokal zu zeigen, und natürlich hatten wir uns an den von ihm als „seinen" beschriebenen Tisch gesetzt. Er hatte das, siehe voriger Brief, genau wissen wollen.*

Die schönen Stullen von Walterchen: *Walter Niemann machte immer auch für mich belegte Brote zum Mitnehmen, wenn wir in die Pädagogische Arbeitsstelle fuhren; er war ein sehr fürsorglicher Mensch.*

194

15 IV 55 Freitag. [Berlin]

Liebling, Dein 1. Brief aus Köln ist genau so, wie ich erwartet habe: durchgedreht, übermüdet, hilfloses Ponnychen mit S.O.S. Ich hätte ja den W[alter Niemann]. vielleicht nicht gleich angerufen, na tut nichts. Wird schon alles werden. Ich hatte ja gewagt zu sagen, Du solltest schon am Mittwoch reisen u. am Donnerstag in gewisser Ruhe nach Zimmer Umschau halten, aber Du wusstest es ja natürlich besser .... Wohin soll ich nun zum Sonntag schreiben oder meinem Schnuckchen telegrafieren?

Von hier nichts Neues. Tumler ist wieder im Land mit 350 Seiten Romanmanuscript. Ferner ist Auden eingelaufen u. hat mich zum Essen einladen lassen, habe aber abgesagt, gehe nicht mit fremden Leuten essen, ausserdem kann er kein Deutsch u ich kein Englisch u keinen Ponny zum Dolmetscher haben wir nicht. – Hier Kälte u Regen. – Rauche nicht mehr seit 3 Tagen, will es mir abgewöhnen.

Fasse Fuss, Liebste, sieh das Alles als interessantes Intermezzo an Hauptquartier bleibt W. Nr 108 Kuss. Dein Pu.

Der erste Eindruck von meinem Arbeitsplatz war nicht so gut und die Zimmersuche schwieriger als gedacht.

W: *Natürlich hatte ich Walter Niemann angerufen und ihm geschildert, was ich vorgefunden hatte. Das ärgerte Benn ein bißchen, weil es meine immer noch sehr freundschaftliche Verbundenheit mit W. N. bewies, der wollte wissen, wie es in Köln ging, und er hatte auch Anspruch darauf, es zu erfahren.*

195

18 IV 55 Montag. [Berlin]

Liebes Urselchen, Dank für Brief von Sonnabend. Klingt ja reichlich deprimierend mit dem Zimmer. Aber ich kann es im Augenblick auch nicht ändern, vielleicht findest Du doch was Angenehmeres u Bezahlbares.

Von Astr. habe ich nichts gesehn u gehört. Ihr Schreiben war von Ostersonnabend aus Köln. Vermutlich ist sie garnicht hier. Woher sollte sie wissen, dass Auden hier ist? Ich habe gar kein Interesse an ihr. – Die häuslichen Dinge haben sich immer noch nicht geklärt. Bin infolgedessen nicht brillanter Laune. – Wetter immer noch sehr kalt u viel Regen. – Knurre alles an, was mich anzurufen wagt: Ruth Hoffmann aus Br., die Lennig'schen Damen, Tumler usw.

Kuss, mein lieber Ponny. Wie schläfst Du denn in der miserablen Stube? Was hast Du Sonntag gemacht? (Ich nichts) Gestern grosser Aufsatz in der „Welt a. S" über das Martinische Buch. – Leb wohl, halte noch etwas durch, Du wirst bessere Wohnung finden.

Umarmt Dich, Urselchen,
Dein G.

196

18 IV 55. [Berlin]

Liebes Kindchen, ich habe Deinen Brief vom Sonnabend nochmal genau studiert. Ist ja alles scheusslich u. widerwärtig. Vom Pultbrett angefangen mit Elektr. Licht bis zu dem Vertiko im Zimmer. Ich sollte aber meinen, Du findest ein bessres Zimmer. So kannst Du doch nicht wohnen bleiben. Aber Herr W[inkler]. muss das doch eigentlich sehn, dass das so mit dem wenigen Gehalt nicht geht. Es sind also da: Eine Haushälterin, Frau Vogel, eine Buchhalterin, die die Post verteilt u. ein Lagerjüngling. Und wer macht Deine Schreibarbeit? Tippst Du selber? Und wer tippt für Herrn W.? Und was hast Du ausser Lesen von Manuscripten noch für Tätigkeit?

Ich habe nochmal Deine Bemerkungen über A. C. gelesen. Die wirken einfach komisch auf mich. Meinst Du, dass ich hinter Deinem Rücken mit ihr was betreibe? So vielseitig u vergnügungssüchtig bin ich garnicht. Ich habe nichts von ihr gesehn u gehört. Vielleicht ist sie eine grosse Schwindlerin u ganz wo anders u will sich nur vor Dir verläugnen? Dass Du einen Mantel hast, den ich nicht kenne, interessiert mich sehr. Werde ihn hoffentlich demnächst sehn. Sogar mit Gürtel!

Was Du gestern, Sonntag, gemacht hast, wüsste ich gerne. Vergiss über allem Ärger nicht Deinen Dich küssenden, ganz guten, leidlichen

Pummi G.

Pultbrett: *Im Verlag hatte ich keinen Schreibtisch, auch keinen gewöhnlichen Tisch, ich mußte an einem Pultbrett arbeiten, das an einer dunklen Wand befestigt war und nur elektrisches Licht bekam. D.h. ich konnte niemals bei Tageslicht arbeiten. Das fand ich unangenehm.*

Vertiko: *Ich hatte ein Zimmer mitten im wimmeligen Köln-Nippes gemietet, am Thürmchenswall Nr. 25. Es war unschön möbliert, z.B. stand da auch ein Monstrum von einem Vertiko. An schönes Mobiliar im ganzen Leben gewöhnt, störte, ja entsetzte mich absolut alles, was in jenem möblierten Zimmer stand. Dennoch behielt ich es für meine ganze Kölner Zeit bei, denn das Vertiko und anderes wurde auf das reizendste ausgeglichen durch eine warmherzige, ja, geradezu liebe Wirtsfamilie. Es gab ein Kind von etwa neun Jahren, dem ich bei den Schularbeiten half. Außerdem entzückte mich, daß die Familie ein unverfälschtes Kölsch sprach, das ich, wie Dialekte überhaupt, begierig einsog. Auffallend waren die vielen Leihworte aus den westlichen Nachbarländern. So sagte meine Wirtin, die mir oft etwas zum Essen anbot: „Margretche, hol doch mal der Frau Ziebarth ein Fourchettchen", ein Gäbelchen also, und wenn ich etwas nicht annehmen wollte, weil ich mich zu sehr verwöhnt fühlte, sagte sie: „Ach, machen sie keine Baselamanes", ein Wort, das von der spanischen Vokabel für „Handkuß" kommt. Die in Flandern stationierten Spanier, sie waren im 16. Jahrhundert dort als Soldaten und habsburgische Verwalter, hatten ihre Sprachspuren bis ins 20. Jahrhundert und bis ins Rheinland hinterlassen. Dergleichen festzustellen faszinierte mich. Auch Benn interessierten diese Sprachbesonderheiten. An der Straße Thürmchenswall hatte mir gefallen, daß sich dort das hochberühmte Kölner Dreikönigsgymnasium befand.*

Zu meiner Arbeit, nach der Benn fragte: Leider hatte ich auch zu tippen, ohne das wirklich zu können, und zwar nicht nur den Schriftwechsel mit den Autoren, sondern auch Briefe für Herrn Winkler, den Verleger. Diese Briefe mußte ich auch in vertretbares Deutsch bringen, das der aus Ungarn kommende Verleger nicht völlig beherrschte. Er war aber ein sympathischer Herr jüdisch-ungarischer Herkunft.

197

Dieser Brief enthält nur zwei Zeitungsausschnitte, einen über Auden (aus: „Der Kurier", Nr. 90, S. 4), den anderen über Martini (aus: „Welt am Sonntag", 17. 4. 1955, Nr. 16, S. 9). Auf den Rand der Besprechung des Auden-Besuchs schrieb Benn:

19. 4. 55. [Berlin]

Nur geladene Gäste, keine Astrid. Luft sass neben mir, ich sprach ihn auf Deinen Besuch bei ihnen hin an.

Gruss! G

In diesem Bericht ist von Benn als dem inoffiziellen Doyen der Berliner Literatur die Rede. Seinen mehrfach vorkommenden Namen und dann die Wörter „Doyen Gottfried Benn" hat Benn rot unterstrichen.

Besuch: *Ich war einmal nachmittags bei Friedrich Luft und seiner Frau eingeladen gewesen.*

198

Mittwoch 20 IV 55. [Berlin]

Liebes Urselchen, postalisch müssen wir erst warm werden; in mir ganz fremden Wirrwarr zu schreiben, bedrückt mich. Auch kann man die Absenderstempel auf Deinen Briefen nie sehn u. weiss nicht, wann Du eingesteckt hast. Im allgemeinen kommen Deine Briefe jetzt morgens an, was ganz angenehm ist. Dank für Brief von Montag, der heute kam. Schöner Sonntag also – gewesen, freut mich über alles für Dich. Es ist bei Euch doch wohl schon mehr Frühling als hier, wo ein finnländisches Hoch namens Benno wieder neue Polarluft bringt.

Trotzdem war ich – im grauen Mantel – gestern in der Jebensstrasse. Nette kleine Ausstellung, nett vor allem, weil sie so wenig umfangreich ist. Auswahl ziemlich wahllos, finde ich. Beckmann (Familie George) ganz gut. Der Slevogt sieht von weitem hübsch aus, von nahem mag ich diese dikken Farbölkleckse nicht. Sehr gut fand ich die Hofer-Büste von Heiliger, auch Moore u. 2 Liegende von Hartung (ohne Köpfe) gefielen mir. Dix unheimlich gut. Aber kaufen u mir in die Stube hängen würde ich, da ich ja in Bezug auf Musik u Malerei romantisch bin, den Rohlfs: Lotosblume (in hellgrau u. bräunlich), Du siehst, alles Höhere geht mir ab. – Ja, die Akzente werden wohl im Juni ihr Schillerheft machen. Ich kümmre mich nicht drum. Werde auch abschreiben. Langweilt mich, was geht mich das an. Sollen sie ihren Kulturkreis alleine besorgen. Mich beschäftigen alleine Fragen von Gedicht u. die kann ich nicht beantworten. Bin in sehr übler Verfassung. Und Oelze schildert den Frühling von Bordighera, man könnte heulen.

Ein Glück, ein wirkliches Glück für mein Innenleben, dass Du schreibst, Du schläfst wenigstens gut u. Dein Bett sei Dir angenehm. Das wiegt den ganzen W[inkler]. auf. – Die Familienverhältnisse der H.s sind wirklich kompliziert. Stifte nur Du keine Unruhe da!! Kleiner Ehetorpedo! „Du sollst nicht ehebrechen“, gedenke meiner Ermahnungen mit dem Fühlen u Fassen vom letzten Abend bei Banck!! Kuss, mein liebes kleines Ponnymädchen. Erzähle mir von Deiner Tätigkeit bei W. Soll ich Dir auch mal ein Manuscript einsenden?

Kuss

Dein G.

Jebensstraße: *Wir hatten so viel über bildende Kunst geredet, daß Benn sich veranlaßt sah, die „Galerie des 20. Jahrhunderts“ aufzusuchen.*

H.s: *Gemeint ist die Familie Höfs. Sie hatten einst in Worpswede gewohnt, und ich war mit allen Mitgliedern befreundet. Sie waren ein großer Trost in Köln für mich, fast täglich ging ich zum Abendessen zu ihnen. Neun Personen waren sie damals, darunter zwei Kinder, mit denen ich viel unternahm. Wir studierten alle Kölner Kirchen und die Museen. Kinder für Kunst zu begeistern ist mir eigentlich immer gelungen. Weil es zwei Männer in der Familie gab, sehr gebildete, sehr ansehnliche, sehr sympathische, nagte an G.B. schon wieder das Würmchen Eifersucht.*

199

22 IV 55 Freitag. (vorm.) [Berlin]

Mein liebes Pusselchen, wie sieht es bei Dir u. in Dir aus? Sind W's wieder zurück? Was hast Du die Abende in dieser Woche gemacht? Und gehst Du Sonntag um 2 h. wieder zu Höfs? Was bekommst Du für Nachrichten aus W. u Br.? Hat sich Dein Gesichtchen schon verändert unter dem Einfluss der Kölner Novitäten u. Impressionen? Ich habe den „Akzenten" abgeschrieben für den Schilleraufsatz. Habe keine Lust, weiter garnichts: Keine Lust. Wenn man so alt wie ich ist, kann man sich den Luxus leisten, etwas nicht zu tun, wenn man keine Lust hat.

Hat sich mit A. C. etwas begeben? Komische Sache, das. Wird jetzt wohl wahnsinnig aufgeblasen sein, wegen Gedichte usw. Lass Dich, würde ich Dir raten, nur sehr von oben herab mit ihr ein. – Wenn ich über Dich u. Deine Person nachdenke, komme ich eigentlich zu dem Schluss, dass K als Stadt eher Deine Entsprechung ist als Bremen. Es kommt mir südlicher vor, westlicher, durchströmter. Br. ist doch etwas handfest. Nun – on verra. In welchem Stadtteil von K. liegt der Türmchen[s]wall? Doch nicht Lindenthal? Du musst mit der Bahn fahren zu Winkler, nicht?

Ich lese das neue Manuscr. von Tumler. Roman, 350 Schreibmaschinenseiten. Merkwürdig weibl, Mittelpunkt: eine Frau, Ort u Zeit: Sowjetzone in Österreich, Thema: Liebe u., möchte ich sagen, Vergläserung der Person, Unpersönlichwerdung aller Gefühle, Beziehungen, Akte einschl. Liebesakte. Sie tut nur noch alles, „damit es geschieht". Tiefe, zweideutige, seltsame Bemerkungen drin (offenbar etwas Dostojewsky-Einflüsse). Persönlich ist der T. ein ziemlich schweigsamer, beinahe sturer, braungebrannter österreichischer Bua.

Nachm. kam Dein lieber langer Brief mit Beilagen. Muss alles noch genau studieren. Dank, fein, dass ich jetzt ein bisschen Bescheid weiss! Wohnst also wohl in Köln-Nippes? Weit weg von W! Muss das sein?

Liebes, bist mein süsser, süsser Ponny. Wir vergessen uns nicht. Kuss Dein G.

Zum Sonntag alles Liebe.

Dein Pummi

W's: *Gemeint ist das Verlegerehepaar Winkler, das einige Tage verreist war.*

Daß G. B. es absagte, den Schilleraufsatz zu schreiben, bedauerte ich – und jetzt im nachhinein tue ich es noch mehr. Er hätte sich der Herausforderung, die es bedeutete, sich mit vielen an gleicher Stelle über Schiller zu äußern, stellen sollen. Als Kind seiner Zeit und Schüler eines humanistischen Gymnasiums hatte er ganz gewiß gute Kenntnisse des Schillerschen Werks. Allerdings lag Goethe ihm näher, in allen seinen Lebensäußerungen war er ihm sympathischer, auch weil Johann Wolfgang von den Naturwissenschaften so tief fasziniert war. Der Historiker Schiller mit seiner Teilnahme am Geschick der Niederlande und dem Dreißigjährigen Krieg, auch der Kantverehrer war ihm fremder, doch hat er das ungeheuere Sprachvermögen Schillers, seinen Wortschatz, seine Formulierungskraft natürlich erkannt und geliebt, und ich meine, er hätte den schwäbischen Friedrich anläßlich seines einhundertfünfzigsten Todestages nicht im Stich lassen sollen, das Feld nicht den anderen, meist minderen Festschreibern überlassen. Vielleicht war es Benn zuwider, sich bei der Gelegenheit beispielsweise mit Thomas Mann zu messen.

Allerdings 1935, in Brief Nr. 51 an Oelze, hat er sich sehr abfällig über Schiller geäußert. Da heißt es u. a.: „Und dann diese murklige, armselige, gierige Physiognomie! Rothaarig! Götter [...] haben nicht so gierige zermergelte Züge wie Sch. Sie sind gentlemen, keine Arbeiter-Aristokraten, keine Historiker.“ Später, 1941 rühmt Benn Schiller aber auch, z.B. sein Gedicht „Das Glück“. Jedenfalls hätte man heute gern etwas Grundlegendes über Schiller von Benn.

Ich erinnere mich, im Rundfunk eine wirklich gute Festansprache des von mir nicht sonderlich geschätzten Carl Zuckmayer gehört zu haben, der sich mächtig, geradezu mit Herzblut für Schiller ins Zeug legte. Ein Satz ist mir (hoffentlich richtig) im Gedächtnis geblieben: „Die Frage darf nicht lauten: ‚Was hat Schiller uns Heutigen noch zu sagen‘, sie muß heißen: ‚Können wir Heutigen vor seinem versammelten Geist noch bestehen?‘“

Benn hätte sich aufraffen sollen für Schiller. Er war zu müde, hatte keine Lust, wie er schrieb, hat sich schlichtweg gedrückt vor dem Auftrag, den er sicher auf interessante Weise bewältigt hätte, wäre er bereit gewesen, sich die Arbeit zu befehlen. Heute, da ich älter bin, als es Benn vergönnt war zu werden, bedauere ich, daß wir uns niemals ausführlich über Schiller unterhalten haben, der doch ein steiles Gebirge der Literatur ist. Vielleicht hätte ich Benn zureden müssen, mit Gesprächen ihn verlocken, den Aufsatz zu schreiben. Oelze hat das wohl auch nicht getan, und nun fehlt eine fundamentale Äußerung Benns zu Schiller, ohne daß wir etwas haben, das Benn, wie er sagte, anstatt dessen aus Eigenem hervorgebracht hätte, es sei denn, wir nehmen „Apreslude“ dafür. Aber der kleine Gedichtband war ja schon so gut wie fertig.

Hat sich mit A.C. etwas begeben?: *Ich hatte wohl Erstaunen darüber geäußert, daß sich Frau Claes nie sehen ließ, nie nachfragte, wie es mir im Verlag ergehe, auf dem Platz, den ich doch von ihr übernommen hatte. Seltsam, daß Benn mir riet, mich nur sehr von oben herab mit ihr einzulassen. Nie möchte ich jemanden von oben herab behandeln, es ist gegen meine Grundüberzeugung vom Umgang unter Menschen. Ich kann wütend werden, aber „von oben herab“, das suche ich zu vermeiden.*

200

Telegramm vom 23. 4. 55, 15^{12} aus Berlin nach Köln, Thürmchenswall

ALLES LIEBE ZUM SONNTAG = GRUSS GOTTFRIED +

201

Sonnabend Nachm. 23 IV [55, Berlin]

Mein liebes Urselchen, das war ein sehr lieber, langer Brief mit so feinen Anlagen (Karte, Bilder), u. nun weiss ich ein bischen von Deinem Leben. Habe alles genau bedacht: Frühstück, Mensa, Madonna, Karolinchen, der junge Herr Winkler, das viele Straßenbahnfahren, Rommeé u schönes Bettchen. Anbei die Bilder zurück, nette Herren die beiden, besonders Herr Biene. Also machst Du doch eine kleine Mittagspause, wenn Du zur Mensa gehst?

Die Kritiken sind ja doll. Wer hat denn bis jetzt die Entscheidungen getroffen u. die Manu. gelesen? Wenn Du immer allein wärest im Betrieb, wäre es ja garnicht so ohne da für Dich. – Ob Du wohl heute meinen Eilbrief noch bekommen hast? Es ist mir lieb zu wissen, dass die 2. Post erst um 5 kommt, also Sonnabend nur einmal, wenn Du um 1 gehst. Ich trug den Eilbrief nachm. 4 h auf die Post, Freitag. Muss wohl noch ein Telegramm schicken an mein Ponnychen.

Von hier zu berichten: [Einige Sätze über Benns private Verhältnisse ausgelassen.]

Bin immer noch ungewöhnlich marode, ohne krank zu sein – Marasmus. – Heute war mein Bruder Stephan aus Templin da, schildert die dortige Lage doch sehr trübe. – Trage meine schöne geliebte alte Jacke nicht mehr, ist zum Aufwischlappen degradiert, fiel mir richtig vom Leibe, so zerrissen war sie. Trage jetzt eine ähnliche abgelegte, in der ich mich aber garnicht wohl fühle, ist noch nicht schäbig genug.

Über Gedichte bald Näheres.

Liebes kleines Ponnychen, küsse Dich auf Schnäuzchen u Ohren u fasse Dich ein bisschen überall an. Auf Wiedersehn, mein Urselchen.

Dein Pummi G

Madonna: *Es handelte sich um die Schwarze Madonna in der Kirche in der Kupfergasse. Eine von Kölnern sehr verehrte Muttergottes, die auch als wundertätig, jedenfalls als hilfsbereit gilt. Ich hatte eine Abbildung dieser Kultfigur mitgeschickt. Damit er sie sich vorstellen konnte, hatte ich auch Fotos der Familie Höfs beigelegt. Sie besaßen eine Buchhandlung in der Gertrudenstraße 33. Meist war Johannes Höfs im Laden, er war der kenntnisreichste Buchhändler, mit dem ich je zu tun hatte. Vor dem Krieg und im Krieg hatte er eine Buchhandlung in Berlin am Olivaer Platz, später in Worpswede, ehe die ganze Familie nach Köln zog. Die Familie, das war ein wahrer Klan, auch die beiden Schwestern von Frau Höfs und seine Schwiegermutter waren mitgezogen nach Köln. Weil er so fleißig war (manchmal auch nicht), wurde Johannes Höfs allgemein Biene genannt. Karoline war seine Tochter. Ich war entzückt davon, mit dieser neunköpfigen Familie täglich zu Abend zu essen.*

Bruder Stephan aus Templin: *Dieser jüngere Bruder war Pfarrer in Templin. Ich traf ihn, wie schon berichtet, nach Benns Tod einmal auf dem Friedhof an G.B.s Grab. Er sah Benn so sehr ähnlich, daß ich erschreckt dachte, Benn sei aus dem Grab gestiegen. Stephan Benn war ungemein freundlich und nachdenklich, ich habe mich damals mit ihm auf einer Bank sitzend ein Weilchen unterhalten.*

202

25. IV Montag. [55, Berlin]

Liebes Urselchen, nur einen kleinen Gruss. Hoffe, morgen von Dir Nachricht zu bekommen, wie Dein Sonntag war. Bei mir: am Schreibtisch; 6 – 8 Briefe geschrieben u. den Tumler zu Ende gelesen. Das Buch ist interessant, aber nicht fertig. Müsste einiges gestrichen werden u. einiges klarer dargestellt. Verdammt, muss das schwer u. ärgerlich sein, so ein dickes Manuscr. umzuschreiben.

Sind W.s zurück? Was ist der junge W. für ein Mann, welcher Beruf? Wie wirst Du bei Höfs genannt? Ursel oder Ulla oder Ziebarthsche?

Freitag Abend war ich bei Dramburg mit Schwab-Felisch (früher N. Z) (Geht jetzt als Lektor zu Suhrkamp nach Fr. a M) zusammen u mit Alexander Kowal, junger Avantgardist. War Mitherausgeber des „Lot", brachte mir Grüsse aus Paris, wo er jetzt 3 Monate war. (Mit Luft habe ich inhaltlich nicht viel über Deinen Besuch gesprochen, nur gesagt: „Neulich war eine Bekannte von mir bei Ihnen". „Ja, die Dame aus Worpswede" erwiderte er). Warst Du nun bei A. C.?

Kuss, mein Liebes.

Dein altes gutes Spätzchen

G

der junge W.: *Gemeint ist der Sohn des Verlegers Winkler. Er war Arzt. – Genannt wurde ich von Freunden allgemein „Ursel".*

203

26 IV 55 Dienstag [Berlin]

Mein liebes Ponnychen, heute nachmittag kamen Deine beiden langen, schönen Briefe mit Karten u. Prospect. Danke Dir, Liebste, dass Du Dir soviel Zeit genommen hast, mir alles zu erzählen u mir zu schildern, was Du treibst. Ich bin sehr glücklich, dass Du soviel alte Bekannte in der Nähe hast u dass ihr Euch wieder gefallt. Den Namen Walter Henkels kenne ich von der FAZ. Es ist doch der, [der] die so sehr erfolgreichen Skizzen der Regierungsmitglieder u. Politiker von

Bonn geschrieben hat? Soweit ich sie las, fand ich sie klug u. interessant, sehr fesselnd. Wenn er das ist? UAwg. Wenn sie so wohlhabend sind, muss er oder sie doch wohl von Haus aus vermögend sein? Lieb Urselchen, wenn ich heute nicht auf Alles eingehe, so denke nicht, dass ich nicht all u jedes von Dir bedenke u in Liebe u Zärtlichkeit mir durch den Kopf gehn lasse. Aber mir fallen ja lange Briefe schwer u. nicht jeden Tag bin ich dazu aufgelegt. Bist doch immer mein Süsses u ich streichle Dich immerzu.

An Frau Pohl sende ich Donnerstag ab. Freue mich Dein süsses Zimmer zu pflegen u zu halten. Der Prospekt von K. ist überaus geschmackvoll u. fasciniert mich. Feine Weine gibt es da!

Zum Geburtstag bitte ein Geschenk: dass Du mir nichts schenkst. Ich mag das garnicht. Bitte, bitte. Sende morgen Gedichte an Dich ab (wage es zu tun.)

Das mit den „Wir-Erinnerungen" geht mir genau so. Noch nichts durchtränkt von uns beiden. Bald längerer Brief, meine kleine grosse Liebe!

Immer Dein Pummi G

alte Bekannte: *Außer der Familie Höfs kannte ich im nahen Bonn die Familie von Walter Henkels gut, denn ich hatte mit seiner Frau Ursula zusammen studiert. Walter Henkels war über viele Jahre Mitarbeiter der Frankfurter Allgemeinen Zeitung. Zudem hatte er etliche Bücher über die Bonner Szene geschrieben, meist anekdotische. Berühmt wurden die über Adenauer: „Der Alte". Weder W. H. noch seine Frau waren von Haus aus vermögend, aber die Vergütung bei der FAZ und die Honorare für seine Bücher hatten ihn wohlhabend gemacht.*

An Frau Pohl sende ich Donnerstag ab: *Benn hatte die für den Mai fälligen 25 Mark Miete übernommen.*

Prospekt von K.: *Ich hatte Benn einen schönen, geradezu opulenten Prospekt geschickt, in dem für Köln geworben wurde.*

204

27 IV 55. [Berlin, *ohne Umschlag verwahrt, weil es wegen der Gedichte ein großer Umschlag war, den ich gesondert aufhob*]

Mein liebes Urselchen, anbei eine ganze Reihe Gedichte, die niemand kennt. Ich sende sie Dir zögernd u. zagend. Erstens) erinnere ich mich, dass Du erzähltest, Dein 1. (1 u. 2.) Mann hätten zu Dir gesagt: „vergleiche mal noch Reihe 15-18 mit dem Text" (das kann doch P[inder]. nicht gewesen sein, das war doch B[aethgen]. P. hatte doch keine Texte zu vergleichen. Nun tut nichts.) Jetzt bist Du bei mir. Und später wirst Du Churchill oder dem Musiker sagen: „Bei diesem B. musste ich immer seine Gedichte lesen, als sie schon ganz schlecht waren. Aber was blieb mir übrig, ich musste es aus Höflichkeit tun". Gut, Ponny! 2) ich weiss, dass ich mich in einer Krise hinsichtlich Gedicht befinde. Das alte idealistische schwungvolle Gedicht kriege ich nicht mehr über die Lippen. Was mich daran hindert, weiss ich selbst nicht. Es kommt mir unecht, unreal u unreell vor. ~~Also~~ Trotzdem bleibe ich ihm verhaftet. Das neue ist so schwierig, dass ich es wahrscheinlich der Zukunft überlassen muss. Aber was heisst das? Z B. ~~Pond~~ Pound kommt mir auch schon überholt vor. Eliot auch. Eigentlich gelten lasse ich nur: „Zeitalter der Angst" von Auden. Aber das ist einmalig.

Es trifft sich merkwürdig, dass alle heutigen Romane eigentlich autobiographisch sind, der Autor tritt fast nie ganz zurück. Ebenso in der Lyrik. Das objektive grosse Gedicht ist überholt. Also kommt auch in ihr wieder überall das Persönliche durch. Das Erlebnisgedicht, das Gefühlsgedicht, das Empfindungsgedicht. Das werden alle kritischen Experten altmodisch, vieux jeu, 19. Jahrhundert nennen. Stimmt wahrscheinlich – aber wenn man nicht aufgeben will, muss man seinem Inneren folgen.

Kurz: hier sind Gedichte, die leicht, billig, stimmungsmässig sind, in 10 Minuten bei Flint herausgepurzelt. Andre sind zusammengearbeitet in 2 – 3 Wochen pro Stück. Andre sind düster, schwer, hoffnungslos. Das Ganze ein verworrenes Potpourris. Bitte nimm den anliegenden Bogen u. notiere: 1) welche kämen eventuell für den neuen Band in Frage. 2) über welche lässt sich diskutieren zwischen Dir u mir. 3) welche sind unmöglich. Ich weiss genau, dass einige zu diesen unmöglichen gehören. Aber Du sollst sie lesen u. urteilen.

Du kannst schonungslos urteilen, weil ich 100%tig Dein Urteil nicht akzeptieren werde, aber interessieren wird mich Dein Urteil ungemein. Nur Dein Urteil! Mich kränkst Du nicht, wenn Du verurteilst. Lass Dir Zeit. Sei nicht böse, wenn ich Dir das zumute. Schenke mir zum Geburtstag, dass Du mir dafür 3 Stunden opferst. Trenne Dich nicht von mir, wenn Du alles katastrophal findest, ich bin in kritischen Monaten gewesen. Es braucht auch gar kein neuer Band zu erscheinen, dann muss Maxe eben aufgeben.

Mein süsses Kind, beschäftige Dich ein wenig mit Deinem Dich sehr liebenden

G. B.

Kritzele, wenn Du Zeit hast,
zu jedem Ding Deine Meinung!
und sende es bitte zurück. Habe
keine Abschrift von den meisten.

Es handelte sich größtenteils um Typoskripte der im Bändchen „Aprèslude“ versammelten Gedichte.

P. hatte doch keine Texte zu vergleichen: *Auch Kunsthistoriker schreiben schließlich Bücher, es muß Korrektur gelesen werden, und der hier gemeinte Wilhelm Pinder schrieb viele und ganz hervorragende Bücher. Er verstand es, was er sah und erforscht hatte, so in Sprache zu übertragen, daß man von einem literarischen Werk sprechen kann.*

Sowohl Wilhelm Pinder als auch der bedeutende Historiker des Mittelalters Friedrich Baethgen waren meine akademischen Lehrer und nicht, wie Benn scherzhaft, spottend und eifersüchtig schreibt, mein „1. (1 u. 2.) Mann“.

205

27 IV 55 [Berlin]

Hier, mein liebes Menschlein, der Postabschnitt für Mai für unser Wöhnchen, wo ich das erste Mal meinen Arm um Dich legte, wir dann unsern Weihnachtsbaum so dicht schmückten u wo wir immer so schönen Zuckerbutterkuchen assen. Wird also spätestens übermorgen am 29. IV bei Frau Pohl sein.

Auf dem Drachenfels bin ich auch mal gewesen, als Student von Marburg aus, Pfingsttour, aber nicht per Esel rauf, sondern zu Fuss.

Freue mich ganz unendlich, dass Du Freundinnen in der Nähe hast – sogar eine Japanologin! – Interessiert mich sehr, was Du über W[inkler]. schreibst, wie er auf Deine Arbeit reagiert, wie ihr Euch einspielt. Wenn er erst merkt u. weiss, was Du für ein Juwel bist, wird er A[strid]. segnen, die ihm das verschafft hat.

Nun werde ich also am Ebertplatz u im Kino in der Hahnenstrasse manchmal bei Dir sein, mein süsses kleines Leben! Auch hier ist heute zum 1. Mal etwas Wärme u die Zweige werden grün, endlich.

Das Ullsteinbuch (G. B: „Provoziertes Leben“) ist erschienen, auch mit so einem bunten Umschlag. Preis 1,90 M. Kein grosses Ruhmesblatt, finde ich. Sowie ich Exemplare habe, bekommst Du. Herr Ullstein sandte mir bisher nur eins mit freundlicher Widmung. Die „Reden“ bei Müller-Langen sehn viel eleganter aus. –

Bleibe gesund, Ursel. Ich finde, Du hattest diesmal etwas lange Dein Bauchweh, länger wie sonst.

Sei umarmt u geküsst wie einst im Mai, nein: im August bis April, eh u. je, Liebste.

Dein G

Inliegend die Quittung über die an Frau Pohl in Worpswede angewiesenen 25 Mark Miete für Mai.

Freundinnen: *Außer der Höfs-Familie nur Ursula Henkels, die Japanologie studiert hatte. Einige Vorlesungen, z.B. im Fach Geschichte, hatten wir gemeinsam gehört. Mit Japanologie hatte ich mich auf der Universität nie befaßt. Leider nicht!*

Das Ullstein-Buch „Provoziertes Leben" hat Benn mir dann geschickt mit der Widmung: „Der zarten Ursel vom Mann mit dem Leopardenbiß". *Ihm einen Leopardenbiß zuzutrauen stammt aus einem Gedicht von Else Lasker-Schüler an ihn. Später habe ich den Band im Restaurant Fournes, der Stätte unseres ersten Treffens, liegenlassen, als ich das Restaurant nach Benns Tod einmal am Tag unseres Kennenlernens aufsuchte und mich wieder an unseren Tisch setzte. Schon Minuten nachdem ich gegangen war, bemerkte ich, daß ich das Buch nicht mehr hatte, eilte zurück – es war nicht mehr da. Ein anderer Gast muß es mitgenommen haben, worüber ich sehr betrübt und auch erbost war.*

Die „Reden" bei Langen-Müller sahen in der Tat schön aus. Zitronengelb mit Gold der Einband, die Titelschrift erschien nur auf dem Cellophanumschlag.

206

28 IV 55 Donnerstag Nachm. [Berlin]

Liebes Kindchen, nachm. kam Dein Brief von gestern. Wirst nun aus meinen Briefen gesehn haben, dass Deine beiden dikken Briefe zusammen am Dienstag Nachm. ankamen. Du kannst mir zum Geburtstag was sehr schönes schenken: nämlich, dass Du nicht immer so aufgeregt tust, wenn mal 1 Tag keine Post von mir kommt (habe nicht jeden Tag Zeit u. auch nicht jeden Tag Stimmung), u. dass Du nicht gleich so unruhig wirst, wenn Deine Briefe später ankommen, als Du berechnest. Sie kommen ja alle an, bisher ist noch keine Post nicht angekommen, solange wir uns schreiben. Also, Kindchen, Ruhe und Haltung u Abwarten!

Das mit dem Geld ist schon schlimmer. Aber durch Schimpfen wird es ja auch nicht besser. Ich frage mich, wie sähe es aus, wenn Du in Bremen geblieben wärest? Dein W[alter Niemann]. hat Geldsorgen, schreibst Du, also würdest Du ihm von Deinem noch abgeben. Die Zeitschrift bringt in der jetzigen Nummer nichts. – Der Verlag Sch[ünemann]. würde wohl auch nicht zahlen, also in Br wäre es auch nicht besser. [Es folgt ein unentzifferbares Wort] in Brem. wäre es noch zukunftsloser. Während ich Köln immer noch für chancenreicher halte. Aber im übrigen, wenn Du mit Wi[nkler]. nicht auskommen kannst, sage ihm das u. lass ihn laufen. Ich werde Dir im Lauf des Mai etwas monney senden. Habe selber wieder April / Mai 500 M. Steuern zu zahlen. – Engpässe überall. Werde wohl am 2 V nicht anrufen bei Dir. Ich nehme diesen Tag nicht wichtig.

Was hast Du eigentlich plötzlich gegen A. C.? Sie hat Dir doch nichts getan, vielmehr sich sehr um Dich bemüht. Du selbst sagtest, dass Sie nichts dafür kann, dass alles von der Nähe aus etwas anders aussieht. Dir gefiel sie in Köln so sehr, dass Du sie gleich nach Br. einludest –

Also was ist? Wegen Kassel? Man sollte Euch Frauen doch nicht alles erzählen. Ich finde, Du hast allen Grund, zum mindesten mit ihr sehr höflich zu sein!

Haben die Höfs eigentlich einen offenen Buchladen? und wo? Wo sie wohnen? Und sind beide Männer dort tätig?

Geboren ist der arme G.B abends zwischen 6 – 7 am Sonntag nach Ostern in Mansfeld (Westprignitz) bei Perleberg. Aber bitte kein Horoskop! Ich glaube nicht dran, vielleicht konnten die alten Chaldäer u. Ägypter das besser, bei uns ist doch alles nur Routine.

Bald mehr. Kuss, Urselchen!

Dein alter G.

Geldsorgen: *Für lange Arbeitstage wurde ich zwar regelmäßig, aber doch gering bezahlt. Das Monatshonorar war sehr knapp für ein Leben in Köln, wo man nicht wie im Dorf*

Worpswede leben konnte. Ich fühlte mich schon ein wenig ausgebeutet. Die genaue Höhe weiß ich nicht mehr, weniger als 300 Mark, meine ich.

Walter Niemanns Geldsorgen: *Da handelte es sich nicht wie bei mir um Kleinstsorgen geschweige denn Not. Er besaß ein Haus mit Grundstück, Engpässe traten allenfalls auf, wenn Reparaturen nötig waren. Nie wäre ich in der Lage gewesen, einzuspringen.*

Was hast Du plötzlich gegen A.C.?: *Ich hatte G.B. wohl geschrieben, daß sie mir die Tätigkeit im Verlag nicht realistisch dargestellt hatte.*

Kassel: *Benn hatte mir ausführlich von seiner Begegnung mit Astrid Claes in Kassel erzählt.*

Geburtsstunde Benns: *Natürlich wollte ich sie nicht wegen seines Horoskopes wissen, es interessierte mich einfach, um welche Tages- oder Nachtzeit er hervorgekommen war aus dem Dunkel des mütterlichen Bauches auf die Außenwelt. Leider kenne ich keine Kleinkinderbilder von Benn. Noch heute wüßte ich sehr gern, wie er als Baby, als Vierjähriger aussah, denke aber, daß es solche Aufnahmen nicht gibt.*

207

Ein Telegramm aus Berlin vom 30. 4. 1955, 16^{35} Uhr nach Köln

WERDE MONTAG DEINER ZAERTLICH GEDENKEN = GOTTFRIED +

Er meinte, daß er an seinem Geburtstag an mich denken wollte.

208

Sonnabend 30. IV 55. [Berlin]

Mein liebes Ponnychen und Menschenschatz, diesen Brief bekommst Du also an dem grässlichen Geburtstag. Ich hoffe, Du bekamst mein Telegramm (statt des Anrufs am 2. 5.). Zum Sonnabend sende ich lieber meine Sachen an Dich in die Wohnung, da Du die 2. Post im Verlag nicht mehr bekommst. Bekamst heute hoffentlich auch die Anthologie.

Schönes heisses Wetter, 26°. Bin sehr glücklich darüber, lange entbehrt, kann jetzt abends draussen sitzen bei Dramburg u. schlürfen. Lennig ist wieder im Lande, etwas kleinlaut, da er nichts Rechtes fand. Aber sehr möglich, er bekommt in Köln am Rundfunk einen Posten. Dann hast Du einen Bekannten aus der Bozenerstr. um Dich.

Schreibe mir doch bitte bald, wie ich an Dich Geld schikken kann. Eingeschrieb. Brief – wohin? Postanweisung – wohin? Da der Verlag Postfach hat, weiss ich nicht, ob E-Briefe ankommen.

Bitte schicke mir bald die Gedichte zurück. Für einige sind mir Änderungen eingefallen, u ich muss mich [!] jetzt schlüssig werden, ob ich den neuen Band machen will. –

So, Liebes. Zum 2. V umarme u küsse ich Dich. Gebe Gott, dass ich den 70. nicht erleben muss. – Den hübschen Kölnprospect behalte ich noch etwas. – Sei nicht depressiv wegen Geld, wird schon alles werden.

Kuss, Urselchen!

Dein G

Lennig in Köln: *Meines Wissens begann er nicht in Köln zu arbeiten, jedenfalls habe ich ihn dort nie gesehen.*

209

Eine Enzianblüte –

2 V 55. [Berlin, *an Benns 69. Geburtstag*]

Liebes, nur einen grossen Geburtstagskuss schnell! Danke Dir für alles Liebe, das Du mir im vergangenen Jahr getan, gesagt u. geschrieben hast. Dank für Kölner Bädecker u Brief! Von Walter aus Br. reizende Zeichnung von einem einsam auf dem Lambretta dahinflitzenden Mann.

Viele Blumen, Schneeball u. Enzian, usw. Schlips von Nele, Schnaps von Kollegen vis-à-vis. Denke an Dich, bist mein süsses Herz.

Dein G.

Netter Brief von A[strid]. Steht im Examen.

Enzianblüte: *Dem Brief liegt eine gepreßte Enzianblüte bei.*

210

3 V 55 [Berlin]

Mein süsses Urselchen, nun also nochmal Dank für Deinen Geburtstagsbrief mit der Klee-Karte u. Deinen rückseitigen Wünschen. Ja, was soll der Engel bringen, was ist das Gewünschte? Auf der Karte fallen Brezeln u russisches Brod u. Nüsse herab, soweit ich es verstehe, aber für mich müsste er etwas andres bringen: Ein[e] feine Zweizimmer Wohnung für Ursel. Eine Maulschelle für Herrn W. u. ein par schöne, schöne Sommertage in W. zusammen.

Du hast etwas Neues Schönes an Dir? Du machst mich rasend neugierig. An Dir ist alles schön u süss – was kann neues hinzukommen?

Mich interessiert ganz riesig, was Du über die Jahre mit P. geschrieben hast. Fast könnte ich Dich um die Arbeit mit ihm beneiden, da es sich um eine Thematik handelt, die mir immer fern geblieben ist. Übrigens brauchst Du P. gegen mich nicht in Schutz zu nehmen, ich weiss, dass er ganz grosser Mann war, ich weiss auch, das[s] Quellenstudium alles ist, mir war wohl im Augenblick sein Werk über die Baukunst des Mittelalters nicht im Gedächtnis. Sicher verdankst Du ihm jenen Fond an Bildung, Kritik, Kunstwissen, der so sehr zu Deinem grossen intellektuellen Charme gehört. (Feiner Ponny!) Bei der Gelegenheit gratuliere ich Dir zu den 3 Maigeburtstagen Deiner 3 Stiere, an W[alter]. habe ich eben das Ullsteinbuch geschickt, das Du heute auch erhälst.

Der gestrige Tag war vormittag sonnig, am Abend regnerisch, – viel Telegramme, Blumen – Gott sei Dank kein Besuch. Der Tag endete natürlich bei Dramburg.

Höre, mein Kindchen, mein Süsses, damit Du nicht immer unruhig u. ungeduldig bist, wenn Du mal von mir nichts hörst, u für den Fall, dass mir mal wirklich was passiert, sodass ich nicht schreiben kann, – ich habe mit meiner Schwester Edith gesprochen, ihr Deine Adresse gegeben, ihr von unserer Freundschaft erzählt u sie wird Dich orientieren, wenn hier was los ist, u Du kannst ihr schreiben. (Es ist die Augenkranke, kann aber noch lesen u schreiben): Frau Edith Benn, Berlin-Wilmersdorf, Helmstedterstr. 25^{IV}. Sie ist diskret u. anständig u. fühlt sich sehr geehrt durch mein Vertrauen.

Aber, Liebling, was hast Du für einen kleinen, lieben, dummen Brief gestern geschrieben! Dank für die Kerze bei der Madonna, kann sie brauchen –, möge sie brennen für Dein Glück u. meines auch mit 10 Wachstropfen, die übrigen für Dich

Kam die Anthologie an?

Dank, Kuss, Umarmung, Ponnychen.

Dein Pummi G.

Als Glückwunschkarte hatte ich die Reproduktion einer Arbeit von Klee ausgesucht: „Engel bringt das Gewünschte."

Die Arbeit mit P.: *Es handelt sich um den Kunsthistoriker Wilhelm Pinder, bei dem ich mit Leidenschaft und großem Gewinn studiert hatte.*

Zu einem Brief von mir, etwa vom 3. 5. 55, von Köln nach Berlin: Da mir die Antwort auf die Gedichte Benns wichtig war und ich wußte, daß sie auch ihm wichtig war und ich vermeiden wollte, daß er Enzifferungsmühen hätte, habe ich die Stellungnahme zu den Gedichten auf der Schreibmaschine geschrieben und den Durchschlag in den Kasten gelegt, in dem ich schon damals die Benn-Briefe verwahrte. So ist er erhalten geblieben.

Die Antwort auf das Gedicht-Konvolut bereitete mir Schwierigkeiten, weil ich wußte, welche Bedeutung es für Benn hatte, noch einen Gedichtband zu machen. Ich habe mich schwergetan mit der Antwort, einige Gedichte auszusondern versucht, aber auch den Reiz so manches anderen hervorgehoben.

Der Text meines Briefes lautet:

[Köln, vermutlich am 2. oder 3.5.1955]

Liebster Gottfried,

der Lesbarkeit wegen schreibe ich diesen Brief mit der Maschine. Also: Jawohl, ich würde unbedingt einen neuen Band herausgeben, würde ihn sogar „Melancholie" nennen nach dem Gedicht gleichen Titels, das ich an den Anfang stellen würde.

Die Gründe: Dies ist wahrscheinlich die einzige größere Veröffentlichung vor Deinem Geburtstag Nr. 70 Ich würde sie darum sehr repräsentativ anlegen, keine Nebenprodukte aufnehmen, sondern wirklich nur Sachen von großer Klasse. Die anderen Sachen würde ich miterscheinen lassen, wenn Du mal wieder so einen Sammelband herausgibst wie „Trunkene Flut".

Meinen Titelvorschlag findest Du vielleicht merkwürdig, wenn nicht sogar unmöglich. Wie ich gerade auf so einen zar-

ten, „lyrischen" Titel komme? Nun, abgesehen davon, daß es der Titel eines so sehr repräsentativen Gedichtes ist, paßt es so gut auf fast alle Gedichte (Tristesse, Wenn, In einer Nacht, etc. etc.). Und wenn Du Melancholie sagst, dann ist das etwas anderes, als wenn das irgendein Blümchenverdufter sagt. Was hast Du alles zu diesem Wort zu bringen: Nur noch flüchtig alles z.B., das ich so großartig finde, und so zarte Sachen wie „Warum gabst Du uns" etc.

Andererseits hat dieser Titel eine gewisse Suggestiv- und Breitenwirkung besonders für einen Band vor dem 70! Da hat er etwas Zartes, Ironisches und doch Großartiges. Wenn man ihn dann aufschlägt, ist man überrascht und überwältigt von der Mannigfaltigkeit des Ausdrucks!

Ich fände das jedenfalls sehr gut, würde diesmal keinen Titel wie „Fragmente" wählen, sondern einen runden, sozusagen gesättigten Titel.

Aber vielleicht hast Du schon längst eine bessere Idee – dies ist nur meine unmaßgebliche Meinung.

Die Auswahl: Ich wiederhole: keine Nebenprodukte, jedenfalls nur einige, zur Lockerung, im ganzen aber einen sparsamen, hochklassigen Band mit folgenden Gedichten (gemeint ist nicht die Reihenfolge!)

1) Melancholie: (kann heute nicht mehr verstehen, daß es mich einmal kühl ließ, waren aber wohl die etwas großen, behäbigen Strophen, die mich anfangs befremdeten. Wunderbares Gedicht)

2) Das sind doch auch Menschen (Gaumenpfirsichsaft, Liebster!)

3) Teils-teils

4) Tristesse

5) Die Züge Deiner

6) Verließ das Haus

7) Aber Du –

8) Impromptu (doch! das würde ich aufnehmen! hat Niveau. Hab mich sehr mit diesem Gedicht befreundet).

9) „Warum gabst Du uns die tiefen Blicke." Das ist ein so zartes, schönes Gebilde, würde es aufnehmen, „Rose oder

Klee" ist doch schön. Habe sehr darüber nachgelauscht. Aber: bei diesem Gedicht würde ich eines zu bedenken geben: den Titel. Ich finde ihn zu lang (und damit zu anspruchsvoll) und auch zu sehr mit Reminiszenzen belastet für dieses zarte Gebilde. Willst Du da nicht lieber „Zwei Träume" sagen?

So viele von den alten, mir bekannt gewesenen Gedichten. Von den neuen würde ich unbedingt aufnehmen:

10) In einer Nacht (Toll der letzte Vers! Sind meine ungewaschenen Hände gemeint?)

11) Nur noch flüchtig alles (Großartig! Sonderbeifall dafür von Deiner Ursel.)

12) wenn – (leicht schwebend, neben der Wucht des vorigen, aber sehr schön, mein flügelrauschender Liebster!)

13) Hör zu. – Bei diesem Gedicht würde ich allerdings die letzte Zeile fortlassen!

14) Kommt

15) Worte. – In der vorletzten Zeile würde ich vor „Silben" einen Doppelpunkt machen.

16) Bauxit

17) Der Broadway singt und tanzt

18) Eure Etüden

19) Olympisch. Ich finde die zweite und dritte Strophe so gut, daß ich es aufnehmen würde. Die erste Strophe ist mir in der Zwischenzeit nicht lieber geworden. Sage, kann sie nicht einfach wegfallen? Ich finde, das Ganze hat viel mehr Verve und Würze, wenn es erst mit der 2. Strophe beginnt. Kannst es dann „Anrede" oder „Erhebung" oder so nennen, wie Du es für richtig hältst.

20) Abschluß.

Nun die Ged., die ich nicht aufnehmen würde, und die Begründung dafür:

Ebereschen: An sich ein ganz schönes Gedicht, wenn auch kein großer G B.

Mir gefällt die letze Zeile nicht. „Wo fülltest, färbtest, reiftest Du", das hört sich an, als sei von einer Osterhasenwerkstatt die Rede. Jetzt wirst Du sagen, ich sei eine unver-

schämte Person, aber ich weiß Dir nicht anders deutlich zu machen, was mir nicht daran gefällt.

Kelche: das finde ich fade. Hier möchte ich wirklich sagen, ein früheres Gedicht ist besser, nämlich: Erschütterer Anemone.

Melodie: ist auch etwas schwächlich, und schwächliche Sachen würde ich in diesen Band keinesfalls aufnehmen.

Herr Wehner: Da fehlt, was „Bauxit", „flüchtig", „Broadway" haben. Ich würde es für eine andere Gelegenheit aufbewahren.

Ein See: Auch etwas allgemein in der Tonart.

Heim: wäre durch andere Gedichte dieses Bandes besser vertreten.

Also, Du hast gefragt, und ich habe geantwortet. Nach meiner Meinung würden die genannten 20 Gedichte einen großartigen Band geben mit fester Struktur, ohne weiche oder flaue Stellen. Wäre alles monumental und repräsentativ, auch die zarten Sachen! Die deutsche Literatur könnte sich damit in der Welt sehen lassen und mein Pummi sich erst recht.

So. Liebster, danke Dir sehr für die Sendung. Mußt entschuldigen, daß ich so sehr schluderig tippe, schreibe aber heimlich in rasender Eile mein handgeschriebenes Manuskript ab, das Dir zu unübersichtlich wäre.

211

4 V Mai Nachm. [Berlin]

Mein liebstes Menschlein, eben kamen die Poeme zurück u dazu Deine lieben Briefe.

1) Virus-Rose ist mir nicht bekannt. Aber Rose (richtige Wundrose, nicht die fälschlich sogenannte Gürtelrose) ist immer eine erhebliche Erkrankung, besonders für alte Leute. Schädigt durch Toxinwirkung oft das Herz. Ist aber heute durch Sulfonamide gut bekämpfbar. Gehe lieber ein par Tage nicht hin.

2) Werde „Dompension“ studieren u. „Königsforst“, S. 137, Bädecker.
3) Also: in die Nie.strasse kann ich alles senden, auch Postanweisungen.
4) Was ein „strammer Max“ ist, weiss ich natürlich! „Königs Pilsener“ ist gut, – Du erinnerst Dich an Joachimsthalerstr, einen Abend im Februar, am 17. (eben nachgesehn).

Und nun die Gedichte! Dein Urteil ist brillant! „Kelche“, „Melodie“, „Herr Wehner“ fallen fort. „Ein See“ wohl auch. „Heim“ dagegen werde ich wohl nehmen. „Ebereschen“ war mir nie sehr sympathisch, aber hat so grossen Anklang gefunden, (Briefe!), dass ich es bringen möchte. Was ist „Sterhasenwerkstatt“? Ein Druckfehler? Ein neues Wort von Dir? U.Awg Soll wohl, sage ich mir eben: „Osterhasenwerkstatt“ heissen? „olympisch“ ohne 1. Vers wäre unverständlich – weiss noch nicht , was ich mache.

Ich streiche ferner: „Hör zu –“, albern u. gemütlich „Warum gabst Du uns die tiefen Blicke“ lasse ich als Titel, gerade weil er so schwer ist („An Goethe wagt sich dieser Popanz heran“ usw. Aber vielleicht hast Du Recht: „Zwei Träume“ – Man muss den Kritikern ja was bieten.) „Nur noch flüchtig alles.“ ändere ich vielleicht. Hatte eine 1. Fassung. Muss nachdenken.

In der Gesamtbeurteilung hast Du grossartig recht. Muss sehr repräsentativ sein. Keine Nebenprodukte. Keine weichen Stellen. Das Ganze klar, hart, gekonnt. Und nun der Titel! An „Melancholie“ hatte ich auch schon gedacht, mein Einwand: ist etwas gefühlvoll u thematisch zu festlegend. Auch gibt es Lyrikbände mit diesem Titel z.B. von Morgenstern. Ein Mann, ein alter, fertiger kann oder soll eigentlich nicht melancholisch sein? Dasselbe gilt für „Tristesse“ – das ja vielleicht das vollkommenste von allen ist. (à la Platen). Dann dachte ich an: „Teils – teils“, da ich ja eben gerne fragwürdig u. unseriös bin u. bleibe. Ich bin ja eher für lockere alles-offen-lassende Titel, als sehr konzise. Denke bitte weiter nach, ich werde es auch tun.

Im Gegensatz zu Deinem Vorschlag will ich nicht, dass

irgend ein Gedicht noch vorher in Zeitung oder Zeitschrift erscheint. Ist finanziell natürlich ein Opfer, aber das einzelne Gedicht wirkt nicht, ich mag nur en masse in diesem Fall auftreten. Übrigens sehe ich eben, Du erwähnst nicht – weder ja, noch nein – „Menschen getroffen". Hast Du es übersehn. UAwg. Ich möchte es aufnehmen. Die Sache mit „Fräulein Christian" u. Vorname scheint mir ganz gelungen. – Reihenfolge ist auch noch ein Problem. – Als Titel dachte ich auch noch an:

„Aber Du – ?"

Liebste, Du bist grossartig! Küsse Dich in Dank u Liebe!

Dein G.

Du weisst, ich habe hier einen Propheten in der Nähe, einen grossen Horoskopiker, der am 3 V geboren ist u wir gratulieren uns immer: (Damit er keinen Schadenzauber über mich verhängt!) Der schrieb mir am 2. V: „möge Ihr gutes Dreigestirn (u. nun kommen astrolog. Zeichen, die ich nicht verstehe), „das für sie zu leuchten beginnt ab Mitte Juni u wegweisend sein wird, Ihnen Glück u Erfolg bringen u den finsteren" (wieder ein Zeichen) „im 6. Haus Ihres ?Biogramms in Schach halten." Was ist das für ein finsterer Bursche? Ich muss ihn fragen.

Kuss! Immer

Dein guter Pummi G

Jemand in meiner Bekanntschaft hatte eine Wundrose.

Ich hatte für einen Besuch in Köln die Dompension empfohlen und einen Ausflug in den Königsforst vorgeschlagen.

Nie-Straße: *Die Nietzschestraße 4-6, die Anschrift des Winkler Verlags, wo mich Post an Werktagen am schnellsten erreichte.*

Die Antwort Benns auf meine Äußerungen zum neuen Gedichtband zeigen, wie sehr wichtig ihm die Veröffentlichung war. Was den Titel betrifft, so hat er mit „Aprèslude" einen hervorragenden Titeleinfall gehabt.

212

5 V 55 = 5 Donnerstg. Nachm. [Berlin]
5
55

Mein liebes Urselchen, Dank für Mittwochbriefe u die 2 Zeitungen. Über Herrn Kr. kein Wort! Die Frankfurter ist interessant (obschon Herr Hennecke mir auch ein Greuel ist). Ich irrte mich also nicht, wenn ich annahm, dass der Martini ein epochemachendes Werk werden würde. Hast Du es mal in der Hand gehabt? Kannst Du dir eigentlich in der Buchhandlung von H.s einmal ein Buch leihen? Übrigens, wissen H's etwas von Deiner Freundschaft mit mir? Ich frage, weil ich immer unsicher bin, wenn ich Dir in ein Buch, das ich Dir nach K sende, eine Widmung reinschreibe – falls Du das Buch dann mal mitnähmst usw. Die wären dann vielleicht überrascht, wenn sie läsen: „meiner süssen Ursel“ usw. U.Awg

Die reizende Zeichnung aus W. kam mit Absender W[orpswede]. Nr. 169, nicht P.A. Ich sandte an ihn das Ullsteinbuch also auch nach W. Schadet ja wohl nichts. – A. C. schrieb kein Wort von Dir, nur Geburtstagsgruss u. Bitte, am Donnerstag, also heute, usw. s. anliegender Brief .. Ich bin kein Schwerenöter, (übrigens ein sonderbares Wort, da es gerade ausdrücken soll, dass keine schwere Not vorliegt, sondern eine leichte Sache, eine Poussage.)

Hast Du in den Gedichten eine Reihe erfasst: in Bauxit: „die rechte Hand der Herren“- verstehst Du? Du nennst es „gynäkologisch“. Ist also wohl eine obszöne Reihe .... „die eröffnet“ ....

Ich schrieb wohl „schöne Sommerwochen in W.“ Also ein Traum. Ebenso wie die Maulschelle für Herrn W. auch nur ein Wunsch war. Nein, Pfingsten sollst Du keinesfalls die mühselige Reise nach W. machen.

Dein Herz soll Dir nicht immerzu wehtun! Das haben wir doch beschlossen. Es schlägt ja immer, Tag u Nacht, ganz dicht an meinem.

Düsseldorf habe ich für den 14 X 55 angesetzt, Freitag. – Gestern bekam ich ein Telegramm vom Feuilleton des hiesigen „Abend“: „Drahtet bitte 40 Worte „Schiller u. die Lyrik“ bis Freitag. Anwort bezahlt. Dank. Feuilleton-Redaktion „Der Abend“. – Dabei lag ein Antwortformular über M. 4. Ich antwortete: „Bin leider keine Odolfabrik, die aromatische Einheitsessenz auf Bestellung u. ohne Bezahlung graduiert ablassen kann. Mit angeordneten 40 Worten Thema zu behandeln unwürdig.“ Allerlei, wie?

Kuss, mein kleines süsses Gesichtchen.

Dein G.

Wer mit „Herrn Kr.“ *gemeint war, weiß ich nicht mehr. Vermutlich war er ein Journalist.*

Herr Hennecke: *der Kritiker und Essayist Hans Hennecke.*

Natürlich konnte ich mir von Höfs ein Buch leihen, aber ich war auch damals schon eine Bücherkäuferin, trotz knapper Kasse, für Bücher war immer noch etwas übrig, ich wollte Bücher besitzen, diesen Luxus wenigstens wollte ich.

Die Familie Höfs, gute Freunde alle, wußte natürlich von meiner Beziehung zu Benn.

Fritz Martinis Buch „Das Wagnis der Sprache. Interpretationen deutscher Prosa von Nietzsche bis Benn“ (Stuttgart: Ernst Klett, 1954), mit einer verehrungsvollen Widmung des Autors an G.B., hat Benn mir später, am 31. Mai 1956, gebracht, bevor er nach Bad Schlangenbad fuhr. Ich besitze es noch.

Offenbar hatte Benn mir einen Brief von Astrid Claes mitgeschickt, den ich dann retournierte.

Maulschelle für Herrn W.: *Gemeint ist Herr Winkler, der Verleger, weil er mich für die Arbeit im Verlag zu gering honorierte.*

213

6 V 55. [Berlin]

Mein kleines schwarzes Ponnychen, zum Sonntag Gruss u Kuss. Wo wirst Du sein? Im Stadtwald, auf dem Rhein, in Bonn – wo? Was ist das Neue, was Du an Dir hast, das so schön sein soll? Ich bin so neugierig. – Ich habe leider 20 – 30 Briefe zu schreiben, die ich schreiben muss, um nicht ganz proletig u knotig zu sein, sehr übel, aber ich erledige es schnell, um für eine bestimmte neue Arbeit frei zu sein.

Du einsames, kleines süsses Mädchen! – Heute ist der Geburtstag von W[alter]. Sicher denkst Du sehr an das Dorf. Seit 1947 irrst Du so allein herum, ich denke oft daran.

Ich küsse die Muschel u. schaue den kleinen Ponny an, der bei mir liegt.

Sei umarmt von
Deinem G

Neues: *Ich hatte mir einen Pullover gekauft, der von einem erlesen schönen Rosa war.*

Walter Niemann wurde erst am 7. Mai vierzig Jahre alt.

Seit 1947: *In jenem Jahr habe ich meine Geburts- und Heimatstadt Berlin verlassen und bin nach Bremen, im Januar 1948 nach Worpswede gezogen. Aber geborgener als in diesem Dorf konnte man kaum sein. Da irrte man nicht allein herum. Doch Benn hatte immer noch die Vorstellung, daß eine Frau verheiratet sein müsse, standesgemäß, und für die „Blaue Stunde" einen Liebhaber einlassen, möglichst ihn.*

214

7 V 55. nachm. [Berlin]

Mein liebes Kindlein, auch heute wird es mit dem Schreiben nicht viel. Wieder neue literar. Belämmerungen, Angriffe usw die mich beschäftigen. „Merkur“ kündigt mir einen Angriff von jenem Heller an, der neulich mal 4 Stunden bei mir Cognak soff – ich bin etwas betroffen, dass nun auch der „Merkur“ den Emigranten seine Spalten gegen mich öffnet. – Aus Schweden eine ganz vernünftige Arbeit. – Ich tröste mich immer wieder mit dem Balzacwort: „Der Ruhm hat keine weissen Flügel“. – Maxe hat nun die Gedichte. ~~Schrieb~~ – Tut begeistert u „grossartig“, nun das nützt mir nicht viel. Titel weiss ich noch keinen Reihenfolge auch nicht. Mal sehn, wenn es gesetzt ist u die Fahnen da sind, vielleicht fällt mir dann was ein. – Hier kaltes rauhes düsteres Wetter. – Tafel Schokolade zerbricht ja im Brief, kaufe Dir eine, Liebes. – Wie geht es bei W[inkler]?? Einigermassen? Interessiert mich sehr. – Gehe zu keiner Schillerfeier hier. – Hörst Du eigentlich Radio? Wo?

Bald mehr. Aber immer in Liebe Dein

G

215

Montag 9 V 55. vorm. [Berlin]

Mein Liebling, die Woche begann mit etwas besserem Wetter u. mit der 1. Post kam Dein Brief von Sonnabend. Tausend Dank. Schöner, interessanter Brief. Gut auch, dass Du den vergessenen Brief vom 30. 4. beilegtest, nun weiss ich doch, mit wem Du auf den Wiesen herumliegst, kurze Hosen haben sie an u. auch der Lambretta ist zur Stelle u. die römischen Altertümer werden sich vielleicht in moderne Jugendlichkeiten verwandeln. Ich sitze bescheiden auf der Bank am Bayerischen Platz zwischen alten Damen, geht mal eine hübsche junge vorüber, denkt man: wie ist es wohl mit der –, aber ich bleibe ruhig! Wo nämlich meine Venus steht u. liegt, weiss ich nämlich: in Köln, wo meine Süsse ist.

Gestern vorm. hörte ich mir Th. Mann aus Stuttgart an, ganz sympathisch, nur zum Schluss politisches Salbader. Am Nachmittag war ich bei Frau Boveri in Dahlem mit einigen jungen Leuten zusammen von denen ich nicht weiss, ob der weibliche oder der (hübsche) männliche Teil sie interessiert. Mich interessierte nur die Unterhaltung mit der sehr klugen Madame B., die viel gesehn u. gelesen hat u. eine männliche Art des Denkens hat. (wenig Mond also.) Über die Astrologie u. ihre Themen, die Du anschlägst, werde ich mal bald mit meinem Propheten sprechen. Du weisst ja erstaunlich gut über das Alles Bescheid.

Von Marion, Du erinnerst Dich aus Hamburg, die den weissen Flieder ins Hotel schickte, bekam ich von ihrer Hochzeitsreise aus Agrigent einige Kräuter Asphodela auf eine Ansichtskarte geklebt u in einem Umschlag geschickt. Wen oder was sie geheiratet hat, weiss ich nicht. – Herr Höllerer, „Akzente“, kommt diese Woche nach Berlin u will mich besuchen. Desgl. ein Prof Bode aus Kassel, Director des Museums dort, die eine Kunstausstellung machen, wozu sie meine grosse Büste von G. H. Wolff haben wollen, die in Hamburg in einem Museum steht, das aber sie nicht herausrückt, ich habe das einzige Double davon (aus rotem Ton), war schon in Interlaken u. Dublin zur Ausstellung vor einigen Jahren.

Was im „Merkur“ herauskommt, darauf bin ich gespannt. Sie (Paeschke u Moras) müssen ein sehr schlechtes Gewissen haben, da sie vorher die Fahnen schicken wollen u sich entschuldigen. Nun – on verra. –

Wenig Pritschen! – Wo ist Herr W. junior Arzt? In Köln? Gefällt er Dir? Übrigens Frau Bov. ist ausgesprochen hässlich, trägt Brille, Ende 50ger, mir war interessant, dass sie den Namen des stotternden Engländers, der neulich bei mir war (Du erinnerst Dich vielleicht), genau kannte u. ihn ganz hervorragend findet. Christopher Sykes, hiess er.

Kindchen, liebes, arbeitest Du eigentlich mit Brille bei W.? Wenn Du auf der Wiese liegst, legst Du Dir dann was unter? Der Boden ist doch kühl u feucht. Hast Du einmal wieder Deine Magen-Darmsachen gehabt? Ich sende Dir M. 50. diese Woche im Brief für Königs-Pilsener abends u 1 Tafel Schokolade, halbbitter. Hast Du was aus Konstanz gehört? Komm in meine Arme, mein Süsses, u gib Dein Schnäuzchen zu einem langen Kuss [zwei Wörter ausgelassen].

Dein G

kurze Hosen: *Ich war mit dem Neffen der Familie Höfs zu einigen Römerausgrabungen gefahren.*

Frau Boveri: *Gemeint ist die in Berlin lebende deutsch-amerikanische Journalistin und Schriftstellerin Margret Boveri, die Benn sehr schätzte. Später wurde sie auch von Uwe Johnson verehrt.*

W. junior: *Der Sohn von Winklers; ich weiß nicht mehr, wo er Arzt war. Nur ein paarmal hatte ich ihn im Verlag gesehen.*

Brille: *Ich hatte bis 1999 niemals eine Brille, für keinen Zweck. Eine Sonnenbrille trage ich nie.*

216

10. V. [55, Berlin]

Liebes Urselchen, 1) hier sind die Hieroglyphen von meinem Propheten, vielleicht kannst Du sie entziffern. 2) A. C.-Wisky habe ich noch nicht, interessiert mich auch nicht übermässig 3) Dank für Brief von Montag. Du kannst von dem Geheimnis ruhig kurz die Richtung angeben. Nichts wird mich erschüttern u. unsere Beziehungen verändern. Wahrscheinlich ist das auch nur eine Bagatelle, die Dich übertrieben aufregt. Ich vermute, Du hast mir irgendwas aus Deiner Vergangenheit verschwiegen oder falsch dargestellt. Wäre garnicht schlimm. Unser Zusammentreffen war so plötzlich u. verlief so anders, als vorauszusehn, dass da viele Möglichkeiten für sowas vorliegen können. Also deute ruhig an. Kann einen Seemann nicht erschüttern. Es wäre Dir wahrscheinlich auch nicht recht, wenn ich Dir sowas schriebe u. dann schwiege. Also, meine Süsse, Kuss u immer bliebe u bleibe ich Dein

Pummi G.

Nein, ich kannte mich mit astrologischen Zeichen auch nicht aus.

Geheimnis: *Ich hatte bereits erwogen, den Winkler Verlag zu verlassen, und wollte Benn das erst allmählich beibringen. Benns Phantasie ging immer gleich in die abenteuerlichsten Richtungen.*

217

11/V 55 [Berlin, *in eine gedruckte Einladungskarte zur Eröffnung der Ausstellung zu Menzels 50. Todestag im Museum Dahlem am 14. 5. 1955 hatte Benn fünfzig Mark für mich gelegt und dazu geschrieben*:]

Hier, Liebchen, ein bischen Zehrgeld für hungrige u durstige Tage. Kuss G.

218

13 V 55. [Berlin]

Liebes Urselchen, Dank für den Brief von Dienstag / Mittwoch. Über Auden werde ich Dir gelegentlich berichten, schreiben strengt mich ja manchmal etwas an. Die Merkur-Fahnen habe ich noch nicht erhalten. Dein Brief ist ein wenig ungut, armes Urselchen. Ich hoffe, die 50 M sind gut angekommen?

Ich habe nicht Deine Sorgen als Bagatelle angesehn. Nur übertreibst Du ja manchmal ein wenig u. es stellt sich dann nicht als so schwerwiegend heraus. (Z. B. bei Deinem letzten Anruf aus Br vor Deiner letzten Reise nach Berlin, gabst Du einen neuen Herzinfarkt bei Vater Strel. an, aber er hatte ja wohl gar keinen u Du besuchtest ihn zunächst garnicht. Tut nichts, ich erwähne es nur). Ich weiss ja garnicht, um was sich dies Neue handelt, kann es also weder als Bagatelle noch als Nicht-Bagatelle ansehn. Wenn Du darüber nicht schreiben magst, musst Du leider alleine damit fertig werden, denn darüber uns unterhalten werden wir in nächster Zeit nicht können. Denn, was Pfingsten angeht, so werden wir uns leider nicht sehn. Weder nach Köln noch nach W. könnte ich kommen. Erstens weil ich zu abgespannt bin zum Reisen u. zweitens, weil es zu teuer ist. Sieh mal, Du weisst seit Januar, dass mir in Bezug auf unsere Beziehungen Liebe u. Wiedersehn nichts so wichtig ist als Deine wirtschaftliche Sanierung, damit du endlich auf eine gewisse gesicherte äussere Basis kommst. Und diese ist ja keineswegs erreicht. Wenn Du nur Margarine essen kannst u Dir keine Tafel Schokolade kaufen, finde ich es frivol, nun wieder für Reisen u. Wiedersehn soviel Geld auszugeben. Das kann ich auf keinen Fall verantworten, Du magst dazu sagen, was Du willst. Auch eine Reise von Dir etwa nach Berlin könnte ich keinesfalls unterstützen. Ich finde auch manchmal, wir haben uns in den Monaten unserer Beziehungen oft u viel gesehn, für mehr u. öfter hätte ich keine Zeit u keine innere Möglichkeit. Du überspannst Deine inneren u. äusseren Forderungen an mich vielleicht etwas. Das ist sehr freundschaftlich von mir gesagt u. gemeint. Du bist über 33 Jahre u. da muss eine Frau doch in gewissem Umfang ihr Leben selbst in Ordnung halten können. Ich habe Dich nicht nach Köln getrieben, sondern Dir nahe gelegt, dort Dein Glück zu versuchen. Mit dem Erfolg, dass Du, nachdem Du eine Weile ganz leidlich gut gestimmt warst, jetzt wieder nur das Schlechte siehst. Versuche doch, Deine Verkrampfungen zu lösen u nicht immer die Prinzessin auf der Erbse zu sein. Wie wäre es denn in Br.? Bestimmt noch schlechter.

Anbei die Ponnyfabel zurück. Reizend, ganz reizend! Vielleicht nicht ganz so schlagkräftig wie Nr. I, aber eine zärtliche Ergänzung dazu.

Wünsche Dir ein[en] guten oder erträglichen Sonntag.

Grüsse u Küsse.

Dein G

Zum Infarkt meines Stiefvaters: Er hatte einen schweren Vorderwandinfarkt gehabt, zur beschriebenen Zeit einen Re-Infarkt geringerer Art, und am dritten Infarkt starb er dann einige Monate später, 1956. Natürlich hatte ich ihn besucht, aber dem gleich alten Benn nicht diese deprimierende Krankengeschichte vorgetragen, zumal mein Stiefvater es sicher nicht geschätzt hätte, wenn ich mit Benn über seine Befunde redete.

neuen Umständen: *Meinen Wunsch, Winkler zu verlassen, ahnte Benn nun wohl. Es war gräßlich, immer an einem Pult, einem hochklappbaren Brett vielmehr, zu sitzen, ständig elektrisches Licht zu benötigen, viele ganz schlechte und wenige brauchbare Manuskripte zu lesen, die langweilige Geschäftskorrespondenz von Herrn Winkler zu führen, schlecht bezahlt zu werden und vor allem: nicht selber bei Winkler für Kinder schreiben zu sollen.*

Benn hat ganz gewiß nicht im geringsten aus finanziellen Gründen das Pfingsttreffen abgesagt, vielmehr hatte er wenig Reiselust, und vor allem hätte er die Fahrt seiner Frau gegenüber nicht motivieren können. Natürlich war ich bitter enttäuscht über den Fortfall des versprochenen Treffens, und er wußte, daß es darüber zu Auseinandersetzungen kommen würde.

219

16 V. 55 vorm. [Berlin, durch Eilboten]

Liebes, gute Besserung für die Erkältung oder was es ist (Kiefernhöhleneiterung?). Du schreibst in dem Sonntagbrief von einem Brief, den Du mit gewöhnlichen Marken beklebt hast, „gestern" also Sonnabend, der ist bisher nicht hier angekommen, aber wird schon kommen.

Dass Du nach W[orpswede]. zurückwillst, ahnte ich schon. Ich sage nichts dazu. Es ist Deine Entscheidung, die Du triffst. Ich sehe aus Deinem Sonntagbrief nicht, ob Du meinen Brief, den ich Freitag zu Erken sandte, erhalten u. durchdacht hast. Darum enthalte ich mich zunächst jeder Stellungnahme. Es ist natürlich wieder eine Flucht, die Du dann bewerkstelligst, aber, wie gesagt, ich sage nichts dazu.

Auch weiss ich leider garnicht, ob du vorige Woche die M. 50 im Brief erhalten hast.

Also gute Besserung u schone Dich u lass den W[inkler]. alleine mit seinem Kram sich zurechtfinden.

Kuss

Dein G.

Nun hatte ich klargemacht, daß ich fort wollte von Winkler. Benn hat das natürlich nicht goutiert, schon weil er mir die Stelle verschafft hatte. Es hatten sich wohl auch Briefe überkreuzt.

Wieso die Aufgabe einer miserablen Anstellung eine „Flucht" sein sollte und vor allem „wieder eine Flucht", konnte ich nicht einsehen. Es war das richtige und nötige Aufgeben unerfreulicher Umstände.

220

16 V 55. Nachm. [Berlin, *durch Eilboten*]

Also, mein Engelchen, dann war es ein Intermezzo in Köln. Aber einiges gelernt u. gesehn, hast Du doch u wenn es nur die schönen Madonnen waren. Ja, zieh ab am 1. VI., heim in Schluh u Pudding u. vergiss Herrn W. u die Nie-str. Wenn Deine Natur so stark dawider ist, ist es besser, bald Schluss zu machen. Eine Frage nur, die mich beunruhigt: Wann musst Du denn nun aus Nr. 108 ausziehn – u wohin? Also Dein Brief von Sonnabend ist mit der Nachm. Post gekommen, wie Du siehst.

Nun heile nur erst Deine Erkältung aus. – Anbei 1 Rep. für Vitamin C. fort.

Kindchen, wenn ich nun wieder hart erschien im letzten Brief, so nur Deinetwegen. Du hast 5 Jahre Deines Lebens an eine grosse Liebe gehangen, die Dir keine Heimat brachte, unter keinen Umständen werde ich dulden, dass Du nochmal sowas durchmachst. Darum sage ich: richte Dein Leben u Deine Arbeit auf Dich selbst. Nie denke ich daran, dass Du keine Briefe von mir bekommen solltest oder könntest, aber Dein Leben versperren zu einer Heimat, zu einem zu Dir im Alter passenden Mann – das kann ich nicht u. das werde ich nicht. Das ist das Dilemma. Ein andermal u bei Gelegenheit mehr. Wenn ich weniger hart zu sein, mir erlauben dürfte, würde ich sagen: Gut, dass Du wieder daheim sein wirst, in W. Tut mir wohl, geradezu!

Habe noch 2 Gedichte gemacht, ein erstes u ein letztes u nach dem letzten wird der Band nun heissen: „Aprèslude“. Beide Gedichte sind schön u haben Haltung. Habe keine Abschrift, sende sie Dir aber.

Gute Besserung, Engelchen!
Kuss
Dein G

Benn hat sich nun abgefunden damit, daß ich Köln und Winkler verlasse. Was Benn unter Heimat verstand, ist doch wohl „Ehe". Mit Walter Niemann hatte ich allerdings Jahre in enger Beziehung verbracht, und die Freundschaft mit ihm blieb als ein reger Austausch bis zu seinem Tod 1986. Auch frühere Beziehungen hatten diesen Charakter, sozusagen „illegitim" zu sein. Auch spätere.

In der Beziehung zu Benn war das Problem, daß wir uns so selten sahen, so wenig Zeit zum Reden hatten. Das ist etwas anderes, als Briefe über ein Kofferschloß oder Schuhe auszutauschen. Mit Benn konnte man ganz wunderbare Gespräche führen, über die Maßen ergiebige – vorausgesetzt, man hatte ihn vor sich. Und darauf kam es mir an. Benn wollte, durchaus wohlmeinend, immer etwas Bürgerliches für mich. Dafür bin ich aber nicht geschaffen.

221

[Brief mit Poststempel vom 17. 5. 1955, Berlin:]

Der Brief enthält auf einem Blatt die zwei angekündigten maschinenschriftlichen Gedichte, nämlich „Aprèslude" und „Gedicht". Dazu einige handschriftliche Korrekturworte von Benn und den Hinweis, daß „Aprèslude" „als letztes Gedicht" zu erscheinen hat, „Gedicht" aber „als erstes Gedicht". Außerdem die Bemerkungen:

An Ponny zur Kritik!
GB 16. V. abends, nach 2 Bier u 1 Schnaps in Budike.

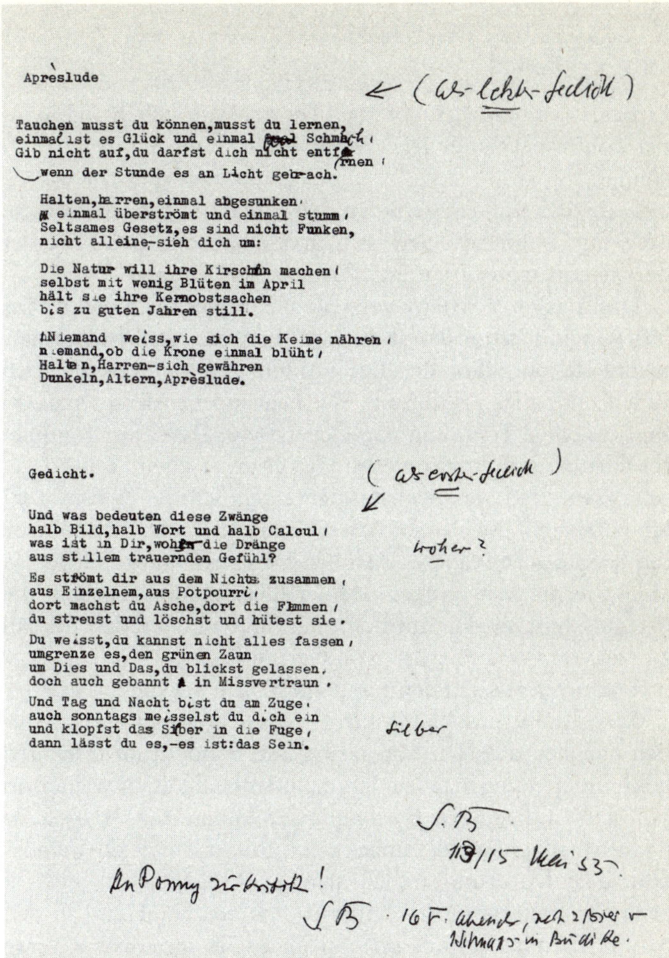

Aprèslude

(als letztes Gedicht)

Tauchen musst du können, musst du lernen,
einmal ist es Glück und einmal Schmach,
Gib nicht auf, du darfst dich nicht entfernen,
wenn der Stunde es an Licht gebrach.

Halten, harren, einmal abgesunken,
einmal überströmt und einmal stumm,
Seltsames Gesetz, es sind nicht Funken,
nicht alleine-sieh dich um:

Die Natur will ihre Kirschen machen,
selbst mit wenig Blüten im April
hält sie ihre Kernobstsachen
bis zu guten Jahren still.

Niemand weiss, wie sich die Keime nähren,
niemand, ob die Krone einmal blüht,
Halten, Harren-sich gewähren
Dunkeln, Altern, Aprèslude.

Gedicht.

(als erstes Gedicht)

Und was bedeuten diese Zwänge
halb Bild, halb Wort und halb Calcul,
was ist in Dir, woher die Dränge
aus stillem trauernden Gefühl?

Es strömt dir aus dem Nichts zusammen,
aus Einzelnem, aus Potpourri,
dort machst du Asche, dort die Flammen,
du streust und löschst und hütest sie.

Du weisst, du kannst nicht alles fassen,
umgrenze es, den grünen Zaun
um Dies und Das, du blickst gelassen,
doch auch gebannt in Missvertraun.

Und Tag und Nacht bist du am Zuge,
auch sonntags meisselst du dich ein
und klopfst das Silber in die Fuge,
dann lässt du es,-es ist: das Sein.

woher?

Silber

G.B.
13/15 Mai 53.

An Ponny zur Kritik!

G.B. 16 F. abends, nach 2 Bier u Wermuts in Budike.

Typoskript aus dem Band „Aprèslude". „An Ponny zur Kritik!"

222

18 V. 55 [Berlin]

Liebes, es ist natürlich gut, dass Du mit W. friedlich auseinander kommst. Dass er Dich besucht hat, finde ich nett u. versöhnend.

Natürlich will ich gerne an den Redaktör in Br. schreiben. Teile mir, wenn es soweit ist, Adresse usw mit. Ist es der, der damals mit seiner Frau im „Grünen Saal" war?

Das mit Vater Strelitz verstehe ich immer noch nicht. Was hat sein Judentum damit zu tun? Er weiss doch sicher garnichts davon, dass die Emigranten, die ja hauptsächlich Juden sind, mich z.T. hassen. Wie begründet er denn seine Absage u völlige Trennung von Dir? UAwg. Dass Herr Kammerer darüber mit ihm korrespondiert hat, erscheint mir ausgeschlossen. Und was beanstanden eigentlich die Konstanzer? Ich habe mich doch eigentlich nicht unanständig benommen? Ich wüsste gern Näheres darüber. Denn es kompromittiert ja mich, wenn man wegen Deiner Beziehungen zu mir die Freundschaft mit Dir abbricht. Ich fürchte, Du redest überall zu viel von Dir u mir, das ist unvernünftig.

Wann verlässt Du denn nun Köln? Am 1. oder 15 VI.?

Ich schreibe u denke in keiner Weise höhnisch u. verächtlich darüber, dass Du Margarine isst. Sondern im Gegenteil bekümmert u. es macht mich nachdenklich, auch wieder im Hinblick auf unsere Beziehungen. Andererseits tröstet es mich sehr, dass Du Dir einiges gekauft hast, ich denke manchmal, dass Du grundsätzlich arm u asketisch leben willst u garnicht weiterkommen willst u. das aus der Hand in den Mund leben im Grunde für würdiger hälst als etwas Reserve sammeln u. „bürgerlich" sein

Morgen ist hier „Himmelfahrt". Ich weiss nicht, ob das in katholischen Gegenden auch ein Feiertag ist?

Sonnabend war Herr Höllerer bei mir. Netter junger zarter Mann.

Gute Besserung, Liebes, für die Ohren – Nasen!

Kuss u. alles Liebe Dein G

W.: *Gemeint ist wieder der Verleger Winkler; ich hatte Wert darauf gelegt, mich freundlich von ihm zu trennen.*

Vater Strelitz: *Benn war sich so gar nicht über die Einstellung zu ihm in Literatur-, in Leserkreisen im klaren. Er dachte, nur unter seinen schreibenden Kollegen, Thomas Mann, Döblin beispielsweise, und unter Journalisten sei seine Haltung zu Beginn des Nationalsozialismus bekannt und auf Ablehnung wenn nicht gar Entrüstung gestoßen. Auch gewöhnliche Leser wußten aber davon: etwa mein sehr belesener Stiefvater, auch unter den Verwandten einige. Andere wußten es zwar, waren dann aber doch eingenommen von ihm, er konnte auch sehr gewinnend auftreten. Aber mein Stiefvater legte mir die Trennung von G.B. ans Herz. Natürlich stand er mir, weil ich mich eben nicht trennte, etwas kühler gegenüber. Selbstverständlich hatte die Tatsache, daß Arthur Strelitz Jude war, damit zu tun. Benn wollte das nicht sehen.*

Wie ich darauf gekommen war, ihm das zu sagen oder zu schreiben? Weil er immer so bedacht war, mich zu verheimlichen, als dürfe eine Verbindung mit mir wie eine Schande nicht bekannt werden, hatte ich schließlich gesagt, ich stände zu meiner Beziehung zu ihm, hätte sie immer meiner Familie gegenüber verteidigt. Daß die Konstanzer ihn alle kannten, ergab sich schon daraus, daß er mehrfach als ihr Gast bei ihnen zu Tisch gesessen hatte. Mein Stiefvater hatte es allerdings strikte abgelehnt, Benn zu sehen und zu begrüßen.

grundsätzlich arm und asketisch: *Daran ist etwas Wahres insofern, als ich ganz andere Güter anstrebte, als Benn sie für mich für gut hielt, und unter* „weiterkommen“ *erstrebte ich auch etwas ganz anderes als er.*

Aber ja, ich wollte weiterkommen, durchaus und mit Vehemenz wollte ich das, schon als ich noch zusammengerollt in einem Sessel Karl May las, „Von Bagdad nach Stanbul“, ein zopfiges Schulkind, und ich schrieb die arabischen Wörter, die bei May vorkamen, in ein Vokabelheft und war froh, daß ich in Bagdad, als ich schließlich hinkam, „Schukran“, „danke“ und noch einiges Arabische mehr sagen konnte, weil ich das bei dem merkwürdigen Sachsen Karl May vor über sechzig Jahren gelernt hatte, denn ich war fünfundsiebzig, als ich nach Bagdad kam. Auch auf der Seidenstraße bin ich weitergekommen, wie ich es wollte, als ich Sven Hedins Bericht von diesem grandiosen Handelsweg las, da war ich auch noch ein Kind, aber weiterkommen war immer mein Ziel, nur verstand und verstehe ich darunter etwas anderes als Benn, nämlich nicht das zapplige Hochkraxeln auf einer Karriereleiter, sondern das Überqueren der Mündung des La Plata in schaukelndem Boot – und die südlichste Stadt der Erde, Ushuaia, habe ich aufgesucht in meiner Neugier auf die ganze große, runde Welt, ich wollte die Chinesische Mauer nicht nur auf Photos sehen, herumlaufen wollte ich auf ihr, und das tat ich auch, und ich bin zum wundervollen Volk der Aborigines gekommen und zu den Maori auf Neuseeland auch, deren Sprache mir so gefällt, weil es in ihr kein s und kein z gibt, keine Zischlaute, die schönste Singsprache der Welt. Zähe und – hélas – mit wenig Geld (da hat Benn recht behalten) habe ich mich auf alle Kontinente niedergelassen mit den großen Ingenieursvögeln, auch auf die indonesischen Inseln und Japan. Auf Alaska in einen Hundeschlitten steigen, am Kap Hoorn stehen mit den Zähnen klappernd, weil eisiger Sturm heulte, und am Kap der Guten Hoffnung für alle Zeit getrost sein, das ist mir gelungen, und es betrübt mich, daß Benn das nicht weiß. Nicht, daß ich auftrumpfen wollte mit diesem Gelingen, es betrübt mich, Benn nicht berichten und beweisen zu können, daß man die Welt auch anders als er, der sie sich aus Büchern erlas, erfahren, an sich nehmen kann: Mit den Handflächen auf Gletschereis, mit den Fingerspitzen die noch nicht entzifferte Schrift am Mondtempel der Königin von Saba im Marib berührend, mit den nackten Fußsohlen im heißen Sand der Wüste Sahara, mit Unruhe in den Wahnsinnsfahrstühlen von Manhattans Giraffenhalshochhäusern. Und zu geschriebenen Sätzen führt auch diese Art des Umgangs mit der Welt.

18 V abends 10h [Berlin], nach 2 Bieren u. 1. Schnaps bei Dittrich, Ecke Kufsteiner, das Du nicht kennst.

Sind immer einige Tische mit Angetrunkenen da, die ich so gerne studiere –

Las nochmal Deinen Brief vom 17, von gestern. Ein lieber Brief u sogar ein vernünftiger! Bin sehr glücklich darüber. Wird schon alles werden. Bin sehr nachdenklich über die Sache Konstanz u. Strelitz. Verstehe sie nicht. Irgendwas kann nicht so sein, wie Du es schilderst. Natürlich hättest Du vielleicht die Tatsache, dass Du nicht mehr mit W[alter] bist, andeuten sollen. Na, – on verra.

Natürlich werde ich Dir überall mit Empfehlungen helfen. An Hermann werde ich mal das Ullsteinbuch schicken unter Hinweis auf die Bekanntschaft vom 17 XII 54. Zunächst. Dann werden wir weitersehn.

Jetzt bin ich dabei, die Reihenfolge der Gedichte zu machen. Max schlug vor als 1. „Worte". Aber das ist mir zu sentimental. „Gedicht", das neue, ist theoretischer, technischer, unverbindlicher. Aber das 2. macht mir Schwierigkeiten. Frl. Schlüter schlägt seltsamerweise „Heim" vor. Das will ich aber nicht. Sondern entweder: „Aber Du" oder: „Das sind doch Menschen". Als 3.: „Melancholie" oder „In einer Nacht –". Dann ist es gleichgültig, kann alles durcheinander kommen. –

Hier ist wieder kaltes, ruppiges Wetter, der Flieder tut mir leid, in so düsteren Himmel zu blühn.

Was macht die Erkältung? Wann gehst Du wieder ins Geschäft? Ich werde wohl weiter in Türmchenswall schreiben? – Lese den von Lennig so fanatisch empfohlenen Roman von Cummings: „Der endlose Raum", den er für größer hält als Dos Passos, Faulkner usw. Ich finde das keineswegs. L. hat schon öfter Sachen empfohlen, die ich garnicht goûtiere. – Nun werde ich schlafen gehn, hoffentlich kommt der Schlaf. Gute Nacht. Bekam einen nachträglichen sehr netten Geburtstagsbrief aus Sidney (Australien) von einem Unbekannten. –

Schlafe gut. Aber Zyklon „Maja“ bringt wieder arktische Luft u Sturmboeen (unter 10°-). Aber „Benno“ steht in Aussicht u will Erwärmung bringen (allerdings nur vorübergehend).

Würde gerne meinen Arm um Deine Schultern legen, zart, lieb, die Herzen nahe, mein Urselchen.

Kuss aus weiter Ferne
von Deinem guten
Pummi G.

Dittrich: *Eine richtige Männerkneipe, die er mir später zeigte.*

Benn kommt noch einmal auf die Meinung von Familienmitgliedern von mir zurück, offenbar hatte sie ihn doch bedrückt, und es tat mir leid, ihm davon gesagt zu haben. Ich hatte es aus Zorn darüber getan, daß er diesen Verheimlichungstick hatte. Er kam eben aus dem neunzehnten Jahrhundert, kam vom Lande, und das Militär hatte ja auch so kleinkarierte Lebensvorstellungen von dem, was man tut und was man nicht tut. Manch hoher Offizier hat sich erschossen, weil er außer der Frau, mit der er verheiratet war, noch eine andere Frau liebte. Das war gegen die Moralvorstellungen, die Benn zwar nicht hatte, aber glaubte bedienen zu müssen.

Davon abgesehen, er konnte und konnte nicht begreifen, daß auch bei gewöhnlichen lesenden Menschen wegen seiner Äußerungen 1933-1934 Vorbehalte gegen ihn noch wirksam waren.

224

20 / 5. [55, Berlin]

Letzter Frühling

Fühl' die Forsythien tief in dich hinein.
und wenn der Flieder kommt, vermisch auch diesen
mit deinem Blut u. Glück u Elendsein,
dem dunklen Grund, auf den du angewiesen.

Langsame Tage. Alles überwunden.
Und fragst du nicht, ob Ende, ob Beginn,
dann tragen dich vielleicht die Stunden
noch bis zum Juni mit den Rosen hin.

G. B.

Liebes Urselchen. Dank für Brief mit Bienebrief u. das Vergissmeinnichtsträusschen. (Es sind künstliche, die brauchen wir nicht, wir haben natürliche Vergissmeinnicht in unseren Herzen). An Biene werde ich natürlich sehr, sehr nett schreiben. Ist ja wirklich ein ganz reizendes Angebot. Ja, die Worpsweder! Alles süsse Leute. Kindchen, was mein Kommen angeht, so schreibe ich nicht gerne über das Folgende, weil Du Dir Sorgen machen würdest. Also: ich bin nicht krank, an keinem Organ, ich bin nur so sehr verbraucht u. marode. Ich kann z Z. nichts unternehmen. Eine Art von Lethargie hat mich überwältigt. Brauche keinen Arzt. Kenne mich 100%tig. Bin misstrauisch gegen meinen Kadaver, aber er hat keine aktuellen Schäden. Ich würde mir nichts vormachen in diesem Punkt, aber – unberufen – noch ist er organisch gesund. Ich will jetzt versuchen, ganz mit Phanodorm aufzuhören, vielleicht ist das doch sehr schädlich. Also, mache Dir keine Gedanken. Wenn es warm wird, wird es besser, aber hier ist es immer noch sehr kalt (u. die Wohnung muss wieder geheizt werden.) Infolgedessen war ich gestern nicht auf Herrenpartie (!), sondern den ganzen Tag zu Hause u. abends, natürlich, bei Dramburg. Würde Dich, Liebes, ja sehr sehr gerne wiedersehn u küssen u. halten, aber ich erwarte den Sommer dazu u dann in W. (Sei Du mal einen Tag lang in meinem Alter – was würdest Du dann tun u. treiben? Denke mal darüber nach!).

„Schwarzschattende Kastanie" nachgelesen. Ja, sehr hübsch! Kuriere Deinen Katarrh schön aus! Wohin soll ich denn zu Pfingsten schreiben, zu Höfs u von wann an? Und schreibe bald, wann Du K. verlässt, wenn Du es weisst.

Umarme Dich, klein Ponnychen. Wird schon alles werden. Bleibe mir gut. Wir werden bestimmt noch zusammen wohnen u schlafen gehn können, wir altes Liebespaar!

Küsse Dich sehr zärtlich.

Dein Kazü G

Meine Kölner Freunde hatten Benn eingeladen, über Pfingsten in ihrem Haus zu wohnen. Sie hatten uns eine Etage in ihrem Stadthaus angeboten. Sie waren ohne nachhaltige Vorbehalte gegen Benn.

Seine Lethargie und Ermüdung hingen gewiß auch mit der allabendlichen Einnahme von Phanodorm zusammen.

Sei Du mal einen Tag lang in meinem Alter: *Als ich sein Alter längst überschritten hatte, konnte ich noch auf andere Kontinente fliegen, um andere Völker zu erleben. Das ist kein Verdienst von mir, es war mir vergönnt. Allerdings gehört auch dazu, daß man motiviert, daß man neugierig ist, daß man sich Kenntnisse nicht nur erlesen, sondern auch ersehen will, sie sich mit allen Sinnen aneignen.*

Er war so sicher, keinen organischen Schaden zu haben – doch vielleicht hing die Ermattung nicht nur vom Phanodorm ab, vielleicht machte sich mit ihr die Todeskrankheit, das Karzinom, doch schon bemerkbar in ihm – er müßte sie schon in sich gehabt haben, wie die späteren Befunde ergaben.

Schwarzschattende Kastanie: *Ich hatte ihn animiert, dieses Wunder von einem Gedicht C. F. Meyers zu lesen. Er fand es nur* „sehr hübsch“. *Ich halte es noch immer für ein großes, bilderreiches, vitales Kunstwerk, ein vollkommenes; schon der sonore, auf dem Vokal ‚a‘ ruhende Beginn „Schwarzschattende Kastanie“, der sofort im nächsten Vers eilig, geradezu fließend durch Wörter mit e-, i-, ei-Lauten abgelöst wird, die alle Schwere der Schwarzschattenden Kastanie im Allegro der Flüchtigkeit ihres Klanges aufheben – „mein windgeregtes Sommerzelt“, – das ist so ungemein musikalisch geschrieben von dem Schweizer Conrad Ferdinand Meyer, und auch, nicht wahr, sein „Der römische Brunnen“ bleibt ein großes, unvergängliches Gedicht. Aber Benn mochte nicht sehr, wenn ich mich für andere als seine Poeme begeisterte.*

225

21.V 55. Sonnabend Nachm. [Berlin]

Liebes Kindchen, an Biene den Brief habe ich geschrieben, wird Montag dort sein. An Herrmann werde ich in den nächsten Tagen schreiben u Ullsteinbuch senden u in dem von Dir skizzierten Sinne Dich empfehlen. Vielleicht schreibe ich, dass Du die hervorragendste Lyrikkennerin u. Beurteilerin bist u. sie Dir diese spezielle Sparte übergeben sollten, wenn sie einen erstklassigen Fachmann dafür haben wollten (das schliesst ja andere Kritiken nicht aus.) Cornelsen Verlag: Wilmersdorf, Bingerstr. 62/62, auch Bingerstr 29 Vorname: Franz.

Konstanz: also auch der Walter muss nun noch ran. Nett von ihm, dass er Dir geholfen hat. Das es für mich natürlich nicht schlechthin angenehm ist, so öffentlich diskutiert zu werden, wirst Du Dir selber sagen. Vater Strelitz verstehe ich nicht, aber ich enthalte mich jedes Wortes, da er der Freund Deiner Mutter war. Wenn es Dich nicht interessiert zu erfahren, wieso Du nun plötzlich nicht mehr humanistisch u.

christlich bist, u Du eine Antwort dazu von ihm erbittest, mir muss es gleich sein. Aber, mein Urselchen, etwas lerne ich aus diesem allen: Deine Worpsweder Üsancen in Ehren, aber meine gesellschaftlichen muss ich nun doch stärker betonen. Du trägst mich wie einen Gegenstand in Deiner Handtasche herum, nur zwischen uns beiden trifft das zu u Deine Handtasche ist kein schlechter Aufenthalt für mich, aber vor anderen geht das nicht. Das betrifft auch die reizende Einladung von Biene: Dass Du mich so darstellst, als ob ich bei fremden Leuten in ihren Zimmern mit Dir hausen würde u. in der Etage unter uns kocht eine nette Frau Curryreis für uns u. 2 ziemlich erwachsene junge Töchter nehmen das wahr u. beobachten es, so stellst Du mich falsch dar u. nicht sehr preisenswert. Ich bin kein Libertin u. bin nicht unanständig erzogen. Das geht nicht. Ich werde immer u. von jetzt an noch mehr, die äusseren gesellschaftlichen Züge mehr betonen, auch für Dich u in Deinem Interesse. Und wenn ich wieder nach W. komme, wohne ich bei Maassen u. wir werden uns nur in Deinem Zimmer umarmen u eine Haarsituation wird es nicht mehr geben. Das feurige Ponnychen wird sich mir fügen müssen, ich muss auch über Dich u. Deinen Ruf wachen. W ist nicht die ganze Welt u Du siehst an Konstanz u. Vater Str., wohin es führt, wenn man sich zu sehr über Konventionen hinwegsetzt. Ich kann es nicht, u Du hast am Fall Lichtenford gesehn, wie recht ich hatte. Man kann nicht immer mit dem Kopf durch die Wand u sich allein als wichtig u. massgeblich ansehn. Darüber mündlich gelegentlich noch mehr. Verteidige Dich bitte jetzt nicht wieder ausgiebig u. weitschweifig. Es wird so gemacht, wie ich, Dein viel erfahrenerer Mann u Vater es für notwendig hält. Kuss!

Das Gedicht „Letzter Frühling“ ist so nicht richtig u fertig. Habe es besser nachgezogen. Werde es aber liegen lassen.

Der Film „Die Teuflischen“ läuft jetzt hier u ich werde ihn mir ansehn. – „Die Faust im Nacken“ fand ich nicht so gut, wie es überall hiess. Fand es langweilig. Der Schauspieler natürlich sehr gut. – Morgen Sonntag: Du bei Höfs, ich am Schreibtisch oder Kino. Kannst Du nicht bei Winkler noch erreichen, dass er Dir einen Teil des Reisegelds gibt? Wäre nicht zuviel verlangt!

Umarmung, Du mein kleines Schnuckchen, u. mehrere gute Küsse.

Dein G.

an Biene den Brief: *Gemeint ist ein Dankbrief für die Pfingsteinladung von Johannes Höfs.*

Natürlich mußte ich nun eine neue Arbeit suchen, Benn wollte mich empfehlen, z.B. bei Ullstein in Berlin. Den Herrn Herrmann, dem er mich empfehlen wollte, kann ich nicht mehr identifizieren.

Vater Strelitz: *Es hat mich betroffen gemacht, wie G.B. gewisse Vorbehalte meiner Familie tangiert hatten. Aber die neuen „nihilistischen Sachen" von Benn haben meinen Stiefvater in seiner alten Abneigung bestätigt, er warf mir vor, die europäischen humanistischen Ideale zu verraten. Ich hatte aber überhaupt keine Lust, mit dem alten Menschen Strelitz darüber zu diskutieren, mich zu rechtfertigen und zu erklären, was ich an Benn literarisch so gut fand. Er war zu festgelegt auf die traditionelle Literatur. Es hätte eine endlose verbale Keilerei gegeben mit einem Menschen, der mich miterzogen hatte, seit ich vier Jahre alt war, und dem ich viel Anregung verdankte.*

Nun kommt Benn wieder auf die Einladung der Familie Höfs zu sprechen in für mich geradezu grotesker Weise. Diese Menschen waren Intellektuelle, hochgebildet, sie hatten ein ganzes Stadthaus zur Verfügung, Johannes Höfs war ein sicher noch besserer Goethekenner als Benn, er war ein in Köln legendärer Antiquar, bei dessen Tod die Zeitungen schöne Nachrufe schrieben. Die Damen des Hauses Höfs, drei Schwestern, waren Töchter des berühmten Worpsweder Gartenarchitekten Leberecht Migge, der wegweisend war in der Garten- und Landschaftsgestaltung der zwanziger Jahre, noch heute werden Bücher von ihm und über ihn veröffentlicht. Die jüngste der Schwestern lebt noch, ich bin Gott sei

Dank immer noch mit ihr befreundet. Es war mindestens eine so große Ehre, in das Haus Höfs eingeladen zu werden, wie in das Oelzesche Haus in Bremen. Man konnte sicher sein, daß sich die Familie Höfs genau überlegt hatte, wann sie wen wo zu wohnen einlud. Uns stand wirklich eine ganze Etage zur Verfügung. Die Familie Höfs kannte sich mit dem, „was sich gehört“, sehr viel besser aus als Benn, dessen Äußerungen über die Höfssche Einladung mich hell empörten, seine lächerlichen Vorstellungen vom „Gesellschaftlichen“, ohne fähig zu sein, das Gesellschaftliche wirklich einschätzen zu können.

Das Verwerfliche, wenn denn etwas verwerflich war, lag doch darin, daß er, ein verheirateter Mann, eine intensive Beziehung zu einer anderen Frau unterhielt, und darin, daß ich, diesen Umstand kennend, in die Liaison eingewilligt hatte. Was zweifelhaft war, ließ sich nicht damit aus der Welt schaffen, daß man es perfekt vertuschte. Integrität stellt man nicht dadurch her, daß man die Wahrheit geschickt verschleiert.

Was mit „Haarsituation“ gemeint war, weiß ich nicht mehr. Haar war jedenfalls ein Gasthof in Worpswede, in dem Benn einmal wohnte. Auch was er mit „Fall Lichtenford“ meinte, weiß ich nicht mehr. Gewiß etwas, das nur in seiner Interpretation ein „Fall“ war. Jedenfalls war ich mit diesem Maler bis zu seinem Tod befreundet und habe ihn noch besucht, als er in einem Altersheim in Bad Boll in Schwaben lebte. Es war mir ärgerlich, daß Benn dazu neigte, überall Schwierigkeiten, Konspiratives zu vermuten.

226

23 / 5 Montag. [55, Berlin]

Dank für Brief, gepostet 22. V. nachm. 14 h, Bahnpostamt 10. (Endlich ein Brief, auf dem man Poststempel lesen kann!) Liebes Schnuckchen, hier mein Hustensaft, den ich immer nehme, ist gut. – War gestern nicht im Kino, kam gerade ein

Hagelschauer mit kirschgrossen Körnern. Nachm. 5 Uhr waren 7° draussen. Allerlei! Wintermantel. Frau Weyl sandte mir Prospect u schrieb sehr nett. Bilder finde ich recht bemerkenswert besonders „Tour de France". Hängt wie ein Ballon von der Brücke.

An A C. musste ich ja freundliche Worte schreiben. Wieso bist Du mit Gr. pharisäisch? Schlage an Deine (kleine, süsse) Brust! – Übrigens: Reizende Person ist vielleicht übertrieben, aber ganz nett! – Bekam heute eine japan. Zeitschrift, ein engl. Zettel drin: G B, Nach dem Nihilismus, f. p. 24-26 (After Nihilism): Sonst nur japanische Schrift. (G. B erobert Nippon.)

Habe jetzt 2 Tage kein Phanodorm genommen, auch nicht ein Bröckelchen. Fühle mich etwas frischer.

Ziehe weiter recht viel Hosen an, damit sich Deine so behüteten, sich immer verwebenden [?] Teile schön warm halten, bis sie wieder in die richtigen Hände u an die richtigen Lippen kommen. Dahin (u. bis dahin) viele Küsse.

Dein G.

Frau Weyl: *Barbara Weyl, die schon mehrfach erwähnte Ehefrau von Johannes Weyl. Sie war Malerin und hatte Benn offensichtlich den Prospekt einer Ausstellung ihrer Bilder geschickt.*

A. C.: *Ich hatte wohl geschrieben, sie sei eine reizende Person, ich war noch einmal bei ihr gewesen und hatte ihr gesagt, daß ich den Winkler Verlag verlassen werde. Ihren Freund, Rainer Gruenter, mochte ich allerdings nicht. Als ich Anfang der neunziger Jahre Gruenter noch einmal traf in Berlin und ihn freundlich nach Astrid Claes fragte, sagte er: „Ich kenne die von Ihnen Genannte nicht."*

227

26. V 55. [Berlin]

Liebes Urselchen,

ich habe mehrere Tage nichts von Dir gehört. Aber ich nehme an, es geht Dir gut. Falls Du einen meiner letzten Briefe übelgenommen hättest, täte es mir leid, nämlich das übelgenommen. Wenn du es durchdächtest u auf Dich wirken liessest, wäre es mir sehr recht.

Ich weiss nicht, wo Du Pfingsten wohnen u. schlafen wirst, wohin ich Dir also einen Pfingstgruss senden könnte. Darum ist dies vielleicht schon mein Pfingstbrief: schönes Wetter, Vorbeisein der Erkältung u. Stimmung für 2 freie Tage! Und wie lange bleibst Du noch in Köln? Alles Liebe, mein Ponnychen. Sei umarmt – Dein G.

Sehr wahrscheinlich, daß ich mich über Benns Äußerungen zur Einladung ins Haus Höfs und über seine Vorstellungen vom „Gesellschaftlichen" so geärgert hatte, daß ich einige Tage nicht schrieb.

228

27 V 55. [Berlin]

Liebes Urselchen, der Brief, von dem Du am Telefon sprachst, ist bisher nicht angekommen. Wird nun wohl auch nicht mehr kommen. Vielleicht hast Du keine Marken raufgeklebt oder falsch adressiert, warst „durchgedreht", wie Du es immer nennst. Du bist also wieder gesund, das ist gut. Aber du kannst nicht zu Deinen Freunden gehn, das tut mir leid. Nun schreibe mir mal, wann Du K. zu verlassen gedenkst. Ich werde also wieder die M 25. an Frau Pohl senden.

Telefonanrufe, nicht am Vormittag, sind mir nicht angenehm, ich bin oft nicht da. Ausserdem war der Anruf gestern, Urselchen, doch wahnsinnig überflüssig. Gutes Pfingsten. Einen Kuss, liebes Urselchen.

Dein G.

So überflüssig wie Benn konnte ich es nicht finden, sich wenigstens fernmündlich zu unterhalten vor Pfingsten. Aber unverabredete Anrufe schafften Benn offenbar häusliche Unannehmlichkeiten.

229

Ein Telegramm vom 28. 5. 1955 aus Berlin,
abgesandt um 15^{33} Uhr

GUTE PFINGSTTAGE KEINE BEUNRUHIGUNG GRUSS =
BENN +

230

27. 5. 55 [Berlin, *laut Poststempel*]

Dank! Sehr, sehr hübsch, alles beide

Dies ist der letzte Brief, den mir Benn nach Köln geschrieben hat. Er enthielt nur ein Dankzettelchen für irgend etwas, das ich ihm geschickt hatte, und den Einlieferungsschein über 25 Mark Miete an Frau Pohl. Zum 31. Mai hatte ich meine Arbeit im Winkler Kinderbuchverlag aufgekündigt und fuhr nach Worpswede zurück.

Die Kölner Zeit könnte ich als unangenehme Erfahrung betrachten: Langweilige Arbeit an unbequemem Arbeitsplatz, zu wenig Geld, um in einer Großstadt einigermaßen auszukommen. Benn hatte mich nicht besucht, was ich ihm verübelte.

Dennoch war es keine trostlose Zeit gewesen dank des täglichen Umgangs mit der Familie Höfs; die neun Menschen waren alle ausgeprägte Persönlichkeiten, auch die drei Kinder. Ich war in eine Großfamilie aufgenommen worden, und das gefiel mir sehr.

Vor allem aber hat mich das Zusammenleben mit der Stadt Köln so entzückt, ja begeistert, daß Köln mir immer die zweitliebste deutsche Stadt nach Berlin blieb. Der Kunstreichtum der Stadt tat es mir an, die vielen wunderbaren Kirchen. Es waren damals noch keineswegs alle restauriert, man arbeitete gerade an St. Gereon, ließ mich zusehen, wie Steine eingefügt wurden nach den alten Bauplänen. Köln ist eine gesellige, leichtlebige Stadt, der Katholizismus nicht streng. Die Bürger haben Kunstsinn, man sah es an den kräftigen Stiftungen für die Museen. Galerien wurden eröffnet, der Antiquitätenhandel regte sich. Immer waren Fremde in der Stadt, Holländer, Belgier, Franzosen hörte man an allen Ecken.

Ich mochte das Kölsch, nicht nur das Bier, vor allem die so bezeichnete Sprache mit ihren witzigen Formulierungen. Ich mochte, daß in Kneipen oft über den Hockern am Tresen geschrieben steht: „Hier sitzen immer die, die immer hier sitzen." Mir gefiel, daß man das Trinkgeld nicht einfach hinschob oder auf dem Teller liegenließ, sondern etwas Nettes dazu sagte, z.B. „Ich dun euch jet dabei", „Ich tue Euch etwas dazu zu dem, was ihr habt", meint das; es hatte etwas Zutunliches. Benn staunte, als ich es ihm erzählte, er pflegte in besseren Restaurants zwar reichlich, aber wortlos, streng reserviert Trinkgeld nicht zu geben, sondern dazulassen.

Die Wochen in Köln hatten mir eine Region erschlossen, die mir noch unbekannt gewesen war in ihrer Liebenswürdigkeit. In Berlin aufgewachsen, kannte ich das östliche Deutschland als Lebensraum, das südwestliche, besonders das Bodenseegebiet als Kinderferiengegend bei Verwandten, im Norden die Küsten von Badeferien her in der Kinderzeit, die Worpsweder Gegend durch die Familie Heinrich Vogelers. – Das Rheinland, bisher war es mir fremd geblieben, ich hatte es beim Anschaun einiger Dome und Klöster belassen, hatte die rheinische Leichtigkeit nicht gekannt, das von Heiterkeit Durchpulste der Menschen nicht, die lieblichen Madonnen nicht, unter denen manch eine für wundertätig gehalten wird in kindlichem Vertrauen.

Ich hatte dazugewonnen in der Kölner Zeit, war Benn dankbar für die Vermittlung, wenn es auch ganz anderer Gewinn war, als er ihn mir hatte angedeihen lassen wollen: Grund hatte ich sollen unter die Füße bekommen, ein gesichertes Leben, statt dessen gewann ich Liebe zu einer geschichtsträchtigen, kunstfähigen Region, in der „leben und leben lassen" die Maxime ist.

231

28 V 55 [Berlin]

Dank, Urselchen, für die schönen Madonnen zu Pfingsten. Auch von Oelze bekam ich eine aus Antwerpen, von den französ. Primitiven, von J. Fouquet (1415-77) mit dem Kind u Engeln. Wenn soviel Madonnen auf meinem Schreibtisch lagern, strömt vielleicht etwas Sanftmut in mich über.

Morgen Konferenz mit Tumler, ich habe ihm die Besprechung eines Buches für die F.AZ zugeschanzt, das ich besprechen sollte: „wir wünschen einen erlauchten Rezensenten". Ich hatte aber keine Lust, schlug ihn vor. Habe aber die Mitverantwortung. Sehr interessantes Buch, Ernesto Grassi, Reise ohne anzukommen. (Rowohlt). Lese aus gleichem Anlass (für Südwestfunk) ein wirklich gutes deutsches Buch eines jungen Autors: Jens Rehn: Nichts in Sicht (Luchterhand Verlag), werde es wohl tun. Wirklich schönes Buch, kurz, 140 Seiten.

29 V 55

Ganz schönes Wetter. Am Schreibtisch gesessen zwischen vielen Notizen. Schreibe die kleine Sache über das obige Buch, das mich ungeheuer ergreift. Nachher kommt Tumler mit seinem Manuscript, (muss Examen bei mir machen!) Abends natürlich Dramburg. Da ich – zum mindesten – sehr viel weniger Phanodorm nehme, manchmal gar keins, fühle ich mich frischer.

Hoffe, Du hast gestern Abend, als Du von Höfs nach Hause kamst, mein Telegramm bekommen. – Ja, wo ist der Brief vom Montag von Dir geblieben? Merkwürdig ... – Also Mittwoch verlässt Du K, bist wohl spät nachmittags in W.? Wirst sehr glücklich sein. Leb wohl. Lass Dich wegen Frau W.s Rippenbruch nicht breitschlagen, noch zu bleiben! (Nachm. 4-5 Uhr.)

Lebe wohl. Kuss Dein G.

232

1 VI 55 [Berlin,
erster Brief, der wieder nach Worpswede geschickt wurde]

Liebes Urselchen, nun bist Du wieder in Deinem Dorf u. die heimatliche Erde hat ihre zarte Tochter entzückt an ihr Herz genommen. Dank für so reizenden Pfingstschilderungsbrief. Im Bach gewandert u den Elefanten studiert u Puppen bewacht – alles Urselinsignien.

Die beiden Hefte über Köln sind sehr schön. Vielen Dank. Liegen neben mir u ich schaue ab u zu rein. War beide Tage zu Hause, schrieb den kleinen Aufsatz über „Nichts in Sicht“ für Südwestfunk. Endlich ist es auch hier etwas warm geworden, keineswegs heiss.

Mit Oelze hat die Gedichtfrage nichts zu tun. Er kennt keines. Ich habe die Lyrikfrage zwischen uns aus dem Verkehr gezogen, er ist nicht begabt u. begnadet für Lyrik wie für Essay u. Feuilleton, schreibe ihm überhaupt wenig. – Nun geniesse die Heimat wieder, sieh die Birken, sieh das Altersheim u sicher blühen schöne Blumen überall.

Kuss u Zärtlichkeit

Dein G

Bekam Frau Pohl die Miete?

Daß Benn sich so negativ oder doch distanziert äußerte über Oelzes Fähigkeit, Lyrik aufzunehmen, erstaunte mich. Offenbar hatte Benn nicht mehr genug Beifall von ihm bekommen.

Vielleicht ist hier der Zeitpunkt, eigene Erfahrungen mit Friedrich Wilhelm Oelze einzufügen. Ich lernte ihn im Café Jakobs in Bremens Zentrum kennen. Benn führte mich vor, was ich auch so empfand. Es hatte, wie oben erwähnt, eine Diskussion mit Benn gegeben über das Duzen; ich sollte „Sie" zu Benn sagen in Oelzes Gegenwart; das hatte ich abgelehnt, aber vorgeschlagen, jede Anrede zu vermeiden. Wir saßen an einem Tischchen im Inneren des Cafés, Oelze, silberhaarig und elegant, sah mich aus unangenehm kalten Augen neugierig an. Da ich wußte, daß er Bilder von Worpsweder Malern hatte, brachte ich die Rede auf sie, lenkte das Gespräch überhaupt auf Worpswede, suchte, etwas über seine ersten Eindrücke von jenem Dorf zu erfahren, als alter Bremer mußte er es ja weit länger kennen als ich. Jedenfalls hatte ich keine Lust, mich ausfragen zu lassen, ich drehte den Spieß um und fragte ihn aus. Natürlich wußte er eine ganze Menge, aber ich mußte später Benn recht geben, als er sagte, die eigentlich Musische im Hause Oelze sei Frau Oelze. Sie habe für das kulturelle Ambiente gesorgt, besaß auch den ursprünglicheren Sinn für Malerei. Oelze war höflich gewesen, hatte aber nicht ein einziges Mal gelacht. Auch später habe ich nicht erlebt, daß er lachte.

Erst der Ausgabe der Briefe Benns an Oelze habe ich entnommen, daß Benn seinen Freund gebeten hat, ihm doch in einen der nächsten Briefe einen Zettel zu legen, den er seiner Frau nicht zu zeigen brauchte (so drückte er es nicht aus, aber so war es), auf dem er seinen Eindruck von mir fixieren sollte. Ich wurde oder sollte begutachtet werden wie eine junge Stute. Was Oelze geschrieben hat, weiß ich nicht. Gewiß war er zurückhaltend und höflich. Aber natürlich wird er die ganze Liaison mißbilligt oder doch nur mit Staunen zur Kenntnis genommen haben – schließlich hat er Benn einmal geschrieben (wie einem Brief Benns an ihn zu entnehmen), er habe nie geliebt. In seiner Frau hatte er eine warmherzige Lebensgefährtin, die ihm ein Haus führte, wie er das allein nicht gekonnt hätte.[8]

Nach Benns Tod sah ich Oelze noch ein paar Mal, einmal sehr ausführlich. Die Bundesbahn hatte mir für eine Schullektüre, die ich über die Eisenbahn geschrieben hatte, eine Fahrkarte für den damals prominenten Zug „Roland" geschenkt, der von Basel nach Bremen fuhr. Es war ein Ersterklassebillett mit Platzkarte. Als ich in das vorgesehene Abteil kam, saß zu meiner Überraschung schon das Ehepaar Oelze darin. Auf einer so langen Fahrt, wie sie uns bevorstand, hat man Gelegenheit zu Wahrnehmungen. Es blieb nicht aus, daß wir uns ausführlich unterhielten, obwohl Oelze sich zuerst hinter einer „Times" verschanzte, während Frau Oelze und ich uns über unsere Lektüre austauschten. Mich hatte die Konzeption von Lawrence Durrells Tetralogie fasziniert, die gleiche Geschichte von vier in ihr handelnden Personen getrennt erzählen zu lassen. Die Bände waren damals gerade erschienen und hatten Aufsehen erregt. Den ersten, „Justine", las ich, gab aber beim nächsten Band, „Balthasar", schon auf; das recht outrierte Milieu behagte mir nicht. „Clea" und den vierten Band, „Mountolive", habe ich gar nicht begonnen. Frau Oelze teilte meine Meinung, riet mir aber zu einem anderen Buch von Durrell, nämlich zu „Bitter Lemons", einer Arbeit über Zypern, die habe etwas Authentisches, weil Durrell in Zypern verwurzelt sei. Dieser Leseempfehlung entsann ich mich, als ich viele Jahre später nach Zypern flog; ich nahm das Buch mit und las es auf der Insel mit ästhetischem Vergnügen und mit Zugewinn an Kenntnissen. Alles, was Frau Oelze sagte, wann auch immer ich sie später traf, hatte Kompetenz. Sie sprach (im Gegensatz zu ihrem Mann) ganz unmanieriert, frisch, ihres Wissens und ihres Urteils sicher. Sie war eine angenehm aussehende, eine Spur füllige Frau, die gern lachte, etwas herzhaft Natürliches hatte, das

8 Siehe Gottfried Benn, Briefe an F.W. Oelze 1950-56, Wiesbaden 1980, S. 219.

ihrem Mann ganz fehlte. Ich glaube, daß Benn ihr viel verdankt, insofern, als sie ihrem Mann die emotionale Basis gab, einigermaßen freundlich unter Menschen zu leben. Es liest sich gewiß etwas merkwürdig, was ich hier schreibe, aber auf mich hat Oelze keineswegs den weltmännischen Eindruck gemacht, mit dem Benn ihn in seinen Briefen so häufig schmückte, oft so exponiert formuliert, daß man fast an eine beleidigende Ironisierung glauben muß. Wenn ich mich beispielsweise erinnere, welche Umstände Oelze wegen des Essens im Speisewagen machte, es war wenig signoril: Er getraute sich nicht, seine beiden Koffer im Abteil zu lassen, in dem inzwischen außer uns dreien noch andere saßen. Er bestand darauf, daß er und seine Frau getrennt gehen. Ich möge wählen, mit wem von ihnen ich zu Tisch sitzen wolle. Mit Bananen und Datteln versehen, blieb ich im Abteil. In jener Zeit stahl man noch keine Koffer aus den Gepäcknetzen. Frau Oelze entschuldigte ihren Mann bei mir, als er zuerst dem Speisewagen zustrebte, damit, daß er immer etwas ängstlich sei. Er hatte auch etwas Mißtrauisches, Hartes im Gesichtsausdruck, auch auf Fotos sieht man es. Aber er war ein Mann mit Kenntnissen! Und keineswegs ohne feines Gefühl für Lyrik. Schon bald war er damals hinter seiner „Times" hervorgekommen und hatte sich lebhaft an unserer Unterhaltung beteiligt. Diese Fahrt war mir in so angenehmer Erinnerung geblieben, daß ich später noch in Bremen zu Oelze ging, einmal sogar eine Rose für ihn mitnahm, weil ich die Hingabe an Benn bewunderte, und die Bewunderung stieg in hohe Höhen, als ich Benns Briefe an ihn las. Soviel Geduld hatte ich Oelze nicht zugetraut. Benn belästigte ihn, jedenfalls in den letzten beiden Jahren, mit jedem Artikel, der irgendwo über ihn erschienen war. Es geht, von ein paar höflichen Floskeln der Bewunderung für den hanseatischen Kaufmann abgesehen, die manchmal mehr als ironisch waren, etwas von geheimer Verhöhnung hatten (aber vielleicht gefielen sie dem sich so sehr stilisierenden Oelze), doch fast ausschließlich um sein, Benns, Œuvre, um die Rezeption seines Werks, er erwähnt jedes Lob von irgendwem, nicht ohne

zu bemerken, daß es ihm natürlich völlig gleichgültig sei. Oelze mußte Englisches übersetzen, in Benns Namen irgendwem antworten. Es war wichtig für ihn. Benn brauchte Oelze als Helfer, gelegentlich als Anreger, vor allem aber als Echowand. Es ist tief zu bedauern, daß Oelze die Veröffentlichung seiner Briefe an Benn ein für allemal untersagt hat. Es sind ganz gewiß gedankenreiche, lesenswerte Briefe.

233

2. 6. 55 [Berlin, *laut Poststempel*]

Im Briefumschlag eine Ansichtskarte vom Bayrischen Platz, an dem G.B. wohnte. Er hat Hinweise auf Wohnstraße („Eingang zur Bozenerstr") *und Kneipe* („Dramburg") *auf dem Foto eingezeichnet, den gedruckten Namen des Platzes ergänzt* („Kulturzentrum von Schöneberg.") *und auf die Rückseite geschrieben:*

Auf den Bänken um das Rondell sitze ich manchmal in der Sonne.

234

5. 6. 55 [Berlin, *laut Poststempel*]

Hamburg. 14 XII. 54.

I „Ausdruckswelt" S. 21-33. „Kunst in Europa".

II Gedichte: Chopin (St[atische]. G. S. 11)
Gedichte (St. G. S. 18)
Trunkene Flut (S. 7)
Einsamer nie (St. G S. 56)

III „Lotosland" – (Ptolem. S. 89-107)

Dest – 9
IV Gedichte: ~~Zerstörungen~~ (~~Frgt.~~ S. ~~12~~) Es gibt
Keiner weine (Dest. 23)
Satzbau (Frgt. 11.
~~Aber Du W[elt]. a[m]. S[onntag].~~
~~Ebereschen~~ ~~W a S~~ Dir auch – Tru Fl54

V Absolute Prosa (Doppell. 160)

VI Gedichte: Wer allein ist (Stat. G. 57)
Nur 2 Dinge (Destill. 19)

VII Altersvortrag

VIII Gedichte Sieh die Sterne, die Fänge (Tru Flu 107)
Dennoch die Schwerter halten
(Tru Flu 106)
Reisen (Zürich) Frgt. 31

G.B.

Offenbar beim Aufräumen der Stapel von Papieren auf seinem Schreibtisch hatte Benn sein handschriftliches Programm der Lesung in Hamburg vom 14. 12. 1954 gefunden und schickte, schenkte es mir als Erinnerung (vgl. Abb. S. 189).

235

Brief ohne Datum aus Berlin

Auf morgen nachmittag! G.

Das war ein Begleitbrief zu Blumen in meine Berliner Pension (Pension Banck, Bundesallee 31 a[1]). Nur ein Verabredungsgruß. Nach meinem Tagebuch muß das am Mittwoch, dem 15. Juni 1955, gewesen sein. Ich war nach Berlin gekommen, weil es telefonisch erheblichen Ärger gegeben hatte zwischen uns, der wirklich mündlich besprochen werden mußte. Anlaß war „Whisky" gewesen. Nicht das Getränk, sondern eine Geschichte dieses Titels von Astrid Claes. Benn hatte mir schon früher Gedichte von Frau Claes und, wenn ich mich recht erinnere, auch ihre Geschichte „Gin" zugänglich gemacht und mir erzählt, daß sie eine Art Zwillingsgeschichte unter dem Titel „Whisky" schreibe. Als ich Frau Claes vor meiner Abreise aus Köln das letzte Mal sah, fragte ich sie, ob sie mich die Geschichte „Whisky" wohl lesen ließe. Ich hatte es freundlich gemeint, wollte Interesse bekunden. Frau Claes hingegen war offenbar entsetzt, daß G.B. mich über ihre literarischen Vorhaben informiert hatte, machte ihm Vorwürfe, und G.B. machte wiederum mir Vorwürfe, sprach von maßloser Indiskretion, ich hätte Frau Claes nie sagen dürfen, daß er mit mir über ihre Arbeit gesprochen hatte. Ich fand dieses Heimlich- und Heilighalten von Arbeiten etwas meschugge, weil ich es ganz anders kannte. Dank der zahlreichen Schullektüre, die ich gemacht hatte, war ich gewohnt, von Lehrern, Eltern, Schülern angesprochen zu werden; in meiner Wohnumgebung arbeiteten die Kinder alle mit meinen Büchlein, und natürlich wurde ich gefragt, was denn als nächstes komme.

Weil Frau Claes G.B. solche Vorwürfe gemacht hatte, beging ich den Fehler, ihr zu sagen, vielleicht hätte ich von den Texten gar nicht durch Benn erfahren, sondern von seinem Verleger, ich erinnerte mich nicht mehr genau. Woraufhin

Frau Claes sofort Benns Verleger anrief und nachfragte – wahrheitsgemäß sagte er, er kenne mich gar nicht. (Ich habe Max Niedermayer erst nach Benns Tod kennengelernt und bin mehrfach mit ihm zusammengetroffen, ein ungewöhnlich netter, herzlicher, witziger Mensch.)

Damals nahm Niedermayers um Benn unendlich verdiente Mitarbeiterin Marguerite Schlüter die „Schuld“ auf sich, sagte, von ihr hätte ich von den Texten gehört, es sei doch auch gar nichts dabei, sie sollten doch ohnehin gleich veröffentlicht werden.

Jedenfalls, die Stimmung war schlecht. Wie ich 1997 seinen Briefen an Frau Claes entnahm, die mir als Fahnenabzug zugingen, hatte Benn geradezu Angst vor den Reaktionen von Frau Claes, schrieb, er habe „gezittert“ vor ihrem Brief. Woher diese Angst, von der ich damals nicht das geringste wußte? Ich erkläre sie mir heute so, daß er in Sorge war, Frau Claes könnte einflußreiche Herren der damaligen Literaturszene gegen ihn einnehmen. Sie war eng befreundet mit Rainer Gruenter, mit ihrem Lehrer und Doktorvater Richard Alewyn stand sie auch in freundlichen Beziehungen, dazu mit Edgar Lohner und Dieter Wellershoff. Daß bei diesen Herren nicht schlecht über ihn geredet würde, war G. B. so wichtig, daß er sich bei Frau Claes geradezu hanebüchen über mich äußerte und vorgab, die Beziehung zu mir unwiderruflich beenden zu wollen. Er ging so weit, ihr zu versichern, daß er mit der Publikation einer Geschichte von mir, sie hieß „Die Straße“, nicht das geringste zu tun habe, nicht etwa habe er sie den „Akzenten“ vermittelt. Das hatte er auch nicht. Aber daß es ihm so wichtig war, bei Frau Claes der Annahme vorzubeugen, er könnte außer ihr auch mich bei den „Akzenten“ empfohlen haben, ist schon seltsam. Diese Ängstlichkeit bei einem Mann von Benns Rang vor irgendwelchem Literaturtratsch! Ich hatte damals nichts als meine Schullektüre gemacht und eine einzige Geschichte mich getraut den „Akzenten“ anzubieten. Sie erschien in Nr. III/1955. Frau Claes hingegen verstand sich damals schon als literarische Autorin. Ihre Abneigung gegen mich rührte mit

Sicherheit auch daher, oder nur daher, daß Benn mich ihr so unwahr als eine Art Schutzbefohlene, noch von meinen Eltern her, angekündigt hatte – und natürlich erkannte sie sehr schnell, daß unsere Beziehung eine ganz andere war, und fühlte sich angeschwindelt von Benn. Sehr mit Recht hat sie das verdrossen.

Die Gesamtlage war schlecht. Frau Benn zürnte ihrem Mann wegen seiner Beziehung zu mir; das war verständlich. Wir hatten den Ärger mit Astrid Claes und, für mich am wichtigsten: Ich hatte keine Arbeit, die mich vom Zeilenhonorarschreiben befreit hätte. Für eine neue Schullektüre hatte ich keinen Auftrag. Ich war darauf aus, eine ordentliche feste Anstellung mit geregeltem Einkommen zu finden. Dazu wollte ich aber, nach allem, keinesfalls mehr Benns Hilfe. Ich wollte das für mich Passende selber finden, nahm Kontakt zu anderen Schulbuchverlegern auf, z.B. zu Cornelsen in Berlin, aber ich fuhr auch anderswohin, und das, ohne es G.B. zu sagen. Ich hatte keine Lust mehr dazu, über jeden Schritt Rechenschaft zu geben, ich fuhr auch nach Karlsruhe, meinen alten Freund Robert Kukowka zu besuchen, fuhr an den Bodensee zu den Verwandten, überlegte, ob ich in die Schweiz gehen sollte, war ein paar Mal in Berlin bei meinem Stiefvater, der mich bei meiner Stellungssuche unterstützte. In Berlin sah ich dann auch Benn, dem mein Ausbrechen aber natürlich unheimlich war.

236

19. 6. 55 [Berlin, *laut Poststempel*]

Sonntag.

Liebes Urselchen, hier ist die Photographie vom Oelzebild. Ich habe den Text etwas überklebt, da Du damit doch sicher zu Springer gehst u. nicht jeder den Inhalt zu lesen braucht. –

Das Gedicht sende ich nicht mit, ich habe nur 1 Abschrift

u kann heute keine neue machen. (Meine Brille ist gestern Abend zerbrochen).

Am Dienstag werden wir uns nicht sehn. Wir haben uns jetzt 3 x gesehn u das ist genug vorläufig. Mit Pummi und Hauptquartier ist es sowieso vorläufig nichts, ich will erst meinen Blutdruck bekämpfen.

Wenn Du wieder in W. bist, schreibe mir das. Ich sende Dir dann dorthin M. 50 als Reisebeitrag.

Guten Erfolg hier weiter bei Pädagogen u. sonstigen Männern.

Alles Liebe.

Dein

G.B

Der Brief stammt aus der Zeit des Claes-Krachs; er ist an die Adresse meiner Berliner Pension geschrieben. Es handelt sich offenbar um das Foto eines Bildes von Richard Oelze, das verkauft werden sollte und auf das ich den Galeristen Springer aufmerksam zu machen gedachte. Es kam aber nicht dazu. Der Eigentümer behielt das Bild lieber doch in seinem Besitz. Vielleicht gehörte es Friedrich Wilhelm Oelze, vielleicht einem Worpsweder, ich erinnere mich nicht mehr.

237

21. 6. 55 [Berlin, *laut Poststempel*]

Der Briefumschlag, immer noch aus der Verstimmungszeit, enthält ein sechsseitiges Handschreiben von Ernst Robert Curtius vom 2. Januar 1949 an Benn gerichtet. Ich begeisterte mich sehr für die literaturwissenschaftliche Leistung von E. R. Curtius und wollte gern ein Autograph von ihm haben, und wie er es versprochen hatte, schenkte Benn mir einen Curtius-Brief. Allerdings wortlos.

238

3 VII 55. [Berlin]

Liebe Ursel, Dank für Sendung aus Hannover u. aus Bremen. Die nichtbeschriebenen Karten sende ich zurück u auch den Katalog. Ich kann nicht viel damit anfangen, kann hier nichts mehr unterbringen.

Freut mich, dass die Reise interessant war, hoffentlich war sie auch für Dich erfolgreich. Du schreibst von „Rezensionen", soweit sie mich betreffen, sende bitte keine, ich lese sie ja doch nicht u. Niedermayer sendet sowieso alles.

Mir geht es ganz leidlich. Aber Hungern u. Abmagern ist selber eine Krankheit, der Blutdruck sinkt dabei, aber das Befinden ist mau, wenn man nur Apfelreis isst.

Alles Gute. Geniesse nun Dein Dorf.

Sehr herzlich

Dein G. B

Von unterwegs – ich war losgefahren, mich umzuschaun nach einer festen Arbeit, und hatte Freunde besucht – schickte ich Kunstpostkarten und einen Ausstellungskatalog, bekam sie zurück. G.B. war körperlich schlecht dran und mißgelaunt. Meine Pläne waren für ihn, der immer alles genau wissen wollte, undurchschaubar. Ich wußte selber noch nicht, was ich wo machen würde, wollte aber keinesfalls mehr beraten werden. Nach den Erfahrungen mit seiner Kölner Vermittlung hatte er auch wohl selber keine Lust mehr, mir zu raten. Wir hatten unterschiedliche Vorstellungen von dem, was für mich gut ist.

239

11. VII 55 Montag. [Berlin]

Liebe Ursel, es tut mir sehr leid, dass Du wieder krank bist u dazu das Dorf verödet liegt. Und wieder diese Krankheit, die in Anbetracht Deiner Wohnverhältnisse so unangenehm für Dich ist. Zu behandeln ist ja wohl nicht viel: hungern u. event. Sulfonamide, aber Du hast ja sicher Deine Ärztin gefragt.

Natürlich habe ich die „Bettlerin" gelesen. Ich kann ja Geschriebenes objectiv beurteilen. Es enthält sehr reizvolle Stellen, aber der Schluss erschien mir etwas altmodisch.

Von hier ist nichts zu berichten. Das Logbuch würde lauten: seit 23 Tagen kein Salz u. Bier u Steinhäger u. nie mehr als 1 1/2 l. Flüssiges am Tag einschliesslich 1 Tee morgens u. Kompott u abends 1/4 l. Mosel.

Gute Besserung!

Dein G.B

„Die Bettlerin" *war eine Geschichte von mir. – Benn sollte abnehmen, auch wegen seines viel zu hohen Blutdrucks.*

240

19 VII 55. [Berlin, *adressiert an mein damaliges Berliner Quartier, die „Pension Banck"*]

Lieber Ponny, das Telefongespräch war ja schön friedlich und entspannend. Aber sehn werden wir uns jetzt nicht. Wir würden wieder von den alten Dingen anfangen zu reden u. das erscheint mir völlig sinnlos. Lass uns erst etwas neue Gegenwart u Zukunft ansetzen. Geh, mache Deine Geschäfte u. schreibe das neue grosse Buch für Schünemann

Ich bin Dir friedlich u. freundlich gesonnen, aber ich bin auch darauf bedacht, meine Ruhe u. meinen inneren u. äusseren Frieden zu verteidigen. Wäre es denn nicht möglich, dass wir eine relativ lautlose, unbösartige, unnervöse Sommerfreundschaft schlössen?

Herzlich

Dein G

Die Verstimmung war immer noch recht tief. Außerdem kränkelte Benn.

das neue grosse Buch für Schünemann: *Mein Schulbuchverlag hatte vorgeschlagen, daß ich ein dickeres Lesebuch machen, darin aber auch Texte anderer Autoren aufnehmen sollte. Nach einigem Überlegen hatte ich dazu keine Lust.*

241

21 VII 55. [Berlin, *an meine neue Berliner Adresse in Zehlendorf, bei Herrn Walter Vix, Am Fischtal 56 a*]

Im Briefumschlag ein Rezept für Eldoform und ein Zettel, auf den er geschrieben hatte:

21
—
7

Bezaubernde Zigeunerin!

G.

Wir hatten uns doch wiedergesehen in Berlin.

242

23.7.55 [Berlin, *laut Poststempel, weiter an die Zehlendorfer Adresse*]

Benn schickte mir Post nach, die an seine Adresse gekommen war. Mein Bremer Kollege v. Lüder hatte sie geschickt. Das war G.B. in vieler Hinsicht nicht recht, ich bekam sie gruß- und kommentarlos.

243

30. 7. 55 [Berlin, *laut Poststempel, an die Adresse in Zehlendorf*]

Ich will sehr gern mit Dir befreundet sein, Du bist ja ein sehr lieber Mensch.

Benn hatte mir offenbar wegen der Nachsendung von Briefen an seine Adresse böse geschrieben, aus dem Brief dann aber ganz witzig die offenbar einzige freundliche Stelle herausgeschnitten und mir geschickt. Auf der Rückseite des Ausschnitts Bruchstücke von Wörtern, die keinen Zusammenhang ergeben. Vermutlich wollte er es durch einen wirklich groben Brief denn doch nicht ganz und gar mit mir verderben.

244

23 IX 55 [Berlin, *nun an eine andere Berliner Adresse: Lichterfelde, Luisenstraße 27[I], bei Dr. Krengel, also meiner Freundin Ingeborg Krengel-Strudthoff*]

Liebe U. Z. besten Dank für die Astern neulich u. für den Brief an meine Frau von gestern. Sie hat Dich auf der Strasse nicht erkannt, sie sah eine schwarze Dame mit grauem Kopftuch, sagt sie, sie war keineswegs sicher, ob Du das warst.

Du hast Dich ja nun an Herrn Lennig angeschlossen, und er erzählte mir, dass Du bald heiraten würdest. Ein sehr vernünftiger Entschluss, es handelt sich wohl um Deinen R.

Ich sitze sehr in Arbeiten. Rufe mich in der nächsten Woche doch einmal an.

Besten Gruss!

G. B.

Einen Brief von mir zurückzuschicken angeblich ungelesen, ist doch wohl sehr ungezogen!

Be.

Nach langer Pause und Verstimmung ein seltsamer Brief, in dem wohl nur auf den Busch geklopft werden sollte. Ich kann mir nicht vorstellen, daß der Journalist Lennig, den ich zufällig getroffen hatte, Benn erzählte, ich würde heiraten – und natürlich tippt B. auf „meinen R." Ich hatte, als ich Lennig traf, mich mit ihm für einen Tee oder eine Suppe in ein Lokal gesetzt, und wir hatten uns über Benns Zustand unterhalten. Gewiß habe ich ihm von Reisen, Arbeitssuche und auch von Robert Kukowka erzählt, den Lennig gut kannte aus der Zeit, als beide am „Tagesspiegel" gearbeitet hatten. Möglich, wenn nicht wahrscheinlich ist, daß wir über Benns Vorstellung, daß eine Frau verheiratet zu sein habe, gesprochen hatten, aber, jedenfalls von meiner Seite, als über eine skurrile Maxime. An Ilse Benn hatte ich zum ersten Mal einen Brief geschrieben, damit die unnütze Eifersucht aufhören möge, zu der es in jenen Tagen gar keinen Grund gab. Erst 1976 habe ich diese freundliche Frau kennengelernt und hatte von da an ein angenehmes Verhältnis zu ihr. An Benn hatte ich, verdrossen wie auch ich war, einen Brief zurückgeschickt, und das ungelesen. Er war mir zu patriarchalisch aufgetreten in letzter Zeit.

245

26. IX 55. [Berlin, *wiederum an die Adresse meiner Freundin in Lichterfelde*]

Guten Schlaf! Bitte schreibe aber nun nicht wieder so regelmässig Briefe u rufe erst nächste Woche wieder an.

G.

Beizettel zu einem Rezept (Doriden Tabl.). Er fürchtete, ich könnte seinen ihm bei verminderten Kräften wirklich wichtigen häuslichen Frieden durch Post oder Anrufe stören.

246

11 / 10 55 [Berlin]

Mit bestem Dank zurück. Finde es sehr interessant.

Gruss.

Be

Beizettel zu einer Rücksendung. Worum es sich handelte, weiß ich nicht mehr.

Zwischenbericht

Im Spätherbst 1955 hatten wir uns dann doch wieder so genähert, daß wir zweimal miteinander verreisten.

Vom 19. bis 23. Oktober fuhren wir ins Ruhrgebiet. Beide waren wir von Berlin abgefahren, nur mußte ich einen früheren Zug nehmen und nach Helmstedt vorfahren (das war die erste Station nach der „Zonengrenze") für den Fall, daß Frau Benn ihren Mann zum Bahnhof bringen würde. In Helmstedt wartete ich dann auf den Zug, mit dem Benn kam, und stieg zu ihm ein. Wir fuhren zunächst nach Essen, wo angekündigt war, daß Benn am 20. Oktober im „Kaiserhof" lesen würde. Die Menschen strömten nur so herbei, Honoratioren, Leute aus Industriekreisen, ganz junge, diese weit überwiegend männlichen Geschlechts. Als Benn auf die Bühne kam, wurde er sehr beklatscht. Er las Prosa, „Saison" und aus dem „Ptolemäer" Teile des wunderbaren Kapitels „Der Glasbläser". Auch Gedichte las er, z.B. „Chopin". „Der Glasbläser" und „Chopin" korrespondierten im Ziel, es ging um die artistische Vollendung. Im Prosastück mit dem Satz: „Blase die Welt aus Glas, als Hauch aus einem Pfeifenrohr; der Schlag, mit dem du alles löst, die Vasen, die Urnen, die Lekythen, – dieser Schlag ist deiner und er entscheidet." Im Gedicht „Chopin" zitiert G.B. den Komponisten mit dem Satz:

„Meine Versuche sind nach Maßgabe dessen vollendet,
was mir zu erreichen möglich war."

und Benn nennt am Schluß dieses Gedichts die Versuche Chopins:

„nur diese tragischen Progressionen
aus artistischer Überzeugung
und mit einer kleinen Hand."

Benn war kein sehr musikbedürftiger Mensch, man weiß, daß er in jungen Jahren einmal in der Met war, das „diamantene Hufeisen" bestaunte, Caruso hörte. In Berlin erlebte ich nie, daß er in die Oper ging, auch nicht zu den Philharmonikern, aber bekanntlich schwärmte er für den Schlager: „Das machen nur die Beine der Dolores", und er hat geschrieben: „Ein Schlager von Klasse enthält mehr Jahrhundert als ein Madrigal", und er höhnte: „Ein Tenor knödelt: oh holde Kunst".

Aber für Chopin empfand Benn eine ernste Verehrung, vor allem wegen der Konzentration auf das eine Instrument: das Klavier, und daß er nicht in Sonaten sich mehrsätzig mitteilte, sondern sich auf knappe Etuden, Walzer, Nocturnes beschränken konnte, hohe Intensität in kurzen Kompositionen versammelte, mochte Benn. Er empfand das der lyrischen Produktion ähnlich und also vertraut.

Jedenfalls, das Essener Programm war klug zusammengestellt, auf das Artistische konzentriert, auf den Produktionsprozeß von Kunst. Als Benn endete, erhielt er emphatischen Beifall, mußte Bücher signieren, was er auch geduldig tat.

Danach ging er mit seinen Gastgebern im Festsaalfoyer einen Wein trinken. Ich saß mit anderen Leuten, die nicht wußten, daß ich mit Benn bekannt war, zwei Tische entfernt von ihm und wartete auf sein Aufbruchzeichen. Geheime Gesten hatten wir in solchen Fällen zur Verständigung parat. Rieb Benn den Stil seines Glases ein wenig zwischen Daumen und Zeigefinger, hieß das: Es ist ganz interessant, ich bleibe noch ein bißchen; fuhr er mit einer Fingerspitze sacht über den Rand des Glases im Kreis, bedeutete das: Ich langweile mich, das Gespräch dreht sich im Kreis, werde gleich gehen. An mich gerichtet war damit die Bitte, schnell zu zahlen und mich an einen verabredeten Treffpunkt zu begeben, zwei oder drei Straßenecken weiter.

Der nächste Abend, also der 21. Oktober in Düsseldorf, war womöglich ein noch größerer Erfolg. Was Rang und Namen hatte in der Stadt, war da, die Lesung mußte mit dem Mikrophon übertragen werden. Das Programm war fast identisch mit dem Essener. Nach dem Beifall zog ich mich zurück, ging essen in ein Restaurant, das „Bei Vatti" hieß, was Benn später sehr amüsierte. Ich hatte vorn unter den Zuhörern Astrid Claes gesehen und wollte eine neue Begegnung mit ihr vermeiden, es hatte genug Ärger gegeben. Benn rechnete mit ihr, hatte sie wohl auch eingeladen, drum habe ich mich abgeseilt. Unbedingt wollte Benn aber später wissen, wie „Vatti" denn ausgesehen habe, „wie Moses, wie Sokrates oder wie Churchill?", und er war ganz enttäuscht, daß ich den Wirt gar nicht identifiziert hatte. Gewiß war er ein gemütlicher Rheinländer. Benn: wieder versessen auf Details.

Am 22. waren wir dann in Wuppertal im Hotel „Kaiserhof" (jedenfalls meine ich, daß auch dieses Hotel „Kaiserhof" hieß), bewohnten die Zimmer 200 und 203, zufällig die gleichen Nummern, wie wir sie einst im Hotel „Kronprinzen" in Hamburg hatten. Das gefiel Benn. Er schenkte den Nummern der Zimmer, die er in Hotels bewohnte, immer Beachtung, scheinbar scherzhafte, aber ich denke, da war doch etwas Neigung zur Zahlenmagie im Spiel. Er brachte mir eine Teerose und das von ihm so geliebte Kölnisch Wasser 4711, das ich allenfalls für gut hielt, müde gelaufene Füße damit einzureiben. Ich bin kein Parfümmensch, meine, daß der recht herbe, strenge Geruch dieses Toilettenwassers Benn an ärztlich verwendbare Aseptica erinnerte und er es deswegen so gern mochte.

Nachdem wir uns im Hotel eingerichtet hatten, aßen wir im Bahnhofsrestaurant. Das Fluten des Lebens sah Benn gern, wenn er sich nicht daran beteiligen mußte. (Wie er eben auch in Berlin manchmal eine Kneipe aufsuchte, in der er mit Sicherheit von Betrunkenen umgeben war. Auch das war ein Stück „Trunkene Flut, trance- und traumgefleckt“ für ihn.)

Dann machten wir uns auf einen Schlender durch Wuppertal-Elberfeld. Wir kannten beide die Stadt nicht, und schon weil es Else Lasker-Schülers Geburtsstadt ist, waren wir beide neugierig auf sie. Den größten Eindruck machte uns eine technische Schönheit: die Schwebebahn. Ihr Dahinfahren über unseren Köpfen hatte wirklich etwas von schwebendem Davonziehen.

Abends dann die Lesung: Ein überfüllter Saal, Stehplätze an den Seiten und bis nach hinten an die Wand – aber kein Mikrophon. Schon nach kurzer Zeit kamen die ersten „Lauter“-Rufe. Benn versuchte es, doch er konnte einfach nicht laut sprechen, nie. Immer wieder wurde „Lauter“ gerufen. Einige, die hinten gar nichts verstanden, verließen verärgert den Saal. Ein alter Herr las demonstrativ Zeitung. Benn blieb ruhig, forderte die Stehenden auf, sich doch um ihn herum auf das Podest zu setzen; man arrangierte das. Benn fragte, „ist es jetzt besser?“. *Lauthals verneinte das jemand, wurde aber empört zurechtgewiesen von Taktvollen, die begriffen hatten, daß Benn sein möglichstes tat. Ruhig las er weiter, das ganze vorgesehene Programm trug er vor.*

Als er am Ende war, stand er sofort auf, ging hinter den Vorhang, verbeugte sich nicht auf den Beifall hin, erschien auch nicht, um Bücher zu signieren.

Was nun? fragte ich mich, denn mir war klar, daß so ein mißratener Leseabend ihn schwer verärgert hatte. Als ich mich im Gedränge vorwärts schob, sah ich vor mir zwischen all den Leuten seinen grauen Hut. Ich ging von hinten an Benn heran, er nahm mich bei der Hand und sagte: „Komm, wir gehen essen, denn mit denen esse ich nicht!“ *Er erzählte mir, daß er ausdrücklich, und zwar schriftlich wie fernmündlich, darauf aufmerksam gemacht habe, daß er ein Mikrophon brauche, aber die Veranstalter hatten das entweder nicht ernst genommen oder es besser zu wissen gemeint oder es einfach verschlampt.*

Wir aßen in einem sehr guten Restaurant. Benn sah in seinem Anzug von besonders schönem, dunklem Blau und mit seinem perlfarbenen Schlips aus wie der Generaldirektor eines Großkonzerns (besser, wie dessen Aufsichtsratsvorsitzender), den man geärgert hat. Doch langsam, mit Zähigkeit gelang es mir, seine schlechte Stimmung aufzulösen, und es wurde noch ein sehr gemütlicher Abend, trotz der „Wupperiche", *wie Benn sie nannte, die ihn so geärgert hatten. Daß die Wupperiche ihn nie wieder sehen würden, schwor er.*

Doch als wir ins Hotel kamen, standen im Foyer etliche Bewunderer, die sich bei ihm für die unfähigen Veranstalter und die Rüpel im Publikum entschuldigten. Da grinste Benn, war sehr nett zu ihnen, plauderte, schüttelte sogar Hände und fand die Wupperiche nun doch gar nicht mehr so übel. Er war versöhnt und staunte darüber, daß es doch ein empfindungsfähiges Publikum gab, das da anderthalb Stunden auf ihn gewartet hatte, um sich zu entschuldigen. Wuppertals Ehre war gerettet.

Die Rückfahrt hätte erfolgen müssen wie die Hinfahrt, ab Helmstedt hätten wir getrennte Züge nehmen müssen. Zu Benns Überraschung wollte ich statt dessen die Gelegenheit nutzen und, einmal so nahe, auf einen Sprung nach Köln fahren, die Familie Höfs wiedersehn und sogar meine Wirtsfamilie am Thürmchenswall. Benn freute das, weil es ihm zeigte, daß die Kölner Zeit denn doch nicht ganz verfehlt gewesen war für mich.

In Köln trafen wir uns im November 1955. Ich kam aus Konstanz, Benn aus Berlin. Wir hatten uns im schönen alten Domhotel eingemietet. Weil Benn zu der geplanten Veranstaltung mit ziemlichem Auftrieb rechnen mußte, sollte mein Zimmer in einer anderen Etage liegen. Aber nicht nur das, Benn hatte mich gebeten, mich unter anderem Namen einzutragen. Das hatte es noch nie gegeben. Wovor hatte er Angst? Ich war allmählich so mürbe von seinen Heimlichkeitsbedürfnissen, daß ich nachgab und mich unter dem Namen meines Stiefvaters anmeldete, nämlich „Strelitz", unter dem ich immerhin schon eine Geschichte veröffentlicht hatte. Aber als ich an der Rezeption diesen mir nicht gehörenden Namen nannte, kam ich mir doch vor wie Mata Hari oder sonstwer Kriminelles. Ich buchte für den 14., 15., 16. November. Der Kuriosität halber habe ich die Rechnung aufgehoben und besitze sie noch. Bei der Veranstaltung handelte es sich um ein Streitgespräch zwischen Benn und Reinhold Schneider im Westdeutschen Rundfunk über das Thema „Soll die Dichtung das Leben bessern?" Benns Verleger, Max Niedermayer, war nach Köln gekommen, Astrid Claes hatte sich angesagt, da schien es Benn geboten, mich besonders gut zu verstecken. Ich bin nach einer Nacht wieder abgereist, und zwar aus einem triftigen Grund: Die Hotelrechnung weist ein Ferngespräch für M. 2,70 aus. Ich hatte nämlich, wie verabredet, in Berlin im Deutschen Institut für Wirtschaftsforschung angerufen, es sollte eine Gesprächsverabredung mit dessen Präsidenten, Ferdinand Friedensburg, getroffen werden. Am 16. November, sagte er mir, habe er Zeit für mich. Diesen Termin konnte ich weder absagen noch verschieben, er war zu wichtig für mich. Ergo fuhr ich schon am 15. November nachts aus Köln fort.

Als Folge der Unterredung mit Friedensburg entschloß ich mich zu einem Schritt, der alle Probleme mit einem Schlag löste: Ich trat als Mitarbeiterin in Friedensburgs Institut ein. Das hatte meinen Umzug von Worpswede nach Berlin zur Folge.

Vom 17. November 1955 an arbeitete ich im Deutschen Institut für Wirtschaftsforschung. Das ungewöhnliche Dienstanfangsdatum hängt damit zusammen, daß dessen Präsident, eben Ferdinand Friedensburg, an diesem Tag neunundsechzig Jahre alt wurde. Er hatte bei meiner Vorstellung natürlich gesehen, daß mein Geschichtsstudium für die Art von Forschung, die in seinem Haus betrieben wurde, ungeeignet war, andererseits war ich für Arbeit im Archiv überqualifiziert. Aber er merkte, daß ich große Lust zu einem neuen Wissensgebiet hatte, und fragte: „Können Sie morgen schon anfan-

gen?" Ich bejahte verblüfft. Da sagte er vergnügt: „Gut, dann leiste ich Sie mir zu Beginn meines siebzigsten Lebensjahres. Kommen Sie morgen, Dienstbeginn ist acht Uhr früh."

Um es vorweg zu nehmen: Einunddreißig Jahre habe ich in jenem Institut gearbeitet, bis ich fünfundsechzig Jahre alt wurde, und noch heute suche ich es gern auf und lese mit Interesse seine Wochenberichte.

Zudem aber klärten sich auch die Probleme der Kontaktmöglichkeiten zwischen G.B. und mir. Ich bin in Schöneberg-Friedenau geboren und aufgewachsen und habe dort bis zur Zerstörung unseres Hauses durch eine Sprengbombe 1943 gewohnt (also von 1921 bis 1943). Nichts war natürlicher, als wieder in dies Viertel zu ziehen. Ich fand angenehme Wohnmöglichkeit in der Hewaldstraße 7. Dorthin konnte Benn bequem zu Fuß gehen. Außerdem konnte er mich am Arbeitsplatz jederzeit anrufen, ohne ein Ferngespräch anmelden und zahlen zu müssen.

Mein Eintritt in das Wirtschaftsforschungsinstitut war ein Glücksfall für mich, und daran nahm Benn teil. Weder er noch ich hatten uns bis dahin ernstlich mit Wirtschaftsfragen beschäftigt. Benn wußte von dem großen britischen Ökonomen John Maynard Keynes und hatte ihn auch gelesen, sogar im Gedicht „Außenminister" einen Satz von Keynes zitiert:

„Zwiespalt zwischen der öffentlichen
und der eigentlichen Meinung."

In diesem von Keynes artikulierten Zwiespalt, dessen Benennung Benn offenbar sehr gefallen hatte, leben wir bekanntlich heute noch. Ich war 1946 im Haus von Hans und Edith Nowak, einem der ersten wiederentstehenden jüdischen Berliner Salons, auf Edgar Salin getroffen, hatte mich begeistert für diesen eleganten homme de lettres. Von Witz und Wissen sprühend, damals Doyen der Wirtschaftswissenschaft, verstand er es, für seine Forschungsgebiete einzunehmen. Zwar habe ich seine Anregungen damals nicht weiter verfolgt, weil ich vollauf damit beschäftigt war, mich in Worpswede mit den Techniken der Radierung, Lithographie, der Lasurmale-

rei Oelzes, der Gobelinweberei vertraut zu machen. Zuzusehn, wie Kunstwerke in diesen Techniken entstanden, begeisterte mich. Doch erinnerte ich mich wieder freudig an Salin als Leitstern, als ich ins Wirtschaftsinstitut eintrat.

Ich hatte mich in die Volkswirtschaftslehre einzuarbeiten, die Fachsprache verstehen zu lernen, ein ganz anderes Vokabular aufzunehmen, als ich bis dahin kannte, auch für die Arbeit im Archiv, die ich zunächst übernahm, war das erforderlich – und das faszinierte Benn. Ich mußte berichten, ihm unsere Publikationen geben, wir arbeiteten uns nahezu gemeinsam ein.

Benn soll damals gesagt und in Briefen geschrieben haben, er hätte keinen Kontakt mehr zu mir, und er führte als Beweis an, daß keine Briefe mehr von mir kamen und er auch nicht mehr nach Worpswede reiste. Was er nicht erzählt hat, war, daß er nur einen ganz kleinen Spaziergang machen mußte, um mich zu besuchen.

Benn liebte das theoretische Sicheinarbeiten in ein anderes Wissensgebiet, saß bei mir und informierte sich, Hornbrille auf der Nase, über die Volkswirtschaftliche Gesamtrechnung, die unser Institut damals gerade entwickelte. Es gab (und gibt) hervorragende Wissenschaftler im Institut; damals war mir dieser Typus von Forschern neu. Da arbeitete eine so eindrucksvolle Persönlichkeit wie Ferdinand Grünig, dessen Buch „Der Wirtschaftskreislauf" ein Standardwerk geblieben ist. Ein strenger, nüchterner Mann, der mir immer als eine Inkarnation klaren Denkens erschienen ist. Neben ihm sein Widerpart Albert Wissler, ein emotionaler Mensch, der seine Phantasie auch für die Lösung ökonomischer Probleme einsetzte, neue Wege suchte. Er war musisch, hatte noch Kontakt mit dem George-Kreis gehabt. Größere Gegensätze als Grünig und Wissler waren kaum denkbar, beide hatten ihre Anhänger unter den Mitarbeitern, es ging zu wie in einer Gelehrtenrepublik. Benn war, was die beiden schrieben, interessanter als Literaturjournalismus, und mehrfach stellten wir fest, daß die Wirtschaftswissenschaft der Medizin nicht unähnlich war, schon in der Nomenklatur nicht, insofern als man vom Wirtschaftskörper, von Diagnose und Therapie spricht, besonders in der Erforschung der Konjunkturzyklen, die neben der Geld- und Kreditpolitik Wisslers Gebiet waren. Wir begriffen, daß die Volkswirtschaftslehre nicht etwa eine „Koofmichwissenschaft" ist, sondern überlebensnotwendige Bemühung, besonders für die großen Industriestaaten. Eine unverzichtbare Wissenschaft samt der oft belächelten Statistik.

Im Falle Wissler führten das Arbeitsmaß und Kontroversen mit den Kollegen – Wissler war ein erregbarer, streitbarer Mann – zur Katastrophe: Albert Wissler hat einen Strick genommen und sich aufgehängt. Das war allerdings erst im Jahr nach Benns Tod; es hätte ihn so erschüttert, wie es mich und alle Kollegen mitnahm. Benn hatte Gefallen an der Ausdrucksweise Wisslers gefunden und die Leidenschaft bewundert, mit der Wissler, ohne selber materiellen Gewinn davon zu haben, wie etwa die Industriellen, für das Prosperieren der Wirtschaft von der Theorie her zu sorgen suchte. Die Wege, die er vorschlug, wurden von anderen Wissenschaftlern nicht akzeptiert. Wissler zog die schreckliche Konsequenz.

Den größten Eindruck hat mir (wie durch Erzählen und Lektüre auch Benn) Ferdinand Friedensburg gemacht, und er konnte mich auch am nachhaltigsten beeinflussen, weil er noch bis 1972 tagtäglich im Institut arbeitete. Auf dem Gebiet der Bergwirtschaft war er noch bis wenige Tage vor seinem Tod mit fünfundachtzig Jahren tätig. Er war ein Mann mit weitem Gesichtsfeld und trachtete, seinem Institut auch Menschen mit nicht streng zugehöriger Ausbildung zuzuführen, er erhoffte sich davon eine Erweiterung des Horizontes aller Mitarbeiter. Ohnehin hielt er das Institut nicht als eine Männerdomäne, brauchte keine Quotenregelung, um auch führende Aufgaben der eigentlichen Forschung Frauen zu übertragen.

Der Umgang mit Friedensburg gab mir die Möglichkeit, zu vergleichen: Friedensburg war, wie Benn, 1886 geboren. Ich hatte also mit zwei Männern des gleichen Jahrgangs zu tun, die unterschiedlicher aber nicht denkbar waren. Friedens-

burg, Enkel des Oberbürgermeisters von Breslau, Sohn eines bedeutenden Numismatikers, war in Berlin aufgewachsen, hatte, wie Benn, ein humanistisches Gymnasium besucht, nur lebte er in einer großbürgerlichen und großstädtischen Familie. Benn, Sohn eines Dorfpfarrers, ist als Dorfjunge groß geworden, seine Gymnasialzeit als armer Pensionär in Frankfurt an der Oder hatte ihn nicht frei gemacht von engen gesellschaftlichen Verhältnissen. Er kam erst als Student nach Berlin und mußte als Zwanzigjähriger zu erwerben suchen, was Friedensburg längst hatte: Gesellschaftliche Sicherheit – und vollständig erwarb Benn sie nie. Von Friedensburg habe ich die Vokabeln „gesellschaftlich", „vornehme Verhaltensweise" nie gehört. Benn gebrauchte sie häufig, wie man gesehen hat in Briefen an mich, bis hin zu Überlegungen, die an Hut und Schuhe gewendet wurden.

Friedensburg nannte mich einen bunten Vogel, und wenn jemand im Institut mich griesgrämig benörgelte, verteidigte er mich fröhlich damit, daß man in einem Institut wie dem seinen einen bunten Vogel geradezu haben müsse. Ich verdanke seinem Wohlwollen viel. Nie nahm er, wie Benn, an meiner Lebensweise oder meinen Auffassungen Anstoß, wollte mich nicht ändern, meine Überlegungen machten ihm Vergnügen.

Manchmal nahm er mich in seinem Dienstwagen mit nach Bonn, er war CDU-Bundestagsabgeordneter für Berlin, fuhr zu den Sitzungswochen in die damalige Bundeshauptstadt. Vergnüglich waren die Autofahrten mit Friedensburg, wir unterhielten uns über Gott und die Welt. Sein Fahrer, er fuhr ihn jahrzehntelang, buckelte sich manchmal vor Lachen über dem Steuerrad, wenn Friedensburg und ich einen verbalen Waffengang angezettelt hatten, bei dem jeder die besseren Argumente haben wollte, bis wir uns schier auf eine Kirchturmspitze der Beweisführung verstiegen. Schließlich fühlte ich mich politisch von der SPD vertreten und verteidigte deren Ziele. Aber Friedensburg ließ stets andere Überzeugungen gelten und hatte durchaus Sympathie für einen so gedankenreichen SPD-Mann wie Fritz Erler und einen so redlichen wie Erich Ollen-

Ferdinand Friedensburg nach einem „verbalen Waffengang“ mit U. Z., im Begriff, ihr die Zunge herauszustrecken, Foto von Ursula Ziebarth

hauer. Wir unterbrachen gewöhnlich für eine Bratwurstpause, doch in sieben Stunden mußte die Fahrt geschafft sein, sonst sagte Friedensburg zum Fahrer: „Warum bewegen wir uns eigentlich im Tempo einer ermüdeten Schnecke?“, er war ein ungeduldiger Mensch, das war Benn gar nicht. Jedenfalls, der (immer sehr respektvolle) Umgang mit Friedensburg war wohltuend, geradezu erholend für mich. Er war ein souveräner alter Mensch. Das war Benn nicht. Benn machte sich viel aus den Meinungen anderer, sosehr er auch behauptete, sie seien ihm völlig gleichgültig.

Friedensburg hatte 1933, er war damals Regierungspräsident in Kassel, keinen Augenblick gezögert, klipp, klar, laut zu äußern, daß er vom Nationalsozialismus nur das Allerschlimmste erwarte. Er flog denn auch sofort aus dem Amt, konnte sich als Jurist nicht mehr betätigen, griff auf seine Ausbildung im Bergbau zurück. Er war Bergassessor, ein hoher Rang in Deutschland.

Wir wissen, in welche entsetzlichen Elogen auf die neuen Machthaber Benn anfangs ausbrach, in seiner Rede anläßlich des Besuchs von Marinetti in der Akademie von einer Zeit sprach, „in der das Neue Reich entsteht, an dem mitzuarbeiten, der Führer, den wir alle ausnahmslos bewundern, auch die Schriftsteller berufen hat". Schlimmer konnte es nicht kommen, auch wenn diese Phase bei Benn nur kurz gedauert hat, laut hat er geheult mit den Wölfen.

Friedensburg hingegen hatte sofort klar gesehen und um keines Karrierevorteils willen auch nur geschwiegen, geschweige denn das Lied der N.S.-ler gesungen. Ferdinand Friedensburg hat keinen Satz geschrieben, für den er sich später hätte schämen müssen. Übrigens schrieb er ein wohllesbares, kultiviertes Deutsch. Seine Bücher schenkte er mir gewöhnlich, das letzte mit dem Titel „Es ging um Deutschlands Einheit" (eine Schilderung der Nachkriegsverhältnisse und seiner Aktivitäten als Berliner Bürgermeister, meist war er stellvertretender Oberbürgermeister) mit der Widmung: „Ursula Ziebarth in freundschaftlicher Verehrung, Berlin den 3. 12. 71". Auf die freundschaftliche Verehrung dieses gebildeten, urbanen, souveränen Mannes bin ich stolz. Wir hatten uns – neben der Thematik des Institus – lebhaft in unserem Interesse für Geschichte getroffen, für Figuren wie Perikles, Thukydides, Mark Aurel. Friedensburg ging gern zurück zu Menschen, die vor sehr langer Zeit gelebt hatten – das liebte aber auch Benn.

Benn war erstaunt, ja verblüfft über die wohlwollende Toleranz, mit der Friedensburg mir gegenüberstand.

Zurück zu Benns Briefen: Da ich nun in Berlin nur um ein paar Ecken von Benn entfernt wohnte, waren Briefe zur Verständigung kaum noch nötig. Es gibt deshalb vom 17. November 1955 bis zu seinem Tod 1956 nur noch sechs Sendungen an mich. In zweien waren nur noch Zettel. Wir hatten bessere Möglichkeiten des Austauschs. Auch das Weihnachtsfest feierten wir vorverlegt in der Hewaldstraße. Benn freute sich schon im Voraus auf einen geschmückten, strahlenden Baum, wollte, daß er wie in Worpswede aussähe.

247

3. 1. 56 [Berlin, *laut Poststempel, von nun an an meine neue Adresse in Berlin-Schöneberg, Hewaldstraße 7*$^{I. li}$ *(bei Holzwarth)*]

L. U. tut mir sehr leid, dass Du krank bist. Leider kann ich mich nicht um Dich kümmern u Dich nicht besuchen. Ich liege selber seit einigen Tagen. Es hat sich plötzlich herausgestellt, dass ich ein Zwölffingerdarmgeschwür habe u Ruhe halten muss. Ich rufe Dich an, nach dem 8 I, wenn Du wieder im Büro bist. Bitte gib keine Nachricht hierher. Das neue Jahr fängt schlecht an (ich darf nicht rauchen, kein Bier trinken, kaum was essen). Hoffentlich wird Dein Jahr bald besser.

Alles Gute!

Dein G.

Benn konnte mich nur im Institut anrufen, weil ich zu Hause kein Telefon hatte. Das legte ich mir erst 1986 nach meiner Pensionierung zu, und manchen Tag liebäugele ich damit, es wieder abzuschaffen.

248

6. 1. 56 [Berlin, *laut Poststempel*]

L. U. sei nicht böse, wenn ich am Telefon unnett war, aber ich hatte gerade die Nachricht bekommen, dass meine Sache nicht gut steht: Blutbefund, Senkung u Stuhluntersuchung sind sehr ungünstig. Werde Du bald gesund. Wenn Du was über mich wissen willst, erkundige Dich bei Lennig, ich habe ihn instruiert. Alles Gute Dir! Hoffentlich wird bei uns beiden alles wieder gut.

G.

Kurz darauf kam Benn ins Krankenhaus. – Meine Befindensstörungen hatten, wie damals zum Glück meistens, keine irgendwie schlimmen Ursachen.

249

21. 5. 56 [Berlin, *laut Poststempel*]

Benn schickte mir eine „Bibliographie zu Reinhold Schneider" (2 Blatt) zurück, die ich seinerzeit für ihn hatte anfertigen sollen. Außerdem enthält der Briefumschlag quasi zur Erinnerung eine Gaststättenrechnung aus der Bahnhofsgaststätte Carl Schaaf in Wuppertal-Elberfeld. Auf der Rückseite von Benns Hand:

Kasinostr 1. Saal des evangel. Vereinshauses.

Benn hatte die Gewohnheit, irgendwelche Zettel monatelang in Jackentaschen oder Notizbüchern herumzutragen. Räumte er einmal auf, schickte er einem dann zu, was einen betraf. Der Briefumschlag enthält auch die Liste der Werke Rein-

hold Schneiders, die ich für G.B. gemacht hatte, bevor er in Köln in die Diskussion mit Schneider ging. Benn hatte sich informieren wollen, mit Interesse, aber auch mit Entsetzen die Liste der geradezu inflationären Produktion gelesen. Ich hatte schon kleine Kommentare hinter manche der Titel geschrieben. Für mich hatte alles Schneidersche überhaupt nichts mit Literatur zu tun. Auch Benn schlug nur die Augen gen Himmel über das, was er „falsche Fülle" nannte.

250

20 V 56 [Berlin, *laut Poststempel auf großem Briefumschlag*]

Benn sandte mir den Band „Gesammelte Gedichte" (Wiesbaden, Zürich 1956) und einen Zettel mit folgendem Text:

Titel und Auswahl nicht von mir, sondern vom Verlag. Bekam den Band erst in die Hände, als er fertig war

Be.

251

4. 6. 56 [Berlin, *laut Poststempel*]

Es war alles sehr hübsch, der Teppich ein Prachtstück, fürstlich! In dieses elegante Zimmer gehört ein Kavalier, der alle Feinheiten kennt u. versteht, von denen Du sagtest, dass ich sie nicht verstanden u. gekannt hätte. Carpe diem! – Es war alles sehr hübsch, nur die 2 letzten Minuten erfüllten mich mit Kummer u. das Nie Nie Nie fand nicht mehr den Glauben in mir, den es früher wohl gefunden hätte. –

Die Gedichte sehr sonderbar, sehr apart, die Taubensache gut, und was ist mit der Frau aus Tanger? Ich nehme sie mit u werde sie studieren. – Gebrauche Deinen Füllfederhalter nicht zu oft, ist besser ohne dem. Ich werde schreiben u wenn ich mit schmerzfreiem Rücken u etwas gelenkigerer Wirbelsäule zurück bin, melde ich mich. Wenn ~~man~~ aber die Schmerzen bleiben, werfe ich mich vor einen Autobus; dann kannst Du die Bücher behalten, nur den Krimi wickele in einen Lilienstrauss u lege ihn auf das Nachbargrab, ich schaue dann manchmal hinüber.

Bleibe gesund, kleiner Krammetsvogel!

G.

In Dein feines Zimmer kann man nur dies feine Papier senden, das aus London stammt u. Cornish Blue heisst.

Man hatte Benn zu einer Rheumakur in Bad Schlangenbad geraten – ein ganz verfehlter Vorschlag, der auf falscher Diagnose beruhte, wie man freilich zu spät feststellte. Benn hatte mich vor seiner Abreise nach Schlangenbad noch besucht und meinen weißen Teppich bewundert, den ich in Worpswede hatte weben lassen und der just am Morgen angekommen war. Ich ahnte nicht, daß ich Benn an diesem Tag das letzte Mal lebend sehen würde, ich ahnte überhaupt nicht, wie sehr krank er war, wie nah sein Ende schon war – und habe gesagt, was mich heute sehr beschämt, anläßlich seines Beifalls für meinen Teppich war es, er hätte leider nie bemerkt, wie wohlgeraten, wie schön jeder Gegenstand bei mir sei, daß er vielmehr nur immer über mein Einzimmerleben genörgelt, es nicht standesgemäß gefunden, während er Leute in Sechszimmerwohnungen goutiere, bei denen ganz abgeschmacktes Mobiliar stehe – und er erkenne es nicht. (Ich hatte Beispiele genannt, die ich nicht zitieren möchte.)

Seinen desolaten Zustand hatte ich nicht wahrgenommen, er schien mir nicht kraftlos, denn er wollte durchaus noch einmal mit mir von der Hewaldstraße zum Innsbrucker Platz in das Restaurant Fournes gehen, wo wir uns zum allerersten Mal getroffen hatten. Außerdem war er mit einer Aktentasche (die ich noch nie gesehen hatte, vielleicht war es eine abgelegte, ausgeräumte Arzttasche) voller Bücher für mich gekommen, deren Lektüre mir über die Zeit seines Aufenthaltes in Bad Schlagenbad hinweghelfen sollte.

Es handelte sich um die folgenden:

- *Fritz Martini: „Das Wagnis der Sprache"*
- *Dichter über Dichtung in Briefen, Tagebüchern und Essays*
- *Victor Gollancz:„Auf dieser Erde"*
- *Victor Gollancz: „Aufbruch und Begegnung"*
- *„Flügel der Zeit", Deutsche Gedichte 1900-1950*
- *Ein Heft der Zeitschrift „Antares": Nr. 3, April 56 (Vermutlich wegen des Aufsatzes über Roger Martin du Gard, einen Autor, den ich sehr schätzte.)*
- *Raymond Chandler: „Einer weiß mehr"*

Benn wollte, daß ich auch einmal einen Kriminalroman lese, was ich immer strikt abgelehnt hatte, und zwar mit der Begründung, daß ich keine Lust hätte, mich am Tod anderer Menschen, nach dem Mörder tüftelnd, zu delektieren. Benn brachte das literarische und psychologische Niveau mancher solcher Bücher vor, und ich habe den Chandler auch gelesen, G.B. zuliebe, aber erst als er gestorben war. Außerdem gab er mir, wie oben gesagt, die drei kleinen Reisealben zurück. Immerhin hatte er das alles tragen können, den Eindruck eines Moribunden hatte er in keiner Weise auf mich gemacht.

Worauf sich das „Nie, Nie, Nie" *bezog, das ich gesagt habe, weiß ich nicht mehr, vermutlich auf meine Beziehung zu irgendeinem Mann, die er, irrend, für eine arg enge hielt.*

Zu den Gedichten, die er erwähnt: Ich hatte allmählich gewagt, ihm einige von den (wenigen) Gedichten zu geben, die ich geschrieben hatte. Die beiden von Benn zitierten lauten:

Taubenballade

Das Wasser steht wie Gift im Teich,
er ist an toten Tauben reich,
die hat der Jäger ihm gebracht,
er fängt die Tauben in der Nacht.
Sie schaukeln sich auf seiner Hand,
er sitzt und singt am Wasserrand,

dann schläft er mit den Vögeln ein.
Tief muß der Schlaf der Tauben sein.
Die Bäume laut voll Rauschen sind,
im Schilfrohr klappert dürr der Wind,
die blauen Tauben hören nicht,
der Jäger nur hebt sein Gesicht.
Er würgt sie, eh der Tag noch graut.
Die Tauben geben leisen Laut.

Auf der Straße nach Tanger

Ich werde in dieser Stadt nicht sterben,
versorgt vom Pietätinstitut.
Lieber wie Aas
auf der Straße verderben,
auf der Straße nach Tanger zum Beispiel,
wenn sich ein Sandwind tut.
Sand, ach, aus welchen Wüsten,
heißer Staub,
unterm Schleppschritt ferner Karawanen
ist er hochgeweht,
Kameldunst, saurer Pferdeschweiß.
Zwar – käme der Wind von der Küste,
ich könnte Schiffe riechen,
ach, Schiffe,
wenn sie sich im Hafen stoßen,
algengeschmückt,
die Leiber schwer von eingefangnem Fisch.
Bei Meerwind also?
Nein.
Wer sich liebt, denkt die Wüste
und darin den einzelnen Reiter,
oasenfern,
und den kein Dattelbaum verlockt.
Auf der Straße nach Tanger also,
wenn sich ein Sandwind tut.
Dort stirbt eine Dame nicht?

Meine Leiche wird keine Dame sein.
Im Sandwind sterbe ich auf dem Rücken.
Und keiner soll kommen,
sich bücken
und mir die Lider schließen.
Vielleicht,
daß ihn mein totes Auge erreicht,
den schwarzen Stern,
den Stern, der mir gleicht.

252

16 VI 56. [Bad Schlangenbad]

L. U. Die Sache hier sieht sehr trübe aus. Liege fest im Bett, bekomme Spritzen, da bei dem frischen acuten Anfall rheumatisch-neuritischer Art jede balneologische Massnahme kontraindiziert ist, bes. auch wegen der Blutsenkung. Würde alles nur schlimmer machen. Irgapyrin, Schlangengift, Cortison usw – bisher ohne Erfolg. War noch keinen Schritt aus dem Hotel, esse auch meistens im Bett, da Anziehn usw. zu dolle Schmerzen. Aber ich bleibe noch 1-2 Wochen hier, nach Süden ins Warme kann ich nicht reisen, hielte die Reise garnicht aus u in Berlin müsste ich doch gleich wieder ins Krankenhaus. Ekelhafte Sache. Kann kaum schreiben.

Und Du, schlangen- u schakalköpfige Isis vom alten Nil, nimm Thermalbäder für Deine Seele u Moorpackungen an Dein Herz, entschlacke Dich, entsündige Dich, entspanne, lockere Dich, lege Dich auf Deinen schönen Teppich, rolle alle Gelenke, lasse Blut durch alle Organe strömen, wenn ich zurückbin, besichtige u beschaue ich alles!

Deine Gedichte höchst interessant, wir werden darüber sprechen. Erstaunlich!

Wetter hier toll: Regen, Nebel, Nässe, Kälte, wenn das Hotel nicht heizte, wäre ich längst tot.

Grüsse, liebe U!

Dein G.

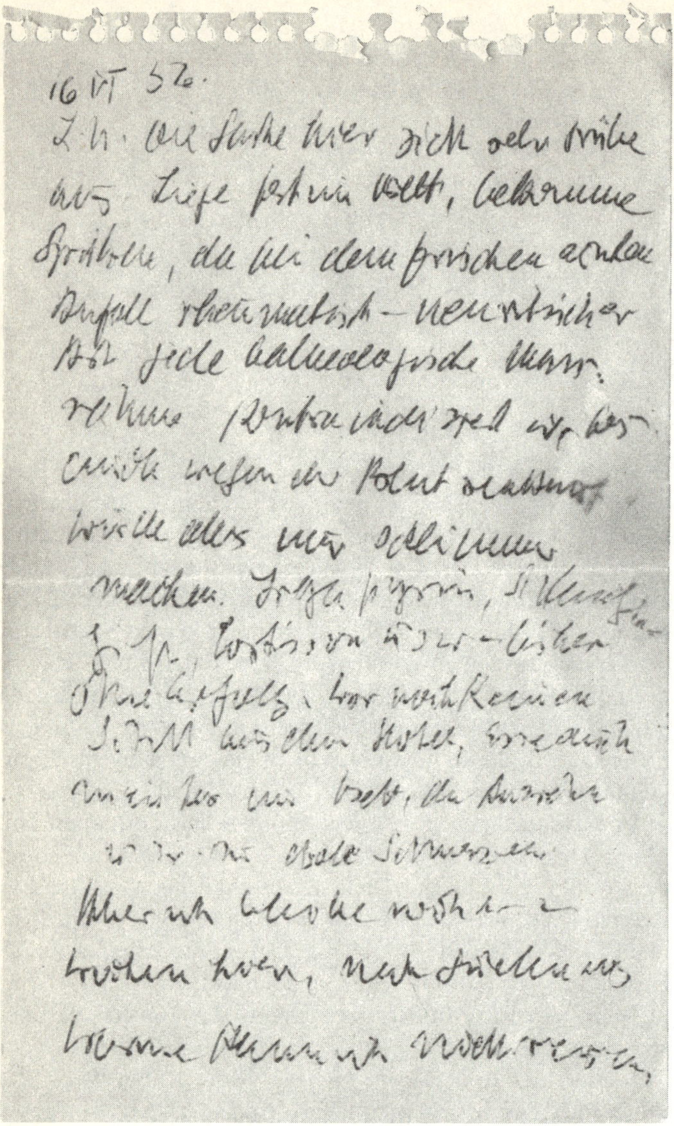

16 VI 52.

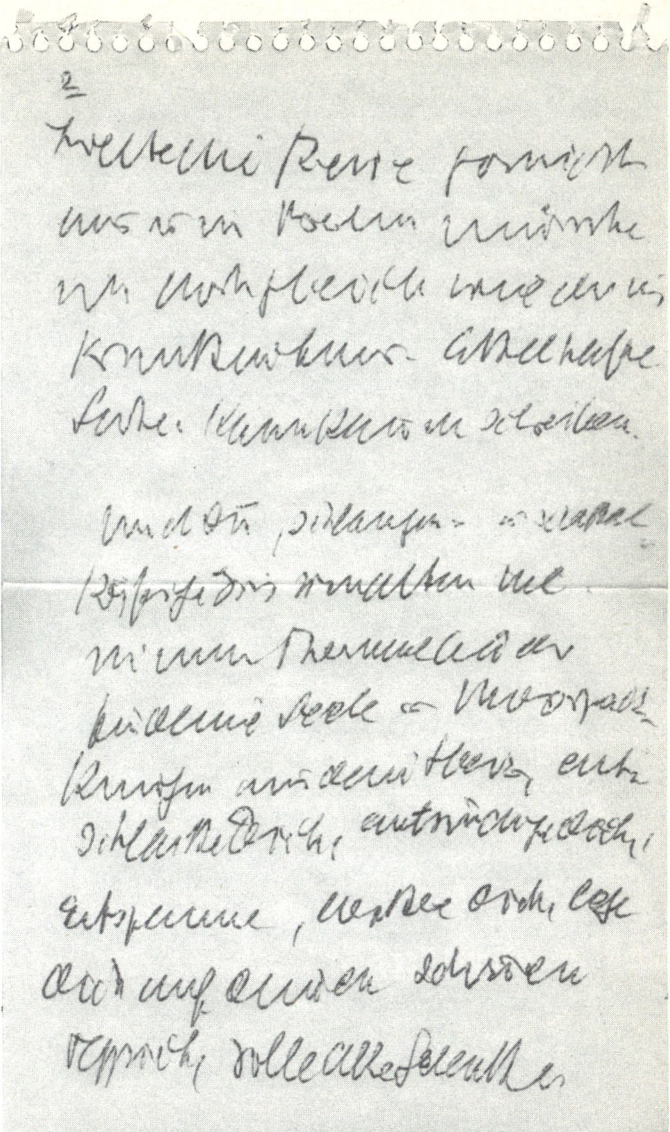

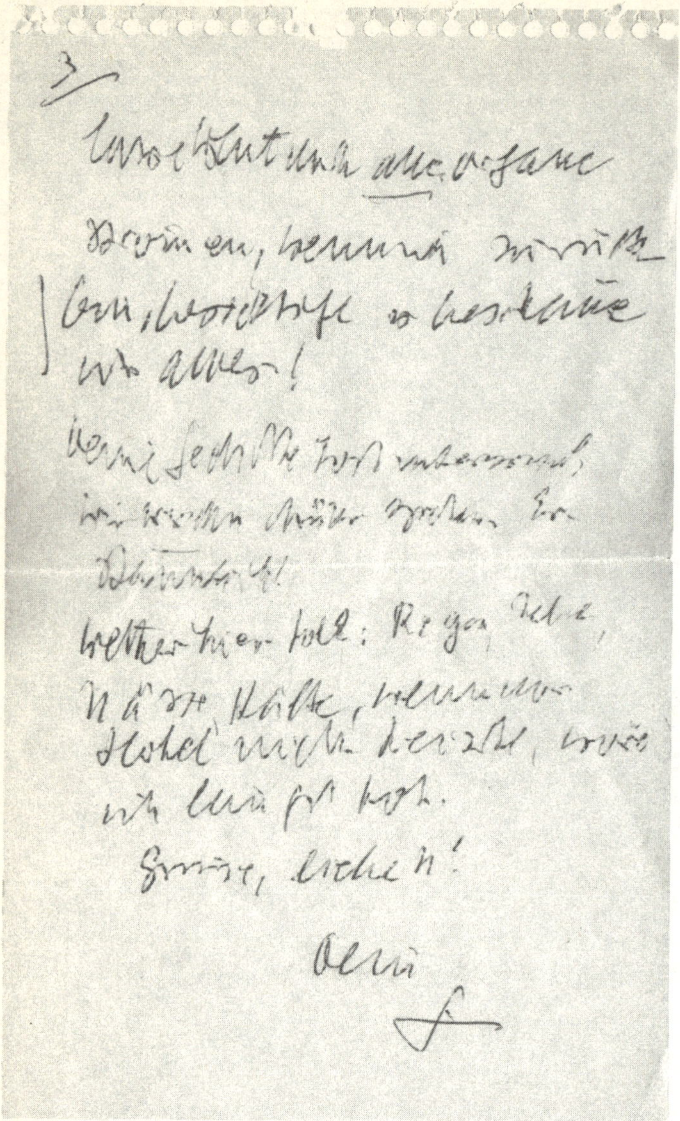

Dieses ist der letzte Brief, den Gottfried Benn mir geschrieben hat, wahrscheinlich ist es der letzte Brief überhaupt, den selber mit der Hand zu schreiben er in der Lage war. An Oelze ging am gleichen Tag eine Postkarte mit kaum mehr als zwei Zeilen. Der Kranke konnte den rechten Arm nur noch unter großen Schmerzen bewegen. – Die Ankündigung, nach seiner Rückkehr „besichtige u beschaue ich alles!", *hat Benn am linken Rand angestrichen.*

Merkwürdig ist es nicht, daß er mich scherzhaft mit der ägyptischen Isis in Verbindung bringt, wir hatten uns gerade vor kurzem über die wunderbare ägyptische Mythologie unterhalten. Isis ist allerdings weder schakal- noch schlangenköpfig, aber beide Tiere spielen in der Götterwelt der Ägypter eine Rolle: Der Schakal als Totengott Anubis; die Schlange ziert als Symbol des Wissens und Vorwissens, des aufmerksamen Schutzes, Stirn oder Krone der Könige.

Nachbericht

Als Benn mit seiner Frau nach Schlangenbad fuhr, bin ich, weil ich ihn dort nicht besuchen konnte, nach Worpswede gefahren. Die Nachricht von seinem zu diesem Zeitpunkt von mir nicht erwarteten Tod erreichte mich mit den mittäglichen Rundfunknachrichten, während ich mit den Kindern der Galeristin Lotte Cetto Karten spielte. Acht Uhr früh und Berlin wurden als Todesstunde und -ort angegeben. Sofort fuhr ich nach Berlin zurück, um ihn wenigstens als Toten wiederzusehen. An anderem Ort habe ich das beschrieben.[9]

Wie ich später von seiner Schwester Edith erfuhr, war Benn früher als geplant aus Schlangenbad zurückgekommen, weil sich bereits Lähmungen an den Beinen gezeigt hatten. An Krücken sei er aus dem Flugzeug gestiegen.

Sein Tod hat mich wie ein Keulenschlag getroffen.

9 (Vgl. Anm. 1) Ursula Ziebarth: Hexenspeise. Pfullingen 1976.

Sein Begräbnis habe ich in „Hexenspeise" beschrieben. Anfangs ging ich täglich auf den Friedhof, wir seien noch nicht ans Ende gekommen mit unseren Gesprächen, empfand ich. Seine genauen Fragen nach dem, was ich getan, wie ich meinen Tag zugebracht hatte, die mir früher manchmal lästig waren, plötzlich entbehrte ich sie, wie man an einer Treppe das Geländer vermißt.

Im August 1956 ging ich auf eine Dienstreise nach Kiel, mich über verschiedenes dort im Institut für Weltwirtschaft zu informieren. Ich dehnte die Dienstfahrt über das Wochenende hin aus, überlegte sogar, ob ich nach Kopenhagen fahre, um Benns Tochter aufzusuchen, ließ das aber, ich war schlapp und abgespannt und fühlte mich nicht fähig, sie zu sehen, die ihm äußerlich sehr ähnlich sei, so hatte man mir gesagt. Ich hatte Scheu davor, jemandem zu begegnen, der Benn ähnelte, der nun in der Grube lag, zog es vor, nach Laboe zu fahren, das Marinedenkmal anzusehen, es gibt so wenig expressionistische Architektur bei uns – und das schöne kühngeschweifte Erinnerungsmal für gefallene Marinesoldaten ist eine solche. Ich fuhr hoch im Fahrstuhl, auf die Aussichtsplattform, schaute auf die Ostsee, die Benn so vertraut gewesen war, wie allen Berlinern, da fuhr man fix übers Wochenende hin und kam zurück „bis in den Mund gebräunt vom Meer", *wie es in Benns D-Zug-Gedicht heißt. Schon im Schiffchen, das mich von Kiel nach Laboe brachte, hatte ich den Kriminalroman zu lesen begonnen, den Benn mir mitgebracht hatte. Einmal wenigstens, wollte er, solle ich einen Krimi lesen, ihm zuliebe tat ich es jetzt. Er hatte immer gesagt, er lese solches Zeug als Radiergummi fürs Gehirn, um seine Schreibgedanken für eine Weile ruhen zu lassen. Lange saß ich oben auf der Terrasse und las Raymond Chandlers „Einer weiß mehr", was ja noch ein leidlich gut formulierter Titel ist, im Original heißt das Buch „The Lady in the Lake", man bekommt also schon vermittelt, worum etwa es geht. Ich bin in Laboe keine Liebhaberin von Kriminalromanen geworden, wenngleich ich diesen als ein einigermaßen kultiviert geschriebenes Buch in Erinnerung habe – sehr im Ge-*

gensatz zum zweiten Krimi meines Lebens, den ich 1997, also einundvierzig Jahre nach dem Chandler las, weil jemand, den ich schätze, ihn in einer Zeitung als Klassiker empfohlen hatte, den man zu Weihnachten verschenken solle, wenn man denn einen Klassiker verschenken wolle: Mikkey Spillanes „Ich, der Richter". Ein miserabel geschriebenes, sofort durchschaubares Buch, man weiß ganz schnell, daß sich Spillane die Ärztin Charlotte als Täterin ausgedacht hat, als Mehrfachmörderin, aber der Herr Autor war nicht in der Lage, die Dame irgend glaubwürdig zu schildern, nur der Logik nach muß sie es sein, ihren Charakter entfaltet er nicht so, daß man die Geschichte glaubt. Benn hat den „Klassiker" von Spillane ganz gewiß auch gelesen, ihn mir aber klugerweise nicht empfohlen. Ich denke, mit den zwei genannten Krimis habe ich diesem literarischen Genre genügend Aufmerksamkeit erwiesen. Halt, ich kenne noch einen dritten, und über den sprach ich mit Benn: Ricarda Huch, „Der Fall Deruga". Dies Buch kann man der Literatur zurechnen, halbwegs wenigstens. Ich habe Sympathie für Ricarda Huch, sie sieht so schön aus, und sie war eine couragierte Dame, dem Meisteranspruch Stefan Georges gegenüber, und 1933/1934 hat sie in der Berliner Akademie mit entschiedener Zivilcourage gegen die Einmischung der Nazis in die Angelegenheiten der Institution Stellung genommen. Sie hatte, seines damals oft brutalen Vokabulars wegen, gegen die Aufnahme Benns in die Akademie gestimmt, diese allerdings nicht verhindern können. Bald trat sie aus der NS-freundlich gewordenen Akademie aus. Benn hatte eine sehr zwiespältige Beziehung zu Ricarda Huch: Zwar hatte er ihren Widerstand gegen ihn nicht vergessen, doch bewunderte er sie. Nicht als Schriftstellerin – kultiviertes, aber nicht erfindungsreiches Schreiben, in Büchern ausgebreitete Bildung waren nicht, was ihm gefiel und ihm genügte. Doch ihre Zivilcourage, ihre Vornehmheit, ihre Distanz zu allem Vulgären imponierten ihm. Sie habe Liebesgedichte gemacht, sagte er mir einmal, die eine Hingabefähigkeit bewiesen, die er dieser kühl wirkenden Dame nicht zugetraut habe.

Die Dienstreise nach Kiel war die erste Entfernung aus Berlin, die erste Unterbrechung der Grabgänge gewesen, die ich mir zugetraut hatte.

Bei jemandem, ich weiß nicht mehr wem, heißt es: „Jeder Tod ist auch eine Befreiung." Der Schreiber hat recht. Mit dem Verlust, der so schwer zu fassen gewesen war, gewann ich auch etwas: Freiheit und den Entschluß, niemals mehr einzuwilligen darin, eine verheimlichte Frau zu sein. Man kommt als eine solche in Situationen, die unerträglich sind, ich würde sagen: In unwürdige Situationen, wenn das Wort „Würde" mir nicht so suspekt wäre.

Im September 1956 raffte ich mich auf und ging auf eine große Reise, durchstreifte Frankreich, die Höhlen der Dordogne mit ihren prähistorischen Felsmalereien und Reliefs. Damals war auch die Höhle von Lascaux noch zugänglich. Dann sah ich mich im französischen wie im spanischen Baskenland um, kam lange nicht zurück, blieb, solange der rechtmäßige Urlaub das zuließ.

Damals war ich noch nicht soweit, zu wissen, daß ich keine genuine Lyrikerin bin; ich versuchte, mich lyrisch auszudrücken, auch Benns Tod so zu fassen:

Orpheus' Tod

I

„Hier ist der Norddeutsche
Rundfunk mit Nachrichten.
Heute morgen starb in einem
Westberliner Krankenhaus
Orpheus."

Orpheus stirbt.
Kein Vorhang reißt
an einer Tempelwand,
nur ein Joker fällt,
eh das Spiel beendet,
aus der Hand.

Orpheus starb,
und als sie seinen Kopf
schon in Totenbinden wiegen,
sitzen Spielerinnen noch am Tisch,
schlagen Karten auf und lächeln,
weil der König und die Dame
wie sie sollten beieinanderliegen
und kein schwarzer Bube ist im Spiel.
Zu Maria kam der Engel auf die Stufe,
und die Botschaft war voll Lieblichkeit.
Spielerinnen will der Engel sich nicht zeigen,
er sagt nur an: heut mischt der Tod das Spiel.
Gnadenloser Engel der Verkündigung,
der vom Sendehaus die Todesbotschaft sprach –
hast du Lilien, um zu lindern,
was die Spieler aus dem Aether traf?
Andre Engel kommen doch mit Lilien,
schwarzer Engel, der mir spricht.
Solange Atem war,
hat er gesungen,
Orpheus starb,
als ich nicht lauschte,
schwarzer König, roter König,
Orpheus starb,
als ich sie tauschte.

II

Sie legten dich in einen Korb aus Weidenruten,
er war mit Ebereschen dicht besteckt,
schöner Schlaf im Ebereschenkorb.
Orpheus, den sie zu Grabe trugen
– die Leiter in die Grube hatte sieben Stufen –
die Fracht von Sand
schützt dich vor Eurydikes Rufen.
Sie ruft dich sehr.
Doch Rufen ist noch nicht Gesang.

III

Du, der mit Charon fuhr,
weiß das Gewand
und Rosen auf der Brust –
war sanft die Fahrt
und stieß das Boot auf Land?

Nach dem Urlaub ging ich wieder ins Berliner Institut. Die Arbeit dort interessierte mich, gab mir materielle Sicherheit, ich fühlte mich wohl im Kreis intelligenter und freundlicher Kollegen. Und langsam, sehr langsam tastete ich mich vor zu der Art von Schreiben, die ich glaubte verantworten, also veröffentlichen zu können, unter meinem Namen. Als ich 1976 mein erstes literarisches Buch drucken ließ, „Hexenspeise", wäre Benn neunzig Jahre alt gewesen, hätte es wohl nicht gelesen, zu alt, augenkrank vielleicht.

Natürlich frage ich mich, wie es überhaupt zu der Verbindung zwischen Benn und mir hatte kommen können. Der Schlüssel findet sich wohl im Brief an F. W. Oelze vom 22. 8. 1954, in dem Benn Oelze bittet, ihm ein Alibi für eine erneute Reise zu mir nach Worpswede zu verschaffen: „... dass es einen sehr berührt, wenn man als alter Mann überhaupt noch auf ein inneres Entgegenkommen bei reizvollen jungen Frauen stösst, auf eine Berührung der Sphären, zu denen natürlich auch die Erotik gehört, die aber etwas ganz anderes bewirken und bedeuten, nämlich eine Art Bewegung affektiver Schichten, die einen für eine Weile fortführen von Erstarrung, Müdigkeit, Fettwerden, Ranzigwerden – von all diesen Dingen, in die ich geraten war und aus denen ich hier kein Entkommen sah."[10] *Benn muß unzufrieden gewesen sein mit seinen Lebensumständen. Im Hochsommer 1954 hat er ausbrechen wollen, noch einmal neu anfangen, sogar wohnen hatte er anderswo wollen als zu Hause in der Bozener Straße.*

Und was hatte mich bewogen, mich Benn zuzuwenden? Ich war dem Zauber seiner Sprache, der seltsamen Magie

10 Gottfried Benn, Briefe an F. W. Oelze, 1950-56, Wiesbaden 1980, S. 217.

seiner Worte erlegen. Immer von Sprache bewegbar, faszinierten mich seine Wortfindungen, seine Vergleiche, sein überraschender Satzbau und die Fülle seiner Gedanken – und ich liebte den Umgang mit ihm, seine körperliche Anwesenheit war mir angenehm, wo auch immer wir uns befanden. Er hatte etwas Anheimelndes, woraus sich ergab, daß man ihn vermißte, wenn er nicht da war. Er hatte etwas von einem russischen Ofen, der stets Wärme abgibt, in dessen Nähe man sich wohl befindet. Wer ihn nichts als gelesen hat, kann sich das vermutlich nicht vorstellen. Benn war immer gelassen und durchaus witzig; er sah, sozusagen mit Medizinerblick, ob man sich wohl fühlte oder nicht, und er suchte es einzurichten, daß man sich wohl fühlen konnte.

In einem Film über Gottfried Benn sah und hörte ich Hans Egon Holthusen über ihn reden. Er sprach auch über das erotische Verhalten Benns, von dem er wenig wissen konnte. Weiß der Himmel, was er da an Vorstellungen auf Benn projizierte, jedenfalls breitete Holthusen beide Arme aus und schmetterte lustvoll: „Und dann wurde die Dame geschlachtet!" – Geradezu aberwitzig dieser Holthusen-Satz. Benn war der denkbar behutsamste Mensch, auch wenn er eine Frau berührte.

Aber zu danken ist Holthusen seine Grabrede für Benn, sie endete mit Shakespeares Satz: „Love is not time's fool!" Die Liebe ist kein Narr der Zeit.

Und wie verdienstvoll ist seine Benn-Biographie: „Gottfried Benn. Leben, Werk, Widerspruch". Klett-Cotta Verlag, Stuttgart, 1986.

Es war natürlich auch etwas Verbindendes, daß Benn und ich beide Berlin-Menschen waren, kam noch unser beider starke Beziehung zur Neumark hinzu, in der er aufgewachsen war und aus der ein Teil meiner Familie kam, weswegen ich viele Kinderferien in der Neumark verbracht hatte, in Woldenberg.

Mit ihm, der über das Gemütliche so oft gelästert hat, zusammenzusein, war gemütlich, gemeinsam mit ihm zu essen war, als habe man das Essen gerade erst für sich ent-

deckt, gleich, ob es Romadur, ein Steak, Thorner Kathreinchen oder Datteln waren, die er schließlich akzeptierte, sie Palmfrüchte nannte, von ihnen als an Rispen hängender Süße sprach, sie dem Ackerbau und gewöhnlichen Obstbäumen himmelhoch entzogene Fernfrüchte nannte, ihnen damit Qualitäten zu ihren Qualitäten hinzutat, die ich noch nicht benannt gehört hatte, obwohl ich Datteln doch seit meiner Kindheit verehrte, seit sie bei uns immer in schöner elliptischer Schachtel unterm Weihnachtsbaum lagen. Er hatte sie mit Worten veredelt, wie ein Züchter durch Okulation Obstbäume veredelt.

Ich liebte Benns Handschrift. Einmal habe ich einen Brief der renommierten Graphologin Elsbeth von Mertens gezeigt, die, wie damals ich, in Worpswede lebte. Sie meinte, es handele sich um die Schrift eines Finanzmanagers. Als ich ihr sagte, wessen Schrift sie soeben angesehen hatte, räumte sie ein, daß man Genie aus einer Schrift nicht erkennen könne; sie habe in der Schrift nur ungemein Haushälterisches gesehen. Keine verkehrte Wahrnehmung, immer verstand Benn es, im Rahmen seiner Möglichkeiten zu bleiben, seinen Vorteil im Auge zu behalten. Das ist nichts Verächtliches, aber etwas, worunter seine Umgebung leiden konnte, und er ließ sie leiden. Das fing früh an. Er opponierte als junger Arzt nicht gegen seinen Vater, der ihm verbot, der todkranken Mutter Schmerzmittel zu geben, weil ihre Leiden von Gott gesandt wären. Er hat es sich lebenslänglich vorgeworfen, aber in der akuten Situation scheute er den Konflikt mit dem Vater. Wie schnell er nach dem Tod seiner ersten Frau sein Kind weggab, weit weg, nach Dänemark. So war er zeitraubender Verpflichtungen enthoben, die sich ergeben hätten, wenn er das sechsjährige Töchterchen in Berlin untergebracht hätte. Daß das Kind in gute Hände kam, beruhigte ihn (in schlechte hätte er es nie gegeben), daß er entlastet war, erfreute ihn. Er war haushälterisch, verstand, sich passende Lebensumstände zu schaffen, sogar beim Militär. Elsbeth von Mertens hat so verkehrt nicht gesehen, Benn teilte ein, womit ich am wenigsten Finanzen meine, auch die natürlich, vor allem aber Le-

bensumstände, wobei er sich einmal auch verspekuliert hatte, 1933, als er, um in der Akademie zu bleiben, um den Rundfunk zur Verfügung zu behalten, mit den Braunen zu fraternisieren suchte.[11] *Bald war er tief von ihnen abgestoßen, erkannte die neuen Leute in ihrer Perfidie, ihrer brutalen Barbarei. Sehr gut hat er sie dann charakterisiert, was man nachlesen kann. Aber ein Stück weit war er mitgefahren auf ihrem Zug, hatte das für die Organisation seines Lebens für richtig gehalten, für eine Möglichkeit, seinen Kräften das Forum zu erhalten. Allerdings hatte er in den neuen Bestrebungen wohl auch eine dorische Welt gesehen von antikischer Größe. Da hatte er sich fatal geirrt, aber nur das eine Mal und auf kurze Zeit.*

Seine Probleme und seine Produktion auf Oelze zu werfen, auch das dokumentiert, wie sehr er verstand, sein Leben zu organisieren.

Ebenfalls dazu gehört, was ich nach seinem Tod erfuhr und was mich nicht freute: Meine schon erwähnte Studienkollegin und Freundin, Ingeborg Krengel-Strudthoff, erzählte mir, daß Benn sie, nachdem er sie durch mich kennengelernt hatte, am 14. Januar 1955 einlud, sich mit ihm im Restaurant Mampe zu treffen, platterdings um sie auszufragen nach mir, sie „auszuhorchen", wie sie es nannte, sich von ihr beraten zu lassen, ob es wohl ratsam sei, mit mir zusammenzuziehen. Die Freundin wird getrachtet haben, sich loyal über mich zu äußern, aber im Gegensatz zu mir war sie ein ganz und gar bürgerliches Ehefrauchen, das lebenslang ihren Mann das Sagen haben ließ (wie sie mir selber erklärte) und ihr eigenes Feld auf ihre theaterwissenschaftliche Arbeit beschränkte. Meine Art zu leben war ihr unverständlich, und aus diesem Unbegreifen heraus wird sie Benn berichtet haben. Er brachte ihr Blumen und Konfekt mit, sie empfand ihn als Kavalier alter Schule. Ich kann ihr unmöglich übelnehmen, daß sie die Gelegenheit wahrnahm, sich mit Benn

11 Nachzulesen bei Klaus Theweleit, Buch der Könige, Band 2, Frankfurt a. M. 1994, S. 146 ff.

zu treffen und eine Art Beraterfunktion auszuüben. Auch daß sie sich zu Benns Lebzeiten an das ihm gegebene Versprechen hielt, mir von dieser Befragung nichts zu sagen, war echt. Aber ich bin ihr dankbar, daß sie nach Benns Tod doch meinte mich über ihre Zusammenkunft mit ihm informieren zu müssen, weil sie es auch nicht fair gefunden hatte, wie er suchte, sie über mich auszufragen, hinter meinem Rücken. Ingeborg sagte, sie wäre bestrebt gewesen, Benn alles nur erdenklich Gute über mich zu berichten, aber einen Irrwisch und eine Zigeunerin habe sie mich doch genannt.

Was war das für sie, ein Irrwisch, eine Zigeunerin? Was meinte Benn, wenn er mich eine Zigeunerin nannte, gar eine „bezaubernde"?

Ein Irrwisch: ein Irrlicht, das hier, da, dort auftaucht und wieder verschwindet, ein kleines Naturphänomen von sanfter Helligkeit, ein bläuliches Flämmchen, nur wenig über dem Boden schwebend, kann man es nachts über Mooren sehen, beispielsweise im unserem Worpswede so nahen Teufelsmoor, es gab Anlaß zu Geschichten und Gedichten von Verlockungen ins Moor hinein. An Schabernack grenzende Scherze wurden auch getrieben mit künstlich gezündeten Irrlichtern.

Und eine Zigeunerin? Was war eine solche im Bewußtsein der Europäer? Dachte man an Carmen? Hatte diese Opernfigur die Vorstellungen von einer Zigeunerin geprägt als einer Unsteten, Verführenden, einer bunten Erscheinung, der man nicht trauen konnte? Man wußte nur wenig von den Roma und Sinti in der Mitte des zwanzigsten Jahrhunderts. Die Namen Roma und Sinti waren noch gar nicht allgemein bekannt, man sprach von Zigeunern, in Frankreich von Gitanes, in England von Gipsies.

Ich habe an Zigeunern immer ihre Seßhaftigkeit bewundert, die Schneckenhaftigkeit, in der sie ihr Haus stets bei sich haben. Ganz gleich wo sie sind, jede Nacht im eigenen Bett schlafen, durch die Lande ziehen und sich doch von ihrem Zuhause nie entfernen. Wirklich Erfahrungen habe ich mit Zigeunern erst viel später gemacht, im September 1974 in

Rumänien, wo ich über Land fahren mußte, weil ich nach Tulçea und ins Donaudelta wollte, vielen umherziehenden Zigeunerclans begegnete und einmal zwei Tage mit einem mitfahren durfte, und weder bin ich von den Holzwagenbewohnern bestohlen worden, noch habe ich Flöhe bekommen. Mit erlesener Gastfreundschaft bin ich behandelt worden – und wie gut und wie fröhlich haben wir miteinander gegessen.

Was hat Benn, was hat meine Freundin Ingeborg sich gedacht, als sie mich eine Zigeunerin nannten? Überhaupt nicht haben sie Gedanken bemüht, nur etwas aus dem Vorrat von Klischeevorstellungen des 19. Jahrhunderts gaben sie von sich, weil ich ein bißchen neben ihren bürgerlichen Normen umhersprang.

Interessant ist an Benns Treffen mit meiner Freundin nur seine Methode, sich abzusichern – wie er sich auch gegen die Entdeckung unseres späteren Berliner Umgangs schützte, indem er leugnete, noch etwas mit mir zu tun zu haben. Doch unbekümmert ging er nachmittags, wenn die Sprechstunde seiner Frau begann (er empfing Patienten möglichst nur vormittags), um ein paar Ecken und besuchte mich. War Benn allein, lud er mich in sein Arbeitszimmer, er war darauf aus, mir dies und jenes auf oder in seinem Schreibtisch zu zeigen, auch in seinen Büchern blätterte er gern mit mir.

Mir ist der Gedanke unlieb, daß Benn an ebendiesem Schreibtisch, an dem wir nebeneinander saßen, auch Briefe mit abträglichen Bemerkungen über mich geschrieben hat, von denen ich nach seinem Tod erfuhr. Seltsame Absicherungsmanöver – jedoch er war so, handelte sub specie aeternitatis nicht gut, und hätte ich vorher gewußt, was ich hernach erfuhr, es hätte sich nie eine Beziehung zwischen uns entwickelt – aber welch wunderschöne Stunden, Tage, welch reiche zwei Jahre hätte es dann in meinem Leben nicht gegeben. Wie gut, daß wir ohne Vorauswissen sind, nicht hinter jeden Paravent schauen können – niemand sollte Karten, Kaffeesatz und auch die Sterne nicht bemühen, um zuvor zu erfahren, was hernach zu erkennen noch früh genug ist. Was machen schon ein paar abträgliche Sätze – „et alors?" sagt man in Paris in solchen Fällen, „so what?" in London, und hier bei uns in Berlin sagt man „Na und?"

Es ist schön und es bleibt schön, an Orpheus zu denken. Mehr: Es tut gut, sich seiner zu erinnern.

Anhang

Widmungen

Außer den Briefen befindet sich in meinem Besitz noch handgeschrieben das Gedicht: „Olympisch". *Unter der Überschrift steht* „an U."

Überdies hatte Benn mir, mit seiner Schreibmaschine geschrieben, das Gedicht „Tristesse" *geschickt, handschriftlich gezeichnet mit* „GB. 54" *und der ebenfalls handschriftlichen Bemerkung:*

„Clairvoyance, O, Ursel!
16 II. 55"

Es war die richtige Vorausschau gewesen, halb gelähmt war er mit Krücken aus dem Flugzeug gestiegen, bevor er in das Krankenhaus (es war das „Oskar-Helene-Heim" in Berlin-Zehlendorf) kam, in dem er wenige Tage danach starb.

Zwölf größere leere Umschläge verwahre ich, in denen mir G.B. Bücher oder Zeitschriften geschickt hat.

Es kommen hinzu handgeschriebene Widmungen in Büchern. Die Reihenfolge, in der er sie mir schenkte, weiß ich nicht mehr in allen Fällen genau.

Gottfried Benn. Trunkene Flut. Ausgewählte Gedichte. Limes Verlag Wiesbaden, 2., erweiterte Auflage 1952.

„Es ist ein Garten, den ich manchmal sehe
Östlich der Oder, wo die Ebenen weit"
S. 119.

Fräulein Ursula Ziebarth,
der Freundin aus Woldenberg,
in grosser Verehrung.
10. – 16. VIII 54

Gottfried Benn.

Gottfried Benn. Statische Gedichte. Ein Buch der Arche. Limes Verlag Wiesbaden. C 1948 bei Peter Schifferli, Verlags-AG. Die Arche in Zürich.

„Form nur ist Glaube u. Tat,
die erst von Händen berührten
doch dann den Händen entführten
Statuen bergen die Saat."
(S. 73)
Dies letzte Exemplar der deutschen Lizenzausgabe
Ihnen, liebe Ursula Z., in Erinnerung übersandt.
17.VIII 54 Gottfried Benn.

Ruth Lorbe: Spuren. Elemente der Lyrik im Kinderreim. Sonderdruck aus: Akzente. Zeitschrift für Dichtung, Heft 3 / 1954, S. 280-291. (Widmungsexemplar der Autorin R. L. vom 2. 7. 1954 an Herrn Dr. Gottfried Benn.)

„Kinderreime" –
an Ursula Z, der Freundin
der 6-14Jährigen, weitergesandt
mit herzlichem Gruss.
VIII / 54 Gottfried Benn.

Gottfried Benn. Ausdruckswelt. Essays und Aphorismen. Limes Verlag Wiesbaden, 2. Auflage 1954.

Ursel Z.
Zur Komplettierung ihrer Bibliothek

Worpswede IX 54

Benn.

Gottfried Benn. Die Stimme hinter dem Vorhang. Limes Verlag Wiesbaden, 1952.

Der zarten Ursel
vom bösen G.B.
X 54.
Passauerstr. 8 / 9

Monologische Kunst – ? Ein Briefwechsel zwischen Alexander Lernet-Holenia und Gottfried Benn. Limes Verlag Wiesbaden, 1953.

U.Z.
Kleiner Briefwechsel
(unserer ist besser!)
GB

Pierre Garnier: Un Demi-Siècle allemand vécu par un Intellectuel. Gottfried Benn: Double Vie (1). Traduit de l'allemand par Alexandre Vialatte. Sonderdruck aus: Critique. Revue Générale des Publications Françaises et Etrangères, N° 89, Octobre 1954. – Auf dem Umschlagtitel des Sonderdrucks zu dem Aufsatz von Pierre Garnier Benns Vermerk für mich:

Kazü in Paris.

Gottfried Benn. Frühe Lyrik und Dramen. Limes Verlag Wiesbaden, 1952.

Ursel
zum Geburtstag 1954, den
wir so gern zusammen verleben wollten.
Gottfried Benn.

Gottfried Benn. Altern als Problem für Künstler. Limes Verlag Wiesbaden, 1954.

Ursula Ziebarth, die so liebens würdig ist, meinen S. 41
erwähnten Marasmus nicht zu bemerken,
in dankbarer Erinnerung an November 1954 in Konstanz.
Gottfried Benn.
24 XI 54.

Auf die Rückseite des Titelblatts dieses Büchleins schrieb G.B.:
21. XI 54 in Radio Bern
(entschärft, verharmlost + gekürzt)

Gottfried Benn. Fragmente. Neue Gedichte. Limes Verlag Wiesbaden, 1951.

„ – lass nie erblicken, wie
Dein Sein, Dein Sinken
sich abhebt von dem Rund
des Angesichts" –
(S. 10)
Ursel von G
10 XII 54.
Worpswede

In dieser Widmung hat er „Dein" zweimal mit großem D geschrieben, im Gegensatz zum gedruckten Text.

Gottfried Benn. Doppelleben. Zwei Selbstdarstellungen. Limes Verlag Wiesbaden, 1950.

Ursel
Remember
14 XII 54

Hamburg.
Gottfried Benn.

Gottfried Benn. Der Ptolemäer. Limes Verlag Wiesbaden, 1949.

Ursel
Zur Erinnerung an 14 XII. in
Hamburg im Auditorium Maximum.

Gottfried.
19 XII 54.

Worpswede, Nr. 108

Wystan Hugh Auden: Das Zeitalter der Angst. Ein barockes Hirtengedicht. Eingeleitet von Gottfried Benn. Limes Verlag Wiesbaden o. J. (1953)

Für Ursel
von G.

Merkur. Deutsche Zeitschrift für europäisches Denken. VIII. Jahrgang 1954, Heft 12 / Dezember. – Zu drei Beiträgen des Heftes (Heinrich Stammler: Zu einer englischen Ausgabe deutscher Gegenwartsdichtung, S. 1191-1195; Erhard Göpel: Chiffren der Moderne, S. 1196-1201; Albrecht Fabri: Kann man Dichter besuchen?, S. 1201-1204) hat Benn auf der Umschlag-Inhaltsübersicht vermerkt:

<u>G B:</u>
1192
1193
1200
1204

Im Text der drei Beiträge hat Benn die entsprechenden Stellen rot markiert.

Gottfried Benn. Reden. Albert Langen – Georg Müller München, 1955. (Langen-Müller's Kleine Geschenkbücher. 29.)

Ursula Z.
Alte Sachen in alter
Freundschaft.
III. 55 Benn.

Lyrik des expressionistischen Jahrzehnts. Von den Wegbereitern bis zum Dada. Eingeleitet von Gottfried Benn. Limes Verlag Wiesbaden, 1955.

Erst als dies chaotische Jahrzehnt
zu Ende war, betrat Urselchen die
beste aller Welten. Aber heute spricht sie
u. heute denkt sie in der Sprache, die jene
fragwürdigen Jahre schufen.

In Freundschaft
1 V 55 Gottfried Benn.

Gottfried Benn. Apreslude. Limes Verlag Wiesbaden, 1955.

„teils teils das Ganze"
S. 20/21
Ursula Ziebarth
freundschaftlich
September 55. Gottfr. Benn.

Limes Lesebuch. Zehn Jahre Verlagsarbeit. Limes Verlag Wiesbaden, 1955.

Pandion und
Heliodora.
GB

Auf dieser Widmung liegt eine von Benn gepreßte Rose.

Gottfried Benn. Drei alte Männer. Gespräche. Limes Verlag Wiesbaden, 1955. (Nr. 6 von 100 Exemplaren.)

Weihnachten 1955. Gottfried Benn.

Gottfried Benn. Über mich selbst. Albert Langen – Georg Müller München, 1956. (Langen-Müller's Kleine Geschenkbücher. 55.)

Fräulein Ursula Ziebarth
als Pfingstgruss 1956.

Gottfried Benn.

Gottfried Benn: Gesammelte Gedichte. Limes Verlag Wiesbaden, Verlag der Arche Zürich, 1956.

„der sah Dich hart, der andre sah Dich milder,
der, wie es ordnet, der wie es zerstört,
doch was sie sahn, das waren halbe Bilder,
da Dir das Ganze nur allein gehört."
S. 191
Fräulein Ursula Ziebarth
Mai 1956.
Gottfried Benn.
mit freundschaftlichen Grüßen.

Graham Greene. Am Abgrund des Lebens. Brighton Rock. Fischer Taschenbuchverlag.

Pinki ist fast Raskolnikow!
Erinnerung an II 55 Bundesallee 31 a

In zwei Büchern aus dem Jahr 1986 befinden sich freundschaftliche Widmungen von Ilse Benn.

Hans Egon Holthusen: Gottfried Benn, Leben – Werk – Widerspruch, 1886-1922, Stuttgart 1986.

Für
Ursula Ziebarth
herzlich
am 18.8.88.
von Ilse Benn

Gottfried Benn: Zu Lebzeiten veröffentlichte Gedichte, die nicht in die Sammlung von 1956 aufgenommen wurden. Gedichte aus dem Nachlaß, Poetische Fragmente 1901-1956. Stuttgart 1986.

"Dies ist wohl mein liebstes
Benn-Buch!!
für U. Zieb.
Ilse Benn
18.8.88.

Dank

In gewiß über einer Million Bücher, die auf der Welt erschienen sind, steht gedruckt, daß der Verfasser jemandem dankt. In mehr als tausend Büchern habe ich es jedenfalls gelesen. Der eine dankt seiner Frau für ihr stetes Interesse – darunter kann man sich ja eine Hilfestellung durchaus vorstellen, anderswer dankt seiner Schreibkraft – auch begreiflich, noch anderswer seinem verehrten Lehrer – ebenfalls gut.

Aber in der Mehrzahl sind Dankadressen mit nichts als einem Namen ausgestattet. Was heißt *einem* Namen! Im Buch über „Völker, Farben, Rituale", bei Frederking und Thaler erschienen, werden vierzig Namen genannt, deren Inhabern gedankt wird, darunter sowohl einzelne Menschen wie Institutionen.

In Büchern des von mir sehr geschätzten Romanciers Michael Ondaatje wird auch reichlich gedankt. Sympathisch ist das natürlich, aber auch rätselhaft. Als seine begeisterte Leserin habe ich mir auch sein letzt erschienenes Buch „Anils Geist" gekauft und es mit Freude gelesen. Und dann habe ich angestaunt, was Ondaatje uns unter „Dank" wissen läßt.

Zunächst einmal dankt er ganzen Berufsgruppen: Ärzten, Krankenschwestern, Archäologen, Anthropologen. Dann werden einzelne Namen aufgeführt. Ich habe sie gezählt, es sind siebenunddreißig! Danach werden, offenbar um mit dieser Reihung nicht zu langweilen, Institutionen genannt, besonders Krankenhäuser. Es folgen mit Verfasser und Titel Angaben von Arbeiten, die Ondaatje Hinweise lieferten, auch eine stolze Reihe. Dann kommt wieder Dank an Einzelne, darunter auch besonderer Dank. Außerdem werden noch neunzehn Menschen genannt, denen keine Zuordnung angetan wird.

Würde ich Michael Ondaatje nicht so bewundern und hätte ich nicht das Glück gehabt, ihm einmal zu begegnen und dabei herauszufinden, daß er es genau wie ich liebt, Brücken zu sehen und über sie hinwegzugehen, überall auf der Welt, über die großen eisernen Brücken wie über schmale schwingende Bambusbrücken von Eingeborenen (daher ja auch die grandiose Brückenbaupassage seines Buches „In der Haut eines Löwen"), wäre ich also nicht eine solche Verehrerin von Ondaatje, ich würde ihm ein Briefchen schreiben und fragen: Was haben Sie an Ihren Büchern und besonders diesem letzten eigentlich selbst getan? Aber natürlich gehört auch seine generöse Dankfreudigkeit zu Ondaatjes wundervollen

Eigenschaften. Doch sollte man sich bei den vielen, vielen Namen mehr denken können.

Drum will ich, wenn ich danke, auch die Gründe deutlich zu machen versuchen.

Einer Institution habe ich zu danken.

Wie macht man das? Was ist das überhaupt, eine Institution? Doch wohl etwas, das Menschen begründet haben, das von Menschen getragen, am Lebendigsein erhalten wird. Also sind es Menschen, denen man danken möchte, wenn man gut gearbeitet hat mit einer Institution.

Bei mir geht es darum, der zu danken, die ich für den Louvre der deutschen Literatur halte, nämlich dem Deutschen Literaturarchiv und darin besonders der Handschriftenabteilung, ansässig in Marbach am Neckar. Ein paarmal bin ich dort gewesen, die Hauptausstellung im Schillermuseum ansehen und die immer fabelhaft gemachten Sonderausstellungen. Ein wundersamer Hauch von Dichtung geht in Marbach um.

An einem Tag mit Gewitter, Sonne, Regen, Windwirbeln, nämlich am 18. August 1986 sah ich in Marbach die große Ausstellung zum Leben und Werk Gottfried Benns, man hatte sie zu seinem hundertsten Geburtstag erarbeitet. Grandios! Wäre ich nicht schon vertraut gewesen mit Benn, in dieser Schau wäre ich es geworden, sie war geradezu das Herzeigen eines Menschen und des langsamen Wachsens eines Werkes von Weltrang.

Einen ersten Eindruck von den Marbacher Leuten hatte ich aber erst am 11. Dezember 1992, als ich mich bei Friedrich Pfäfflin, dem Leiter der Museumsabteilung, angemeldet hatte, um ihn dies und das zu fragen. Weil ich pünktlich sein wollte, nahm ich eine Taxe vom Bahnhof zum Schillermuseum, und da passierte etwas sehr Komisches: Der junge Fahrer, Deutscher und in Marbach wohnend, wußte nicht, wo das Schillermuseum ist. Erst als ich es als ein schloßartiges Gebäude beschrieb, fand er sich zurecht, und als ich um eine Quittung bat (natürlich für die Steuerunterlagen), schrieb er darauf „Stadfart“ – so ganz und gar durchseucht mit Literaturwissen und Alphabetismus ist Marbach am Neckar also doch nicht. Lustig fand ich das und hab die Quittung in mein Tagebuch geklebt. Aber er war sehr freundlich gewesen, der „Stadfarer“.

Als ich bei Friedrich Pfäfflin dann anfragen ließ, ob ich kommen dürfe, hörte ich ihn ins Telefon sagen: „Mit Vergnügen!“ – das ist ein Leitwort für meinen Umgang mit Marbach geblieben. Es hat Vergnügen gemacht, mit Marbach zu arbeiten.

Herr Pfäfflin saß in einem Dachzimmer mit Blick auf Weinbergterrassen und Neckaruferwege und – nicht zu fassen – ich kam auf einen Stuhl aus dem Mobiliar Schillers zu sitzen, ein hochlehniger grünbezogener Stuhl war es. Und dann begann ich meine Freude zu haben an einem so gescheiten, gewandten, wortmächtigen, humorvollen Gesprächspartner wie Friedrich Pfäfflin es ist. Er lud mich ein, mit ihm zu Mittag zu essen. Wir haben, was auf den Tellern war, mit frischen Worten garniert. Von wem wir auch redeten, er wird sich gefreut haben, ob auf Erden oder im Hades, über unser Wohlgefallen an ihm. Ein paar krosse Mißfallenswörtchen haben wir freilich auch auf einige Autoren purzeln lassen, sie werden sie nicht gekränkt haben, schlechte Autoren sind nicht zu kränken, sonst wären sie ja einsichtig und womöglich besser.

Zum Leiter der Handschriftenabteilung brachte mich Pfäfflin dann. Jochen Meyer heißt er und gewann mich sofort für sich damit daß er, als ich beiläufig erzählte, daß ich Kreisel sammele, mich darauf aufmerksam machte, daß Robert Musil als junger Ingenieur etwas über Kreisel geschrieben habe. Das hatte ich nicht gewußt und war begeistert über den Zuwachs an Kenntnissen, den Meyer mir verschaffte. Manches hat er mir verschafft im Lauf der Jahre: den Anblick des Nachlasses von Benn, und geduldig und gründlich führte er mich in allen Schatzkammern des Hauses herum.

Jahre später, als ich darüber nachdachte, in welcher Weise ich die an mich gerichteten Briefe Gottfried Benns, dem öffentlichen Interesse am Werk Benns nachgebend, zugänglich machen könnte, kam ich gottlob auf den Gedanken, von meiner Vorstellung, wie eine solche Publikation zu machen sei, Jochen Meyer zu berichten. Und er fand gut, wie ich es mir dachte, fand es nicht nur auf eine so fröhliche Weise gut, sondern half mit bei der technischen Ausführung, was freilich nur mit der Zustimmung des dritten großen Marbachers, nämlich mit der des Direktors der ganzen Institution, Ulrich Ott heißt er, möglich war. Schützend hat er alleweil seine Hand über unser Vorhaben gehalten (die Hebammentätigkeit gehört natürlich auch zu Marbachs Aufgaben), mich bei der nächsten besten Gelegenheit mitsamt Benns Briefen im Marbacher Auto von Berlin ins Schillerstädtchen geholt, mir angenehme Unterkunft im Kollegienhaus gegönnt und mir Oskar zur Verfügung gestellt, von dem ich noch erzählen werde, wenn ich berichtet haben werde, welche Freude, welche Bereicherung mir der Umgang mit Ulrich Ott brachte, der nicht nur ein Institutionsleiter von Rang ist, von dessen Händen der Marbacher Louvre mit Neubauvorhaben und allem, was zur Aufgabe der Führung dieser Verwahrstätte deutscher Literatur gehört, hervorragend gelenkt wird – Ott weiß soviel und hat noch ganz andere Leidenschaften als die Literatur: beispielsweise könnte er, meine ich, auch das deutsche Eisenbahnwesen leiten, eine solche Fülle von Kenntnissen hat er über das Fahren auf Schienen, kennt die ältesten und die neuesten technischen Details, die absonderlichsten Verbindungen, zu schweigen von seinen Kenntnissen über deutsche Geschichte, auch aus der Regionalgeschichte weiß er Erstaunliches. Er wird nicht mögen, daß ich darüber so deutlich schreibe, aber man soll seine Leidenschaften und auch die Nebenleidenschaften, die Liebhabereien, nicht verleugnen. Sie bedeuten Reichtum! Stolz sein können wir im Lande auf vielseitig entwickelte Menschen, die etwas zustande bringen, wenn schon von Stolz auf unser Land in so skeptischer Weise die Rede ist in den Medien.

Vorhaben dürfen nicht bei begeisterten Planungen bleiben, sie müssen ausgeführt werden. Ich verstehe nur sehr mangelhaft auf der Schreibmaschine zu schreiben und einen Computer fasse ich erst gar nicht an. Das haben die Marbacher Männer gewußt und mir eine Marbacher Dame zugesellt, nämlich Monika Weber, die mit zarten Fingern und manchmal einer Maus in ihrer rechten Hand alle verbalen Zusendungen Benns an mich, zweihundertzweiundfünfzig sind es, in für jedermann lesbare Schrift übertrug. Das wäre eine rechte Anstrengung gewesen, wäre Monika Weber nicht so eine entzückende Person, die mit dem Schiffchen ihres Charmes, ihrer Geduld, ihres Taktes, ihrer nie versagenden Hilfsbereitschaft um alle Klippen sicher herumkam. Ich saß neben ihr, entzifferte, diktierte, was Benn geschrieben hat, sie hüpfte auf dem Computer durch Benns Diktion, seine nicht gewöhnliche Orthographie und Interpunktion, denn es galt, alles Benn'sche getreulich zu übernehmen.

Gestern, als ich in einer Gaststätte aß, las ich in einem Boulevardblatt, daß jeder Vierte, der einen Computer benutzt, diesen gelegentlich schlägt, eindrischt auf ihn, weil er abgestürzt ist oder nicht reagiert, wie gewünscht. Ich konnte das kaum fassen, niemals haben wir unseren Computer, den wir Oskar nannten, geschlagen. Vor der Arbeit haben wir ihm Guten Morgen gesagt und wir wünschten ihm eine gute Nacht, wenn Schluß war. Monika Weber verstand mit ihm umzugehen, und er war unser Gefährte.

Abends dann Gespräche, zum Beispiel mit Reinhard Tgahrt, bis vor kurzem Leiter der Bibliothek, der auch soviel weiß, ein Lyrikkenner rundum, an dem Benn ganz besondere Freude gehabt hätte, und ein so freundschaftlicher Mensch ist Tgahrt!

Freundschaftlich sind sie alle in dieser wunderbaren Institution. Für meine Kochdummheit bekannt, fand ich im Appartment im Kollegienhaus auf dem Tisch in der Kochnische Miracoli vor, ein Spaghettigericht, das sogar ich aus der Verpackung nehmen und zubereiten konnte. Ein andermal lag leckere Pestosoße für die Nudeln da, auch Kuchen und Brezeln fanden sich, alles gestiftet von Margit Berger, Jochen Meyers handfest fürsorglicher Sekretärin.

Und wie gern erinnere ich mich an die Rückfahrt von Marbach nach Berlin mitsamt meinen Bennbriefen. Es fuhr mich Herr Wahl, und er weiß so gut über das Marbacher Arbeiten, über Schriftsteller Bescheid, kannte so viele Anekdoten, daß die Fahrt eine ausnehmend lustige Lust war.

Als ich ein andermal mit dem Zug abfuhr, brachte mich der Marbacher Hausmeister Herr Birr zum Bahnhof, begleitete mich auf den Bahnsteig, ließ mich da keineswegs stehen, es war noch Zeit bis zur Abfahrt, Birr setzte sich mit mir auf eine Bank, erzählte von seinen Kindern und lud mich ein, ihn zu besuchen, wenn ich das nächste Mal in Marbach sei. Dann brachte er mein Gepäck und mich sorgfältig in einem Zugabteil unter.

Ich will nicht versäumen, auch Frau Häußler zu danken, der immer wohlwollenden Mutter der Cafeteria des Hauses. Sie hat stets noch etwas Wohlschmeckendes gefunden für mich, wenn ich eine Nanosekunde vor Toresschluß hungrig angeschossen kam.

Nicht nur reiches versammeltes Wissen, hohes Können, bedeutende Ziele machen den Rang einer Institution aus, der Geist, der in Marbach weht, fächelt einem Freundlichkeit zu. Jeder, der dort arbeitet, an welchem Platz auch immer, kann ein natürliches Selbstbewußtsein entwickeln, weil die Leitung frei von Hochmut ist.

Vivat Marbach!

Natürlich muß ich erzählen, daß Marbach auch zu mir kam. In Gestalt von Jochen Meyer. Denn es genügt ja nicht, eine Handschrift diktierend in Maschinenschrift zu übertragen, es kann Fehllesungen, Irrtümer in der Entzifferung, Tippfehler geben. Jemand muß alles nachprüfen, ein Dritter natürlich, und das hat, auch begeistert für Benn, Jochen Meyer getan. Eine Woche lang saß er an meinem kleinen Schreibsekretär und verglich mit zwei Zeigefingern die Handschrift mit der Übertragung in die Computerschrift. Satz für Satz, Wort für Wort, Buchstabe für Buchstabe, Satzzeichen für

Satzzeichen. Ich konnte selten dabei sein, ich hatte fast jeden Tag Probe im Theater. Wenn ich abends nach Hause kam, saß da immer noch Jochen Meyer und fuhr mit seinen Zeigefingern über Schriftzeichen.

Noch einmal: Vivat Marbach!

Vor allem aber habe ich einem zu danken: GOTTFRIED BENN für so viele so liebe Briefe, und jetzt, hernach, gelingt es mir, auch über die Grimm-Epistel zu schmunzeln, in die er manchmal ausbrach. Noch immer kann ich mir vorstellen, wie er schrieb, ich sehe seine Hand vor mir, die rechte, an deren Handgelenk es eine Narbe gab von etwa drei Zentimetern Länge. Als junger Arzt hatte er sich bei einer Sektion in der Pathologie verletzt und mit Leichengift infiziert. Man wollte ihm den Arm sofort amputieren, er widersetzte sich dem jedoch und seine kraftvolle Natur überwand die Sepsis.

Eine zweite Narbe etwa gleicher Länge hatte er quer unter seinem linken Auge. Die stammte von einem Gefecht mit einem Kommilitonen in der Studentenzeit. Es war zu der Säbelkeilerei gekommen eines Mädchens wegen „nach einem Streit bei einem Schwof", erzählte mir Benn. Der andere focht offenbar besser, aber Gottfried hatte Glück, sein Auge blieb unbeschädigt. (Übrigens gehörte Benn keineswegs einer schlagenden Verbindung an, verfügte aber wie alle Medizinstudenten der Militärakademie in Berlin über eine Blankwaffe.)

Es ist noch ein wenig mehr Hernach-Erzählen, das ich hier eben betrieb. Nachdenken sollte man auch über Benns merkwürdige Anhänglichkeit an Knut Hamsun. Er, der Verehrer, Analytiker Nietzsches und so vieler anderer Philosophen, er, Bewunderer und prominentes Mitglied der Denkerkaste, liebte sein Leben lang einen Schriftsteller, der nur ein kleines norwegisches Areal beschrieben hat, ein ländliches, fast immer von den gleichen Menschen dort hat Hamsun erzählt, von Herrn Mack und seiner Tochter, von dem Laden, in dem neben Stoffen und Bändern auch Heringe verkauft wurden. So fasziniert war Benn von Hamsun und seiner Welt, daß er sich außer für das Leben Goethes nur für das Hamsuns in allen Einzelheiten interessierte. „Stadt Segelfoss" war, was zu lesen er mir besonders ans Herz legte, daß er an diesem Buch geradezu entlanggelebt habe, sagte er mir einmal. Er, der ein solcher Großstädter geworden war, ein Anonymleber – ersetzte ihm Hamsun auf hohem künstlerischen Niveau die aufgegebene heimatliche Welt seiner Kindheit mit den wenigen Familien in denen er sich damals bewegte?

Lebenslauf
Ursula Ziebarth

Derzeit geschieht das Lebenlaufen an einer Krücke. Gehhilfe nennt man sie heutzutage. Flaues Wort! Für mich bleibt der nützliche Stab eine ‚Krücke'!

Sonst ging es mit dem Lebenlaufen ganz gut: 1921 bin ich in Berlin geboren, lebe auch jetzt noch in dieser fabelhaften Stadt, sogar immer noch im gleichen Kiez wie 1921. Auch als ich 1948 bis 1955 in Worpswede wohnte, hatte ich einen familiären pied à terre in Berlin. Nach meiner Nationalität befragt, würde ich am liebsten sagen: Berlinerin. Richtige Berlinerin zu sein, das ist wirklich etwas Anderes, als aus München, Baden-Baden oder Kötzschenbroda zu kommen. Doch auch Baden-Baden und München haben mir nie mißfallen. In Kötzschenbroda war ich noch nicht, aber der Name entzückt mich.

Nach dem Abitur habe ich 1940 bis 1945 in Berlin, Heidelberg, Straßburg und wieder in Berlin Geschichte, Kunstgeschichte und Germanistik studiert. Ein Berufsziel hatte ich nie. Ich dachte, es würde sich schon etwas ergeben – und so war es auch. Als ich nach Worpswede zog, ergab es sich, daß Schullektüre gebraucht wurde, und da habe ich dann eben welche geschrieben, sehr gern habe ich für Kinder gearbeitet.

Als ich 1955 nach Berlin zurückzog, ergab es sich, daß ich, um für die täglichen Lebensnotwendigkeiten Geld zu verdienen, im Deutschen Institut für Wirtschaftsforschung arbeiten konnte. Die Bibliothek habe ich dort geleitet und die technische Redaktion auch. 1986, also nach einunddreißig Jahren, mußte ich damit aufhören, weil ich fünfundsechzig Jahre alt geworden war, Arbeitsschluß für Angestellte. Sonst hätte ich weitergemacht in der angenehmen Institution, in der ich viel gelernt habe.

1976 veröffentlichte ich im Neske Verlag ein Buch mit dem Titel „Hexenspeise".

1979 bei Piper „Ein Kinderspiegel". (Kein Kinderbuch, eines zum Nachdenken über Kinder.)

1991 bei Fischer „Eine Frau aus Gold". Von weiblichen Kultbildern über die Jahrtausende ist da die Rede.

Dank meiner leidenschaftlichen Reiserei habe ich ein Buch über alle, auch die kleinsten europäischen Staaten geschrieben, die es

U. Z., Marbach im Jahr 2000, Foto von Bernd Hoffmann

vor der Wende auf unserem Kontinent gab. Der Titel ist „Hier" und hat zum Untertitel „In unseren unvereinigten Staaten". Es wird dauern, bis man sich für das Vorwendeeuropa wieder interessiert und jemand das Manuskript verlegt.

Weil ich das Reisen nicht lassen konnte, habe ich mich dann – möglichst allein – zu allen Kontinenten aufgemacht, auch auf große Inseln, Japan, Kuba, Neuseeland, die indonesischen Inseln, Grönland, Island. Ich schreibe an einem Buch, das „Hadeskassiber" heißt, bin so gut wie fertig damit, muß mich abnabeln von ihm und werde dann mit einer Arbeit unter dem Titel „Herberge zur stummen Rede" beginnen. Aber eine Schreibflut ist von mir nicht zu befürchten. Ich arbeite langsam.

Der Prospekt des Verlages Eilers & Schünemann verzeichnete 1954 folgende „Ganzschriften. Unsere Schule" von U. Z. Diese Veröffentlichungen erwähnt Benn in den Briefen:

„Wir treffen heute sieben Leute"

In lebendiger Weise werden sieben Menschen geschildert, mit deren Beruf Kinder in Berührung kommen, Bäcker, Gemüsefrau, Polizist, Putzfrau, Schaffner, Briefträger und Zahnarzt werden dem Kind handelnd vorgestellt. In lateinischer Ausgangsschrift. (ab 2. Schuljahr)

„Ein Lächeln zuwenig – ein Lächeln zuviel"

„Geschichten vom Nettsein", die die menschlichen Beziehungen zum Thema haben: die äußeren und die inneren Beziehungen, die Höflichkeit des Mundes und die Höflichkeit des Herzens. (ab 2. Schuljahr)

„Auf dem Bauernhof"

Hier ist in kurzen Kapiteln und einfacher Sprache die Lebensgemeinschaft und Arbeitswelt einer Bauernfamilie dargestellt. Der Umgang mit den Tieren steht im Mittelpunkt. Einige „dramatische" Geschichten beleben die vorwiegend sachlichen Beschreibungen. (ab 2. Schuljahr)

„Unser Dorf"

Das ganze Leben eines Dorfes ist in diesem Heft eingefangen. Das Kapitel „Ein Bauernkalender" schildert die Arbeit des Bauern im Laufe eines Jahres; weitere Kapitel stellen die Handwerker, den Arzt, den Apotheker, den Förster, die Feuerwehr, die Gemeindeverwaltung vor. Die Kinder werden zum Mitdenken und -tun, zum Spielen und Singen angeregt. (ab 3. Schuljahr)

„Auf der Straße"

Hier wird von den vielerlei Dingen erzählt, die es auf den Straßen einer Stadt zu sehen und zu hören gibt – aber auch von solchen, die man gewöhnlich nicht zu sehen bekommt: von Straßennamen und fliegenden Händlern, vom Straßenbau, von der Müllabfuhr und der Kanalisation, vom Verkehr und seinen Gefahren. (ab 3. Schuljahr)

„Unsere große Stadt"

In kleinen bildhaften Erzählungen wird den Kindern nahegebracht, wie das große Gemeinwesen „Stadt" funktioniert. Da ist von der Wasser- und Lichtversorgung, von der Müllabfuhr und vom Großmarkt die Rede; die Bäume in der Stadt, das Krankenhaus, das Fundbüro, die Feuerwehr sind nicht vergessen. (ab 3. Schuljahr)

„Von der Post“

In diesem Heft wird alles über die Post, ihre Einrichtungen und die Menschen, die für sie arbeiten, so dargestellt, daß Kinder im dritten Schuljahr es verstehen. Mit dem „Postspiel“ auf dem Umschlag können sie obendrein „spielend“ lernen. (ab 3. Schuljahr)

„Abfahrt 11.33“

Hier wird erzählt, wie es „hinter den Kulissen“ der Eisenbahn zugeht: von Bahnhofsuhren und Fahrplänen, von Lokführern und Wagenmeistern wird berichtet. Eine Familie verreist. Zehn Millionen Bananen werden verladen, und ein Zirkus zieht um. (ab 3. Schuljahr)

„Peter, Polly und die Polizei“

Durch diese Darstellung der vielfältigen Aufgaben und Einrichtungen der Polizei lernen die Kinder verstehen, wann, wo und weshalb die Polzei ihr Freund und Helfer ist. Ein wesentlicher Teil des Heftes dient der Verkehrserziehung; viele Illustrationen erleichtern das Kennenlernen der Verkehrszeichen und ihrer Bedeutung. (ab 3. Schuljahr)

„Butter und Schmalz – Zucker und Salz“

Frisch und lustig erzählte kleine Geschichten von unserer Nahrung, ihrer Gewinnung, ihrer Zusammensetzung und ihrem Wert, mit eingestreuten Versen und Rätseln zusätzlich „gewürzt“. (ab 3. Schuljahr)

„Hatschi“

In 26 kleinen humorvollen Geschichten wird dem jungen Leser klargemacht, wie man Krankheiten vermeiden und sich vor Verletzungen schützen kann. Die allgemeine Körperpflege, Schutz vor Wind und Wetter und Überanstrengung kommen, dem kindlichen Erfahrungsbereich und Begriffsvermögen angepaßt, zur Sprache. (ab 3. Schuljahr)

„Der Garten der Tiere“

Diese 21 modernen Fabeln vom Leben in der Gemeinschaft sind zugleich ansprechende Lesestücke, zum freien Lesen wie für den Deutschunterricht geeignet, und eindrucksvolle „Geschichten zum Klugwerden“ für die Gemeinschaftserziehung. (ab 4. Schuljahr)

U. Z., Marbach im Jahr 2000, Foto von Bernd Hoffmann

Jochen Meyer

Kommentar

Zur Edition

Die Briefe von Gottfried Benn an Ursula Ziebarth erscheinen hier in der sorgfältig bewahrten Reihenfolge und Vollständigkeit, in der sie sich im Privatbesitz der Adressatin bis heute erhalten haben. Da alle Schreiben in ihren Umschlägen mit Briefmarken und Poststempeln unversehrt und von Fall zu Fall mit den zugehörigen Beilagen überliefert sind, bietet die chronologische Abfolge und die Zuordnung der Beilagen zu den Briefen nirgends Schwierigkeiten. Die für den Druck gewählte Reihenfolge entspricht aber der des Eingangs der Briefe und Sendungen bei der Adressatin; sie weicht also hier und da von der Abfolge der Schreibdaten oder (bei mehreren Briefen am selben Tag) der Schreibtageszeiten geringfügig ab. Ursula Ziebarth hat die Reihenfolge des Eingangs durch Numerierung der Umschläge festgehalten. In der Schlußphase der Korrespondenz deuten Durchstreichungen und Korrekturen der Nummern auf Unsicherheiten und mögliche Unstimmigkeiten hin. – An ganz wenigen genau bezeichneten Stellen hat sich Ursula Ziebarth für Auslassungen im Text der Briefe entschieden: in der Regel nur zwei oder drei Wörter, in zwei Fällen (auch die sind genau bezeichnet) einige Sätze. Diese minimalen Auslassungen ergeben sich aus der Intimität von Liebesbriefen und daraus, daß gelegentlich die private Sphäre noch lebender Personen betroffen ist. (Zwei Briefe von Benn aus der letzten Phase der Korrespondenz, vom 9.9.1955 und 20.5.1956, haben sich nur im Nachlaß Benns, DLA Marbach, erhalten und werden aus unterschiedlichen Gründen nicht mitgeteilt; vgl. die entsprechenden Anmerkungen zu den Briefen Nr. 244 und 250.) – Alle Briefe werden hier zum erstenmal veröffentlicht.

Der Wortlaut der handschriftlichen Originale erscheint im Druck buchstaben- und zeichengetreu, mit allen Abkürzungen, mit An- und Unterstreichungen, Durchstreichungen, mit Inkonsequenzen, ja Fehlern. Wer aber je mit der diplomatisch genauen Übertragung von Handschrift in Druck zu tun hatte, weiß, daß eine vollständige Kongruenz nicht möglich ist. Ob der Schreibende Punkt oder Komma gemeint hat, ob eine allenfalls ahnbare Verdickung der Schreibspur am Ende eines Wortes oder einer Abkürzung einen Punkt bedeutet oder nicht, ob und wie das Wörtchen „und" abgekürzt ist („u.", „u" oder „+"), ob Doppelpunkt, Semikolon oder Komma beabsichtigt war, ob ein Wort oder Satz mit großem oder kleinem Buchstaben beginnt, ob Zusammen- oder Getrenntschreibung vorliegt, ob mit einer neuen Zeile auch ein neuer Absatz anfängt, überhaupt alle Fragen der Anordnung (Einrückungen, Abstände, Zeilenfall usw.) – all das und noch mehr läßt sich nicht immer sicher entscheiden, muß aber entschieden und manchmal normiert werden. In der vorliegenden Ausgabe ist bei allen handschriftlichen Vorlagen für die durchgehende Großschreibung der Anredeformen („Sie", „Du" usw.) entschieden worden. Außerdem: Benn hat an vielen Stellen nicht runde, sondern eckige Klammern geschrieben. Sie wurden zu runden Klammern vereinheitlicht, weil in dieser Edition eckige Klammern den erläuternden Zusätzen, den Markierungen von Auslassungen und nicht entzifferten Wörtern, schließlich noch den Ergänzungen von abgekürzten Wörtern vorbehalten sind. Abkürzungen v. a. von Personen- und Ortsnamen wurden aber nur ausnahmsweise so vervollständigt und verdeutlicht. Die Leser können und sollen selbst feststellen, ob „W." im jeweiligen Kontext den Ort Worpswede, den Freund Walter Niemann oder den Kölner Verleger Michael Winkler abkürzt. „P A" (oder „P. A.", „P. A", „P A.") bezeichnet die staatliche „Pädagogische Arbeitsstelle" in Bremen, in der Ursula Ziebarth arbeitete. Solche Abkürzungen wurden nur dann ergänzt und von Fall zu Fall auch erläutert, wenn Verwechslungen möglich schienen.

Auf eine Beschreibung der Briefpapiere (Formate, Papierbeschaffenheit, Faltungen, Paginierungen, Numerierungen, unterschiedliche Schreibrichtung auf Vorder- und Rückseiten usw.) und auf Angabe der hier und da vorkommenden Adressenstempel und gedruckten Briefköpfe Benns habe ich verzichtet. Benn hat z. B. manchmal zunächst die Seiten 1 und 3 eines Doppelblatts beschrieben, dann die verbleibenden Seiten 2 und 4 (oder 4 und dann 2) quer zur bisherigen Schreibrichtung. Die Paginierungen, mit denen Benn die Abfolge der Seiten und Blätter verdeutlicht hat, durften in der Edition wegfallen. Adressenstempel und gedruckte Briefköpfe finden sich auf ca. dreißig der vorliegenden Briefe. Vor allem die ganz kurzen Mitteilungen sind oft auf vom Rezeptblock des Arztes abgerissene Papiere mit gestempeltem oder gedrucktem Kopf geschrieben. Es ist in unterschiedlichen Anordnungen immer dieselbe Adresse: Dr. (oder Dr. med.) Gottfried Benn (wenn „med." fehlt, mit dem Zusatz „Arzt"), Berlin-Schöneberg, Bozener Str. 20, dazu (aber nur in wenigen Fällen) Tel. 71 20 97. Dann noch: »Zu sprechen: nur nach Verabredung."

Der Kommentator hat im folgenden erläutert, was Ursula Ziebarth in ihren Nachschriften zu Benns Briefen nicht oder nur im Ausschnitt behandelt oder betrachtet hat. Ihre Nachschriften sind überall auf die notwendige Ergänzung und den großen Zusammenhang gerichtet. Meine Einzelerläuterungen zielen auf Details, recherchierbare Fakten, biographische und bibliographische Nachweise usw. Aber auch solche Details erhellen die Zusammenhänge. – Ohne die Möglichkeit ständigen Zugriffs auf den literarischen Nachlaß Gottfried Benns im Deutschen Literaturarchiv, Marbach a. N., den meine Kollegin Ute Doster geordnet und katalogisiert hat, wären meine Recherchen sehr viel langwieriger und obendrein viel weniger erfolgreich gewesen.

Marbach a. N., im Mai, Juni und Juli 2001

3 (Berlin, 7. 8. 1954)

mich anzurufen: Bei diesem Anruf verabredete sich Benn mit Ursula Ziebarth für Dienstag, den 10.8.1955, zur Fahrt nach Worpswede. In seinem Taschenkalender (Nachlaß Benn, DLA Marbach) hat er den frühen Aufbruch festgehalten: „5^{15} geweckt", die Wetterverhältnisse: „trübe, kein Regen" und „warm", die Unterkunft im „Café Worpswede (Maassen)", dann „Abendbrod gegessen mit U. Z", danach Telephongespräche mit F. W. Oelze in Bremen und seiner Frau Ilse in Berlin, „9 h zu Bett."

4 (Worpswede, 14. 8. 1954)

Papier mit gedrucktem Briefkopf „Hotel und Kaffee Worpswede Josef Maaßen".

um zu Oe. zu fahren: Schon am 8. 8. 1954, vor der Reise mit U. Z., hatte sich Benn zu einem Besuch von Worpswede aus bei Friedrich Wilhelm Oelze in Bremen-Oberneuland angesagt. Oelze kam ihm zuvor, suchte ihn am 12. 8. (Donnerstag) in Worpswede auf und aß mit ihm zu Abend; Benn erwiderte den Besuch am Sonnabend, 14. 8.: „4 1/2 Oberneuland. ... Souper! 10 1/2 Abfahrt." Am Montag, 16. 8., kehrte Benn nach Berlin zurück: „Abreise 7^{30}. W. ... Keine Revision an der Grenze. 6^{30} Berlin. Abends mit I[lse]. Dramburg. Viel Post." (Vgl. auch G. B.: Briefe an F. W. Oelze, Nr. 686 f.)

Zur Oe.Ausstellung: Der Maler und Zeichner Richard Oelze (1900-1980) lebte 1939/40 und 1945-1962 in Worpswede. Seine erste Einzelausstellung zeigte 1950 die Kölner Galerie Müller-Kraus durch Vermittlung des Bremer Galeristen Michael Hertz. Im Sommer 1954 ist keine Einzelausstellung Richard Oelzes bezeugt; vermutlich wurden damals neue Bilder von ihm in einer Worpsweder Galerie gezeigt. Benn hat sie sich (so notiert er im Taschenkalender) am 14. 8. doch noch angesehen, vor der Fahrt zu F. W. Oelze nach Bremen.

ein Gespräch aus Berlin: „Anruf Ilse aus Berlin" (Taschenkalender).

„in tausend Formen magst Du Dich verstecken..": So beginnt das letzte Gedicht im „Buch Suleika" des „West-östlichen Divans" von Goethe.

6 (Berlin, 17. 8. 1954)

das Merianheft: Das Worpswede-Heft des ersten Jahrgangs der Zeitschrift „Merian. Städte und Landschaften" (Heft 10, April 1949) enthält auf S. 76 Ursula Ziebarths titelloses Gedicht „Mir lauert draußen der Wind bei den Hügeln ..." (vgl. S. 17 f.). Über die noch ganz unbekannte Autorin heißt es in den „Bemerkungen" am Schluß des Heftes: „lebt seit einiger Zeit in Worpswede. Gedichte von ihr erschienen in einer Anthologie des Wedding-Verlag."

in Oberneuland: In Bremen-Oberneuland, Oberneulander Landstraße 70, stand das Haus F. W. Oelzes. Ihm hat Benn nach dem Besuch vom 14. August geschrieben: „Wie wunderbar sind die beiden Räume, in denen Sie wohnen, ich kenne Schöneres nicht. Ich möchte [...] sagen, dass ich mich in so einer Welt voll Herrlichkeiten nicht bewegen kann u. befangen bin." (G. B.: Briefe an F. W. Oelze, Nr. 687).

8 (Berlin, 20. 8. 1954)

Project Oelze-Lohner ... Ich werde heute noch an Oe. schreiben: Der Germanist Edgar Lohner (1919-1975) hatte in Bonn studiert und lehrte seit 1951 an verschiedenen Universitäten in den USA, zuletzt in Stanford; 1973 Ordinarius für Vergleichende Literaturwissenschaft in Mainz. Autor zahlreicher Schriften über Benn (1953 ff.), darunter die erste „Gottfried Benn Bibliographie 1912–1956" (Wiesbaden 1958). Seit Anfang 1952 mit Benn und dann auch mit F. W. Oelze in brieflicher, bald auch persönlicher Verbindung. Mit Lohners bevorstehendem Besuch bei Oelze motivierte Benn seine nächste Fahrt nach Bremen (und Worpswede) gegenüber seiner Frau und schrieb in diesem Sinne am 22. 8. 1954 an den Bremer Freund (vgl. G. B.: Briefe an F. W. Oelze, Nr. 689).

Im Rundfunk ... Prof K u ich: Im Studio des „Senders Freies Berlin" (Abteilung „Kulturelles Wort") wurde am 17. 8. 1954 Benns Rundfunkgespräch mit dem damals an der FU lehrenden Germanisten Hermann Kunisch über Hölderlins Wort „Wozu Dichter in dürftiger Zeit?" (aus der Elegie „Brod und Wein") aufgezeichnet; stark gekürzte Sendung am 26. August, 22.45 – 23.30 Uhr (vgl. Hermann Kunisch: Meine Begegnungen mit Gottfried Benn, Berlin 1989, S. 51-69).

10 (Berlin, 22. 8. 1954)

Astrid mit ihrer Doctorarbeit: Astrid Claes (später Gehlhoff-Claes, geb. 1928) wurde im Dezember 1953 bei Richard Alewyn in Köln mit der Dissertation „Der lyrische Sprachstil Gottfried Benns" promoviert. Sie veröffentlichte Gedichtbände („Der Mannequin", 1956; „Meine Stimme mein Schiff", 1962; „Gegen Abend ein Orangenbaum", 1983; „Nachruf auf einen Papagei", 1989), Erzählungen („Erdbeereis", 1980), den Roman „Abschied von der Macht" (1987), Übersetzungen englischer und amerikanischer Lyrik und der Tagebücher von Henry James.

Im „Spiegel" von dieser Woche: Das „hübsche Frauengesicht" auf dem Titelblatt des „Spiegel" vom 18. 8. 1954 (8. Jg., H. 34) war das von Ingeborg Bachmann. Die Bildunterschrift („Gedichte aus dem deutschen Ghetto. Neue römische Elegien: Ingeborg Bachmann [siehe ‚Lyrik']") verwies auf den Beitrag „Bachmann. Stenogramm der Zeit" (S. 26-29). Ingeborg Bachmann, die 1953 den Preis der Gruppe 47 erhalten und ihren ersten Gedichtband „Die gestundete Zeit" veröffentlicht hatte und die nun „im deutschen Getto, in Roms Altstadt am Tiber" lebte, erschien als Vertreterin der jüngsten von drei noch lebendig wirksamen deutschen Lyriker-Generationen, die jeweils mit drei Porträtfotos vorgestellt wurden (immer eine Frau zwischen zwei Männern): „Große Alte" (Else Lasker-Schüler zwischen Benn und Rudolf Alexander Schröder), „Generation der Mitte" (Marie Luise von Kaschnitz zwischen Rudolf Hagelstange und Günter Eich), „Trauernder Nachwuchs" (Ingeborg Bachmann zwischen Heinz Piontek und Walter Höllerer).

12 (Berlin, 23. 8. 1954)

bei Massen: Das „Hotel und Kaffee Worpswede", in dem Benn vom 10. bis 16. August gewohnt hatte, gehörte Josef Maaßen.

15 (Berlin, 24. 8. 1954)

Die Zeitschrift ... „Faust": Das Doppelheft 11/12 (Juni 1925) des 3. Jahrgangs (1924/25) der Bibliophilen- und Sammlerzeitschrift „Faust. Eine Monatsschrift für Kunst, Literatur und Musik" im Verlag des mit Benn befreundeten Erich Reiss, Berlin, war dem Thema Hauptstädte gewidmet. Benns Aufsatz „Paris" eröffnet das Heft (S. 1-5). Es folgen Beiträge über London (von Paul Cohen-Portheim), Berlin (von Friedrich Freksa), Wien (von Max Prels), New York (von Helmuth Merleker), Rom (von Max Fischer), Madrid (von A. H. Zeiz), Konstantinopel (von Bruno Schröder), Stockholm (von Walter Unus) und Athen (von Theodor Däubler). Auch die Rubrik „Bücher von heute und gestern" am

Schluß des Heftes gilt dem Thema „Städte" (S. 53-56). – U. Z. schrieb damals Aufsätze über einige europäische Hauptstädte (Berlin, London, Wien, Rom, Amsterdam usw.) für die in Hannover erscheinende Zeitschrift „Jugend und Welt".

Die idiotische Sendung Kunisch – GB: Vgl. Brief Nr. 8 und die entsprechende Anmerkung.

Mit der jungen Dame neben mir: Wohl die am Anfang von Brief Nr. 6 erwähnte Oberschülerin, die bei der Rückfahrt von Bremen nach Berlin im Interzonenbus neben Benn gesessen hatte.

17 (Berlin, 25. 8. 1954)

Lichtenford: Der in Worpswede lebende Maler Alfred Lichtenford und seine Frau, die Textilkünstlerin Eva Lichtenford. – Im „Worpswede"-Heft der Zeitschrift „Merian" (1. Jg., H. 10, April 1949, S. 84) heißt es – nach einer Charakterisierung seiner Häuslichkeit („umgeben von altem Porzellan"), seines Familienlebens und seiner Malerei – über A. L.: „Abends muß man ihn dann im geselligen Kreis erzählen hören. Er hat die Gabe, aus einer anspruchslosen Anekdote eine überwältigende Geschichte zu machen ..."

19 (Berlin, 27. 8. 1954)

Die Radiosache: Es ging wohl um die Aufzeichnung eines Rundfunkgesprächs mit dem Bremer Rundfunkredakteur Oskar Wessel, „Erinnerungen an eine bewegte Epoche. Gespräch mit Gottfried Benn", das von Radio Bremen am Abend des 15. 11. 1954 (22.30) gesendet wurde. In Benns Nachlaß hat sich das Typoskript eines solchen Gesprächs für Radio Bremen erhalten. Benns Part ist darin jeweils nur mit Zitatnachweisen aus vorliegenden Veröffentlichungen angegeben.

20 (Berlin, 27. 8. 1954)

Flaiano, Ennio: Der italienische Schriftsteller und Kritiker Ennio Flaiano (1910-1972), Chefredakteur von „Il Mondo", Drehbuchautor z. B. von Federico Fellinis „La dolce vita" (1960), hatte 1947 den Roman „Tempo d'uccidere" veröffentlicht. Benn las gerade die 1953 erschienene deutsche Übersetzung „Frevel in Äthiopien".

Ein Dr. Alexander B.: Der als Arzt in der Pfalz lebende Vetter war ein Sohn von „Onkel Alex", dem ältesten Bruder von Benns Vater. Dieser Onkel war ebenfalls Mediziner und lebte bis 1925 als Sanitätsrat in Lenzen bei Perleberg (Westprignitz).

21 (Berlin, 28. 8. 1954)

Stadt mit grosser Bibliothek ... da es ja hier keine gibt: Die im Krieg nach Hessen ausgelagerten Bestände der alten Preußischen Staatsbibliothek (1,7 Millionen Bände) waren seit 1946 in Marburg zur „Westdeutschen Bibliothek" vereinigt worden. Erst mit Scharouns Neubau der Staatsbibliothek Preußischer Kulturbesitz (1967 ff.) erfolgte die Rückführung der Marburger Bestände nach West-Berlin. Die Ost-Berliner Bestände der alten Staatsbibliothek waren durch die politische Teilung und durch die Kriegsschäden des Gebäudes Unter den Linden schwer zugänglich. – Die Amerika-Gedenkbibliothek am Blücherplatz wurde erst am 17.9.1954 eingeweiht; das für eine halbe Million Bände geplante Gebäude war mitsamt den Erwerbungsmitteln für die Grundausstattung mit Büchern ein Geschenk der USA: „Spende des amerikanischen Volkes vom 17. April 1951". Sie konnte als West-Berliner Zentralbibliothek den eklatanten Mangel erst nach und nach und nur notdürftig beheben. (Vgl. die Briefe Nr. 30 und 33.)

habe ich jetzt direkt an den Rundfunk geschrieben: Vgl. die Anmerkung zu Brief Nr. 19.

Dein Post- und Polizeibuch: Aus der Ganzschriften-Reihe „Unsere Schule" des Verlages Eilers & Schünemann, Bremen, die von U. Z. verfaßten Hefte „Von der Post" und „Peter, Polly und die Polizei".

Am 2.9.1954 fuhr Benn nach Bremen, diesmal mit dem Zug. Am Freitag, 3.9., besuchte er U. Z. an ihrem Stand auf der Lehrmittelmesse. Am 4.9. vormittags Termin mit Dr. Arnold und Dr. Oskar Wessel (Radio Bremen), wohl Vorgespräch für das geplante Rundfunkgespräch (vgl. die Anmerkung zu Brief 19). Am 5.9. Fahrt nach Worpswede; im Taschenkalender hat Benn unter diesem Datum den ersten Entwurf des Gedichts „Zwei Träume" notiert (Nachlaß Benn, DLA Marbach). Am 6.9. „Gang im Schluh", Besuche bei Hans-Herman Rief, dem Worpsweder Archivar, und bei Till Hienz in ihrem Wohnwagen. Am 7.9. noch einmal „Palaver" mit Oswald Doepke und Oskar Wessel von Radio Bremen. 8.9.: „Abends Café W[orpswede]. Vertrag [mit U. Z.]" Donnerstag, 9.9.: „Zanktag", Besuche im Schluh, bei Rief und Alfred und Eva Lichtenford. Auch am 10. 9. noch in Worpswede. Am Morgen des 11. 9. wird Benn „abgeholt von Radio Bremen" zur Aufnahme des Gesprächs mit Oskar Wessel (10-11.15 h); mittags trifft er sich mit F. W. Oelze. Rückkehr nach Berlin am Sonntag, 12. 9., Abfahrt in Bremen 12 h mittags.

25 (Berlin, 13. 9. 1954)

dass „Mops" Sternheim ... gestorben ist: Benn hatte die 1910 geborene Tochter Elisabeth Dorothea (genannt Thea, Mops, Mopsa, Moiby) von Carl Sternheim und seiner späteren zweiten Frau Thea Löwenstein, geb. Bauer, schon im ersten Weltkrieg als kleines Mädchen im Hause der Sternheims bei Brüssel kennengelernt. Sie wurde Bühnenbildnerin, zog 1932 mit ihrer Mutter nach Paris, war in der Résistance aktiv, wurde von der Gestapo ins Konzentrationslager Ravensbrück verschleppt und starb in Paris 1954. Nach einem Kondolenztelegramm vom 13. 9. 1954 schrieb Benn an die Mutter Thea Sternheim am 14. September einen „Brief der Liebe und Teilnahme und der Trauer" (vgl. G. B.: Ausgewählte Briefe, Wiesbaden 1957, S. 276).

fast devote Einladung vom Hamburger Goetheverein: Der Germanist Hans Pyritz, Vorsitzender der Ortsvereinigung Hamburg der Goethe-Gesellschaft in Weimar, hatte am 7. 9. 1954 angefragt, „ob Sie geneigt wären und Zeit fänden, der Hamburger Goethe-Gesellschaft demnächst einmal die Freude Ihres Besuches zu machen – mit einem Vortrag über ein Thema Ihrer Wahl oder mit einer Lesung aus Ihren Werken?" Pyritz schlug einen Dienstagabend im Dezember 1954 oder im Juli 1955 vor, akzeptierte aber auch „jeden andern Termin, der Ihnen gelegener wäre". Als Veranstaltungsort schlug er den „größte[n] Hörsaal der Universität, oder notfalls auch die städtische Musikhalle" vor (Nachlaß Benn, DLA Marbach). Benn sagte am 16. September zu für einen Termin „noch in diesem Jahr", und Pyritz bedankte sich überschwenglich am 22. September.

Einladung vom Radio Bern: Mit Brief vom 1. 9. 1954 hatte Karl Rinderknecht (1904-1994) vom Vortragsdienst Radio Bern Benn eingeladen, im Herbst- oder Winterprogramm einen Rundfunkvortrag zu halten. Benn bot sofort Partien aus dem am 7. März in Stuttgart, am 8. März in München gehaltenen Vortrag „Altern als Problem für Künstler" an, der im April-Heft des „Merkur" (8. Jg., H. 4) zuerst und gleich danach selbständig als Broschüre im Limes Verlag, Wiesbaden, erschienen war (vgl. G. B. / K. R.: Briefwechsel 1954-1956, hrsg. von Helmut Heintel, Warmbronn 2000, S. 11-14).

die Laus von Mansfeld: Sarkastische Selbstcharakterisierung Benns, der im Pfarrhaus des Dorfes Mansfeld (Westprignitz) zur Welt gekommen war, „einem Pfarrhaus aus Lehm und Balken ... von einem Schafstall nicht zu unterscheiden" (G. B.: Sämtliche Werke, Bd. IV: Prosa 2, hrsg. von Gerhard Schuster, Stuttgart 1989, S. 58).

Der Film ... ist der, den ich hier sah: Benns letzte Kalendernotiz über einen Filmbesuch vor dem Briefdatum stammt vom 24. 8. 1954. Damals hatte er mit seiner Frau im „Arkadia" den Film „Goldenes Gift" gesehen, die deutsche Version von Jacques Tourneurs us-amerikanischem Film „Out of the Past" (1947) nach dem Roman „Build my Gallows High" von Geoffrey Homes. Unter den Hauptdarstellern dieses späten Klassikers des Film noir sind Robert Mitchum und Kirk Douglas. Allerdings hat Benn diesen Film im Taschenkalender nicht negativ beurteilt, sondern lakonisch notiert: „Gut!"

28 (Berlin, 15. 9. 1954)

Dr. Ingeborg Brand: Mit der Feuilletonredakteurin der „Welt am Sonntag", Ingeborg Brandt, stand Benn in Verbindung, seit sie sich am 4. 10. 1952 bei ihm für den ungenehmigten Nachdruck des Gedichts „Lebe wohl" aus dem „Merkur" entschuldigt hatte. Danach gab ihr Benn gelegentlich Antworten auf Umfragen zur Veröffentlichung („Schreiben Sie am Schreibtisch?", „Wunschzettel deutscher Dichter"). Drei Tage vor dem Besuch, am 12. September, hatte sie in der „Welt am Sonntag" (Nr. 37, S. 9) die Gedichte „Ebereschen", „Aber du –?" und „Die Züge deiner ..." veröffentlicht, die Benn ein Jahr später in den Band „Apréslude" aufnahm.

ein Prof. Villain von der Sorbonne: Der Pariser Germanist P. S. Villain hatte Benn am 28.9.1953 schon einmal besucht. (Vgl. Brief Nr. 34.)

Franz Tumler: Der österreichische Erzähler (1912-1998) hatte mit seinem Erstling, der Erzählung „Das Tal von Lausa und Duron" (1935), sehr früh großen Erfolg. Seit 1950 lebte er abwechselnd in Berlin und in Altmünster (Oberösterreich) oder Salzburg. In seinen Werken nach 1945 (u. a. „An der Waage", 1947; „Der Schritt hinüber", 1956; „Der Mantel", 1959) brach Tumler mit herkömmlichen Erzählformen und entwickelte so etwas wie einen deutschen nouveau roman. Seit 1953 freundschaftliche Verbindung mit Gottfried und Ilse Benn. Benn traf sich gern mit ihm in seinem Stammlokal „Dramburg", Ecke Bozener / Berliner Straße.

Gedichten in „W. a. S.": Die von Ingeborg Brandt am 12. September in der „Welt am Sonntag" veröffentlichten drei Gedichte (s. o. die Anmerkung zu Ingeborg Brandt).

Traverso: Leone Traverso (1910-1968) hat die 1954 bei Vallecchi in Florenz erschienene Gedichtauswahl Benns übersetzt und eingeleitet (vgl. Brief Nr. 8). Er hat auch Werke von George, Rilke und Hofmannsthal, Goethe, Kleist und Hölderlin ins Italienische übersetzt.

29 (Berlin, 16. 9. 1954)

Hamburg u Bern wird in unsrem Sinne bearbeitet: Vgl. die entsprechenden Anmerkungen zu Brief Nr. 25. – An F. W. Oelze schrieb Benn am 14.9.1954: „Neue Einladungen ... Ich werde bald wieder auf Reisen gehn müssen (mit Nebenabsichten). Schreiben Sie mir bitte einen Zettel über die schwarze Dame [gemeint war U. Z.] ... Vielleicht schreibe ich Ihnen dann noch Einiges dazu." Und im nächsten Brief (15.9.1954): „Über Heide u Moor [also seine Beziehung zu Worpswede und U. Z.] ein ander Mal. Es ist eine etwas kritische Sache, aber ich denke, dass der Friede der Bozenerstrasse gewahrt bleibt. Ich bin ja kein solcher Narr, um nicht zu wissen, was mir und meiner Lage ‚gemäss' ist. Andererseits ..." Oelze kam der Aufforderung, seine Meinung über U. Z. und Benn zu bekunden, offenbar zu unverstellt nach. Benn mußte am 21.9.1954 abwiegeln: „Lieber Onkel Oelze, Sie raten mir so freundschaftlich u das ist nett. Aber dieser letzte Brief vom 20. 9. ist vielleicht etwas zu offen, da meine Frau manchmal Ihre Briefe zu lesen sehr interessiert ist. ... Nicht ganz einfach dieses Thema! Was lohnt sich eigentlich?" (vgl. G. B.: Briefe an F. W. Oelze, Nr. 691-693). Oelzes Brief (oder „Zettel") vom 20.9. hat sich im Nachlaß Benns nicht erhalten.

Deine Kritiken über Kasack usw.: Benn hatte wohl U. Z. um Mitteilung ihrer Lektüreeindrücke gebeten.

30 (Berlin, 17. 9. 1954)

Anbei „Merkur": Im Septemberheft des „Merkur" (Jg. 8, H. 9, S. 831-834) erschienen die Gedichte „Teils – teils" und „Melancholie".

Einweihung der neuen Bibliothek am Blücherplatz: Der Amerika-Gedenkbibliothek (vgl. Anmerkung zu Brief Nr. 21). Im Taschenkalender hat Benn notiert: „Ich 16-18 Bibliothekseröffnung Blücherplatz".

33 (Berlin, 18. 9. 1954)

Kultursenator Dr. Tiburtius: Als Senator für Volksbildung leitete Joachim Tiburtius (1889-1967) für die CDU 1951-1963 das Kulturressort im West-Berliner Senat. Auf Einladung von Tiburtius hatte Benn seit dem 9.1.1953 an den Sitzungen des Gründungsausschusses einer West-Berliner „Deutschen Akademie der Künste zu Berlin" als Nachfolgerin der ehemaligen „Preußischen Akademie der Künste" teilgenommen. Tiburtius bewies seine Aufmerksamkeit auch durch Einladungen zu Ausstellungen, Logenkarten für die Städtische Oper und durch Blumensträuße. Er sprach bei der Beerdigung Benns am 12.7.1956.

Wie kommst Du eigentlich auf Tumler??: Vgl. die entsprechende Anmerkung zu Brief Nr. 28. U. Z. hatte damals vielleicht, so meint sie sich zu erinnern, Franz Tumlers frühe Erzählung „Das Tal von Lausa und Duron" (1935) gelesen.

war gestern Abend mit Madame in einer Premiere ... ich war eine Stunde bei Flint: Im Taschenkalender hat Benn unter dem 17. 9. 1954 notiert: „I[lse]. abends mit Tumler in Renaissance Theater. ‚Das kleine Theehaus' Ich Flint." (Das bedeutete auch: Benn beim Bier, nicht beim Tee.) Das Spiel in drei Akten „The Teahouse of the August Moon" von John Patrick nach dem gleichnamigen Roman von Vern J. Sneider war ein Jahr zuvor in New York uraufgeführt worden (die erfolgreiche Verfilmung mit Marlon Brando und Glenn Ford folgte erst 1956); deutsche Übersetzung von Oscar Karlweis.

bei Flint: Wie „Dramburg" war „Flint" eines der von Benn bevorzugten Lokale in seiner näheren Umgebung, Innsbrucker Straße 1. Es gehörte dem Boxer Otto Flint, der von 1911 bis 1923 Deutscher Meister im Schwergewicht war. Noch 1951 und 1956, zum 65. und 70. Geburtstag, bekam Benn von Otto Flint Glückwunschtelegramme.

Sellin: „Als ich ein halbes Jahr alt war, zogen meine Eltern nach Sellin in der Neumark; dort wuchs ich auf. Ein Dorf mit 700 Einwohnern in der norddeutschen Ebene, großes Pfarrhaus, großer Garten, drei Stunden östlich der Oder. Das ist auch heute noch meine Heimat ..." (G. B.: Sämtliche Werke, Bd. IV: Prosa 2, hrsg. von Gerhard Schuster, Stuttgart 1989, S. 160).

Was macht London? –: Ursula Ziebarths Aufsatz über London (vgl. Brief Nr. 29).

an Dr. Wessel ... einen Dank: Oskar Wessel war Leiter der Abteilung Wort bei Radio Bremen. Benn kannte ihn seit Ende 1950, als er ihm auf eine Weihnachtsumfrage des Senders mit einem kurzen Textbeitrag geantwortet hatte. Am 11. 9. 1954 war in Radio Bremen sein Rundfunkgespräch mit Benn aufgenommen worden.

34 (Berlin, 20. 9. 1954)

Besuch von Herrn Villain aus Paris: Vgl. Brief Nr. 28 und die entsprechende Anmerkung.

Einladung zu einem Empfang für Thornton Wilder: Im Rahmen der Berliner Festwochen führte die englisch-amerikanische Truppe von Tyrone Guthrie aus Edinburgh am 22. 9. 1954 Thornton Wilders Komödie „The Matchmaker" (1954) auf, eine Adaption von Nestroys Posse „Einen Jux will er sich machen", aus der Wiener Vorstadt nach Yonkers bei New York verpflanzt. Der Autor war anwesend, trat am Schluß der sehr beklatschten Aufführung an die Rampe und sagte: „Wir haben uns alle einmal einen Jux gemacht."

„Der grosse Regen" von Bromfield: Der Indien-Roman „The Rains came" von Louis Bromfield (1896-1956) erschien 1937 und wurde zum Welterfolg. In der deutschen Übersetzung von Hans Kaempfer zuerst 1939.

36 (Berlin, 21. 9. 1954)

Neuhaus war gut: Am 12. 9. 1954 besiegte Heinz Neuhaus, der bundesdeutsche Box-Europameister im Schwergewicht, in der Dortmunder Westfalenhalle den US-Amerikaner Dan Bucceroni nach Punkten. – Benns Interesse an diesem Boxer belegt auch seine Kalendernotiz vom 11.2.1955: „Abends mit Lennig – Flint 8-11. Boxkampf Neuhaus."

37 (22. 9. 1954)

von Herrn Lichtenford einen netten Dankesbrief: Zu Alfred Lichtenford vgl. die Anmerkung zu Brief Nr. 17. Der „Dankesbrief" ist in Benns Nachlaß nicht überliefert.

Abschrift von dem Gedicht „Albatros", tatsächlich von Nietzsche: Gemeint ist ein Gedicht, das in der Gruppe „Zur ‚Fröhlichen Wissenschaft'" allerdings unter ganz „andere[m] Titel" zu finden ist: „Liebeserklärung (bei der aber der Dichter in eine Grube fiel –)" (vgl. Friedrich Nietzsche: Sämtliche Gedichte. Mit einem Nachwort von Ralph-Rainer Wuthenow, Zürich 1999, S. 102):

„Oh Wunder! Fliegt er noch?
Er steigt empor, und seine Flügel ruhn?
Was hebt und trägt ihn doch?
Was ist ihm Ziel und Zug und Zügel nun?

Gleich Stern und Ewigkeit
lebt er in Höh'n jetzt, die das Leben flieht,
mitleidig selbst dem Neid –:
und hoch flog, wer ihn auch nur schweben sieht!

Oh Vogel Albatros!
Zur Höhe treibt's mit ew'gem Triebe mich.
Ich dachte dein: da floß
mir Trän' um Träne, – ja, ich liebe dich!"

Die Liebeserklärung der „beiden Schlusszeilen" steht in der dritten, nicht in der „4. Strophe" des dreistrophigen Gedichts.

38 (Berlin, 23. 9. 1954)
„Du mein Allerliebstes, Du mein Mondgesicht": Vers aus der Schlußstrophe des Gedichts „Nachklang" im „Buch Suleika" aus Goethes „West-östlichem Divan": „Laß mich nicht so der Nacht, dem Schmerze, | Du Allerliebstes, du mein Mondgesicht, | O, du mein Phosphor, meine Kerze, | Du meine Sonne, du mein Licht!"

39 (Berlin, 24. 9. 1954, nachmittags)
aus Hamburg Nachricht: Dankbrief von Hans Pyritz (Ortsvereinigung Hamburg der Goethe-Gesellschaft in Weimar) vom 22. September mit Terminvorschlägen; vgl. die entsprechende Anmerkung zu Brief Nr. 25.

40 (Berlin, 24. 9. 1954, vormittags)
heute die Nachricht: Ebenfalls mit Brief vom 22. September hatte sich Karl Rinderknecht (Radio Bern) für Benns Zusage bedankt (vgl. die entsprechende Anmerkung zu Brief Nr. 25) und als Termin für einen öffentlichen Vortrag in Bern Sonntag, den 21. November vorgeschlagen (G. B. / K. R.: Briefwechsel 1954-1956, Warmbronn 2000, S. 15 f.). – So gab es tatsächlich Aussichten auf zwei gemeinsame Reisen mit U. Z. noch vor Weihnachten.
Geburtstag meines Schatzes: Am 20. November.

42 (Berlin, 26. 9. 1954)
„Pankhurst": Die englische Suffragette Emmeline Pankhurst (1858-1928) gründete 1903 die „Women's Social and Political Union".

Friedenspreis an Burckhardt: Carl Jacob Burckhardt sprach bei der Entgegennahme des Friedenspreises des deutschen Buchhandels am 26.9.1954 in der Frankfurter Paulskirche über das Thema „Heimat" (vgl. C. J. B.: Betrachtungen und Berichte, Zürich 1964, S. 9 ff.). Begrüßungsworte sprach Arthur Georgi, Vorsitzender des Börsenvereins des deutschen Buchhandels. Die Festrede hielt Bundespräsident Theodor Heuss.

Benns Randbemerkungen auf dem U. Z. überlassenen Brief von F. W. Oelze entsprechen seinen Antworten an den Bremer Freund vom 23. und 25.9.1954 (vgl. G. B.: Briefe an F. W. Oelze, Nr. 694 f.).

43 (Berlin, 27.9.1954)
am 20. XI. bestimmt nicht in Konstanz: U. Z. wollte ihren Geburtstag bei Verwandten in Konstanz verbringen. Es ging und geht im folgenden darum, diese Reise an den Bodensee mit Benns Vortragstermin in Bern und seiner damit verbundenen Fahrt in die Schweiz in Einklang zu bringen.

48 (Berlin, 30.9.1954)
Till!: Till Hienz, die mit U. Z. befreundete rumäniendeutsche Gobelinweberin, die in einem Wohnwagen lebte (vgl. S. 23 f. und 106 f., Abb. S. 25 und 83).

51 (Berlin, 1.10.1954)
alles zusammen machen: Das Wort „zusammen" hat Benn doppelt unterstrichen.

52 (Berlin, 2.10.1954)
die Reiseankündigung: Benns Taschenkalender hält am selben Tage fest: „Anruf Frl U Z. aus W.", offenbar die Ankündigung ihres Eintreffens in Berlin schon am nächsten Tag. Am 3.10. hat Benn notiert: „Ich 4 h zu UZ. Fournes"; am 4. 10.: „Nachm. mit U. Z im Zoo, dann Mampe. ... Abends mit I[lse]. Dramburg, dort Unterhaltung über U." Am 7. 10. hat Benn Adresse und Telephonnummer der Pension Reddehase notiert, in die U. Z. am 8.10. umzog.

zeige ich Dir: Benn hat das Wort „ich" doppelt unterstrichen.

55 (Berlin, 11. 10. 1954)
ein Journal aus Wien: Nicht ermittelt.

58 (Berlin, 16. 10. 1954)

Max aus Wiesbaden: Max Niedermayer (1905-1968), 1945 Gründer des Limes Verlages, Wiesbaden, Benns Verleger seit 1948.

Nele: Nele (Irene Michaele) P. Soerensen (geb. 1915), Benns einziges Kind, Tochter aus seiner ersten Ehe mit Edith, geb. Osterloh.

in der Frankf. A. Z. zwei neue Gedichte von mir: Die Gedichte „Das sind doch Menschen" und „‚Warum gabst du uns die tiefen Blicke'" (das zweite 1955 in „Aprèslude" nicht mehr mit dem Goethe-Zitat überschrieben, sondern unter dem Titel „Zwei Träume") wurden in der „Frankfurter Allgemeinen Zeitung" vom 15. 10. 1954 (Nr. 240, S. 12) zuerst gedruckt.

Verlauf: Benn hat das Wort doppelt unterstrichen.

2: U ... G. ... Dr. K.: Ursula Z., Gottfried B. und Ingeborg Krengel-Strudthoff, eine Freundin in Berlin-Lichterfelde, Luisenstraße, bei der U. Z. diesmal wohnte, als sie nach Berlin kam.

5) Abends Premiere Claudel: Diese erste bundesdeutsche Aufführung von Paul Claudels „Christoph Columbus" (Premiere am 4. Oktober) fand im Rahmen der Berliner Festwochen im Schiller-Theater statt.

10) ... G. traurig: Im Taschenkalender hat Benn notiert: „Wenn wir nicht in Liebe zusammenstürzen u uns umarmen, sind wir uns doch eigentlich feind u fremd."

11) ... G. sendet Heft „Magnum": Am 13.4.1955 hatte die Wiener Redaktion der Zeitschrift „magnum. Die Zeitschrift für das moderne Leben" an Benn „das soeben erschienene Heft" (Nr. 2) mit Beiträgen zur „Situation der jungen Generation" geschickt und für das nächste Heft um eine Antwort auf die Frage „Wie weiter?" gebeten (Nachlaß Benn, DLA Marbach). Am 30.9. schickte der Herausgeber Karl Pawek „das vor kurzem erschienene Heft Nr. 3" (ohne Beitrag von Benn) und bat um Schilderung des Eindrucks, „den Sie von diesem Heft gewonnen haben." Benn hat offenbar diese beiden Hefte der neuen Zeitschrift, die durch ihr großes Format und ungewöhnlich qualitätvolle Fotos Aufsehen erregte, an U. Z. weitergegeben. Seine Stellungnahme erschien erst im September 1956 (H. 6, 2. Jg.): „Haben Sie vor allem Dank für das Heft Ihrer Zeitschrift. Das ist ja ohne Zweifel ein wunderbares Journal, ich habe lange nicht etwas so Anregendes und Interessantes in Händen gehabt.´Und die glänzenden Illustrationen!" (G.B.: Sämtliche Werke, Bd. VI: Prosa 4, hrsg. von Holger Hof, Stuttgart 2001, S. 251).

59 (Berlin, 18. 10. 1954)

Von H H R ... Dankesbrief: Briefe von Hans-Herman Rief, dem Worpsweder Archivar, sind in Benns Nachlaß nicht überliefert.

Anruf Max: Von seinem Verleger Max Niedermayer.

in einer engl. Zeitschrift ... sehr langer Aufsatz über mich: „Art and Nihilism: The Poetry of Gottfried Benn" von Michael Hamburger in: „Encounter" 13 (1954), S. 49-59. Eine Woche später hatte Benn diesen Aufsatz in Händen und schickte ihn am 26. 10. 1954 an F. W. Oelze: „schreiben Sie mir bitte, ob es gut ist." Oelze antwortete am 1. November: „Sehr unerfreulich. Eine durchweg negative Kritik Ihrer philosophischen und kritischen Grundgedanken, zum Teil von so extremer Schärfe, dass ich ausserhalb des Zusammenhanges nichts davon citieren möchte ..." (vgl. G. B.: Briefe an F. W. Oelze, Nr. 699 f. und Kommentar zu Nr. 700).

Lese „Null-acht-fünfzehn": Den 1954 erschienenen ersten Band der Romantrilogie: „08/15 – Die abenteuerliche Revolte des Gefreiten Asch". Die alsbald verfilmte Trilogie, von der Franz Josef Strauß argwöhnte, durch „solche Bücher" werde in der Jugend „eine grundsätzliche Ablehnung des Militärdienstes" geweckt, wurde ein Welterfolg.

61 (Berlin, 20. 10. 1954)

Und die Gedichte in der F.A.Z.?: Vgl. die entsprechende Anmerkung zu Brief Nr. 58.

62 (Berlin, 21. 10. 1954, nachmittags)

Rufe bitte lieber nicht mehr dort an: Auch F. W. Oelze brauchte also gelegentliche Reise-Alibis. Benn schrieb ihm am 23. 10. 1954: „Entschuldigen Sie, dass Frl. Z bei Ihnen anrief. War unnötig, geschah natürlich ohne mein Wissen. Sie ist so stürmisch, ihr Tempo zu unruhig. Ich habe sie gebeten, in Zukunft es nicht mehr zu tun." (Vgl. G. B.: Briefe an F. W. Oelze, Nr. 698)

Heute Abend Theater: „Die Erbin" mit der Moosheim: Die Berliner Schauspielerin Grete Mosheim (1905-1986) begann nach der Rückkehr aus dem amerikanischen Exil eine glanzvolle neue Karriere in der Bundesrepublik. In Horst Balzers Berliner Inszenierung von „Die Erbin" („The Heiress", 1948), einem von Hans Feist aus dem Amerikanischen übersetzten Stück von Ruth und Augustus Goetz nach dem Roman „Washington Square" von Henry James, spielte sie die Titelrolle; die Premiere hatte am 15. 10. 1954 in der „Komödie" stattgefunden. – Als Benn am 11. 11. 1954 von Friedrich Luft um Antwort auf die Weihnachtsumfrage der „Neuen Zeitung“ nach seinen „stärksten Eindrücke[n] auf dem Gebiet des Künstlerischen“ im ablaufenden Jahr gebeten wurde, antwortete er am 17. 11. und nannte an zweiter Stelle „Grete Mosheim in ‚Die Erbin‘ (Komödie)“ – *nach* Gedichten von Konstantin Kavafis und *vor* einem Dokumentarfilm über André Gide und Ibsens „zum erstenmal in meinem Leben“ gelesener „Wildente“ (Die Neue Zeitung, 25.12.1954, Nr. 299/300, S. 16; vgl. G. B.: Sämtliche Werke, Bd. VI: Prosa 4, hrsg. von Holger Hof, Stuttgart 2001, S. 207).

63 (Berlin, 22. 10. 1954)

„Gaumenpfirsichsaft ..“: Aus der dritten Strophe des Gedichts „Das sind doch Menschen“ („wüstendurstig | nach einem Gaumenpfirsichsaft | aus fernem Mund“), aus der Strophe also, in der U. Z. „gefühlt u. angebetet drin“ sei (vgl. Brief Nr. 58).

64 (Berlin, 22. 10. 1954, nachmittags)

Joyce ... Dublin: Benn hat gelegentlich darauf verwiesen, daß er in seiner frühen Prosa manches von dem, was später mit dem Namen von James Joyce etikettiert wurde, vorweggenommen habe. Umso bemerkenswerter, daß er hier erklärt, „von Joyce ... kaum etwas“ zu kennen, nun aber – angeregt von U. Z. – die 1953 neuaufgelegte deutsche Ausgabe des Geschichtenbandes „Dubliners“ (übersetzt von Georg Goyert: „Dublin“) „vielleicht“ lesen zu wollen.

zu Altona: ins Worpsweder Hotel „Stadt Altona“.

65 (Berlin, 24. 10. 1954)

Brief ... mit „3 AM“ (zurück): Die Abkürzung deutet auf Benns Prosaband „Drei alte Männer. Gespräche“ (1949). Hatte U. Z. ihm etwas geschickt, das sich scherzhaft auf diesen Titel bezog?

66 (Berlin, 25. 10. 1954)

Bern ... Konstanz: Vgl. Brief Nr. 43 und die entsprechende Anmerkung.

68 (Berlin, 26. 10. 1954)

Frau P.: Die Rentnerin Bertha Pohl, bei der U. Z. in Worpswede ein Zimmer gemietet hatte.

Flüchtlinge: Noch immer also war ein Problem, was Hedwig Rohde 1949 im Worpswede-Heft der Zeitschrift „Merian“ zur „Worpsweder Gegenwart“ angemerkt hatte: „Das noch ungelöste

Problem ist hier wie überall die Frage der Einbürgerung von Flüchtlingen. Worpswede ist überbelastet, nirgends nimmt die Wohnraumbeschlagnahme so harte Formen an wie gerade im Kreis Osterholz, und das Künstlerdorf wurde schon vom Dritten Reich her besonders gern als Abladestation betrachtet – Behörden nämlich erweisen sich sehr viel kunstfeindlicher als Bauern. Um jedes Maleratelier, um jeden Arbeitsraum eines Schriftstellers muß erbittert gekämpft werden. ... Und die Hunderte von ausgeraubten Flüchtlingsfamilien drängen sich in Kellern, Dielen und Behelfswohnungen zusammen. Sie empfinden sich als Ausgestoßene ...“ (H. 10, S. 91 u. 93).

einer der Finckensteins: Ulrich Graf Finck von Finckenstein (1899-1976), einer der sechs Söhne des Patronatsherrn der Selliner Pfarre, mit denen zusammen Benn in seiner Jugend von einem Hauslehrer unterrichtet worden war. Mit einem andern von ihnen, Heinrich (1882-1914), verband ihn eine enge Freundschaft. So konnte er am 26. 10. 1949 an F. W. Oelze schreiben: „Ich habe meine gesellschaftliche Bildung aus 2 Milieus: dem der Finckensteins, mit denen ich gross wurde, also altes Hofzeremoniell; u dem des preussischen Militärs, beides kein internationales.“ (G. B.: Briefe an F. W. Oelze, Nr. 447). In einem Brief vom 1. 12. 1955 hat Benn das Anekdotische betont: „ich wuchs doch bei den Grafen Finckenstein auf mit 5 Söhnen in einem Dorf in der Neumark. Eines Tages fuhren wir in einem kleinen Jagdwagen in den Wald u der alte Graf, ein ziemliches Rauhbein, entdeckte Holzsammler in seinem Wald, stieg ab, verdrosch sie feste, kam zurück u. sagte: ‚So muß man mit den Leuten umgehn, höflich, aber bestimmt.‘ Gute Maxime, sagte ich mir, auch für die Literatur. –“ (G. B: Ausgewählte Briefe, Wiesbaden 1957, S. 300). – Ulrich Graf Finck von Finckenstein, Benns Besucher am 25. 10. 1954, lebte damals als Anwalt in Norden, sein Bruder Karl (1886-1972) in Berum, also beide in Ostfriesland. Die anderen Brüder waren schon tot.

69 (Berlin, 26. 10. 1954, dritter Brief)

„Feuerwerk“: Die musikalische Komödie „Das Feuerwerk“ (Musik: Paul Burkhard) von Eric Charell und Jürg Amstein nach einem Lustspiel von Emil Sautter (Uraufführung 1950 in München).

Meine Geschwister: Benn nennt sie in der Reihenfolge ihres Alters: Ruth (1885-1952), Stephan (1889-1974), Theodor (1891-1981, als Leutnant war er in den zwanziger Jahren in einem Fememordprozeß verurteilt, dann begnadigt worden), Siegfried (1892-

1916), Ernst-Viktor (1898-1990) und Edith (geb. 1901). Ausgelassen hat Benn in seiner Aufzählung den schon als Kind gestorbenen Hans-Georg (1895-1898).

II. Ehe meines Vaters: 2 Söhne: Benns Mutter Caroline geb. Jequier war 1912 an Brustkrebs gestorben. Die beiden Söhne aus der zweiten Ehe des Vaters mit Sophie geb. Kolbe hießen Friedrich und Hans-Christoph.

Kleines Wiesellied: Benn hat die drei Strophen im Taschenkalender unter den Tagesnotizen vom 21., 20. und 22. 10. 1955 konzipiert. Der dritte Vers der zweiten Strophe heißt im Entwurf zunächst: „begegnen jeglichen Gefahren"; das Wort „Kurven" ist als Alternative am Ende der Zeile nachgetragen.

70 (Berlin, 27. 10. 1954)

Auf diesem Papier: Zwei relativ kleine blaugraue Blätter. Auch der zugehörige Briefumschlag ist entsprechend kleiner.

Morgen ... bei Tiburtius ... Heuss-Spende: Benn war an den Beratungen des Landesausschusses Berlin der von Theodor Heuss ins Leben gerufenen Deutschen Künstlerhilfe über die Vergabe von Mitteln an notleidende Künstler, Schauspieler, Sänger und Schriftsteller beteiligt. Zentrale Verteilungsstelle war das Bundespräsidialamt in Bonn.

71 (Berlin, 29. 10. 1954)

Antwort von den Studentenschaften: Benn versuchte, mit Verabredungen flankierender Lesungen oder Vorträge in Zürich und Basel die Schweizer Reise und damit das Zusammensein mit U. Z. zu verlängern. Mit einem Vertreter der „Studentenschaft Basel", Markus Kutter, hatte er schon 1950 korrespondiert. Im Frühjahr 1952 und von neuem im April 1953 hatten zuerst Lucius Burckhardt, dann Alex Holder als die jeweiligen Präsidenten des Vortragsausschusses der Basler Studentenschaft – vergeblich – versucht, Benn für einen Abend in Basel zu verpflichten. Mit Briefen vom 21. 8. und 16. 9. 1954 knüpfte Benn an diese Pläne an und erkundigte sich auch nach Vortragsmöglichkeiten in Zürich. Erst am 7. 10. erhielt er von Holders Nachfolger Lorenz Häflinger Bescheid und teilte ihm am 10. 10. den Termin seines Berner Rundfunkvortrags mit (21. 11.). An diesem Termin, so schrieb Häflinger am 28. 10., scheiterte der Plan sowohl in Basel als auch in Zürich. Häflinger mußte auf seinen Nachfolger verweisen, mit dem Benn im nächsten Frühjahr hoffentlich einen Termin für den nächsten Sommer vereinbaren könne (vgl. Brief Nr. 183).

Maxe aus Wiesbaden: Benns Verleger Max Niedermayer.

72 (Berlin, 29. 10. 1954)
Gestern die Sitzung bei Ti[burtius]: Vgl. die Anm. zu Nr. 70.

73 (Berlin, 31. 10. 1954)
die Bilder aus Lichterfelde: Während ihres Berlin-Aufenthalts in der ersten Monatshälfte hatte U. Z. zunächst bei ihrer Freundin Ingeborg Krengel-Strudthoff in Berlin-Lichterfelde gewohnt, und Benn hatte sie dort am Abend des 7. Oktobers besucht. Dabei waren die auf S. 110 f. abgebildeten Fotos gemacht worden.
Antwort von der Studentenschaft: Vgl. die Anm. zu Nr. 71.

74 (Berlin, 1. 11. 1954)
in Bremen eine Ruth Hoffmann ... Bildhauer Prof Eversmann (??): Es handelte sich um den Bremer Bildhauer Ernst Gorsemann (1886-1960), der noch aus dem Meisteratelier von Louis Tuaillon hervorgegangen war und mit Denkmälern, Tierplastiken und Porträtbüsten die Tradition der Berliner Bildhauerschule des 19. Jahrhunderts fortsetzte. 1934 wurde er Professor an der „Nordischen Kunsthochschule" in Bremen. – Die Bremer Oberschullehrerin Ruth Hoffmann (sie motivierte ihren „Bittbrief" mit dem Hinweis, daß Wilhelm Emrich, Köln, ihr vor längerer Zeit „wieder" angeboten habe, sie zu promovieren, und sie spontan geantwortet habe: „Ja, über Benn") hatte ohne Wissen des Künstlers am 29. 10. 1954 an Benn geschrieben: „Prof. Gorsemann ist zu schüchtern, sie darum zu bitten; vielleicht weil er fühlt, daß Sie auf einem anderen Stern leben als er. In seiner Welt ‚beißen die Tiger' nicht. | Trotzdem, glaube ich, könnte die Büste gut werden, weil G. Ehrfurcht für fremde Welten hat. Ihr ‚Doppelleben' z. B. hat ihn gepackt, so daß er sich, wie Sie vielleicht hörten, mit Herrn Dr. Oelze in Verbindung setzte. Dort sah er Ihr Bild und äußerte den Wunsch, Sie zu porträtieren." (Nachlaß Benn, DLA Marbach)

77 (Berlin, 3. 11. 1954)
Schweizer Visum: Benn hatte eigens einen Reisepaß beantragt, der am 4./6. 11. 1954 ausgestellt wurde und neben den Sichtvermerken der Schweizer Reise vom November 1954 (Ausreise am 19. 11., Rückreise zu U. Z. nach Konstanz noch am Tag des Berner Vortrags, dem 21. 11.; Tagesausflug von Konstanz aus zusammen mit U. Z. und in Begleitung von Johannes Weyl, Herausgeber des „Südkuriers", und seiner Frau Barbara am 25. 11. nach St. Gallen)

nur noch Stempel eines viel späteren Tagesausflugs auf die dänische Seite während des Ostseeurlaubs im August 1955 enthält.

Grosemann, Ernst: Auch das stimmte nicht ganz; Gorsemann hieß er (vgl. die Anmerkung zu Brief Nr. 74). Die großformatige Monographie des Künstlers hat sich in Benns Bibliothek (DLA Marbach) erhalten: E. G.: Vom Morgen zum Mittag. Jugenderinnerungen eines Bildhauers. Mit 48 Bildtafeln aus dem bisherigen Lebenswerk, Stollhamm (Oldb.), Berlin 1949. Darin u.a. Abbildungen von Porträtbüsten des Verlegers Eugen Diederichs und des Autors Erwin Guido Kolbenheyer.

79 (Berlin, 5. 11. 1954)

Leda ... Schönes Bild von Correggio!: „Leda mit dem Schwan" (1531 f.), eines der Hauptwerke Correggios, 1755 von Friedrich II. für seine Galerie in Sanssouci erworben und danach (mit einer Unterbrechung während der Herrschaft Napoleons) in Berlin, nach dem zweiten Weltkrieg in West-Berlin, in der Gemäldegalerie Berlin-Dahlem. (Diese West-Berliner Nachkriegsdependance der Berliner Gemäldegalerie kannte Benn damals allerdings noch gar nicht; vgl. Brief Nr. 189.)

80 (Berlin, 5. 11. 1954)

Van Gogh-aufsatz. Er bleibt der rätselvollste von allen: Der Aufsatz nicht ermittelt. – Benns besondere Neigung zu Vincent van Gogh bezeugt etwa das frühe Prosastück „Der Garten von Arles" (1920): „... zwei Sonnen waren auf dem Bild, gewirbelt zwischen die Zypressen, und ein Kornfeld, auf das der Himmel schrie –: eine flache Stirn, eine fliehende Stirn, eine Verbrecherstirn: der Idiot von Arles. ... er wußte es, der in der Provence malte unter jenem Himmel, einem Himmel über Oliven und Wein." Unter den nicht sehr zahlreichen Kunstbüchern und -katalogen in Benns Bibliothek ist die monumentale Neubearbeitung des französischen Œuvrekatalogs „Vincent van Gogh" von J.-B. de la Faille, préface de Charles Terrasse, Paris 1939, mit 817 Abbildungen.

81 (Berlin, 6. 11. 1954)

hinsichtlich des Altersvortrag bitten sie um Fortlassen gewisser Stellen: Mit der Zusage, in Bern seinen Vortrag „Altern als Problem für Künstler" am 21. November als Sonntagsmatinee vor geladenem Publikum für eine Sendung von Radio Bern noch einmal zu halten (vgl. die entsprechenden Anmerkungen zu Brief Nr. 25 und

40), hatte Benn den im Limes Verlag erschienenen Druck mit seinen aus Zeitgründen erforderlichen Streichungsvorschlägen an den für den Vortragsdienst zuständigen Rundfunkredakteur Karl Rinderknecht geschickt. Der antwortete am 4. November: „Wäre es möglich, dass Sie einen neuen Anfang schrieben, in dem Sinne, dass Sie ausführen würden, wie das Problem des Alterns beim schöpferischen Menschen Sie immer von neuem interessiere und beschäftige. Hätten Sie früher über das Altern des Künstlers gesprochen, so dürfe man das Problem ausweiten, den schöpferischen Menschen überhaupt einschliessen. Dann 3-4 Sätze über ‚wer ist ein schöpferischer Mensch?' (Techniker, Ärzte, Kaufleute können schöpferische Menschen sein, während sehr viele Künstler es ja, im tiefern Sinne, nicht sind.) So befinden wir uns einem Problem gegenüber, das weit mehr Menschen berühren mag, als man zunächst annähme. | Eine solche Neufassung des Beginns würde begründen, dass es sich nicht um eine reine Wiederholung Ihres Vortrages handelt, sondern um Gedanken, die Sie wandeln; es wäre damit auch die Streichung erleichtert, das Ganze hätte einen unmittelbareren, auf Ihren Berner Besuch hinbezogenen Aspekt. ... Im Sinne weiterer notwendiger Kürzung habe ich mit Schlangenlinie noch einige Stellen vermerkt, die für die Schweizer Hörer ausfallen können, ohne dass das Ganze leidet. ... [Und nun R.s Hauptsorge:] Als ein kleines Handicap wirkt sich der Sonntag Vormittag aus, daher die Streichungen Seite 22/23. Schelten Sie mich nicht prüde, doch weiss ich aus Erfahrung, dass wir hier und zu dieser Zeit missverstanden würden. ..." (G. B. / K. R.: Briefwechsel 1954-1956, Warmbronn 2000, S. 18 f.; auch in G. B.: Sämtliche Werke, Bd. VI, hrsg. von Holger Hof, Stuttgart 2001, S. 644; dort auch die Berner Fassung „Altern als Problem des schöpferischen Menschen", S. 191-205). – Aus der Arbeit an der Neufassung heraus schrieb Benn am 14. 11. 1954 an Oelze: „jener Altersvortrag, aber gänzlich modifiziert, alles Aggresive fortgelassen, auch der Appell an die jüngere Generation fort: entschärft, sonntäglich, mit neuer Einleitung u Schluss. Mit etwas Herzklopfen gehe ich in das Zentrum der Schweizer Eidgenossenschaft u werde es schon am Sonntag Nachmittag wieder verlassen. Dann noch ein par Tage Bodensee oder München, je nach Wetter." (G. B.: Briefe an F. W. Oelze, Nr. 700).

Prof. Grosemann ... teilt mir jetzt mit: Von jener Ruth Hoffmann (vgl. die Anmerkung zu Brief Nr. 74) bekam Benn am 5. 11. 1954 die Adresse des Bremer Bildhauers Ernst Gorsemann; der

Künstler habe sie „ermächtigt, Ihnen mitzuteilen, daß er gute Freunde in Bln. habe und die Arbeit auch gern dort aufnähme" (Nachlaß Benn, DLA Marbach). – Zur Ausführung der Porträtbüste ist es nicht gekommen.

84 (Berlin, 9. 11. 1954)

hinsichtlich Hotel Bristol abgeschrieben: Benn schrieb am 8. 11. 1954 an den Leiter des Vortragsdienstes von Studio Radio Bern, Karl Rinderknecht: „Sie haben in Ihrem Brief die Freundlichkeit, mir mitzuteilen, daß Sie mir im Hotel Bristol für den 20. 11. ein Zimmer bestellen wollen. Bitte tun Sie das nicht, ich weiß nicht genau wann ich eintreffe und werde in einem Hotel wohnen, in dem ich Bekannte treffe, mit denen ich mich verabredet habe." Rinderknecht bestätigte am 11. 11. 1954: „Ihrem Wunsch, kein Zimmer zu bestellen, haben wir entsprochen." (Vgl. G. B. / K. R.: Briefwechsel 1954-1956, Warmbronn 2000, S. 20-22.) Benn übernachtete dann im Hotel Bären, gleich neben dem Hotel Bristol.

85 (Berlin, 10. 11. 1954)

Andreas' grosses Buch: Des Heidelberger, später Freiburger Historikers Willy Andreas (1884-1967) umfängliches Werk „Deutschland vor der Reformation. Eine Zeitenwende" (Stuttgart, Berlin 1932) hat sich in Benns Bibliothek erhalten (DLA Marbach). Auf dem Vorsatzblatt trägt es den Adressenstempel aus der Belle Alliance-Straße 12, Berlin SW 61, wo Benn 1917-1935 als Facharzt für Haut- und Geschlechtskrankheiten praktizierte. Benns Lektürespuren (Unterstreichungen und Randnotizen) finden sich vor allem im ersten („Einheitlichkeit und Zerfall des mittelalterlichen Weltbildes") und im letzten, dem zehnten Kapitel („Der Ausklang der Gotik").

86 (Berlin, 12. 11. 1954)

Fr a M ... Max und Frau aus Wiesbaden: Beim Aufenthalt am 19. 11. 1954 in Frankfurt a. M. traf sich Benn mit seinem Verleger Max Niedermayer und dessen Frau Lilo.

87 (13. 11. 1954)

diese Schweiz hat ihre Tücken: Karl Rinderknecht (Studio Radio Bern, Vortragsdienst) schrieb am 11. 11. 1954: „Was nun das Honorar betrifft, so bestehen da in der Tat ziemlich enge Devisenvorschriften. Wir können uns jedoch so einrichten, dass wir Ihnen hier in Bern Fr. 250,– auszahlen. Sofern Sie dies wünschen, können wir bei der Devisenstelle in Zürich ein Gesuch einreichen und auf diesem Weg vielleicht noch weitere Fr. 100,– herausbekommen. Andernfalls würde Ihnen die Restanz einfach nach Berlin überwiesen." (G. B. / K. R.: Briefwechsel 1954-1956, Warmbronn 2000, S. 22).

muss mir also hier die Taschen voll deutschem u Schweizer Geld stopfen: Benns neuer Reisepaß (vgl. die Anmerkung zu Brief Nr. 77) bescheinigt ihm für diese „Geschäftsreise" mitgeführte Devisen von DM 100,– (sfrs 84,–) in Schecks und sfrs 100,– in Münzen.

88 (Berlin, 14. 11. 1954)

wir wollen ruhig Du *sagen*: Das „Du" hat Benn dreifach unterstrichen.

89 (Berlin, 15. 11. 1954)

im März in Stuttgart: Am 7. 3. 1954 hatte Benn im Süddeutschen Rundfunk in Stuttgart zum erstenmal den Vortrag „Altern als Problem für Künstler" gesprochen und ihn dann am 8. März in der Bayerischen Akademie der Schönen Künste in München wiederholt.

93 (Berlin, 18. 11. 1954)

Am Abend des 18. 11., 7.54 h, fuhr Benn im Schlafwagen ab Bahnhof Zoo zunächst nach Frankfurt, traf dort am nächsten Vormittag mit seinem Verleger Max Niedermayer, seiner Lektorin Marguerite Valerie Schlüter und Frau Lilo Niedermayer zusammen und kam am Abend des 19. 11. um 19.20 h in Bern an. Zwei Übernachtungen im Hotel Bären.

Am Montag sehn wir uns: Also am 22. 11. 1954, dem Tag nach dem Berner Vortrag. Auf einer Ansichtskarte aus Bern mit Poststempel vom 21. November an F. W. Oelze schrieb Benn: „... kein Land für mich. Fliehe morgen für ein par Tage Bodensee oder Baden-Baden." Er fuhr aber doch schon am Nachmittag des 21. November nach Konstanz.

96 (Berlin, 27. 11. 1954)

Frau Weyl ... Von ihm ... grosses englisches Werk über „Dada": Mit Johannes Weyl, dem Inhaber des Südverlags und Gründer des „Südkurier" in Konstanz, stand Benn seit März 1946 in brieflicher Verbindung. Durch ihn kam er in Verbindung mit Peter Schifferli und seinem Verlag Die Arche in Zürich, in dem 1948 als Benns erste Buchveröffentlichung nach dem Kriege die „Statischen Gedichte“ erschienen. Ein englisches Buch über den Dadaismus, das Weyl ihm jetzt, nach der persönlichen Begegnung am Bodensee, geschickt haben könnte, ist in der ins DLA Marbach gelangten Bibliothek Benns nicht überliefert. Vielleicht handelte es sich um „The Dada Painters and Poets. An Anthology“, hrsg. von Robert Motherwell, New York 1951.

97 (Berlin, 29. 11. 1954)
Process gegen W. v Scholz: Ein Gespräch über seinen alten Berliner Akademie-Kollegen Wilhelm von Scholz (1874-1969) lag nahe, als Benn mit dem Ehepaar Weyl und U. Z. am 25. November nach St. Gallen fuhr. Der bis ins hohe Alter literarisch ungemein produktive von Scholz, ein Sohn von Bismarcks letztem Finanzminister, war 1926-1928 Präsident der Sektion für Dichtkunst der Preußischen Akademie der Künste gewesen und lebte seit Jahrzehnten auf seinem schloßartigen Anwesen Seeheim bei Konstanz, am Ufer des Bodensees. Von dort aus hatte er sich am 23. 7. 1933 bei Benn (auch unter Hitler blieben sie Akademie-Kollegen) für den Band „Der neue Staat und die Intellektuellen“ (1933) bedankt, im Namen seiner Frau auch für Benns Textbuch zu Hindemiths Oratorium „Das Unaufhörliche“ (1931). Gleichzeitig hatte er um Benns „Gesammelte Gedichte“ (1927) gebeten und als Gegengabe sein Buch „Lebensdeutung. Einfälle, Erlebnisse, Erkenntnisse“ (1924) angekündigt (Nachlaß Benn, DLA Marbach). Noch am 15. 7. 1934 hatte Benn ihm einen Sonderdruck „in einer seit 1904 bestehenden, steigenden Verbundenheit und Dankbarkeit“ dediziert und ein Widmungsgedicht hinzugefügt, das gefällig auf von Scholzens erfolgreiches Drama „Der Wettlauf mit dem Schatten“ (1918) und seinen Roman „Perpetua“ (1926) anspielte (ein veritabler Trödlerfund Peter Salomons, vgl. „Südkurier“, Konstanz, 1. 7. 1999, Nr. 148):

„Im Wettlauf mit den Schatten siegen
Immer die Schatten, wenn die Spur,
Die Aschenbahn in Strahlen liegen,
Im Licht der Erde, der Natur.
Doch halten wir uns zu den Reichen,
Daraus des Menschen Ruf geschah.
Naht sich ein andrer Sieg und Zeichen,
Dem müssen alle Schatten weichen:
Die Form, die Kunst – perpetua.“

Seitdem waren tausend Jahre vergangen. Der fast achtzigjährige von Scholz hatte im März 1953 in einem offenen Brief an den Bundespräsidenten Theodor Heuss Klage geführt über die „beängstigende Überfremdung der deutschen Theater und Verlage" und damit rechts außen (und nicht nur dort) viel Zustimmung gefunden, freilich auch Kopfschütteln bewirkt. Aber zum Gegenstand des Ortsklatsches waren das „Dichterschloß" und der dort gepflegte patriarchalische Lebensstil durch einen Prozeß im Sommer 1950 geworden: Dem Gärtner des Ehepaares von Scholz war wegen Ungehorsams gekündigt worden; er hatte daraufhin die Dame des Hauses in der „kleinen Bibliothek" mit Ohrfeigen und Faustschlägen traktiert und dem Hausherrn die Tür seines Arbeitszimmers eingetreten. Johannes Weyls Zeitung, der Konstanzer „Südkurier", hatte der Verhandlung vor dem Landgericht Konstanz, der ausgiebigen Befragung der „Gattin des Schriftstellers Wilhelm v. Scholz" und den Details der „Hausordnung" auf Schloß Seeheim eine genüßliche halbe Seite gewidmet (15. 7. 1950, Nr. 84).

Programm für Hamburg ... Auch die Goethe-Gesellschaft in Bremen ... *u. Kiel*: Das Programm für die von der Ortsvereinigung Hamburg der Goethe-Gesellschaft geplante Lesung (vgl. die entsprechende Anmerkung zu Brief Nr. 25). Schon am 13. 10. 1954 hatte Hans Pyritz den 14. Dezember als Termin bestätigt. Nach der Rückkehr aus Bern und Konstanz fand Benn einen Brief von Pyritz vom 20. November mit dem gedruckten Veranstaltungsprogramm für den Winter 1954/55 vor. Benns Abend war darin als „Lesung aus eigenen Werken (Lyrik und Prosa)" angekündigt. Außerdem wurden Vorträge von Hermann Barth (über Weimar), Gustav F. Hartlaub (über Rembrandts sog. Faust-Radierung), Hanns W. Eppelsheimer (über „Goethes Idee der Weltliteratur") und Heinz Hilpert („Gedanken über den aktuellen Begriff des Theaters") annonciert. Pyritz wies darauf hin, „daß man sich auf Grund unserer Programmanzeige auch auswärts für Ihren Besuch interessiert. Die Kieler Goethe-Gesellschaft hat bei uns angefragt; und ebenso wünscht die Bremer Landesgruppe des Germanistenverbandes Sie für eine Anschlußlesung zu gewinnen." – Das Wort „Bremen" hat Benn im Brief an U. Z. dreifach unterstrichen.

Paul Geheeb: Der Einladungsbrief des Pädagogen Paul Geheeb (1870-1961), Mitgründers der Freien Schulgemeinde Wickersdorf (1906), Gründers der Odenwaldschule (1910) und später im Schweizer Exil der École de l'Humanité (1934), hat sich in Benns Nachlaß nicht erhalten.

98 (Berlin, 30. 11. 1954)

Heute Abend ... George Gross mit Frau: Der Zeichner und Maler George Grosz (1893-1959) und Benn waren seit den zwanziger Jahren Duzfreunde. In seiner Bibliothek (DLA Marbach) haben sich frühe Bücher des Künstlers mit persönlichen Widmungen an Benn von 1921 und 1925 erhalten. Grosz war 1932 in die USA ausgewandert. Am 17. 11. 1949 meldete er sich brieflich bei Benn: „Will Dir nur sagen, dasz Du für mich einer der grössten lebenden Dichter bist ... das bist Du" – und kündigte sechs Pfund Kaffee an. Erst Anfang Juli 1951 sahen sich die alten Freunde wieder, und Benn schrieb darüber am 5. 7. 1951 an Oelze: „Ich hatte Besuch von George Grosz u Frau, die ich seit 20 Jahren nicht gesehen habe. Wir verlebten einen äusserst alkoholischen Abend" (G. B.: Briefe an F. W. Oelze, Nr. 553). In der Erinnerung daran fürchtete sich Benn jetzt vor „etwas Gesaufe". Auf Einladung des Senators Joachim Tiburtius hatten Benn und seine Frau Ilse am 24. 6. 1954 an einem Vormittagsempfang anläßlich des Berlin-Besuches von Grosz im „Atelier" des Hotels am Zoo teilgenommen.

100 (Berlin, 1. 12. 1954)

dazu Herr Ulrich Becher: Als Siebzehnjähriger war der Dramatiker und Erzähler Ulrich Becher (1910-1990) Malschüler von George Grosz geworden und seitdem mit ihm befreundet. Nach Jahren des Exils in Brasilien und zuletzt in New York kehrte er 1948 nach Wien, dann nach Berlin zurück und hatte mit Dramen wie den von Benn erwähnten („Samba", 1951; „Mademoiselle Löwenzorn. Fatale Komödie", 1953) Achtungserfolge. Die George-Grosz-Ausstellung der Berliner Akademie der Künste 1962 eröffnete er mit der Rede „Der große Grosz und eine große Zeit".

102 (Berlin, 2. 12. 1954)

Donnerstag, also Zanktag: Schon früh, während seines zweiten Besuches in Worpswede, notierte Benn am 9. 9. 1954, einem Donnerstag, in seinen Kalender: „Zanktag".

103 (Berlin, 3. 12. 1954)

Für Hamburg ... gut vorbereiten: Das Programm der für den 17. 12. 1954 geplanten Lesung in Hamburg (vgl. die entsprechenden Anmerkungen zu den Briefen Nr. 25, 39 und 97) machte Benn schon seit der Einladung und seiner Zusage im September Kopfzerbrechen. Am 25. 9. 1954 schrieb er an Oelze: „Darf ich Sie um Rat bitten, welches Programm würden Sie vorschlagen? Welche Gedichte, welche Stücke aus Prosa u Essay? Wäre es Ihnen möglich, sich dazu zu äussern? Wäre Ihnen sehr, sehr dankbar. ... Denken Sie bitte bei Ihren Überlegungen daran, dass man die Zuhörer ja auch *unterhalten* will, ihnen was bieten ... Bitte haben Sie die Freundlichkeit, mich zu beraten." Am 13. 10. 1954 bedankte er sich: „die betr. Gedichte finden sehr meinen Beifall, über Prosa muss ich noch nachdenken." Und am 16. 11. 1954: „Sie haben ja ganz neue Gedichtstellen ans Licht gezogen. ... Ich meinerseits las aus Anlass Hamburg nocheinmal den ‚Phänotyp', er scheint mir ja doch das seltsamste u stellenweise gelungenste Stück von allem zu sein ... ." Ausführliche, zum Teil überarbeitete und revidierte Entwurfsnotizen zum Programm des Hamburger Abends finden sich in Benns Arbeitsheft 19e (DLA Marbach). Ein detailliertes „Voraussichtliches Programm" für seinen Hamburger Abend schickte Benn am 10. 12. 1954 an Oelze (G. B.: Briefe an F. W. Oelze, Nr. 695, 696, 701 und 706). Einen handschriftlichen Programmentwurf schickte Benn noch viel später, am 5. 6. 1955, an U. Z. (vgl. die Abbildung S. 189 und Brief Nr. 234). Ein anderer handschriftlicher Entwurf hat sich in Benns Nachlaß (DLA Marbach) erhalten (vgl. G. B.: Sämtliche Werke, Band VI: Prosa 4, hrsg. von Holger Hof, Stuttgart 2001, S. 650).

Habe dort Feinde. ... von Heuss den Orden ... protestierte der Hbger Schriftstellerverband: Zu seinem 67. Geburtstag am 2. 5. 1953 wurde Benn von Theodor Heuss mit dem Verdienstkreuz des Verdienstordens der Bundesrepublik ausgezeichnet. Benn wußte es schon seit dem 15. 12. 1952 und hatte am Tage danach an Oelze geschrieben: „Und nun etwas Überraschendes, bitte nehmen Sie Platz, Sie würden sonst schwanken. Der hiesige Kultursenator [Tiburtius] rief mich gestern an u teilte mir mit, der Herr Bundespräsident habe mir das Verdienstkreuz verliehen. Er fragte nicht: ‚Nehmen Sie es an', sondern er teilte mir den Tatbestand mit. Also, was nun? Ablehnen wäre Angeberei, also nehme ich es hin. Tragen werde ich es nicht (‚es ist wie E.K I unter der Brust zu tragen, eine höhere Klasse'). Was sagen Sie dazu? Unerwartet, muss ich sagen." (G. B.: Briefe an F. W. Oelze, Nr. 622). – Unmittelbar nach der Ordensverleihung, am 5. 5. 1953, berichtete Benn von einer „Groteske" in diesem Zusammenhang: „Der Schriftstellerverband (dem ich nicht angehöre) [Schutzverband Deutscher Autoren], Abt. Nordwest, Gruppe Hamburg, hat Stellung genommen zu der *Ordens*verleihung an mich und will, anscheinend, protestieren!

Sowas ist doch wohl nur in Deutschland möglich." (ebd. Nr. 640). In der Tat gab es einen „Mitgliederbeschluß" zur „Angelegenheit der Bundesverdienstkreuzverleihung an Gottfried *Benn*" schon am 3. 2. 1953 und eine Mitteilung des Vorsitzenden Harry Reuss-Löwenstein vom 27. 3. 1953, daß der Vorstand die Angelegenheit im Sinne des Beschlusses bearbeitet habe (vgl. den Kommentar zu Nr. 640 der „Briefe an F. W. Oelze").

104 (Berlin, 4. 12. 1954)

morgen Wahl in Berlin: Bei diesen zweiten Wahlen zum West-Berliner Abgeordnetenhaus am 5. 12. 1954 erreichte die SPD mit 44,6 % die absolute Mehrheit der Sitze. Benn notierte am Abend des Wahltags: „SPD knapper Sieg." Das Ergebnis war eine große Koalition von SPD und CDU. Otto Suhr (SPD) wurde neuer Regierender Bürgermeister; sein Nachfolger als Berliner Parlamentspräsident wurde der junge Willy Brandt.

Paul Geheeb: Vgl. die entsprechende Anmerkung zu Brief Nr. 97.

Der Brief von Oe.: Aus den Reden führender westlicher Staatsmänner am 23. 11. 1954 bei der Vollversammlung der Vereinten Nationen nach dem Tod A. J. Wyschinskijs, des UNO-Chefdelegierten der Sowjetunion, hatte Oelze auf ein Fortbestehen der Koalition der Siegermächte von 1945 gegen Deutschland und gegen die deutsche Einheit geschlossen und in einem „gewissen Herrn Adenauer aus Rhöndorf-Bonn, deutscher Provinzler de pur sang, selig sind die Beschränkten, denn sie sollen 80 Jahre alt werden!" den Erfüllungsgehilfen dieser Politik ausgemacht (F. W. Oelze an Benn, 28. 11. 1954, Nachlaß Benn, DLA Marbach). Über einige ältere Gedichte Benns hatte Oelze sich dagegen schon im Brief vom 14. 11. enthusiastisch geäußert: „hingerissen wie vor zwanzig Jahren!" In seiner Antwort vom 16. 11. schloß Benn anzüglich auf „acute Anfälligkeiten" erotischer Art bei Oelze und benutzte im Gegenzuge die Hervorhebung von „Stunden, Ströme" zu einer Anspielung auf seine Liebe zu U. Z.: „rechnen Sie mir von der 5. Strophe Reihe 2, 3, 4 zu gute (auch für Bern.)" (G. B.: Briefe an F. W. Oelze, Nr. 701). Diese Verse lauten: „einem Kusse, Augen, welche glänzen, | fährt man eine Nacht nach, über Grenzen, | fremde Sterne über fremden Höhn, | ..."

105 (Berlin, 6. 12. 1954)

2 *Bücher ... den Döblin u. den Steinberg*: Mit dem „Döblin" meinte Benn das schon am 24. 10. 1954 angekündigte „Jahrbuch

der Sektion für Dichtkunst" 1929 der Preußischen Akademie der Künste (vgl. Brief Nr. 65 und die Nachschrift von U. Z.). – Auch den gerade bei Rowohlt erschienenen Band „Steinberg's Umgang mit Menschen" mit 281 Zeichnungen von dem amerikanischen Zeichner Saul Steinberg (1914-1999) hat Benn damals an U. Z. geschickt.

106 (Berlin, 7. 12. 1954)

„U.grundbahn", ganz früh: Das Gedicht „Untergrundbahn" ist allerdings noch früher als Benn hier meint, nämlich im Mai 1913 in der Zeitschrift „Der Sturm" (Jg. 4, Nr. 160/161, S. 26) zuerst erschienen, dann im Oktober desselben Jahres in Benns zweitem Lyrikheft „Söhne. Neue Gedichte" (Berlin-Wilmersdorf: A. R. Meyer).

Etwas sonderbar ... diese Germanisten: Gerade, am 5. 12. 1954, hatte Oelze – überrascht von Benns Bremer Reiseplan – seine Bedenken angemeldet: „meinen Sie nicht, dass ein Vortrag vor einem collegium von Studienräten für einen G. B. ein descensus ad inferos ist?" (Nachlaß Benn, DLA Marbach). Aber Benn hatte ihm am 4. 12. seine Begründung gegeben: „ich habe angenommen, da ja Bremen neuerdings für mich eine gewisse Bedeutung gewonnen hat, die zu der Oberneulander Suggestion noch hinzukommt" und antwortete am 6. 12. ergänzend: „Vor wem ich vorlese, ist mir ganz gleich." (G. B.: Briefe an F. W. Oelze, Nr. 704 f.)

107 (Berlin, 8. 12. 1954)

Eva L.: Über Eva Lichtenford, die Frau des Malers Alfred L., heißt es im „Worpswede"-Heft der Zeitschrift „Merian" (vgl. die entsprechenden Anmerkungen zu den Briefen Nr. 6 und 17) unter „Worpsweder Profile": „Die beweglich-charmante Frau Eva Lichtenford – ihre Tüll- und Spitzenarbeiten sind zarte Kunstwerke für sich – assistiert ihrem Mann nicht nur beim Geschichtenerzählen auf unnachahmliche Weise" (S. 84; eine ihrer Tüllstickereien ist abgebildet auf S. 93 des Heftes).

108 (Berlin, 8. 12. 1954)

Herrn Ulrich Becher: Vgl. die Anmerkung zu Brief Nr. 100.

Oe. Montag verunglückt: F. W. Oelze hatte einen Lungeninfarkt und lag bis Ende Februar 1955 in der Chirurgischen Abteilung der Städtischen Krankenanstalten Bremen. Benn hat ihn dort gleich im Dezember, während des bevorstehenden Aufenthaltes in Bremen und Worpswede, zweimal besucht.

dieser Germanistenverein ... kein Telefon: Am 10. 12. 1954 beklagte sich Benn ausführlich bei Oelze: „Dieser Bremer Germanisten-Verein scheint eine merkwürdige Sache zu sein. Sie haben keinen gedruckten Briefkopf, offenbar auch keine Schreibmaschine, es schreibt immer ein Herr Trittin, der hat aber offenbar auch kein Telefon. Ich weiß daher nicht, wie ich mit ihm eigentlich in Verbindung kommen soll, wenn ich in Bremen ankomme." (G. B.: Briefe an F. W. Oelze, Nr. 706). Oelze hat sofort interveniert, denn jener Studienrat Erich Trittin aus Brinkum bei Bremen schrieb noch am 13. 12. an Benns Hoteladresse in Hamburg und versorgte ihn mit allen Angaben. Der Germanistenverband Bremen hätte Benn gern im Gästehaus des Bremer Senats untergebracht, fügte sich aber dem Wunsch des Gastes: „Worpswede wird natürlich noch schöner für Sie sein" (Nachlaß Benn, DLA Marbach).

109 (Berlin, 10. 12. 1954)
im „Kronprinzen": Hotel Zum Kronprinzen, Kirchenallee 46, Hamburg. – Aus Benns Kalendernotizen ist hier (in Auswahl) zu ergänzen: Abfahrt vom Bahnhof Zoo am 13. 12. 1955, Montag, um 7.58 h; Ankunft in Hamburg 11.48 h. Am Abend des 14. 12. Benns Vorlesung im Hörsaal A der Universität. Weiterfahrt nach Bremen am 15. 12. um 11.02 h. Unterkunft im Hotel Zur Post, Zimmer 77. „Abends im Columbus Keller." Am 16. 12. zunächst Krankenhausbesuch bei Oelze, dann mit U. Z. in ihrer „Pädagogischen Arbeitsstelle". „2 h Bus nach Worpswede. Gasthaus Haar. Abendessen W[orpswede] 108. [Adresse von U. Z.]" Am 17. 12. abends „7 h. abgeholt zur Böttcherstr. 8 h Vortrag." Am Vormittag des 18. 12. hat Benn noch einmal den kranken Oelze besucht und ist am Nachmittag mit U. Z. nach Worpswede zurückgekehrt: „Weihnachtsbaum! Weihnachten!" Am Sonntag, dem 19. 12., Besuch im Wohnwagen von Till Hienz. Rückfahrt nach Berlin am 20. 12.: „Bremen ab 12^{06} Berlin an 9 h".

112 (Berlin, 23. 12. 1954)
meinen Aufsatz für Maxe ... über den Expressionismus: Die „Einleitung" zu der von Max Niedermayer vorbereiteten Anthologie „Lyrik des expressionistischen Jahrzehnts. Von den Wegbereitern bis zum Dada" (Wiesbaden: Limes 1955, S. 5-20).

117 (Berlin, 28. 12. 1954)
Von Hamsun ... „Stadt Segelfoss": Den zuerst 1915 und ein

Jahr später in deutscher Übersetzung erschienenen Roman „Die Stadt Segelfoß". Benn hat 1929 in der „Literarischen Welt" diesen Roman Hamsuns zu den Büchern gezählt, „die mich überall begleiteten ..., mit denen ich alterte".

Von Herrn Fellmann sehr sehr netter Brief: Der Studienrat Herbert Fellmann, erster Vorsitzender des Germanistenverbandes Bremen, hatte Benn bei seiner Lesung am 17. 12. 1954 begrüßt und vorgestellt. Mit einem Weihnachtsbrief vom 25. 12. bedankte er sich: „Die Serie unerwarteter Geschenke begann für mich in diesem Jahr mit Ihrer Lesung" (Nachlaß Benn, DLA Marbach). Er schloß mit einer Einladung: „Es gibt in Bremen eine Anzahl Einzelner, denen Ihr Werk mehr bedeutet als ein dichtungsgeschichtliches Phänomen. Ob es möglich wäre, daß Sie vor diesen etwa 15 Personen lesen könnten – ganz unfeierlich, ‚einfach nur so' – wenn Ihr Weg Sie wieder einmal nach Worpswede oder Bremen führt?"

Frl. Ruth Hoffmann: Die Bremer Deutschlehrerin, die dem Bildhauer Ernst Gorsemann zu einer Gelegenheit verhelfen wollte, Benn zu porträtieren (vgl. die Anmerkung zu Brief Nr. 74).

Sende den Green[e]: Ankündigung des Romans „Die Kraft und die Herrlichkeit" von Graham Greene, um den U. Z. gebeten hatte.

118 (Berlin, 28./29. 12. 1954)

Titel des Aufsatzes im „Querschnitt": Unter dem Titel „Dein Körper gehört dir" hat Benn im März-Heft 1928 des Magazins „Der Querschnitt" (Jg. 8, H. 3, S. 145-149) den im Verlag seines Freundes Erich Reiss erschienenen Roman gleichen Titels von Victor Margueritte besprochen und scharf gegen den Paragraphen 218 polemisiert.

Radio Bremen: anständig: Vielleicht das Honorar für die am Abend des 15. 11. 1954 ausgestrahlte Benn-Sendung (vgl. die Anmerkung zu Brief Nr. 19).

„Spiegel" ... Aufsatz über Th. M: „Der Spiegel" vom 22. 12. 1954 (Jg. 8, Nr. 52) erschien mit einem großen Porträtphoto Thomas Manns auf dem Titelblatt, darunter: „Der Tod ernährt die Kunst. Nobel-Schriftsteller Thomas Mann (siehe ‚Dichtung')". Der anonyme Aufsatz trug den Titel „Der Zauberer" (S. 32-45) und handelte ausführlich Thomas Manns Gesamtwerk ab im Zeichen eines „Grundmotivs", dem der „Wechselbeziehung zwischen Verfall und Kunst, Geist und Tod, Gesundheit und Banalität" (S. 32). Benns Urteil („nicht gut") mag sich v. a. aus dem Unmut darüber ergeben haben, daß Thomas Manns großbürgerlicher Le-

bensstil hier ausgiebig bebildert und daß er als *der* Repräsentant deutscher Kultur im bevorstehenden Schiller-Jahr ausgerufen wurde, der die offizielle Festrede zum 150. Todestag des Klassikers am 9. 5. 1955 in Stuttgart *und* in Weimar halten und obendrein auf dem Titelblatt seines angekündigten „Versuchs über Schiller" neben dessen Namen „den des größten deutschsprachigen ‚Klassikers' unter den lebenden Literaten" stellen werde, den eigenen.

Notiz über das Röntgenbild des Papstes: Auf die Titelstory des „Spiegels" über Thomas Mann folgte ein Beitrag über die Behandlung des schwer erkrankten Papstes Pius XII. durch den Schweizer Endokrinologen Paul Niehans mit der von ihm entwickelten Trokkenzellen-Therapie („Ampullen aus Heidelberg", S. 46). Eine Röntgenuntersuchung habe den Verdacht auf Krebs nicht bestätigt. „Die Ärzte entdeckten jedoch auf den Röntgen-Aufnahmen eine Ausstülpung am Durchtritt der Speiseröhre durch das Zwerchfell. Das Zwerchfell ... hatte sich um den Durchgang der Speiseröhre gehoben."

Familienbesuch in Siemensstadt: Bei den Eltern von Ilse Benn, die in Berlin-Siemensstadt, Natalissteig 5, wohnten. – Die von Hans Scharoun geplante Berliner „Großsiedlung" Siemensstadt wurde 1929-1931 in Charlottenburg und Spandau von der Avantgarde der deutschen Architekten gebaut (neben Scharoun: Otto Bartning, Gropius, Hugo Häring u. a.); die Hauptstraßenzüge: Jungfernheideweg und Goebelstraße.

119 (Berlin, 29. 12. 1954)

Das Buch von Marie Hamsun: Das 1953 auf norwegisch, 1954 in deutscher Übersetzung erschienene Erinnerungsbuch „Der Regenbogen" von Marie Hamsun (1881-1969), der Witwe Knut Hamsuns. (Vgl. die entsprechende Anmerkung zu Brief Nr. 129.)

120 (Berlin, 30. 12. 1954)

mit Lennig zusammen: Der Literatur- und Kunstkritiker Walter Lennig (1902-1968), geboren in Kempten, aufgewachsen in Czernowitz, von 1951 bis 1955 unter Erik Reger Feuilletonchef des Berliner „Tagesspiegels", hatte Benn im September 1952 nach Knokke, zur „Biennale Internationale de Poésie" begleitet. Von ihm stammt die seit 1962 immer wieder aufgelegte Rowohlt-Monographie Nr. 71 über Benn.

„*Charon oder die Hermen* ...": Anfangsverse des ersten der beiden unter dem Titel „Die Dänin" vereinigten Gedichte, die in dem

Band „Schutt" (Berlin 1924) zuerst veröffentlicht wurden. Benn verweist hier auf den Wiederabdruck in dem Auswahlband „Trunkene Flut" (1949, 2. vermehrte Aufl. 1952).

123 (Berlin, 1. 1. 1955)

Hier: Lennig u. dann noch Frau Tumler ...: Benn, seine Frau Ilse, Walter Lennig und „Lilo" Alverdes schrieben in der Silvesternacht eine Ansichtskarte mit dem Bild der Berliner Kaiser-Wilhelm-Gedächtniskirche an Franz Tumler in Salzburg (Nachlaß Tumler, DLA Marbach). Susanne Tumler war ebenfalls Gast in dieser Nacht (so bezeugen Benns Kalendernotizen), hat aber die Karte an ihren Mann nicht mit unterschrieben.

124 (Berlin, 3. 1. 1955)

für Max den Aufsatz: Die „Einleitung" zur Anthologie „Lyrik des expressionistischen Jahrzehnts" (vgl. die Anmerkung zu Brief Nr. 112).

Den Schiller: Ein Schiller-Jahr stand bevor wegen des 150. Todestages am 9. 5. 1955 und brachte auch Benn verschiedene Aufforderungen, sich über den Klassiker und sein Verhältnis zu ihm zu äußern. Zunächst aber war die Anregung von Karl Schwedhelm, dem Leiter der Literaturabteilung des Süddeutschen Rundfunks, Stuttgart, ausgegangen und Benn hatte sie schon vor dem 20. 11. 1954 aufgegriffen: „ich würde vielleicht über ‚*Schiller als Lyriker*' sprechen" (Nachlaß Schwedhelm, DLA Marbach). Seine Bereitschaft erfuhr aber nach der Lektüre des „Spiegels" vom 22. 12. 1954 (vgl. die entsprechende Anmerkung zu Brief Nr. 118) eine Dämpfung mit überraschender Begründung (an Schwedhelm, 22. 1. 1955): „Ich schreibe ferner heute an Sie wegen meines einmal zu Ihnen geäußerten Gedankens, mich an den Unternehmungen des Schiller-Jahres zu beteiligen. Ich muß sagen, mein Wunsch danach ist nicht gewachsen, seit man überall liest, daß Thomas Mann der Matador dieses Jahres sein wird. Unter seinen Fittichen und in seinem Schatten mitzuspielen, ist eigentlich nicht so furchtbar reizvoll." (G. B.: Ausgewählte Briefe, Wiesbaden 1957, S. 281)

126 (Berlin, 4. 1. 1955)

der Japan-Professor ... junge Frau v. M. ... mein altes Trudchen ... Lohner ... Schifferli ... Traverso .... Ignatio Silone ... Frau Sternheim ... Erna Pinner: Glückwünsche zum Neuen Jahr kamen demnach von Prof. Dr. Kenji Takahashi aus Tokyo; von Benns „Heimats- und Jugendbekannter" Thea von Mosch (Dorothee von Mosch-Pfuel, die er bei seinem Münchner Akademievortrag „Altern als Problem für Künstler" am 8. 3. 1954 nach vielen Jahren wiedergesehen hatte); von Gertrud Zenzes aus New York (nicht „Chicago"; die 1898 geborene, mit einer Arbeit über die schlesischen Weber promovierte Historikerin war 1926 in die USA ausgewandert und wurde dort als Lebensmittelchemikerin erfolgreich); von Edgar Lohner (vgl. die entsprechende Anmerkung zu Brief Nr. 8) und seiner Frau Ossana; vom Zürcher Verleger Peter Schifferli, in dessen Verlag Die Arche 1948 Benns „Statische Gedichte" und 1949 sein Essay „Goethe und die Naturwissenschaften" erschienen waren; von Benns italienischem Übersetzer Leone Traverso (vgl. die entsprechende Anmerkung zu Brief Nr. 28); von Ignazio Silone (Benn kannte den italienischen Autor aus dem Komitee, das 1953 in Genf Werner Warsinsky mit dem Europäischen Literaturpreis ausgezeichnet hatte); von Thea Sternheim, der Mutter von „Mopsa" (vgl. die erste Anmerkung zu Brief Nr. 25); von Erna Pinner (diese Freundin Benns war 1935 nach England emigriert; ihr Briefwechsel mit ihm aus den Jahren 1946-1956 erschien in: Ich reise durch die Welt. Die Zeichnerin und Publizistin Erna Pinner, Bonn 1997, Schriftenreihe Verein August Macke Haus Bonn, Nr. 23, S, 139-157).

127 (Berlin, 4. 1. 1955, nachmittags)
Tillbrief: Briefe von Till Hienz aus Worpswede sind in Benns Nachlaß nicht erhalten.

128 (Berlin, 5. 1. 1955)
Lichterfelde ... Ursel – Krengel: Erinnerung an Benns Besuch dort am 7. Oktober 1954 (vgl. die entsprechende Anmerkung zu Brief Nr. 73).

wie bei Haar: Im Worpsweder Gasthof Haar hatte Benn im Dezember 1954 gewohnt.

129 (Berlin, 6. 1. 1955)
Be[nn] Ruth H. ... Prof. G.: Inzwischen hatte sich Benn in Berlin mit der Bremer Deutschlehrerin Ruth Hoffmann getroffen, die ihn zu Porträtsitzungen für den Bildhauer Ernst Gorsemann gewinnen wollte und ihm vorher eine Veröffentlichung des Künstlers geschickt hatte (vgl. die entsprechenden Anmerkungen zu Brief Nr. 74 und 117).

„Abhalftern": Benn hat dieses Wort unter dem 14. 12. 1954, am Tag seiner Hamburger Lesung, im Taschenkalender notiert und umrandet.

ausser Fechter noch Holthusen: Benn nutzte die Gelegenheit, mit Paul Fechter und Hans Egon Holthusen über die von seinem Verleger Max Niedermayer geplante Anthologie expressionistischer Lyrik zu sprechen. An Niedermayer schrieb er darüber, ebenfalls am 6. 1.: „Gestern nachm. waren Fechter u. Holthusen bei mir. Auch von ihnen wußte keiner, was ein expressionistisches Gedicht eigentlich ist. Eigentlich kann man nur sagen, es sind Gedichte, die sind anders als die von George u von Rilke." (Briefe an einen Verleger. Max Niedermayer zum 60. Geburtstag, Wiesbaden 1965, S. 122 f.)

Das Buch von Marie Hamsun: Vgl. die Anmerkung zu Brief Nr. 119. – Bei seinem Verleger fragte Benn noch am selben Tage an: „Wollten Sie mir nicht mal das Buch von Marie Hamsun leihen? Das wäre sehr nett von Ihnen." (a. a. O., S. 123).

„Dein Lächeln weint": Diesen Anfang des Gedichts „Untreu" wählte der Verlag ein Jahr später als Titel für die Ausgabe der „Gesammelten Gedichte" von August Stramm (1956). Gegen die Verwendung als Titel der Anthologie expressionistischer Lyrik protestierte Benn bei seinem Verleger im selben Brief: „‚Dein Lächeln weint', – das wird ja immer doller! Stramm hin, Stramm her – der Vers ist arg sentimental.Und dann doch trotz aller Einwände: ‚Lyrik *des* Express[ionismus]'. Meine Bedenken sind groß. Ist denn der Titel *‚gängig'*, wie Sie es nennen? Ich würde mich dann in 1 Satz meiner Einleitung von Titel u. Auswahl der Gedichte distanzieren, bzw. sagen, daß ich daran nicht beteiligt bin, natürlich würde ich das nicht kritisierend sagen, sondern feststellend." (a. a. O., S. 122).

132 (Berlin, 8. 1. 1955)

„Neue Zeitung" – Parodie: In der „Neuen Zeitung", Berlin, vom 1. 1. 1955 (11. Jg., Nr. 1, S. 19) war eine anonyme Parodie erschienen: „Woher nehmen wir, wenn ... Nach Gottfried Benn". Die Feuilletonredaktion der seit Kriegsende 1945 erscheinenden „amerikanischen Zeitung in Deutschland" hatte sich ein „etwas mutwilliges Silvestervergnügen" daraus gemacht, ihren Lesern einige fingierte „prominente, günstige oder mißgünstige Stimmen" auf die Nachricht von der bevorstehenden Einstellung der Zeitung am 30. 1. 1955 zu präsentieren. Die Seite 19 enthält parodierte

Reaktionen nach Martin Buber, Alfred Döblin, Johann Peter Ekkermann (der Goethes Meinung kolportiert), Martin Heidegger, Ernest Hemingway, Ernst Jünger, Erich Kästner, Thomas Mann, dem Nachrichtenmagazin „Der Spiegel" und eben Benn. Aus der neun Strophen langen Gedichtparodie (mit insgesamt 59 freien Verszeilen) hier nur einige Proben vom Anfang und vom Ende:

Aufs Ganze gesehen
ist die Journaille keine Messe wert.
Aber hier: laßt die Trompete
zu der Pauke sprechen.
Jetzt trinkt der König Hamlet zu –
definitiver Aufzug,
doch die Degenspitze vergiftet.

„Ollenhauer sprach in Hannover."
Zitate zur Hand, Glossen im Stehsatz,
hier kühl, dort chaleureux,
liberal mit positiven Aspekten,
lieber mal eine Flöte zuviel,
die Leidartikel von H. W. (1946)
waren Rekord. Die Lage wurde günstiger.

„Zwiespalt zwischen der öffentlichen
und der eigenen Meinung." (Keynes)
Opalisieren!
[...]

Verstummt ab 31. Jänner.
Vereinsamt steht im Setzkasten Welt.
Nicht mehr rollt Information, kleingehackt,
über donnernde Rotationen.
Wehe, wenn es Abend wird,
woher nehmen wir Nachrichtenfutter,
Filmschmus, Theaterklatsch,
kurze Kulturnachrichten – woher?

Schwärze des Drucks – Redakteure
waschen sie von den Händen, letztmalig.
Symbolischer Akt? Oder Vorbereitung
für Neues, Anlauf zu Größerem?

Schluß einer Zeitung?
Diese Epoche, waidwund,

will weiter gedruckt sein.
Wenn die Rebe wächst
und die Volkswirtschaft verarbeitet
ihren Saft dank außerordentlicher
Erfindungen und Manipulationen
zu Mousseux – dann muß man ihn
wohl auch trinken.
Weitermachen! Am Ball bleiben!
Vale!

134 (Berlin, 11. 1. 1955)

Max hat den Titel aufgegeben: In der Kontroverse um den Titel der Anthologie war Benn der Ansicht, die „Lyrik des Expressionismus" sei nicht in der Weise auf einen Nenner zu bringen, wie es ein solcher Titel suggeriere. Der endgültige Titel eröffnete den Blick auf eine Vielfalt von Ausdrucksformen: „Lyrik des expressionistischen Jahrzehnts. Von den Wegbereitern bis zum Dada".

137 (Berlin, 12. 1. 1955)

wirst Du Alles zwischen uns: An dieser ersten Stelle hat Benn das Wort „Alles" doppelt unterstrichen.

138 (Berlin, 13. 1. 1955)

Maassen, Haar oder Post: Die Gasthäuser in Worpswede („Maaßen" und „Haar") und das Bremer Hotel Zur Post, in denen Benn bei seinen bisherigen Besuchen Ursula Ziebarths gewohnt hatte.

Ich bin nach Rom eingeladen ... u gleichzeitig ... Florenz: Bonaventura Tecchi, Leiter des „Istituto Italiano di Studi Germanici" in Rom, hatte Benn am 20. 12. 1954 „zu einem Vortrag in unserem Institut" eingeladen: „Sie könnten entweder über ein literarisches Thema sprechen, oder aus eigenen Werken lesen." Benns italienischer Übersetzer, Leone Traverso in Florenz (vgl. die entsprechende Anmerkung zu Brief Nr. 28), nutzte Ende Dezember die Gelegenheit zu einer Anschlußeinladung „im Namen des Florentiner P.E.N.Clubs". Er schlug Benn vor, „Altern als Problem für Künstler" vorzulesen; Giorgio Zampa und er selbst würden mit einer italienischen Übersetzung assistieren. Politischen Bedenken beugte er vor: „Und, betreffs der politischen Farbe des italienischen P.E.N. Clubs, hegen Sie, bitte, keinen Verdacht: das hat mit Kommunismus gar nichts zu tun; ein Beweis dafür kann der Name des italienischen Präsidents, Ignazio Silone, sein." (Nachlaß Benn, DLA Marbach).

143 (Berlin, 18. 1. 1955)

Aufsatz ... der gestern nacht fertig geworden ist: Benns „Einleitung“ zur Anthologie „Lyrik des expressionistischen Jahrzehnts“; im Druck ist sie datiert: „20. Januar 1955“.

Vergiss aber „Den grossen Regen“ nicht: Vgl. die entsprechende Anmerkung zu Brief Nr. 34.

145 (Berlin, 21. 1. 1955)

Habe eine neue Arbeit begonnen: Für den 21. 1. 1955 ist in Benns Taschenkalender und durch ein datiertes Typoskriptblatt im Nachlaß die Niederschrift des Gedichts „Impromptu“ bezeugt, das dann am 30. 1. in der letzten Nummer der „Neuen Zeitung“ erschien (vgl. die entsprechende Anmerkung zu Brief Nr. 156). Benn dachte vermutlich über das eine Gedicht hinaus an „das schwarze Heft“, nach dem sein Verleger Max Niedermayer immer wieder fragte und mit dem der neue Gedichtband gemeint war, der im August 1955 unter dem Titel „Apreslude“ erschien.

Rom habe ich zunächst mal abgesagt: Am 14. 1. 1955 und vor allem deshalb, weil er nicht Italienisch könne. So versuchte es Bonaventura Tecchi am 18. 1. noch einmal: „In unserem Institut wird deutsch gesprochen. Unser Publikum besteht aus Mitgliedern der deutschen Kolonie und aus einer beträchtlichen Zahl italienischer Germanisten und Kenner der deutschen Literatur ...“ Er schlug einen Termin in der zweiten Mai- oder ersten Junihälfte vor. – Etwas später hat Benn auch in Florenz abgesagt, und Leone Traverso akzeptierte das am 7. 2. 1955: „So sehen wir uns gezwungen, auf Ihre ersehnte Gegenwart bei uns zu verzichten“ (Nachlaß Benn, DLA Marbach).

147 (Berlin, 24. 1. 1955)

Hans Bender hat ... an mich geschrieben ... 3 Gedichte von der Kölnerin Astrid: Hans Bender (geb. 1919), zusammen mit Walter Höllerer Gründer und Herausgeber der „Akzente“, hatte am 15. 1. 1955 um einen Beitrag gebeten. Benn antwortete sofort und schickte nicht nur drei Gedichte („The Raven“, „Der Delphin“ und „Die Ratte“) von Astrid Claes (vgl. die Anmerkung zu Brief Nr. 10), sondern auch den eigenen dreiteiligen Zyklus „Verließ das Haus“. Die Herausgeber nahmen Benns Gedichte umgehend noch in das erste Heft des zweiten Jahrgangs der „Akzente“ auf (Februar 1955, S. 37 f.; der Autor veröffentlichte sie im selben Jahr noch einmal in seinem neuen Band „Apreslude“). Aber auch die Gedichte von Astrid Claes, so schrieb Hans Bender am 14. 2. 1955, waren

„fest angenommen“ und erschienen schon im nächsten Heft (April 1955, S. 113-115). Höllerer habe die junge Dichterin in Köln sogar schon besucht. Bender dankte noch einmal: „Ihr Angebot war ganz in unserem Sinne: prominente Verse und unbekannte Verse nebeneinander“ (Nachlaß Benn, DLA Marbach). An Astrid Claes gab Benn die gute Nachricht am 17. 2. 1955 weiter (vgl. G. B.: Ausgewählte Briefe, Wiesbaden 1957, S. 282 f.).

Auf H. H. R. ...: Hans-Herman Rief, der Worpsweder Archivar.

151 (Berlin, 26. 1. 1955)

Stuttgart ... die Schillersache: Vgl. die entsprechende Anmerkung zu Brief Nr. 124. Benn hatte sich von Karl Schwedhelm doch bereden lassen, dem Süddeutschen Rundfunk in Stuttgart einen Beitrag über Schiller zu liefern. Am 4. 2. 1955 bat er Schwedhelm um einen Vertrag. „Ich habe mehrere Anfragen um Aufsätze usw zu dem Thema u. muss überlegen, was für Sonderthemen ich etwa noch absplittere bei der Arbeiterei. Er beschäftigt mich sehr u. ich lese Tag u Nacht diesen seltsamen Mann.“ (Nachlaß Schwedhelm, DLA Marbach)

152 (Berlin, 27. 1. 1955)

der Kortokrax: Rudolf Kortokraks (geb. 1928 in Ludwigshafen, sein exotisch klingender Name ist westfälischen Ursprungs: „Kurt zu Kraks“), als Maler und Zeichner Schüler der Kunstgewerbeschule in Graz (1942-1945) und der Freien Akademie Mannheim (1946), lebte 1948-1951 in Worpswede, dann bis 1960 in Paris, London und auf Reisen. Seit 1953 Teilnahme an der Internationalen Sommerakademie in Salzburg („Schule des Sehens“), von 1957 an als Assistent von Kokoschka. Zog nach Truchtlaching im Chiemgau.

„Blaue Stunde“ von Ingeb. Bachmann: Der Erstdruck des Gedichts „Die blaue Stunde“ (drei Strophen zu je zwölf Versen: „Der alte Mann ...“, „Der junge Mann ...“, „Das Mädchen ...“) erschien im Januar-Heft der Zeitschrift „Merkur“ (Jg. 9, H. 1, S. 37) und fand danach Aufnahme in den zweiten Gedichtband Ingeborg Bachmanns, „Anrufung des großen Bären“ (München 1956, S. 38 f.). Die von Benn zitierten Verse stehen in der zweiten, der Strophe des *jungen* Mannes: „Gesellig die Lampen im blauen Licht, | bis der Raum mit der vagen Stunde bricht, | unter sanften Bissen dein Mund einkehrt | bei meinem Mund, bis dich Schmerz belehrt: | lebendig das Wort, das die Welt gewinnt, | ausspielt und verliert, und Liebe beginnt.“

155 (Berlin, 30. 1. 1955)

Gestern Nachm. ... ein wiener – amerikan – jüdischer Emigrant: Peter Heller (1920-1998), Professor für deutsche Literatur an der State University of New York at Buffalo. Sein Aufsatz erschien unter dem Titel „Eisgekühlter Expressionismus" in der von Joachim Moras und Hans Paeschke herausgegebenen Zeitschrift „Merkur" (9, 1955, S. 1095-1100).

verfilzt mit der Londoner Clique ... (Mendelssohn usw): Der im Londoner Exil lebende Peter de Mendelssohn (1908-1982) hatte im Kapitel „Das Verharren vor dem Unvereinbaren" seines Buches „Der Geist in der Despotie" (Berlin 1953, S. 236 ff.) gegen Benns Haltung 1933/34 polemisiert. Mit „Londoner Clique" meinte Benn außer Peter Heller und Peter de Mendelssohn noch Michael Hamburger (über seinen kritischen Aufsatz „Art and Nihilism: The Poetry of Gottfried Benn" vgl. die entsprechende Anmerkung zu Brief Nr. 59). Oelze hatte den Grund zu dieser Anschauung gelegt, als er am 5. 12. 1954 an Benn schrieb: „Herr *Hamburger*, der Verfasser des gehässigen Aufsatzes über Sie im ‚Encounter' ist also doch Emigrant, und Freund der Herren Peter Mendelssohn und Erich Heller. Das genügt ja, um die Windrichtung festzustellen." (vgl. den Kommentar zu Nr. 705 der „Briefe an F. W. Oelze"). Vermutlich hat Benn in Erinnerung an diese Charakterisierung zwischen Erich Heller (1911-1990), der schon im Juni 1933 in der „Neuen Weltbühne" gegen ihn polemisiert hatte, und Peter Heller, dem Besucher vom 29. 1. 1955, nicht unterschieden.

156 (Berlin, 1. 2. 1955)

Steht im nächsten Heft der „Akzente": Der dreiteilige Zyklus „Verließ das Haus" (vgl. die entsprechende Anmerkung zu Brief Nr. 147) schließt mit der Strophe: „Verflucht die Evergreens! Die Platten dröhnen! | Schnaps, Sonne, Zedern – was verhelfen sie | dem Ich, den Traum, den Wirt und Gott versöhnen – | die Stimmen krächzen und die Worte höhnen – | verließ das Haus und schloß die Rêverie."

Die N. Z. ... Abschiedsnummer ... diese kleine Improvisation: Das Gedicht „Impromptu" erschien zuerst in der letzten Ausgabe der „Neuen Zeitung" (30. 1. 1955, Nr. 25, S. 17) mit der Zuschrift „Gewidmet der Feuilletonredaktion der ‚NEUEN ZEITUNG' als Dank zum Abschied. G. B." und danach in der Gedichtsammlung „Aprèslude" (1955). Die Schlußstrophe („Ein Paar Schuhe. Ein Musensohn. | Damals war Liliencron mein Gott, | ich schrieb ihm eine Ansichtskarte.") hatte im Erstdruck den glossierten Druckfehler: „Gatte" statt „Gott".

157 (Berlin, 2. 2. 1955)

Dr. Peter Heller: Vgl. die entsprechende Anmerkung zu Brief Nr. 155.

Herr Lennig: Walter Lennig (vgl. die entsprechende Anmerkung zu Brief Nr. 120).

Langer Aufsatz über GB aus US.A: Joachim H. Seyppel: A Renaissance of German Poetry. Gottfried Benn, in: Modern Language Forum (Vol. XXXIX, 2, December 1954, S. 115-125).

Am Abend des 10. 2. 1955 fuhr Ilse Benn in den Skiurlaub nach Bad Gastein; am 28. 2. kehrte sie zurück. Über die Anwesenheit von U. Z. in Berlin hat Benn in dieser Zeit seinem Taschenkalender nichts anvertraut.

162 (Berlin, 26. 2. 1955)

gestern Briefe nach Stuttgart, dass ich Sch-Vortrag nicht mache: Vgl. die entsprechenden Anmerkungen zu den Briefen Nr. 124 und 151. Mit einem Privatbrief vom 25. 2. 1955 erhielt Karl Schwedhelm von Benn das Manuskript seines ersten Gedichtbandes („Fährte der Fische", 1955) zurück. Benn verwies darin auf einen gleichzeitigen offiziellen Brief an Schwedhelm als Redakteur des Süddeutschen Rundfunks, Stuttgart, der die Absage seines geplanten Rundfunk-Vortrags über Schiller enthalte. Dieser Brief vom selben Tage begründete ausführlich die Absage: Nachdem er sich schon einen Monat mit dem Thema beschäftigt habe, müsse er einsehen: Zu dem erforderlichen „eingehenden Studium der Schillerschen Epoche fehlt es mir aber an Zeit, auch an Neigung, da sich meine eigenen inneren Gedankengänge nicht in Richtung des Historischen und Philologischen bewegen." Aber auch das angebotene Honorar (DM 500,–) entspreche nicht seiner Arbeitsleistung und vergleichbaren Honoraren anderer Sender. Bis zum Abgabetermin am 25. März werde Schwedhelm „genügend bessere Leute finden, die bis dahin zu Ihrer Verfügung stehen" (Nachlaß Schwedhelm, DLA Marbach).

163 (Berlin, 28. 2. 1955)

von Max das Manuscript des jungen Berliners: Auch in Benns Korrespondenz mit Max Niedermayer und dem Limes Verlag ist von diesem „Berliner" Autor immer nur ohne Namensnennung die Rede. Auf Benns Rat hat der Verleger das Manuskript abgelehnt.

das von „Pocahontas“: Die von Alfred Andersch herausgegebene Zeitschrift „Texte und Zeichen“ stellte – nach Kleists programmatischem „Brief eines Dichters an einen anderen“ (S. 7 f.) – den Erstdruck der Erzählung „Seelandschaft mit Pocahontas“ von Arno Schmidt an den Anfang des am 15. 1. 1955 erschienenen ersten Heftes (S. 9-53).

164 (Berlin, 1. 3. 1955)

der Brief aus Köln: Antwort von Astrid Claes (vgl. die Anmerkungen zu Brief Nr. 10 und 147) auf Benns Brief vom 17. 2. 1955 (vgl. G. B.: Ausgewählte Briefe, Wiesbaden 1957, S. 283).

Schünemann u. Cornelsen u Hannover: Verlage, für die U.Z. arbeitete: Für die Eilers & Schünemann Verlagsgesellschaft in Bremen, die 1952 durch Fusion des Bremer Carl Schünemann Verlages und der Bielefelder F. Eilers Verlags GmbH entstanden war, schrieb sie ihre Schul- und Jugendschriften. Für den Franz Cornelsen Verlag in Berlin, der 1954 den bankrotten Velhagen & Klasing Verlag, Bielefeld, übernommen hatte und seit 1952 die informativen „Cornelsen-Bogen“ zu aktuellen Themen herausgab, stellte sie ein Lesebuch zusammen; aber der eher am Fremdsprachenunterricht orientierte Verlag konnte sich dann doch nicht zu einer deutschen Lesebuchreihe entschließen. Für die in Hannover erscheinende Zeitschrift „Jugend und Welt“ schrieb U. Z. Beiträge, z. B. Aufsätze über europäische Hauptstädte, die sie aus eigenem Erleben kannte.

Die Adresse von A. C. und den Hinweis, daß er ihren Brief „im Original geschickt habe“, hat Benn diesmal rot unter- und am Rand zusätzlich rot angestrichen.

165 (Berlin, 2. 3. 1955)

Meerkatz u Dehler: Hans-Joachim von Merkatz (1905-1982), führender Politiker der „Deutschen Partei“ (DP) und Mitglied des Bundestages seit 1949 (im Mai 1955 wurde er Minister für Angelegenheiten des Bundesrats und der Länder), und Thomas Dehler (1897-1967), Mitgründer der FDP 1946 und Vorsitzender der Partei seit dem 7. 3. 1954 (bis 1957), Bundesjustizminister 1949-1953. Das Rundfunkstreitgespräch wurde am Sonntagnachmittag (27. 2. 1955) gesendet (Benns Kalendernotiz: „Radio Bonn gehört. v. Meerkatz“). Am selben Tag nahm der Bundestag in Bonn nach vierzigstündiger Debatte gegen die Stimmen der SPD-Opposition die am 23. 9. 1954 paraphierten Pariser Verträge an. Dehler war ein scharfer Kritiker der Verträge und des „Saarabkommens“, das eine Europäisierung des Saarlandes vorsah, und warf der Regierungskoalition aus CDU/CSU, GB/BHE, DP und FDP vor, die deutschen Interessen gegenüber Frankreich nicht genügend vertreten zu haben und die Wiedervereinigung Deutschlands durch eine zu starke Westbindung aufs Spiel zu setzen. Dehler näherte sich damit dem Standpunkt der SPD an und provozierte so für 1955 eine anhaltende Koalitionskrise.

„Canaris": Film von Alfred Weidenmann über den 1944 hingerichteten Admiral Canaris, Chef der deutschen Abwehr seit 1937; kam Ende 1954 in die Kinos. Die Titelrolle spielte O. E. Hasse (1903-1978). Auch Tilly Wedekinds Schwiegersohn Charles Regnier (1915-2001) spielte eine Hauptrolle, und Benn fand ihn „wirklich vorzüglich" (G. B.: Briefe an Tilly Wedekind 1930-1955, hrsg. von Marguerite Valerie Schlüter, Stuttgart 1986, S. 278).

„Dichter über Dichtung": Der Band „Dichter über Dichtung in Briefen, Tagebüchern und Essays", ausgewählt und hrsg. von Walter Schmiele, Darmstadt 1955, enthielt von Benn „Zur Problematik des Dichterischen" (S. 327-336) als Nachdruck aus seinen „Essays" (Wiesbaden 1951). – Benn brachte das hier versprochene Buch U. Z. erst am 31. 5. 1956 zusammen mit anderen Buchgeschenken (vgl. die entsprechende Anmerkung zu Brief Nr. 251).

167 (Berlin, 6. 3. 1955)

Das im August 1946 entstandene und in den „Statischen Gedichten" (1948) zuerst gedruckte Gedicht „Orpheus' Tod" („Wie du mich zurückläßt, Liebste – | von Erebos gestoßen ...") war Benn besonders wichtig.

das Ehepaar W.: Der Kölner Verleger Michael Winkler, Leiter des Winkler-Verlages (Köln-Lindenthal, Nietzschestraße 4-6) und künftiger Chef von U. Z.; auch seine Frau arbeitete im Verlag mit. U. Z. sollte im Verlag zwei Jugendbuchreihen lektorieren, eine für 8-14jährige Kinder und eine mit Tier- und Reisegeschichten für Jugendliche.

Astrid u Herrn Grünter: Der Germanist Rainer Gruenter (1918-1993) hatte in Köln studiert und habilitierte sich 1956 an der FU Berlin; Professor in Berlin (1960 ff.) und Mannheim (1965 ff.). 1972 Gründungsrektor der Gesamthochschule Wuppertal. Seit 1956 gab er zusammen mit Richard Alewyn und Walther Killy die Zeitschrift „Euphorion" heraus. Zunächst ohne Wissen von Astrid Claes hatte er am 3. 11. 1954 eine Auswahl ihrer Gedichte an Benn geschickt und um seine Hilfe bei deren Veröffentlichung, möglichst im „Merkur", gebeten. Benn verständigte sich mit ihm dann über die drei Gedichte, die er an Hans Bender für die „Akzente" weitergab (vgl. die entsprechende Anm. zu Brief Nr. 147).

Das Heft mit Pocahontas: Vgl. die entsprechende Anmerkung zu Brief Nr. 163.

169 (Berlin, 8. 3. 1955)

das ganze Haus Sohn: Vorübergehend wohnte U. Z. im Haus der Familie Sohn in der Schaffenrathstraße 30 in Bremen.

mit Herrn Hagelstang[e] u Lennig: Rudolf Hagelstange (1912-1984) und Walter Lennig (vgl. die entsprechende Anmerkung zu Brief Nr. 120). Am 7. 3. 1955 hat Benn im Taschenkalender notiert: „Abends 7-12 Hagelstange u Lennig bei Dramburg." Und am 9. 3.: „Abschiedsanruf Hagelstange."

Stuttgart ... Mein Brief: Benn sagte am 7. 3. 1955 beim Süddeutschen Rundfunk (Karl Schwedhelm, Stuttgart) den Schiller-Vortrag definitiv ab. Umso erstaunlicher, daß er hier noch einen Beitrag für das Schiller-Heft der „Akzente" für möglich hielt. Es erschien im Juni 1955 mit Schiller-Beiträgen von Thomas Mann, Karl Reinhardt und Gustaf Gründgens, ohne Benn. – Aber unter den allgemeinen Beiträgen von jungen Autoren befand sich eine Erzählung „Die Straße", von U. Z. unter dem Pseudonym Ruth Strelitz (dem Familiennamen ihres Stiefvaters Arthur Strelitz) eingesandt (2, 1955, S. 252-257); in den Anmerkungen am Schluß des Heftes hieß es dazu nur: „Ruth Strelitz lebt in Worpswede."

170 (Berlin, 9. 3. 1955)

kurze Angabe darüber u. Zeitung zurück: Benn bat um Charakterisierung des anonymen Artikels „Gottfried Benn: A Provocative Writer" in „The Times Literary Supplement" vom 4. 3. 1955. – Erna Pinner hatte den Artikel noch am Tag des Erscheinens aus London an Benn geschickt, und er hatte ihn schon am 7.3.1955 auch an den gerade aus dem Krankenhaus entlassenen Oelze weitergegeben: „Wenn Ihre Kräfte schon ausreichen, lesen Sie es bitte gelegentlich." (G. B.: Briefe an F. W. Oelze, Nr. 714).

172 (Berlin, 11. 3. 1955)

Zeichnung von Held: „Bombentrichter": Das erste Heft von „Texte und Zeichen" (vgl. die entsprechende Anmerkung zu Brief Nr. 163) enthält sechs Tuschzeichnungen von Werner Heldt (1904-1954), darunter den von Benn hervorgehobenen „Bombenkrater"

(S. 69). Dazu gehörte der Nachruf auf den am 3. 10. 1954 gestorbenen Künstler von Alexander Koval: „Die Trauer von Berlin" (S. 118-121). – In Benns Bibliothek ist der schmale Katalog zur Gedächtnis-Ausstellung „Werner Heldt. Gemälde, Aquarelle, Zeichnungen" überliefert, die vom 17. 11. bis zum 15. 12. 1954 im Berliner Haus am Waldsee gezeigt wurde.

bei Frau Sohn: Bremer Zimmerwirtin von U. Z. (vgl. die entsprechende Anmerkung zu Brief Nr. 169).

von Herrn Rinderknecht: Karl Rinderknecht hatte auf Benns Dankbrief vom 28. 11. 1954, gleich nach der Rückkehr aus Bern (und Konstanz), nicht geantwortet und entschuldigte sich jetzt mit einem „akuten Leberleiden", das ihn „hinwarf". „Wie wäre es, wenn wir einmal einen Ihrer Vorträge aus der Taufe höben – Ursendung in Bern, oder wie das zu nennen wäre." (G. B. / K. R.: Briefwechsel 1954-1956, Warmbronn 2000, S. 24 f.)

173 (Berlin, 11. 3., nachmittags; 12. 3. 1955, vormittags)

wohl nach U.SA: Auch in seinem Brief vom 16. 3. 1955 an Oelze über Astrid Claes schrieb Benn: „Sie geht jetzt für einige Zeit als Lektorin für Germanistik nach U.S.A. Ist eine sehr kluge, sprachkenntnisreiche Person" (G. B.: Briefe an F. W. Oelze, Nr. 716).

Angebot von Herrn Schäfer: Ein Monatsfixum von DM 180,– vom Verlag Eilers & Schünemann in Bremen (vgl. den Brief Nr. 178).

Vorgestern Abend in „Troilos u Cressida": In seinem Taschenkalender hat Benn am 11. 3. notiert: „Abends mit I[lse]. in ‚Troilus Cressida' Schillertheater. Dann noch kurz Dramburg."

Sache mit Langen-Müller ...: Max Niedermayer (Limes Verlag) hatte Lizenzen für drei Benn-Sammelbände vergeben: „Provoziertes Leben. Ausgewählte Prosa", hrsg. von Ulrich Riemerschmidt, „Reden" und „Über mich selbst. 1886-1956". Die Prosa-Auswahl erschien im April 1955 als „Ullstein-Buch" Nr. 54, die Sammlung von „Reden" bei Langen-Müller in München 1955, der Band mit autobiographischen Texten ebenfalls bei Langen-Müller im April 1956, rechtzeitig zu Benns 70. Geburtstag.

Wenn Du ... über „Time" schreibst: Benn erbat zusätzliche Angaben über den Artikel in „Times Literary Supplement" (vgl. die entsprechende Anmerkung zu Brief Nr. 170).

174 (Berlin, 14. 3. 1955)

Herr Leo Matthias: Der Soziologe und Politikwissenschaftler Leo (im Exil: Leon Lawrence) Matthias, geb. 1893 in Berlin, 1933

Emigration nach Mexiko, 1941 in die USA, seit 1951 in Ascona, nahm sich dort 1970 das Leben. Bekanntschaft mit Benn seit 1912 (vgl. L. L. M.: Erinnerungen an G. B., in: Merkur 171, 16. Jg., H. 5, Mai 1962, S. 435-446, über den Besuch 1955 S. 442-444). Begann mit dem grotesken Spiel „Der jüngste Tag" (1914) in Kurt Wolffs gleichnamiger Reihe (Bd. 15). Vor der Flucht aus Nazi-Deutschland wurde er bekannt durch Reiseberichte wie „Ausflug nach Mexiko" (1926), „Griff in den Orient. Eine Reise und etwas mehr" (1931). Bei Rowohlt war zuletzt erschienen „Die Entdeckung Amerikas Anno 1953 oder Das geordnete Chaos" (1953). Nach telefonischer Anmeldung am 13. 3. besuchte er Benn am Abend des 17. 3.: „Mit Leo Matthias von 8-10 1/2 bei Dramburg u I[lse]." An Hans Paeschke, Mitherausgeber des „Merkur", schrieb Benn am 10. 4. 1955 über diesen Besucher: „Herr Leo *Matthias* aus Ascona (schlecht zu sprechen auf den Merkur wegen Golo Mann)" (G. B.: Ausgewählte Briefe, Wiesbaden 1957, S. 283). Golo Mann hatte im Aprilheft 1954 (H. 74) das Amerikabuch von L. M. unter dem Titel „Urteil und Vorurteil" kritisiert, in H. 78 (August 1954) folgte eine Replik von L. M. und eine abschließende Entgegnung von Golo Mann.

mit Lennig u seiner Karena N.: Zu Walter Lennig vgl. die entsprechende Anmerkung zu Brief Nr. 120. Karena Niehoff, seit 1953 Mitarbeiterin im Feuilleton des Berliner „Tagesspiegel", hat im Eckart-Jahrbuch 1968, S. 189-194, einen Nachruf auf ihn veröffentlicht: „In memoriam Walter Lennig".

175 (Berlin, 15. 3. 1955)

Der Band für Preetorius: Die im Oktober 1954 im Insel Verlag, Wiesbaden, erschienene Festschrift „Im Umkreis der Kunst" für den Buchkünstler und Bühnenmaler Emil Preetorius (1883-1973) zum siebzigsten Geburtstag enthält von Benn die Glückwunschadresse „An Emil Preetorius" (S. 17-20). Als Präsident der Bayerischen Akademie der Schönen Künste in München hatte er Benn bei dessen Münchner Vortrag „Altern als Problem für Künstler" am 8. 3. 1954 „so geehrt u. gefeiert ..., dass ich nicht anders kann" (G. B.: Briefe an F. W. Oelze, Nr. 673).

Das Buch von Martini: Fritz Martini: Das Wagnis der Sprache. Interpretationen deutscher Prosa von Nietzsche bis Benn, Stuttgart: Klett 1954. – Über das Benn-Kapitel im Buch des Stuttgarter Germanisten F. M. (1909-1991) hatte Benn schon am 18. 4. 1954 an Oelze geschrieben: „Eine Freude war mir, das mir zugesandte

Manuscript von Prof. Fritz Martini in Stuttgart (Konkurrent von Bense an der T. U. Stuttgart) ... Eine wirklich fascinierende Studie, fast ausschliesslich über den ‚Ptolemäer'" (G. B.: Briefe an F. W. Oelze, Nr. 673). Und nach Erscheinen des Buches, am 16. 3. 1955: „das Beste, das ich seit Langem über mich las" (ebd. Nr. 716).

Times-Artikel: Vgl. die entsprechende Anmerkung zu Brief Nr. 170.

177 (Berlin, 19. 3. 1955)

Derz: ... natürlich verurteilt: Mit Überschriften wie „Lebenslänglich für Dietrich Derz" stand damals auch in westdeutschen Zeitungen zumindest die folgende dpa-Notiz: „Wegen zweifachen Mordes hat das Westberliner Schwurgericht am Freitag den 34jährigen Dietrich Derz zu lebenslänglichem Zuchthaus und zum Verlust der bürgerlichen Ehrenrechte auf Lebenszeit verurteilt. Der Angeklagte wurde für schuldig befunden, in der Nacht zum 15. März 1952 seinen 61jährigen Vater, den Bezirksstadtrat Dr. Wolfgang Derz, und dessen 22 Jahre jüngere Verlobte, Annemarie Genzmer, zwei Tage vor deren geplanter Heirat mit Leuchtgas vergiftet zu haben. ... Mit dem Spruch des Schwurgerichts wird einer der interessantesten Kriminalfälle der Berliner Nachkriegsgeschichte vorläufig abgeschlossen. Möglicherweise wird die Verteidigung das Urteil durch Revision beim Bundesgerichtshof anfechten. Derz nahm das Urteil ohne Bewegung hin." (zit. nach „Stuttgarter Zeitung", 12. 3. 1955, Nr. 59, S. 9).

Aktentasche ... von Strelitz: Eine Leihgabe des Stiefvaters Arthur Strelitz.

178 (19. 3. 1955, nachmittags)

Grünter: Der Germanist Rainer Gruenter (vgl. die entsprechende Anmerkung zu Brief Nr. 167).

179 (Berlin, 23. 3. 1955)

gegenüber A. keinerlei Verpflichtung: Immerhin schrieb Benn am 16. 3. 1955 an Oelze, Astrid Claes habe ihm „einen riesigen Gefallen getan", indem sie U. Z. zu der Lektorenstelle in jenem Kölner Jugendbuchverlag verholfen habe (G. B.: Briefe an F. W. Oelze, Nr. 716).

Prof. Martini sandte mir sein dickes Buch: „Das Wagnis der Sprache", Stuttgart 1954 (vgl. die entsprechende Anmerkung zu Brief Nr. 175). Benn hat das ihm vom Autor gewidmete Exemplar viel später U. Z. geschenkt (vgl. ihre Nachschrift zu Brief Nr. 212).

– Der Stuttgarter Germanist hatte das Benn-Kapitel seines Buches schon am 29. 3. 1954 im Manuskript an Benn geschickt. Benn bedankte sich am 4. 4. 1954 telegraphisch: „Ich kann mir nicht denken, dass heute jemand in Deutschland diese Probleme so eindringlich und wirklich innerlich erlebt zur Darstellung bringt wie Sie es tun. Den schmalen, eiskalten, gefährlichen Grat, auf dem sich das alles abspielt, haben Sie wunderbar geschildert." Für die Zusendung des Buches, das „um meinen Namen einen Glanz gelegt" habe, „den er nicht verdient", für Martinis Widmung und Begleitbrief dankte Benn verspätet am 17. 5. 1955: „Ich habe auch Leute darüber gesprochen, die perplex sind über das, was Ihnen gelungen ist, einer hatte mit Th. Mann über Ihr Werk gesprochen, der ebenso seine Bewunderung dafür bekundete." (Nachlaß Martini, DLA Marbach).

181 (Berlin, 25. 3. 1955)

zumal jetzt die Post auch für die andere Seite lebhaftes Interesse hat: Gegenüber Oelze hat Benn sich offen über Belastungen seiner Ehe ausgesprochen, die damals nicht mehr nur von ihm, sondern auch von einer Bekanntschaft seiner Frau während ihres Skiurlaubs im Februar ausgingen: „Wir werden zusammen bleiben, aber jeder geht in eigener Richtung." (G. B.: Briefe an F. W. Oelze, Nr. 713 f.)

„Schliess in Dein Gebet all meine Sünden ein": Am Ende seines berühmten Monologs („Sein oder Nichtsein ...") wendet sich Hamlet (3. Akt, 1. Szene) an die eintretende Ophelia (in der Schlegel/Tieckschen Übersetzung): „Nymphe, schließ | In dein Gebet all meine Sünden ein."

182 (Berlin, 27. 3. 1955)

Max sagte ... A. habe ... ihm ein Manuskript Gedichte gesandt ...: Schon am 6. 2. 1955 hatte Max Niedermayer Benns empfehlende Hinweise auf die Gedichte von Astrid Claes mit dem Plan einer „kleinen Reihe Moderner Lyrik – oder ähnlicher Titel" beantwortet: „Hefte im Umfang von 32 Seiten, broschiert, einfach, niedriger Preis, etwa 1,80. Im Jahr vier oder sechs Hefte ... es darf ja ruhig das Experiment zur Diskussion gestellt werden, und im Laufe der Zeit kann sich vielleicht der eine oder andre Autor durchsetzen." Nach der Lektüre des Manuskripts schrieb er am 30. 3. 1955 an Benn: „finde die Gedichte gut, und wir werden, wenn wir die ‚Reihe' machen, einen kleinen Band in die zweite Serie aufnehmen. Das kann man ruhig wagen. Vielleicht wird sie im Laufe der Zeit noch mehr produzieren. Sie scheint mir ein starkes Talent ... Danke für die Vermittlung der Bekanntschaft." (Nachlaß Benn, DLA Marbach). Unter dem Titel „Der Mannequin" und mit einer gedruckten Widmung, die Rainer Gruenter (vgl. die entsprechende Anmerkung zu Brief Nr. 167) ohne Namensnennung einbezog („Dem Freund meines Freundes: Meinem teuren Lehrer Richard Alewyn"), erschien der Erstling 1956 als Heft 8 der neuen Reihe „Dichtung unserer Zeit".

183 (Berlin, 28. 3. 1955)

neue Einladung nach Zürich ...u. nach Basel: Vgl. die entsprechende Anmerkung zu Brief Nr. 71.

Festschrift für Jünger: Freundschaftliche Begegnungen. Festschrift für Ernst Jünger zum 60. Geburtstag [29. März], hrsg. von Armin Mohler, Frankfurt a. M.: Klostermann 1955. Im Sommer 1954 hatte Benn erwogen, dem Drängen des Herausgebers nachzugeben und einen Aufsatz über E. J. beizutragen. Am Ende blieb es bei dem kurzen Gedicht „An Ernst Jünger" („Wir sind von außen oft verbunden, | wir sind von innen meist getrennt, | doch teilen wir den Strom, die Stunden, | den Ecce-Zug, den Wahn, die Wunden | des, das sich das Jahrhundert nennt." (S. 173). Sonst enthält die Festschrift Beiträge von Hubert Becher, Heidegger, Friedrich Georg Jünger, Gerhard Loose, Mohler, Hans-Rudolf Müller-Schwefe, Henri Plard, Sophie Dorothee Gräfin Podewils, Carl Schmitt, Friedrich Sieburg, Hans Speidel.

Lennig ... sein Romanmanuskript: Walter Lennig (vgl. die entsprechenden Anmerkungen zu den Briefen Nr. 120 und 174) arbeitete seit den frühen fünfziger Jahren und bis zu seinem Tode 1968 an „dem Riesenwerk seines Romans, der Geschichte seines Lebens, die eine Comédie humaine seiner Zeit werden sollte"; seine Jugend in Czernowitz „ist der Grundstoff seines als Tetralogie angelegten Romans, der nun Fragment geblieben ist" (Karena Niehoff: In memoriam W. L., in: Eckart-Jahrbuch 1968, S. 194 und 190; dort auch Proben aus dem Werk: W. L., „Kindheit im Südosten. Fragmente aus einem autobiographischen Roman", S. 194-222).

ein Brief von Paula K: Paula Knüpffer, Berliner Schauspielerin, seit den zwanziger Jahren mit Benn bekannt; später eng befreundet mit seiner zweiten Frau Hertha geb. von Wedemeyer. Seit 1934 Mitarbeiterin der Berliner Rundfunksender; gegen Kriegsende evakuiert nach Frankfurt a. d. O., von dort aus Besuche bei Benn und seiner Frau in Landsberg an der Warthe. Nach dem Krieg zunächst in Frankfurt a. M., dann in Hamburg; seit 1950 mit Benn wieder in brieflicher Verbindung. – Mit Brief vom 20. 3. 1955 reagierte sie spät auf Benns Hamburger Lesung am 14. 12. 1954, die erste Wiederbegegnung seit dem Kriege: „Staunte nun ob Ihrer geradezu Goetheschen Weiterentwicklungsfähigkeit. Hoffe, Sie werden bei guter Gesundheit und weiterer Jugendkraft noch älter als besagter Olympier." Über ihre Rundfunkarbeit in Hamburg: „Ich bin freier Mitarbeiter des NWDR, habe 2 feste Sendereihen: ‚Kinderlieder und Geschichten' und ‚Den Kindern gute Nacht', beides auf UKW. Trotzdem viel! zeitfressende Hörerpost. (Heiße ‚Abendliedmammi', ‚Schlaftante', oder auch nur schlicht ‚Liebe Gute-Nacht.')" (Nachlaß Benn, DLA Marbach). Ihre Kinderfunkverbindungen konnten einmal nützlich werden für die beruflichen Perspektiven von U. Z.

„Wenn du die Mythen u. Worte ...": Beginn der zweiten Strophe des zuerst in den „Gesammelten Gedichten" (1927) gedruckten Gedichts „Siehe die Sterne, die Fänge".

den jetzt erschienenen Anthologieband von Limes ... Der Umschlag ist faszinierend ...: Der von Benn eingeleitete Sammelband „Lyrik des expressionistischen Jahrzehnts" erschien im März 1955 (vgl. die entsprechenden Anmerkungen zu den Briefen Nr. 129, 134 und 143). Der vom Verleger Max Niedermayer entworfene Schutzumschlag ist horizontal gestreift in den Farben des Regenbogens: blau, grün, gelb, orange (von oben nach unten) und zeigt auf diesem Hintergrund ein schräg nach links geneigtes weißes Feld mit dem Gedicht „Die Dämmerung" von Alfred Lichtenstein („Ein dicker Junge spielt mit einem Teich ...") ohne Titel und Verfasserangabe. In seinem Dankbrief vom 28. 3. 1955 an den Verleger war Benn nicht ganz zufrieden: „Ein ganz kleines Bedauern hinsichtlich des Umschlags erlaube ich mir auszusprechen: man hätte vielleicht den eigentlichen Titel ... größer und deutlicher setzen sollen, 3 x so groß wie jetzt u nicht in ein Blau, das die schwarze Schrift etwas verdeckt. Jetzt zieht es das Auge nicht auf sich u. man starrt nur fasziniert das schräge Gedicht an u weiß nicht, um was es sich handelt. Aber trotzdem ist der Umschlag sehr interessant." (Briefe an einen Verleger. Max Niedermayer zum 60. Geburtstag, hrsg. von Marguerite Valerie Schlüter, Wiesbaden 1965, S. 127). Die Herausgeberin der Briefe hat zu Benns Einwand angemerkt: „Durch ein Versehen des Druckers war jedoch die Farbskala auf den Kopf gestellt worden, so daß der Titel ins dunkle Blau zu stehn kam, anstatt ins helle Orange [dort stand vielmehr: „mit einer Einleitung von Gottfried Benn"]. Bei der zweiten Aufl. wurden die Farben in der richtigen Folge gedruckt." (ebd. S. 341).

185 (Berlin, 30. 3. 1955)

Z. Z. ist Gabriel Marcel aus Paris hier: Benn kannte den katholischen Existenzialisten und Dramatiker Gabriel Marcel (1889-1973) von Sitzungen Ende März 1953 in Genf, als beide der fünfköpfigen Internationalen Jury der Europäischen Gemeinschaft der Büchergilden und -clubs angehörten, die über die Verleihung des ersten Europäischen Literaturpreises entschied. Noch ein Jahr später, am 24. 2. 1954, erinnerte er sich: „mit diesem Gabriel habe ich ja vorigen Frühling in Genf keine sehr angenehmen Erfahrungen gemacht. Ich habe infolgedessen seiner Wahl in die Akademie in München, die Herr H[ausenstein]. vorgeschlagen hatte, nicht zugestimmt und meine Bedenken wegen seiner ausgesprochenen antideutschen Haltung geltend gemacht." (G. B.: Briefe an F. W. Oelze, Nr. 699). An Hans Paeschke, den Mitherausgeber des „Merkur", schrieb er am 10. 4. 1955, also nach Marcels Berliner Vortrag vom 30. 3.: „spielte sich als Philosoph auf. Wenn ein Deutscher erzählen würde, in der Kantgesellschaft, wie der Tod seiner Mutter seine Philosophie beeinflußt hätte, würde man wohl nicht viel Aufhebens von ihm machen. Ich begrüßte ihn, da wir uns von Genf her kannten." (G. B.: Ausgewählte Briefe, Wiesbaden 1957, S. 284).

Über den Roman ... „Merkur" (Hillard) ... ein gewisser Forster: Benn hatte im Märzheft des „Merkur" (9, 1955, H. 85, S. 240-247) den Vortrag von Gustav Hillard (1881-1972) „Über die Selbstbiographie" gelesen, eine Art Rechenschaftsbericht zu Hillards Autobiographie „Herren und Narren der Welt" (1954). Hillard reflektierte dabei die Schwierigkeiten aller Künste, also auch des autobiographischen Schreibens, in einer Welt, in der „die Abdankung des Menschen als Objekt der Kunst" festzustellen sei. Für die erzählende Literatur berief er sich auf ein Wort von Benn: „Warum Gedanken in jemanden hineinkneten, in eine Figur, in Gestalten, wenn es Gestalten nicht mehr gibt? Personen, Namen, Beziehungen erfinden, wenn sie gerade unerheblich werden?" Hillard folgerte: „Der Roman ist daher als Kunstform fragwürdig geworden" und sah das Ende des Romans etwa im parodistischen Erzählen Thomas Manns erreicht (dasselbe „Merkur"-Heft enthält von Hillard eine Rezension des „Felix Krull", S. 285-287) und den Fortbestand der Gattung nur gesichert in neuen Formen wie der Reportage. – Des englischen Erzählers Edward Morgan Forster (1879-1970) aus Vorlesungen in Cambridge entstandene Untersuchung „Aspects of the Novel" (1927) war 1949 in deutscher Übersetzung von Walter Schürenberg erschienen: „Ansichten des Romans". Benn las um diese Zeit auch Franz Tumlers ausführliche Besprechung des Buches von Forster, die am 29. 6. 1954 unter dem Titel „Aspekte des Romans" in den „Salzburger Nachrichten" erschienen war (vgl. die Anmerkung zu Brief Nr. 194).

187 (Berlin, 1. 4. 1955)

Ich schrieb Dir früher schon einmal, ich bin ein „Alleinleber": Vgl. Brief Nr. 128.

189 (Berlin, 7.-9. 4. 1955)

Die Daten, Wochentage und Stunden hat Benn rot unterstrichen.

da meine Ponnyfrau soviel von solchen Sachen versteht: U. Z. hat u. a. bei dem Berliner Kunsthistoriker Wilhelm Pinder (1878-1947) studiert. Was sie von den Jahren mit Pinder erzählt hatte, ist in Benns „Geständnisse" in seinem Brief vom 16. 3. 1955 an Oelze eingegangen: „will ich Ihnen ... auch noch erzählen, dass die Dame aus W. von ihrem 19.-25. Lebensjahr, die Mitarbeiterin, Gefährtin u. Freundin eines der bedeutendsten Kunstgelehrten des Jahrhundert war (dessen Namen jeder kennt), mit ihm viele Reisen machte, alle Galerieen Europas kennenlernte u von da einen Fond von Bildung, Geschmack u. Urteil erwarb, der zu dem grossen Charme beitrug, mit dem ihre Persönlichkeit mich fascinierte." (G. B.: Briefe an F. W. Oelze, Nr. 716). – Das Studium von U. Z. in Berlin, Heidelberg und Straßburg fällt in die Kriegsjahre 1940-1945; Benn hat also mit ihrer angeblichen Kenntnis aller „Galerien Europas" schwer übertrieben, um sie bei Oelze herauszustreichen.

190 (Berlin, 10. 4. 1955)

Frl. Ruth Hoffmann aus Br.: Vgl. die Briefe Nr. 74, 81 und 117 und die entsprechenden Anmerkungen.

193 (Berlin, 13. 4. 1955)

gleich in die Jebensstrasse: In der Jebensstraße 2 am Bahnhof Zoologischer Garten, im Gebäude des ehemaligen Landwehrkasinos, waren 1954 die Kunstbibliothek wiedereröffnet und die „Galerie des 20. Jahrhunderts" (als Ersatz für eine seit Krieg und

Nazizeit noch immer fehlende Nationalgalerie der Moderne) neueröffnet worden.

Am Montag ... zu Auden: Als Gast des „Kongresses für die Freiheit der Kultur" las Wystan Hugh Auden (1907-1973) am 18. 4. 1955 in der Bücherstube von Marga Schöller am Kurfürstendamm in englischer Sprache aus seinen noch nicht auf deutsch erschienenen Gedichtbänden. Benn hatte 1950 die Einleitung zur deutschen Ausgabe von Audens „Das Zeitalter der Angst. Ein barockes Hirtengedicht" (Wiesbaden 1951) geschrieben. (Vgl. die Anmerkung zu Brief Nr. 197.)

194 (Berlin, 15. 4. 1955)

Tumler ist wieder im Land mit 350 Seiten Romanmanuscript: Franz Tumler war aus Altmünster (Oberösterreich) und Salzburg nach Berlin zurückgekehrt mit der ersten Fassung seines neuen Romans „Der Schritt hinüber". Er vollzog mit diesem Buch den Wechsel vom Hanser Verlag zu Suhrkamp. Bis aber der Roman im September 1956 erscheinen konnte, mutete Peter Suhrkamp dem Autor noch ein gutes Jahr intensiver Umarbeitung des Manuskripts zu. An den Anfang der Buchausgabe stellte Tumler als Motto die zwei Strophen des Schlußgedichts aus Benns 1951 geschriebenem sechsteiligem Zyklus „Spät": „Siehst du es nicht, wie einige halten, | viele wenden den Rücken zu ..." – Vgl. Benns Charakterisierung seines Lektüreeindrucks in Brief Nr. 199.

195 (Berlin, 18. 4. 1955)

Gestern grosser Aufsatz in der „Welt a. S" über das Martinische Buch: In der „Welt am Sonntag" vom 17. 4. 1955 (Nr. 16, S. 9) erschien von Ludwig Marquard der Artikel „Von Nietzsche bis zu Gottfried Benn. Fritz Martini untersucht die Wandlungen der deutschen Prosa", eine Rezension des Buches „Das Wagnis der Sprache" (vgl. die entsprechenden Anmerkungen zu Brief Nr. 175 und 179).

197 (Berlin, 19. 4. 1955)

Zu W. H. Audens Lesung am Vorabend vgl. die Anmerkung zu Brief Nr. 193. – An seinen und Audens Verleger Max Niedermayer schrieb Benn am 20. 4. 1955: „Bei *Auden* war es sehr interessant, allerdings für mich nur, ihn zu sehn u zu beobachten: Er las resp. zitierte alles Englisch. Sprach im Stehen aus dem Gedächtnis. Sehr eindrucksvolles Gesicht. Davon, daß er ein großer Säufer sein soll, habe ich nichts bemerkt. Wir waren sehr nett u. höflich miteinander, so im Umgang spricht er ganz leidlich Deutsch." (G. B.: Ausgewählte Briefe, Wiesbaden 1957, S. 284 f.) Und an Oelze am 22. 4.: „Machte einen sehr angenehmen Eindruck auf mich, ernst, kein Fatzke. ... Reiste von hier in sein Haus in Ischia – in USA scheinen selbst die Lyriker zu verdienen." (G. B.: Briefe an F. W. Oelze, Nr. 718). – Die Notiz im Berliner „Kurier" (Verfasserinitialen: „e. m.") akzentuierte die Vergleichbarkeit mit Benn: „Sein Einfluß auf die anglo-amerikanische Literatur kommt etwa jenem Gottfried Benns auf die zeitgenössische deutsche Literatur gleich. Und nicht von ungefähr hat darum Benn, der letzte uns verbliebene deutsche Dichter von unbestrittenem europäischem Rang, die deutsche Ausgabe von Audens Buch ‚Das Zeitalter der Angst' mit einem Essay eingeleitet, der beider geistige Gefährtenschaft bezeugt. | An diesem Abend hatte sich in der kleinen Bücherstube am Kurfürstendamm versammelt, was noch, angeführt von seinem inoffiziellen Doyen Gottfried Benn, ‚literarisches Corps' in Berlin ist."

Auf der Seite aus der „Welt am Sonntag" (17. 4. 1955, Nr. 16, S. 9) mit Ludwig Marquards Rezension des Buches „Das Wagnis der Sprache" von Fritz Martini steht auch ein in New York geführtes Interview. Benn hat die Überschrift am Rand rot angekreuzt: „‚Goethehaus' in USA. Interview mit Kulturattaché Bruno E. Werner – Keine Gelehrtenklause"; den Namen dieses Kulturattachés der Deutschen Diplomatischen Mission in Washington hat er rot unterstrichen.

198 (Berlin, 20. 4. 1955)

in der Jebensstraße. Nette kleine Ausstellung ... Beckmann (Familie George) ...: Im Taschenkalender hat Benn am 19. 4. 1955 notiert: „Nachm. in ‚Galerie des 20 Jahrhundert' Rohlfs: Lotosblume! Heiliger: Hoferbüste Moore! Hartung 2 Liegende (ohne Köpfe)" (Nachlaß Benn, DLA Marbach). In der „Galerie des 20. Jahrhunderts" (vgl. die entsprechende Anmerkung zu Brief Nr. 193) wurden die aus Mitteln der Berliner Zahlenlotterie erworbenen Neuankäufe gezeigt, darunter Max Beckmanns großformatiges „Familienbild Heinrich George" (1935), das rechts in ganzer Figur den Schauspieler Heinrich George mit schwarzer Dogge, links im Vordergrund seine Frau Berta Drews mit dem Sohn Jan, hinter ihr stehend die Schauspielerin Lolle Habecker zeigt, die George aus einem Exemplar von Schillers „Wallenstein" souffliert (heute in der Neuen Nationalgalerie, Berlin). – Der Bildhauer Bernhard Heiliger (1915-1995) wurde 1949 von Carl Hofer an die

Berliner Hochschule für Bildende Künste berufen; sein „Kopf Carl Hofer" stammt von 1951. Auch der Bildhauer Karl Hartung (1908-1967) lehrte seit 1950 an der Berliner Hochschule.

Akzente ... im Juni ihr Schillerheft: Vgl. die entsprechende Anmerkung zu Brief Nr. 169.

199 (Berlin, 22. 4. 1955)

habe den „Akzenten" abgeschrieben für den Schilleraufsatz: Über seine Vorarbeiten und den dabei gewonnenen neuen Eindruck von Schillers Größe und Eigenart vgl. Benns Brief an Oelze vom 4. 5. 1955: „Ein riesiger u. ein tragischer u ein tapferer Mann. Wenn man an Goethe denkt, denkt man an eine Wolke, wenn man an Sch. denkt, eher an einen Schatten, aber ein grosser Artist u. leidender Kopf war er sicher. ... eine Sprache von grossartigem dämonischem Schwung, etwas expressionistisch." (G. B.: Briefe an F. W. Oelze, Nr. 719).

A. C. ... wegen Gedichte: Im Aprilheft der „Akzente" waren gerade die drei von Benn eingesandten Gedichte von Astrid Claes erschienen (vgl. die entsprechenden Anmerkungen zu Brief Nr. 147 und 167).

der Türmchenswall: Der Thürmchenswall liegt noch in der Innenstadt, nördlich vom Hauptbahnhof, und führt in östlicher Richtung zum Rhein.

das neue Manuscr. von Tumler: Vgl. die Anmerkung zu Brief Nr. 194.

202 (Berlin, 25. 4. 1955)

Schwab-Felisch (früher N. Z) (Geht jetzt als Lektor zu Suhrkamp ...): Nach Einstellung der „Neuen Zeitung" mit der Ausgabe vom 30. 1. 1955 (vgl. die entsprechende Anmerkung zu Brief Nr. 156) begann der mit Franz Tumler befreundete Hans Schwab-Felisch (1918-1989), seit 1949 Feuilletonredakteur der „N. Z." in Berlin, zum 1. 5. 1955 bei Suhrkamp in Frankfurt als Lektor. Er brachteTumlers neues Romanmanuskript mit und setzte sich beim Verleger für das Werk ein. (Vgl. Jochen Meyer: „Es reizt mich sehr, mit Ihnen zusammen daran zu arbeiten". Der Verleger als Geburtshelfer seiner Autoren ..., in: Buchhandelsgeschichte. 1995/3, S. 89-99.)

Alexander Kowal: Der Berliner Dramaturg, Schriftsteller und Übersetzer Alexander Koval (geb. 1922) gab zusammen mit Alain Bosquet und Eduard Roditi die Zeitschrift „Das Lot. Die Schriftenreihe internationaler Avantgarde" (1947-1952) heraus, in der im Oktober 1950 Benns Aufsatz „Nietzsche nach 50 Jahren" erschienen war. (In seiner Rede „Probleme der Lyrik" hat Benn ausdrücklich auf „Das Lot" hingewiesen.) Von Koval stammt auch der Nachruf auf Werner Heldt im ersten Heft von „Texte und Zeichen" (vgl. die entsprechende Anmerkung zu Brief Nr. 172).

203 (26. 4. 1955)

Wenn er das ist: Das Wort „Wenn" hat Benn doppelt unterstrichen.

Zum Geburtstag: Benns 69. Geburtstag am 2. Mai stand bevor.

204 (Berlin 27. 4. 1955)

das kann doch P. nicht gewesen sein: Der Kunsthistoriker Wilhelm Pinder (vgl. die Anmerkung zu Brief Nr. 189).

dass alle heutigen Romane eigentlich autobiographisch sind: Die Feststellung steht unter dem frischen Lektüreeindruck des Manuskripts von Franz Tumler und reflektiert zum andern noch immer den Essay von Gustav Hillard im Märzheft des „Merkur" und Tumlers Aufsatz über E. M. Forsters „Aspects of the Novel" (vgl. die entsprechende Anmerkung zu Brief Nr. 185). Von beiden, Tumler und Hillard, mußte sich der Autor der autobiographischen Prosa „Roman des Phänotyp" (1944) bestätigt fühlen.

dann muss Maxe eben aufgeben: Seit langem drängte Max Niedermayer in fast jedem Brief, Benn möge „das schwarze Heft", „die schwarze Kladde" zum Abschluß bringen und einen neuen Gedichtband abliefern.

205 (Berlin, 27. 4. 1955)

Das Ullsteinbuch ... Herr Ullstein sandte mir bisher nur eins ... Die „Reden" bei Langen-Müller: Vgl. die entsprechende Anmerkung zu Brief Nr. 173. – Bei dem Verleger Heinz Ullstein (1893-1973) bedankte sich Benn am selben Tage: „Ich hatte diese ganze Sache meinem Verleger in Wiesbaden überlassen u. ahnte nicht einmal, welche Auswahl Sie treffen würden. Allerlei! Wenn das man gutgeht! Dieser Autor, der nun auf ein langes, viel zu langes Leben zurückblickt, ist sich selber immer fragwürdiger geworden u. wirft lieber in sein Oeuvre keinen Blick mehr hinein. ... P. S. ich freue mich sehr, daß die Rede auf H. Mann im Band ist. Sie ist ja nicht beliebt in der Bundesrepublik – wissen Sie noch den Abend, als ich sie hielt, Sie waren da u. hinterher waren wir bei Schlichter mit Kiepenheuer u. Frau Jannings – long, long ago." (G. B.: Ausgewählte Briefe, Wiesbaden 1957, S. 286 f.)

208 (Berlin, 30. 4. 1955)

die Anthologie: „Lyrik des expressionistischen Jahrzehnts" (vgl. die entsprechende Anmerkung zu Brief Nr. 183).

Lennig ist wieder im Lande: Vgl. die entsprechende Anmerkung zu Brief Nr. 120. Erik Reger hatte Walter Lennig 1951 als Feuilletonchef an den Berliner „Tagesspiegel" geholt. „Doch bald nach dem Tode Regers – 1955 – zog er es vor, ohne Unterlaß von Berlin aus für westdeutsche Zeitungen, literarische Zeitschriften, Rundfunkanstalten schreibend, die stets gefährdete Existenz des freien Schriftstellers und Journalisten wieder aufzunehmen" (Karena Niehoff: In memoriam W. L., in: Eckart-Jahrbuch 1968, S. 194).

in Köln am Rundfunk: Den Ortsnamen hat Benn doppelt unterstrichen.

210 (Berlin, 3. 5. 1955)

die Jahre mit P.: Vgl. die Anmerkung zu Brief Nr. 189.

sein Werk über die Baukunst des Mittelalters: Wilhelm Pinder hat viele Aufsätze und Monographien über einzelne Bauwerke und allgemein über die Architektur und Skulptur des Mittelalters veröffentlicht. Besonders erfolgreich, aber hier wohl nicht gemeint, war der Bildband „Deutsche Dome des Mittelalters", der in der volkstümlichen Reihe „Die Blauen Bücher" seit 1910 eine Gesamtauflage von 450 000 Exemplaren erreichte.

zu den 3 Maigeburtstagen Deiner 3 Stiere: G. B. am 2. Mai; Walter Niemann am 7. Mai; der dritte bleibt fraglich (jedenfalls nicht Wilhelm Pinder [geb. 25. 6. 1878] und auch nicht Robert Kukowka [geb. 21. 3. 1906]).

211 (Berlin, 4. 4. 1955)

Lyrikbände mit diesem Titel z. B. von Morgenstern: Christian Morgenstern, Melancholie. Neue Gedichte, Berlin: Cassirer 1906.

Die Sache mit „Fräulein Christian" u. Vorname: Benn zitiert aus der ersten Strophe des Gedichts „Menschen getroffen": „Ich habe Menschen getroffen, die, | wenn man sie nach ihrem Namen fragte, | schüchtern – als ob sie garnicht beanspruchen könnten, | auch noch eine Benennung zu haben – | ‚Fräulein Christian' antworteten und dann: | ‚wie der Vorname', ..." Benn hat das Gedicht unter die 26 Gedichte des im August 1955 erscheinenden Bandes „Apreslude" aufgenommen.

„Menschen getroffen": Benn hat diesen Gedichttitel doppelt unterstrichen.

einen Propheten in der Nähe: Benn schickte das Glückwunschbriefchen des „grossen Horoskopikers" am 10. 5. 1955 zu genauerer Entzifferung an U. Z. (vgl. Brief Nr. 216 und die entsprechende Anmerkung).

212 (Berlin, 5. 5. 1955)

Die Frankfurter ... Herr Hennecke: Unter dem Titel „Von Nietzsche bis Benn" veröffentlichte Hans Hennecke im Literaturblatt der „Frankfurter Allgemeinen Zeitung" vom 30. 4. 1955 (Nr. 100) eine große grundsätzliche Rezension des Buches „Das Wagnis der Sprache" von Fritz Martini (vgl. die entsprechenden Anmerkungen zu den Briefen Nr. 175 und 179). Durch „exakte Deskription" und „bloße", aber scharfsinnige und von einer „proteischen Einfühlungskraft" geleitete Interpretation werde Martinis Buch „theoriebildend" und nehme dadurch einen ganz eigenständigen Platz ein zwischen Emil Staiger und dem angloamerikanischen New Criticism. Benn durfte sich also bestätigt fühlen, wenn er „annahm, dass der Martini ein epochemachendes Werk werden würde." – Benns Abneigung gegen Hennecke mag hier mit dessen Eingehen auf Ezra Pounds „Künstlerpassion" zusammenhängen (die „radikalen neuen Ausdrucksenergien" Benns wurden dagegen von Hennecke nur gestreift); Pounds Begriff der „Textur", überhaupt sein „Wollen und Werk" seien die „entscheidenste Voraussetzung" des New Criticism gewesen. Benn mochte sich also an einen Besuch Henneckes erinnern (wohl 1952), bei dem H. von seiner Absicht erzählt hatte, „Pound auf dem Hintergrund G. B. dar[zu]stellen" (vgl. G. B.: Briefe an F. W. Oelze, Erläuterung zu Nr. 595).

in den Gedichten eine Reihe ... in Bauxit ... eine obszöne Reihe: Die zweite Strophe des Gedichts „Bauxit" beginnt: „Ich betrachte oft mit Interesse | die rechte Hand der Herren: | Es ist die Hand, die eröffnet, | meistens lohnt es sich kaum, | ..."

Gestern bekam ich ein Telegramm ...: Auf der Rückseite des im Nachlaß (DLA Marbach) erhaltenen Telegramms hat Benn einen etwas abweichenden Antwortentwurf notiert: „Leider bin ich keine Odolfabrik, die ihre aromatische Einheitsessenz auf Bestellung, aber unbezahlt, graduiert ablassen kann. Mit den vorgeschriebenen 40 Worten bin ich trotz meiner Sympathie für den ‚Abend' nicht in der Lage über Sch u d. Ly[rik] etwas darzustellen, das diesem grossen, tragischen, immer bewunderungs-würdigen Manne gerecht werden könnte. Be" (Ludwig Greve: Gottfried Benn 1886-1956, Marbacher Kataloge 41, 1986, S. 338 f.). Benn gab sich mit der Antwort noch mehr Mühe, als dieser Entwurf und die Fassung im Brief an U. Z. vermuten lassen. Auch der Antwortbrief selbst ist überliefert: „Sehr verehrte Feuilletonredaktion des ‚Abend'. | Leider bin ich keine Odolfabrik, die ihre aromatische Einheitsessenz graduiert ablassen kann. Bei aller meiner Freundschaft für den ‚Abend' vermag ich es nicht, mit den mir vorgeschriebenen 40 Worten zu dem Thema ‚Schiller als Lyriker' etwas darzustellen, das diesem grossen, tragischen, immer bewunderungs-würdigen Mann gerecht werden könnte. Erlassen Sie mir die Antwort bitte. Das Telegrammformular geht anliegend mit Dank an Sie zurück. | Ihr sehr ergebener Gottfried Benn."

214 (Berlin, 7. 5. 1955)

„Merkur" kündigt mir einen Angriff von jenem Heller an: Vgl. Brief Nr. 155 und die entsprechende Anmerkung dazu. – Hans Paeschke, Mitherausgeber des „Merkur", schrieb am 5. 5. 1955, daß Peter Hellers von der Zeitschrift angeregter Besuch bei Benn geholfen habe, „mißverständliche Schärfen" aus seinem Aufsatz zu entfernen, in dem er unter dem Titel „Eisgekühlter Expressionismus" Benn, Brecht und Jünger „den Prozeß" mache. Paeschke erhoffte sich eine öffentliche „Antwort, ja Verteidigung" des Angegriffenen, aber Benn hat am Rand des Briefes notiert: „soll ich mich vielleicht gegen diesen Heller u. Consorten verteidigen?" (Nachlaß Benn, DLA Marbach). Hellers Aufsatz „Eisgekühlter Expressionismus" erschien erst im November-Heft des „Merkur" (9, 1955, H. 93, S. 1095-1100).

Maxe ... Tut begeistert u „grossartig": Am 4. 5. 1955 dankte G. B. seinem Verleger Max Niedermayer für Geburtstagsgeschenke und -glückwünsche. „Ich eröffne das neue Jahr mit Sendung von 12 ungedruckten Gedichten, die eventuell mit den – (ich glaube – 7) bei Ihnen vorrätigen Grundlage für einen neuen kleinen Band bilden könnten." Der Verleger dankte postwendend, am 5. 5.: „Wir sind begeistert – großartige G. B.-Gedichte." Und wiederum Benn am 6. 5.: „das kommt mir unheimlich vor: vorgestern das Manuscript an Sie gesandt u heute schon Bestätigung. Mir eilt es nicht ..." (Nachlaß und Depositum Benn, DLA Marbach).

Gehe zu keiner Schillerfeier hier: Am 9. Mai jährte sich zum 150. Mal Schillers Todestag.

215 (Berlin, 9. 5. 1955)

Ich sitze bescheiden auf der Bank am Bayerischen Platz: Benns Arbeitsheft 21 beginnt mit einem am 6. 5. 1955 datierten Eintrag: „Ich setze mich immer auf eine [Bank], die nicht weit von einem kleinen Wasserbassin ist, in dem die Vögel baden. Aus grossen Gedanken mach ich mir nichts mehr, das Nippen u Plantschen genügt mir. Manchmal fliegt ein Vogel mit dem Trunk direct auf einen zu u. erst kurz vor der Brust von mir biegt er ab. Meistens alte Damen rings umher auf den Bänken, geht mal eine hübsche vorbei, denkt man, wie es wohl mit der ist, aber man bleibt ruhig. Rückweg an dem Brunnen vorbei, richtiger: Pumpe, aus der wir vor 10 Jahren Wasser holten, natürlich mußte ich den Eimer selber tragen, war ja allein u das bischen Wasser schwappte auch noch über." (Depositum Benn, DLA Marbach)

Gestern vorm. hörte ich mir Th. Mann aus Stuttgart an: Die Rundfunkübertragung der Schiller-Rede Thomas Manns am 8. 5. 1955 im Großen Haus des Württembergischen Staatstheaters. Der Text der Rede war ein Destillat aus dem „Versuch über Schiller. Seinem Andenken in Liebe gewidmet", der im selben Jahr als Buch erschien. Nach Thomas Mann sprach der Bundespräsident Theodor Heuss.

Am Nachmittag war ich bei Frau Boveri: Die Journalistin und Schriftstellerin Margret Boveri (1900-1975) ist durch ihr vierbändiges Werk „Der Verrat im XX. Jahrhundert" bekannt geworden (1956-1960). Benn stand seit 1949 mit ihr im Briefwechsel und besuchte sie gern. Dem Freund Oelze gab er am 15. 6. 1954 die Auskunft: „Frau Boveri ist intelligent. Kantige männliche Frau, etwa 50 Jahre, lebt mit Frauen, wie man hier erzählt – Adresse: Berlin-Dahlem, Im Schwarzen Grund 18." (G. B.: Briefe an F. W. Oelze, Nr. 680).

mit meinem Propheten: Dem in der Nachschrift zu Brief Nr. 211 erwähnten Astrologen aus Benns Nachbarschaft.

Herr Höllerer: Der Germanist und Schriftsteller Walter H. (geb. 1922) gab seit 1954 mit Hans Bender die Zeitschrift „Akzente" heraus (vgl. die entsprechende Anmerkung zu Brief Nr. 147). Am 2. 5. 1955 bedauerte er Benns Absage für das geplante Schiller-Heft (Nr. 3, Juni 1955), wünschte ihm rasche Genesung (Benn hatte seine Absage v. a. mit Krankheit begründet) und fragte, ob Bender und er ihn am 14. oder 15. 5. besuchen dürften. Er kam allein am 14. 5. und bedankte sich am 30. 5. aus Frankfurt für den schönen Nachmittag: „Er war für mich das Beste von Berlin" (Nachlaß Benn, DLA Marbach).

ein Prof. Bode aus Kassel ... meine grosse Büste von G. H. Wolff ...: Der Kasseler Akademieprofessor Arnold Bode (1900-1977) war Initiator der „documenta“, die vom 15. 7. bis zum 18. 9. 1955 zum erstenmal stattfand. Für diese erste große deutsche Nachkriegsausstellung internationaler Kunst des zwanzigsten Jahrhunderts erbat er von Benn als Leihgabe die 1927 modellierte Terrakottabüste von Gustav Heinrich Wolff (1886-1934). Der Ausstellungskatalog hat sich in Benns Bibliothek erhalten (DLA Marbach). Wolffs „Bildnis des Dichters Gottfried Benn“ ist unter der Katalognummer 666 verzeichnet und auf Tafel 109 ganzseitig abgebildet; der Dichter ist als Leihgeber genannt. Von Wolffs Benn-Büste sind nur zwei Exemplare bekannt: Das eine im Museum für Kunst und Gewerbe, Hamburg; das andere, Benns Exemplar, befindet sich heute im Schiller-Nationalmuseum, Marbach.

Christopher Sykes: Chr. S. von der BBC London überbrachte Benn Grüße von T. S. Eliot (vgl. G. B. an Hans Paeschke, 10. 4. 1955, in: G. B.: Ausgewählte Briefe, Wiesbaden 1957, S. 284). Noch mehr als vier Monate später kam Benn auf den Besuch zurück (an Erna Pinner, 25.8.1955, ebd. S. 293): „Übrigens bekomme ich manchmal Besuch von englischen Schriftstellern, die mich recht interessieren. Kennst Du den Namen: Christopher *Sykes?* Brachte mir Empfehlung von Eliot. Stottert, aber sehr feiner Mann. Ist am B.B.C. London.“

216 (Berlin, 10. 5. 1955)

die Hieroglyphen von meinem Propheten: Benn hat den in der Nachschrift zu Brief 211 zitierten Glückwunschbrief des in seiner Nähe (Berlin-Wilmersdorf, Jenaer Straße 13/14) wohnenden „grossen Horoskopikers“ beigefügt. Er ist unterschrieben: „Ihr sehr ergebener Maximilian Bauer“. Und es ist darin nicht vom „6. Haus Ihres Biogramms“ die Rede, sondern „Ihres Diagramms“.

A. C.-Wisky: Nach dem Prosastück „Gin“ hatte Astrid Claes eine Erzählung „Whisky“ geschrieben und gefragt, ob Benn sie lesen wolle.

218 (Berlin, 13. 5. 1955)

Die Merkur-Fahnen: Fahnenabzüge des Aufsatzes von Peter Heller (vgl. die entsprechende Anmerkung zu Brief Nr. 214).

219 (Berlin, 16. 5. 1955)

den ich Freitag zu Erken sandte: An die Adresse von U. Z. in Köln, „Thürmchenswall 25 (bei Erken)".

222 (Berlin, 18. 5. 1955)

an den Redaktör in Br.: Im Taschenkalender hat Benn am 22. 5. 1955 dessen Adresse notiert: „Harry Neumann | Feuilleton Redaktion | Bremer Nachrichten | Bremen | Schlachtpforte". Unter dem Titel „Olymp des Scheins. Gottfried Benn sprach in der Böttcherstraße" hatte H.N. am 20.12.1954 in den „Bremer Nachrichten" über Benns Lesung berichtet.

damals ... im „Grünen Saal": Benns Bremer Lesung am 17. 12. 1954 fand im Goldenen Saal der Böttcherstraße statt, der sich anschließende Empfang im Grünen Saal.

Sonnabend war Herr Höllerer bei mir: Am Nachmittag des 14. 5. 1955; Notiz im Taschenkalender: „4 1/2 Walter Höllerer – 7 h." (Vgl. die entsprechende Anmerkung zu Brief Nr. 215.)

223 (Berlin, 18. 5. 1955)

An Hermann: Der in Brief Nr. 222 erwähnte Redakteur in Bremen (Harry Neumann), dessen Bekanntschaft G. B. nach seiner Bremer Lesung am 17. 12. 1954 gemacht hatte, ist hier offenbar nicht gemeint (oder Benn hat versehentlich „Hermann" statt „Neumann" geschrieben).

die Reihenfolge der Gedichte: Der Band „Apreslude" beginnt im Druck mit den Gedichten „Gedicht", „Worte" und „Aber du –?"

Frl. Schlüter: Marguerite Valerie Schlüter (geb. 1928), Benns Lektorin im Limes Verlag.

kaltes, ruppiges Wetter: Benns Kalendernotizen im Mai 1955 halten immer wieder fest: „sehr kalt. Sturm!", „sehr kalter Wind", „Wintermantel", „geheizt", und sogar bei Dramburg im Lokal: „Mantel anbehalten."

Roman von Cummings: „Der endlose Raum": „The Enormous Room", der einzige Roman des experimentellen amerikanischen Lyrikers Edward Estlin Cummings (1894-1962), ein autobiographischer Bericht aus dem ersten Weltkrieg, erschien 1922, die erste deutsche Übersetzung von Helmut M. Braem und Elisabeth Kaiser erst 1954 unter dem Titel „Der endlose Raum".

224 (Berlin, 20. 5. 1955)

Letzter Frühling: Benn nahm das Gedicht an vorletzter Stelle in den Band „Aprèslude“ auf. Im Druck beginnt es: „Nimm die Forsythien ...“

An Biene: Johannes Höfs in Köln, der wegen seines Fleißes „Biene“ genannt wurde (vgl. Brief Nr. 201).

dann in W.: Benn hat die Abkürzung von Worpswede doppelt unterstrichen.

225 (Berlin, 21. 5. 1955)

Cornelsen Verlag ... Vorname: Franz: Inhaber und Gesellschafter der Franz Cornelsen Verlag GmbH (Berlin-Wilmersdorf, Binger Str. 62) waren Franz und Hildegard Cornelsen.

nur in Deinem Zimmer: Das Wörtchen „nur“ hat Benn dreifach unterstrichen.

Lichtenford: Vgl. die Anmerkung zu Brief Nr. 17.

Der Film „Die Teuflischen“: Deutsche Fassung des Thrillers „Les Diaboliques“ (1954) von Henri-Georges Clouzot nach dem Roman „Celle qui n'était plus“ von Pierre Boileau und Thomas Narcejac. In den Hauptrollen: Simone Signoret, Véra Clouzot, Paul Meurisse und Charles Vanel. – Benn sah den Film zusammen mit seiner Frau erst am 21. 6. 1955 und notierte: „grausig!“

„Die Faust im Nacken“ ... Der Schauspieler: Deutsche Fassung des sozialkritischen amerikanischen Films „On the Waterfront“ (1954) von Elia Kazan. Neben Marlon Brando in der Hauptrolle des gescheiterten Boxers, Gelegenheitsarbeiters und schließlich neuen Arbeiterführers Terry Malloy spielten Lee J. Cobb als korrupter Gewerkschaftsboß Johnny Friendly und Karl Malden als der Geistliche Father Barry.

226 (Berlin, 23. 5. 1955)

heute eine japan. Zeitschrift: Das März-Heft 1955 (Nr. 44, S. 24-26) der Zeitschrift „VOU“, Tokio, enthält den ersten Teil von Benns Essay „Nach dem Nihilismus“ in japanischer Übersetzung von K. Katue nach der englischen Version von Edgar Lohner und Cid Corman. Die Fortsetzung erschien im Juli-Heft (Nr. 46, S. 22-24).

231 (Berlin, 28. 5. 1955)

Morgen Konferenz mit Tumler: Schon am 25. 4. 1955 hatte Karl Korn von der „Frankfurter Allgemeinen Zeitung“ Benn einen „exquisiten Vorschlag“ gemacht: „Für die Südamerikanischen Meditationen von Ernesto Grassi ‚Reisen ohne anzuklopfen‘ (Rowohlt) suche ich einen erlauchten Rezensenten“ (Nachlaß Benn,

DLA Marbach). Benn versuchte bald, den Auftrag an Franz Tumler (vgl. die entsprechenden Anmerkungen zu den Briefen Nr. 28 und 194) abzugeben: „Abends mit Tumler Flint wegen Grassi Buch für FAZ“ (Kalendernotiz am 6. 5. 1955). Tumler hat die Besprechung des 1955 erschienenen Buches von Ernesto Grassi (1902-1991), dem seit 1948 in München lehrenden italienischen Philosophen, tatsächlich übernommen. Unter dem Titel „Ernesto Grassis südamerikanische Meditationen“ erschien sie am 11. 6. 1955 in der FAZ (Nr. 133, Literaturblatt).

Lese ... (für Südwestfunk) ... Jens Rehn: Am 20. 5. 1955 wurde Benn von Horst Krüger gebeten, für den Südwestfunk in Stuttgart etwas über die gerade erschienene Erzählung von Jens Rehn (1918-1983) zu schreiben: „etwa 4-7 Seiten, die wir dann als Einleitung für die Sendung nehmen würden“ (Nachlaß Benn, DLA Marbach). Benn sagte am 30. 5. zu und lieferte im September ab. Krüger verwandte für die Sendung am 25. 11. 1955 (22.30 Uhr in der Reihe „Kulturelles Wort: Nachtstudio“) nur den letzten Absatz von Benns Text, weil dieser Text im ganzen soviel Inhaltswiedergabe enthielt, daß er zur Einleitung in eine Lesung der Erzählung nicht geeignet erschien. Im Druck erschien Benns Text erst posthum, im vierten Band der „Gesammelten Werke“ (Wiesbaden 1961, S. 342-346).

232 (Berlin, 1. 6. 1955)

Mit Oelze hat die Gedichtfrage nichts zu tun. Er kennt keines: In der Tat hatte Benn seit dem 10. 5. 1955 nicht mehr an Oelze geschrieben. Erst am 19. 6. ließ er den Bremer Freund wissen, „dass ich mit einem neuen Lyrikband, 25 Gedichte, beschäftigt war, der bald bei Limes erscheint, Titel: *Aprèslude*, u. das Thema Gedicht hatte ich eigentlich zwischen uns aus dem Verkehr gezogen, da wir beide geteilte Ansichten u. Empfindungen zu diesem Thema haben.“ (G. B.: Briefe an F. W. Oelze, Nr. 721).

234 (Berlin, 5. 6. 1955)

Zum Programm der Lesung in Hamburg am 14. 12. 1954 vgl. die Abbildung auf S. 189 und die entsprechende Anmerkung zu Brief Nr. 103. – Handschrift des Programmentwurfs mit blauem, die römischen Zahlen in der ersten Spalte mit rotem Kugelschreiber; alle Titel sind grün unterstrichen. Mit einem Pfeil hat Benn das Gedicht „Trunkene Flut“ vom dritten Platz der Abteilung II („Gedichte“) an den Anfang dieser Gruppe geschoben. Der am rechten

Rand nachgetragene Gedichttitel „Es gibt –" (von Benn doppelt unterstrichen) aus „Destillationen" (S. 9) sollte, so ist mit einem Strich markiert, an den Anfang der Gruppe IV rücken (wiederum „Gedichte"). Im Nachlaß Benns (DLA Marbach) hat sich ein etwas abweichender handschriftlicher Programmentwurf für den 14. 12. 1954 erhalten, überschrieben: „Voraussichtliches Programm für Hamburg" (abgedruckt in G. B.: Sämtliche Werke, Band VI: Prosa 4, hrsg. von Holger Hof, Stuttgart 2001, S. 650).

235 (Berlin, o. D., wohl 13. 6. 1955)

Auf morgen nachmittag!: In der ersten Junihälfte hat Benn gelegentlich Kalendernotizen über seine Korrespondenz mit U. Z. und über ihren Besuch in Berlin gemacht, so am 13. 6. 1955: „Brief von U. Z aus Berlin. Besuch Nachm. 1 30." und am 14. 6.: „Nachm. mit U. Z bei [?]".

236 (Berlin, 19. 6. 1955)

ich will erst meinen Blutdruck bekämpfen: Am selben Tag schrieb Benn an Oelze: „dass ich nicht wohl war, sogar sehr unwohl u. nun endlich zu einem Internisten gegangen bin, der einen reichlich hohen Blutdruck fand u. mir vorschrieb, mein Leben zu ändern. Ich rauche nicht mehr, trinke kein Bier mehr, keinen Schnaps, keinen Café, esse wenig ... Ich litt sehr an üblen Schwindelanfällen u. wusste garnicht mehr, wohin. Dies sind wohl die *Pré*ludien für den, dem die Stunde schlägt. Nun einmal muss sie schlagen." (G. B.: Briefe an F. W. Oelze, Nr. 721). – Benn, der sonst den Tag mit einem guten Bekannten (in dieser Zeit meist Franz Tumler, auch Walter Lennig), mit seiner Frau oder allein in einem Stammlokal, bei Dramburg oder Flint, zu beschließen pflegte, hat am 18. 6. 1955 notiert: „Abends Kl. Gang mit I[lse]. Kein Bier!" Ganz ähnlich an den folgenden Tagen. Am 22. 6.: „1/4 l. Mosel" (dazu die Frage: „Mosel besser als Bier?") und „Thee!", am 23. 6.: „Apfelreistag!"

238 (Berlin, 3. 7. 1955)

nur Apfelreis: Das ist der Tenor von Benns Briefen in dieser Zeit, so an Elly und Max Rychner am 28. 6. 1955: „die Geschenke des Lebens müssen rationiert werden u. übrig bleiben Apfelreistage u. Bircher-Benner-Müsli für den Rest der Tage." (G. B., Max Rychner: Briefwechsel 1930-1956, hrsg. von Gerhard Schuster, Stuttgart 1986, Cotta's Bibliothek der Moderne 47, S. 35).

240 (Berlin, 19. 7. 1955)

Telefongespräch: Im Taschenkalender hat Benn notiert: „Tel. mit U. Z."

241 (Berlin, 21. 7. 1955)

Benn hat die neue Berliner Adresse von U. Z. unter demselben Datum in seinen Kalender geschrieben.

Zwischen Brief Nr. 243 (Berlin, 30. 7. 1955) und 244 (Berlin, 23. 9. 1955)

Mit seiner Frau fuhr Benn vom 31. 7. bis zum 23. 8. 1955 zur Erholung nach Glücksburg an der Flensburger Förde. Am 5. 9. versandte Benn Exemplare des gerade erschienenen Gedichtbandes „Apréslude" an Freunde und Kritiker, darunter eins an U. Z. Am 6. 9. hat Benn notiert: „Nachm. U Z am [vermutlich Bayerischen] Platz getroffen." Ähnlich am 8. 9. („Im Café"). Dann am 9. 9.: „Brief mit I[lse]. an U. Z".

244 (Berlin, 23. 9. 1955)

Dank für die Astern neulich ... Einen Brief von mir zurückzuschicken: „Von U. Z. Astern" hat Benn am 10. 9. notiert. Er antwortet hier außerdem auf einen undatierten, nur mit „Sonnabend" bezeichneten Brief von U. Z. (wohl ebenfalls vom 10. 9.), der sich in seinem Nachlaß (DLA Marbach) erhalten hat. Nach einer Analyse der „sehr unerfreulichen Konstellation" („Ich fühle mich mißhandelt | Du fühlst Dich belästigt | Deine Frau fühlt sich bedroht") und Vorschlägen für die Fortdauer freundschaftlicher Beziehungen heißt es: „So, mein sonderbarer Vogel, die Blumen sind nicht für Dich, beileibe nicht, sondern für Deine Frau. Den Brief von Dir schicke ich mit, gewiß ist es wieder so ein Bum-bum GB-Brief. Ich kann diese Tour nun nicht mehr aushalten. Schließlich habe ich Dir ja nichts Böses getan. | Ich meine, diesmal solltest Du Wort halten, anrufen und mich zum Glas Bier einladen und dann erzählen wir uns ein bißchen was Angenehmes und schließen Frieden." Auch Benns ungelesen zurückgesandter Brief vom 9. 9. 1955 ist als Anlage zu dem „Sonnabend"-Brief in Benns Nachlaß überliefert. Da dieser Brief offensichtlich vor allem die Funktion hatte, Benn vor seiner Frau zu entlasten und zu rechtfertigen, bleibt er hier ebenso wie der kurze Brief von Ilse Benn an U. Z. auf seiner Rückseite ungedruckt. – Benn hat den Empfang des zurückgeschickten Briefes auf dem Umschlag vermerkt: „10 / 9".

an Herrn Lennig angeschlossen: Am 12. 9. 1955 hat Benn notiert: „Abends mit Lennig Dramburg. U. Z nachm. bei L. gewesen."

246 (Berlin, 11. 10. 1955)

Eine etwas früher, am 4. 10. 1955, abgestempelte Postkarte von U. Z. hat sich in Benns Nachlaß (DLA Marbach) erhalten. Plötzlich erkrankt und bei vom Arzt verordneter „strikter Bettruhe" bat sie um Lektüre: „‚Drei alte Männer' als Drucksache geschickt, würden eine gute Krankengesellschaft sein."

247 (Berlin, 3. 1. 1956)

Ich liege selber seit einigen Tagen: Benn war am 2. Januar erkrankt und wurde am 3. 1. 1956 mit Darmblutungen ins Berliner St. Gertraudenkrankenhaus eingeliefert, aus dem er am 21. 1. entlassen wurde.

250 (Berlin, 20. 5. 1956)

Titel und Auswahl nicht von mir: Am 28. 2. 1956 schrieb Benn an Max Niedermayer: „Ich erhielt Korrektur für den Gedichtband. Das ist ja eine schlimme Sache! Soll ich alles das alte Zeug nochmals durchlesen? Wäre es nicht möglich, Sie und Fräulein Schlüter behandelten mich als Toten u. machen es nach Gutdünken? Aber ich werde die Fahnen betrachten." (Briefe an einen Verleger. Max Niedermayer zum 60. Geburtstag, Wiesbaden 1965, S. 150 f.) Der Limes Verlag veröffentlichte den Band „Gesammelte Gedichte" zum 70. Geburtstag Benns am 2. 5. 1956. Benn schrieb als Widmung in das Exemplar für U. Z. (vgl. S. 419 des vorliegenden Bandes) die dritte Strophe des 1936 zuerst gedruckten Gedichtes „Das Ganze": „der sah Dich hart, der andre sah Dich milder ..." – Wohl zusammen mit dem Buch kam ein ebenfalls vom 20. 5. 1956 datierter mit der Maschine geschriebener Brief Benns an U. Z., der als Durchschlag im Nachlaß Benns überliefert ist. Er zeugt von Spannungen und Auseinandersetzungen zwischen Benn und U.Z. und von dem Versuch, sie beizulegen, betrifft auch einen Konflikt U.Z.s mit ihrem Stiefvater Arthur Strelitz, in den sie durch ihre Beziehung zu Benn geraten war. (Da noch lebende Personen betroffen sind, wird der Brief hier nicht mitgeteilt.) In diesem Zusammenhang vermerkte Benn im April und Mai mehrere Briefe und Telefongespräche in seinem Taschenkalender. Am 2. 6. 1956 enden die Tagesnotizen.

251 (Berlin, 4. 6. 1956)

Noch vor dem Abflug nach Bad Schlangenbad im Taunus geschrieben, wo Benn vom 4. bis zum 28. 6. 1956 gegen Rheuma und Arthrose behandelt wurde. Antwort auf einen im Nachlaß Benns (DLA Marbach) überlieferten Brief vom 1. 6. 1955 (auf dem Umschlag hat Benn den Empfang am 2. 6. vermerkt), in dem U. Z. den Adressaten zur Tarnung siezte und Benn für die Bücher dankte, die er ihr noch vor der Abreise gebracht hatte („Ich hoffe, ruhige Wochen zu verbringen, denn ich habe schöne neue Bücher im Hause. Seit gestern lese ich Dichter über Dichtung [der von Walter Schmiele herausgegebene Sammelband, Darmstadt 1955, enthält von Benn „Zur Problematik des Dichterischen", S. 326-336; vgl. die entsprechende Anmerkung zu Brief Nr. 165]. Aufregende Sachen stehen darin ...") Der Brief schließt, in Anspielung auf Benns letzten Besuch bei ihr: „In meiner Behausung fühle ich mich wohl. Weiße Wände, weißer Teppich, meine Bücher, Bilder und Spielsachen und ein zierlicher Sekretär, der mir so sehr zusagt. Ich bat unlängst einen alten Freund, alles mal zu betrachten. Ich glaube, er war einverstanden mit mir alter Zigeunerin und das hat mich ganz ungemein gefreut."

Die Gedichte sehr sonderbar: Ihrem Brief vom 1. 6. 1955 hatte U. Z. Typoskripte ihrer alten Gedichte „Das Schiff", „Taubenballade", „Mohn" und „Auf der Straße nach Tanger" beigelegt: „Neulich fand ich wieder meine alten Gedichte aus dem Jahre 1946/48. (Komische Sache waren diese zwei Jahre.) Mich wundert eigentlich, daß ich sie Ihnen nie gezeigt habe. Literarisch kommen sie nicht in Betracht, aber zur biographischen Abrundung des fragwürdigen Eindrucks (der eine sah dich hart) den Sie von mir haben, müßte Sie die Lektüre eigentlich amüsieren. Ich lege mal 4 Stück ein, die anderen sind nicht getippt, aber besser ist keines. Wenn ich Ihnen gerade jetzt nach manchen Mißlichkeiten einen so kuriosen und für mich peinlichen Einblick gestatte, so geschieht das auch, weil mir ein besserer Vertrauens- und Friedensbeweis nicht einfällt. (Es kennen die Sachen ja nur 1 oder 2 Leute) Aber nicht mit Lennig drüber spotten, bitte." An den Rand der „Taubenballade" hat U. Z. geschrieben: „War eins der ersten Gedichte überhaupt"; „Auf der Straße nach Tanger" ist am Schluß bezeichnet: „Das war das letzte, was ich überhaupt je gemacht hatte. Danach zog ich am 16. I 48 nach Worpswede. Ich hatte die Nase voll, sowohl von Berlin wie von meinen Gedichten."

252 (Bad Schlangenbad, 16. 6. 1956)

besichtige u beschaue ich alles!: Von Benn am Rand angestrichen.

Vom selben Tag ist bisher nur noch die in Oelzes Abschrift und angeblich nicht ganz vollständig überlieferte Ansichtskarte an den Bremer Freund bekannt: „Jene Stunde.. wird keine Schrecken haben, seien Sie beruhigt, wir werden nicht fallen wir werden steigen – Ihr B."

Personenregister

Inhalt